वोल्गा से गंगा

वोल्गा से गंगा

राहुल सांकृत्यायन

GYAN

Published by

Gyan Publishing House
5, Ansari Road
Daryaganj, New Delhi-110002
Phone: 011-47034999, 9811692060
E-mail: books@gyanbooks.com

Distribution Network
gyanbooks.com
India, USA, Canada, UK, Australia

ISBN: 978-93-6920-075-7 (PB)

First Published, 1957

2nd Impression 2025

Printed at: Gyan Press, Delhi.

वोल्गा से गंगा

Author: राहुल सांकृत्यायन

वोल्गा से गंगा

राहुल सांकृत्यायन

अनुक्रम

निशा (६००० ईसा पूर्व)....3
दिवा (३५०० ईसा पूर्व)....12
अमृताश्व (३००० ईसा पूर्व)....23
पुरुहूत (२५०० ईसा पूर्व)....32
पुरुधान (२००० ईसा पूर्व)....43
अंगिरा (१८०० ईसा पूर्व)....50
सुदास् (१५०० ईसा पूर्व)....60
प्रवाहण (७०० ईसा पूर्व)....71
बन्धुल मल्ल (४६० ईसा पूर्व)....80
नागदत्त (३३५ ईसा पूर्व)....92
प्रभा (५० ईसवीं)....106
सुपर्ण यौधेय (४२० ईसवीं)....123
दुर्मुख (६३० ईसवीं)....134
चक्रपाणि (१२०० ईसवीं)....143
बाबा नूरदीन् (१३०० ईसवीं)....153
सुरैया (१६०० ईसवीं)....163
रेखा भगत् (१८०० ईसवीं)....173
मंगल सिंह (१८५७ ईसवीं)....183
सफ़दर (१९२२ ईसवीं)....194
सुमेर (१९४२ ईसवीं)....206
परिशिष्ट....216

निशा (६००० ईसा पूर्व)

देश : वोल्गा–तट (ऊपरी)
जाति : हिन्दी–योरोपीय
काल : ६००० ईसा पूर्व

दोपहर का समय है, आज कितने ही दिनों के बाद सूर्य का दर्शन हुआ। यद्यपि इस पाँच घंटे के दिन में उसके तेज में तीक्ष्णता नहीं है, तो भी बादल, बर्फ, कुहरे और झंझा से रहित इस समय चारों ओर फैलती सूर्य की किरणें देखने में मनोहर और स्पर्श से मन में आनन्द का संचार करती हैं। चारों ओर का दृश्य ? सघन नील–नभ के नीचे पृथ्वी कर्पूर–सी श्वेत हिम से आच्छादित है। चौबीस घंटे से हिमपात न होने के कारण, दानेदार होते हुए भी हिम कठोर हो गया है। यह हिमवसना धरती दिगन्त –व्याप्त नहीं है, बल्कि यह उत्तर से दक्षिण की ओर कुछ मील लम्बी रुपहली टेढ़ी–मेढ़ी रेखा की भाँति चली गई है, जिसके दोनों किनारों की पहाड़ियों पर काली वनपंक्ति है। आइये, इस वनपंक्ति को कुछ समीप से देखें। उसमें दो तरह के वृक्ष ही अधिक हैं–एक श्वेत–बल्कलधारी, किन्तु आजकल निष्पत्र भुर्ज (भोजपत्र); और दूसरे अत्यन्त सरल उत्तुङ्ग. समकोण पर शाखाओं को फैलाये अतिहरित या कृष्ण–रहित सुई–से पत्ती वाले देवदारु। वृक्षों का कितना ही भाग हिम से ढका हुआ है, उनकी शाखाओं और स्कन्धों पर जहाँ–तहाँ रुकी हुई बर्फ उन्हें कृष्ण–श्वेत बना आँखों को अपनी ओर खींचती है। और ? भयावनी नीरवता का चारों ओर अखंड राज्य है। कहीं से न झिल्ली की झंकार आती है, न पक्षियों का कलरव, न किसी पशु का ही शब्द।

आओ, पहाड़ी के सर्वोच्च स्थान के देवदारु पर चढ़कर चारों ओर देखें। शायद वहाँ बर्फ, धरती, देवदारु के अतिरिक्त भी कुछ दिखाई पड़े। क्या यहाँ बड़े–बड़े वृक्ष ही उगते हैं ? क्या इस भूमि में छोटे पौधों, घासों के लिए स्थान नहीं है ? लेकिन इसके बारे में हम कोई राय नहीं दे सकते। हम जाड़े के दो भागों को पारकर अन्तिम भाग में हैं। जिस बर्फ में ये वृक्ष गड़े हुए–से हैं, वह कितनी मोटी है, इसे नापने का हमारे पास कोई साधन नहीं है। हो सकता है, वह आठ हाथ या उससे भी अधिक मोटी हो। अबकी साल बर्फ ज्यादा पड़ रही है, यह शिकायत सभी को है।

देवदारु के ऊपर से क्या दिखलाई पड़ता है ? वही बर्फ, वही वनपंक्ति, वही ऊँची–नीची पहाड़ी भूमि। हाँ, पहाड़ी की दूसरी ओर एक जगह धुआँ उठ रहा है। इस प्राणी –शब्द–शून्य अरण्यानी में धूम का उठना कौतूहल –जनक है। चलो, वहाँ चलकर अपने कौतूहल को मिटायें।

धुआँ बहुत दूर था, किन्तु स्वच्छ निरभ्र आकाश में वह हमें बहुत समीप मालूम होता था। चलकर अब हम उसके नजदीक पहुँच गये हैं। हमारी नाक में आग में पड़ी हुई चर्बी तथा मांस की गन्ध आ रही है। और अब तो शब्द भी सुनाई दे रहे हैं ये छोटे बच्चों के शब्द हैं। हमें चुपचाप पैरों तथा साँस की भी आहट न देकर चलना होगा, नहीं तो वे जान जायेंगे, और फिर न जाने किस तरह का स्वागत

वे खुद या उनके कुत्ते करेंगे।

हाँ, सचमुच ही छोटे–छोटे बच्चे हैं, इनमें सबसे बड़ा आठ साल से अधिक का नहीं है, और छोटा तो एक वर्ष का है। आधे दर्जन लड़के और एक घर में। घर नहीं यह स्वाभाविक पर्वत–गुहा है, जिसके पार्श्व और पिछले भाग अन्धकार में कहाँ तक चले गये हैं, इसे हम नहीं देख रहे हैं, और न देखने की कोशिश करनी चाहिए ! और सयाने आदमी ? एक बुढ़िया जिसके सन जैसे धूमिल श्वेत केश उलझे तथा जटाओं के रूप में इस तरह बिखरे हुए हैं कि उसका मुँह उनमें ढका हुआ है। अभी बुढ़िया ने हाथ से अपने केश को हटाया। उसकी भौहें भी सफेद हैं, श्वेत चेहरे पर झुर्रियां पड़ी हुई हैं, जो जान पड़ती हैं सभी मुंह के भीतर से निकल रही हैं। गुहा के भीतर आग का धुआँ और गर्मी भी है, खासकर जहाँ बच्चे और हमारी दादी हैं। दादी के शरीर पर कोई वस्त्र नहीं, कोई आवरण नहीं। उसके दोनों सूखे–से हाथ पैरों के पास धरती पर पड़े हुए हैं। उसकी आँखें भीतर घुसी हैं, और हलके नीले रंग की पुतलियाँ निस्तेज शून्य–सी हैं, किन्तु बीच–बीच में उनमें तेज उछल जाता है जिससे जान पड़ता है। कि उनकी ज्योति बिलकुल चली नहीं गई है। कान तो बिलकुल चौकन्ने मालूम होते हैं। दादी लड़कों की आवाज को अच्छी तरह सुन रही जान पड़ती है। अभी एक बच्चा चिल्लाया, उसकी आँख इधर घूमी। बरस–डेढ– बरस के दो बच्चे हैं, जिनमें एक लड़का और एक लड़की, कद दोनों के बराबर हैं। दोनों के केश जरा–सा पीलापन लिए सफेद हैं, बुढ़िया की भाँतिः किन्तु ज्यादा चमकीले, ज्यादा सजीव । उनका शरीर पीवर पुष्ट, अरुण गौर, उनकी आँखें विशाल, पुतलियाँ घनी नीली। लड़का चिल्ला रो रहा है, लड़की खड़ी एक छोटी हड्डी को मुँह में डाले चूस रही है। दादी ने बुढ़ापे के कम्पित स्वर में कहा–

"अगिन ! आ । यहाँ आ अगिन ! दादी यहाँ।"

अगिन उट नहीं रहा था। उस समय एक आठ बरस के लड़के ने आकर उसे गोद में ले दादी के पास पहुँचाया। इस लड़के के केश भी छोटे बच्चे के से ही पांडु –श्वेत हैं, किन्तु वे अधिक लम्बे हैं, उनमें अधिक लटें पड़ी हुई हैं। उसके आपाद नग्न शरीर का वर्ण भी वैसा ही गौर है। किन्तु वह उतना पीवर नहीं है; और उसमें जगह–जगह काली मैल लिपटी हुई है। बड़े लड़के ने छोटे बच्चे को दादी के पास खड़ा कर कहा–

"दादी ! रोचना ने हड्डी छीनी । अगिन रोता ।।

लड़का चला गया। दादी ने अपने सूखे हाथों से अगिन को उठाया। वह अब भी रो रहा था उसके आँसुओं की बहती धारा ने उसके मैले कपोलों पर मोटी अरुण रेखा खींच दी थी। दादी ने अगिन के मुँह को चूम–पुचकार कर कहा–''अगिन ! मत रो। रोचना को मारती हूँ"—और एक हाथ को नंगी, किन्तु वर्षों के चर्बी से सिक्त फर्श पर पटका। अगिन का "ऊँ ऊँ" अब भी बन्द न था; और न बन्द थे ऑसू। दादी ने अपनी मैली हथेली से ऑसुओं को पोंछते हुए अगिन के कपोलों की अरुण पंक्ति को काला बना दिया। फिर रोते अगिन को बहलाने के लिए सूखे चमड़े के भीतर झलकती हुई ठठरियों के बीच कुम्हड़े की सूखी बेतिया की भाँति लटकते

चर्ममय स्तनों को लगा दिया। अगिन ने स्तन को मुंह में डाला, उसने रोना बन्द कर दिया। उसी समय बाहर से बातचीत की आवाज आने लगी। उसने शुष्क स्तन से मुँह खींचकर ऊपर झाँका। किसी की मीठी सुरीली आवाज आई–
"अगि––िनि".

अगिन फिर रो उठा। दो जनियों (स्त्रियों) ने सिर पर लादे लकड़ी के गट्ठर को एक कोने में पटका। फिर एक रोचना के पास और दूसरी अगिन के पास भाग गईं। अगिन ने और रोते हुए "माँ–माँ" कहा। माँ ने दाहिने हाथ को स्वतंत्र रखते हुए दाहिने स्तन के ऊपर साही के कॉटे–से गुँथे सफेद बैल के सरोम चमड़े को खोलकर नीचे रखा। जाड़े की भोजन–कृच्छ्रता के कारण उसके तरुण शरीर पर मांस कम रह गया था, तो भी उसमें असाधारण सौन्दर्य था। उसके लाल मैल–छुटे कपोल की अरुण–श्वेत छवि, ललाट को बचाते बिखरे हुए लट–विहीन पांडु–श्वेत केश, अल्प–मांसल पृथुल वक्ष पर गोल–गोल श्यामल–मुख स्तन, अनुदर कृश–कटि, पुष्ट मध्यम परिमाण नितम्ब, पेशीपूर्ण बर्तूल जंघा, श्रमधावन–परिचित हलाकार पेंडुली। उस अष्टादशी तरुणी ने अगिन को दोनों हाथों में उठाकर उसके मुख, आँख और कपोल को चूमा। अगिन रोना भूल चुका था। उसके लाल होठों में से निकल कर सफेद देंतुलियाँ चमक रही थीं, उसकी आँखें अर्धमुद्रित थीं, गालों में छोटे–छोटे गड्ढे पड़े हुए थे। नीचे गिरे वृषभ–चर्म पर तरुणी बैठ गई और उसने अगिन के मुँह में अपने कोमल स्तनों को दे दिया। अगिन अपने दोनों हाथों से पकड़े स्तन को पीने लगा। इसी समय दूसरी नग्न तरुणी भी रोचना को लिए पास आकर बैठ गई। उनके चेहरे को देखने से ही पता लग जाता था कि दोनों बहनें हैं।

2.

गुहा में उन्हें निभृत बातचीत करते छोड़ हम बाहर आ देखते हैं। बर्फ पर चमड़े से ढंके बहुत से पैर एक दिशा की ओर जा रहे हैं। चलो उन्हें पकड़े हुए जल्दी–जल्दी चलें । अभी वह पद–पंक्ति तिरछी हो पार वाली पहाड़ी के जंगल में पहुँची। हम तेजी से दौड़ते हुए बढ़ते जा रहे हैं, किन्तु ताजी पद–पंक्ति खतम होने को नहीं आ रही है। हम कभी श्वेत हिमक्षेत्र में चलते हैं, कभी जंगलों में ही पहाड़ी की रीढ़ को पार कर दूसरे हिमक्षेत्रदूसरे पार्वत्य वन को लाँघते हुए बढ़ते हैं। आखिर नीचे की ओर से एक वृक्षहीन पहाड़ी की रीढ़ पर हमारी नजर पड़ी। वहाँ नीचे से उठती श्वेत हिमराशि नील नभ से मिल रही है, और उस नील नभ में अपने को अंकित करती हुई कितनी ही मानव–मूर्तियाँ पर्वत–पृष्ठ की आड़ में लुप्त हो रही हैं। उनके पीछे नीला आकाश न होता तो निश्चय ही हम उन्हें न देख पाते। उनके शरीर पर हिम जैसा श्वेत वृष–चर्म है। उनके हाथों में हथियार भी सफेद रंग से रँगे मालूम होते हैं। फिर महान् श्वेत हिमक्षेत्र में उनकी हिलती–डुलती मूर्तियों को भी कैसे पहचाना जा सकता है?

और पास चलकर देखें । सबसे आगे सुपुष्ट शरीर की एक स्त्री है। आयु चालीस और पचास के बीच होगी। उसकी खुली दाहिनी भुजा को देखने से ही पता लगता है कि वह बहुत बलिष्ठ स्त्री है। उसके केश, चेहरे, अंग–प्रत्यंग गुहा की पूर्वोक्त दोनों तरुणियों के समान, किन्तु बड़े आकार के हैं। उसके बायें हाथ में तीन हाथ लम्बी भुर्ज की मोटी नोकदार लकड़ी है। दाहिने में चमड़े की रस्सी से लकड़ी के बेंत में बँधा घिसकर तेज किया हुआ पाषाण–परशु है। उसके पीछे–पीछे चार मर्द और दो स्त्रियाँ चल रही है। एक मर्द की आयु स्त्री से कुछ अधिक होगी, शेष छब्बीस से चौदह वर्ष के हैं। बड़े मर्द के केश भी वैसे ही बड़े –बड़े तथा पांडु–श्वेत हैं। उसका मुँह उसी रंग की घनी दाढ़ी–मूँछ से ढ◌ंका हुआ है। उसका शरीर भी स्त्री की भाँति ही बलिष्ठ है; उसके हाथों में भी वैसे ही दो हथियार

हैं। बाकी तीन मर्यों में दो उसी तरह की घनी दाढ़ी–मूछों वाले, किन्तु उम्र में कम हैं। स्त्रियों में एक बाईस, दूसरी सोलह से कम है। हम गुहा के चेहरों को देख चुके हैं और दादी को भी, सबको मिलाने से साफ मालूम होता है कि इन सभी स्त्री–पुरुषों का रूप दादी के साँचे में ढला हुआ है। इन नर–नारियों के हाथ के लकड़ी, हड्डी और पत्थर के हथियारों और उनकी गम्भीर चेष्टा से पता लग रहा है कि वे किसी मुहिम पर जा रहे हैं।

पहाड़ी से नीचे उतर कर अगुवा स्त्री–माँ कहिए–बाईं ओर घूमी; सभी चुपचाप उसके पीछे चल रहे हैं। बर्फ पर चलते वक्त चमड़े से उनके बँके पैरों से जरा भी शब्द नहीं निकल रहा है। अब आगे की ओर लटकी हुई (प्राग् भार, पहाड़) बड़ी चट्टान है, जिसकी बगल में कई चट्टानें पड़ी हुई हैं। शिकारियों ने अपनी गति अत्यन्त मन्द कर दी है। वे तितर–बितर होकर बहुत सजग हो गये हैं। वे सारे पैरों को चीरकार बहुत देर करके एक पैर के पीछे दूसरे पैर को उठाते, चट्टानों को हाथ से स्पर्श करते आगे बढ़ रहे हैं। माँ सबसे पहले गुहा के द्वार–खुलाव–पर पहुँची। वह बाहर की सफेद बर्फ को ध्यान से देखती है, वहाँ किसी प्रकार का पद चिह्न नहीं है। फिर वह अकेले गुहा में घुसती है। कुछ ही हाथ बढ़ने पर गुहा घूम जाती है, वहाँ रोशनी कुछ कम है। थोड़ी देर ठहर कर वह अपनी आँखों को अभ्यस्त बनाती है, फिर आगे बढ़ती है। वहाँ देखती है तीन भूरे भालू– माँ, बाप, बच्चा– मुँह नीचे किए धरती पर सोये, या मरे पड़े हैं– उनमें जीवन का कोई चिह्न नहीं दीख पड़ता। माँ धीरे से लौट आई। परिवार उसके खिले चेहरे को ही देखकर भाव समझ गया। माँ अँगूठे से कानी अँगुली को दबाकर तीन अँगुलियों को फैलाकर दिखाती है। माँ के बाद दो मर्द हथियारों को सँभाले आगे बढ़ते हैं, दूसरे सॉस रोके वहीं खड़े प्रतीक्षा करते हैं। भीतर जाकर माँ भालू के पास जाकर खड़ी होती है। बड़ा पुरुष भालुनी के पास और दूसरा बच्चे के पास। फिर वे अपने नोकदार डंडे को एक साथ ऐसे जोर से मारते हैं, कि वह कोख में घुसकर कलेजे में पहुँच जाता है। कोई हिलता–डोलता नहीं। जाड़े की छः–मासी निद्रा के टूटने में अभी महीने से अधिक की देर है, किन्तु माँ और परिवार को इसका क्या पता ? उन्हें तो सतर्क रहकर ही काम करना होगा। डंडे की नोक को तीन–चार बार और पेट में घुसा वे भालू को उलट देते हैं, फिर निर्भय हो उनके अगले पैरों और मुँह को पकड़कर घसीटते हुए उन्हें बाहर लाते हैं। सभी खुश हो हँसते और जोर–जोर से बोलते हैं। बड़े भालू को चित उलटकर माँ ने अपने चमड़े की चादर से एक चकमक पत्थर का चाकू निकाला, फिर घाव की जगह से मिलाकर पेट के चमड़े को चीर दिया–पत्थर के चाकू से इतनी सफाई के साथ चमड़े का चीरना अभ्यस्त और मजबूत हाथों का ही काम है। उसने नरम कलेजी का एक टुकड़ा काटकर अपने मुँह में डाला, दूसरा सबसे छोटे चौदह वर्ष के लड़के के मुँह में। बाकी सभी लोग भालू के गिर्द बैठ गये, माँ सबको कलेजी का टुकड़ा काटकर देती जा रही थी। एक भालू के बाद जब माँ ने दूसरे भालू पर हाथ लगाया, उस वक्त षोडशी तरुणी बाहर गई। उसने बर्फ का एक डला मुँह में डाला, उसी वक्त बड़ा पुरुष भी बाहर आ गया। उसने भी एक डले को मुँह में डाल षोडशी के हाथ को पकड़ लिया। वह जरा झिझक कर शान्त हो गई। पुरुष उसे अपनी भुजा में बाँध एक ओर ले गया। षोडशी और पुरुष हाथ में बर्फ का बड़ा डला लिये जब भालू के पास लौटे, तब दोनों के गालों और आँखों में ज्यादा लाली थी। पुरुष ने कहा–

"मै काटता हूँ, माँ ! तू थक गई है।

माँ ने चाकू को पुरुष के हाथ में दे दिया। उसने झुककर चौबीस वर्ष के तरुण के मुँह को चूमा, फिर उसका हाथ पकड़कर बाहर चली गई।

उन्होंने तीन भालुओं की कलेजी को खाया। चार मास के निराहार सोये भालुओं में चर्बी कहाँ से रहेगी, हाँ बच्चे भालू का मांस कुछ अधिक नरम् और सुस्वादु था, जिसमें से भी कितना ही उन्होंने खा डाला। फिर थोड़ी देर विश्राम करने के लिए सभी पास–पास लेट गये। अब उन्हें घर लौटना था। नर–मादा भालुओं को दो–दो आदमियों ने चमड़े की रस्सी से चारों पैरों को बाँध डंडे के सहारे कन्धे पर उठाया और छोटे भालू को एक तरुणी ने। माँ अपना पाषाण–परशु सँभले आगे–आगे चल रही थी। उन जांगल मानवों को दिन के घड़ी–घंटे का पता तो था नहीं, किन्तु वे यह जानते थे कि आज चाँदनी रात रहेगी। थोड़ा ही चलने के बाद सूर्य क्षितिज के नीचे चला गया जान पड़ता था, किन्तु वह गहराई में नहीं गया, इसीलिए सन्ध्या–राग घण्टों बना रहा, और जब वह मिटा तब धरती, अम्बर सर्वत्र श्वेतिमा का राज हो गया।

अभी घर–गुहा दूर थी, जबकि खुली जगह में एक जगह माँ एकाएक खड़ी हो कान लगाकर कुछ सुनने लगी। सब लोग चुपचाप खड़े हो गये। षोडशी ने छब्बीसे तरुण के पास जाकर कहा–

"गुर्र, गुर्र, वृक, वृक (भेड़िया)।

माँ ने भी ऊपर–नीचे सिर हिलाते हुए कहा ......

"गुर्र,गुर्र, वृक। बहुत वृक, बहुत वृक।" फिर उत्तेजनापूर्ण स्वर में कहा–"तैयार ।"

शिकार जमीन पर रख दिया गया, और सब अपने–अपने हथियारों को सँभाले एक–दूसरे से पीठे सटाकर चारों ओर मुँह किये खड़े हो गये। बात की बात में सात–आठ भेड़ियों के झुण्ड की लपलपाती जीभे दिखलाई देने लगीं और वे गुर्राते हुए पास आ उनके चारों ओर चक्कर काटने लगे। मानवों के हाथ में लकड़ी के भाले और पाषाण–परशु देख वे हमला करने में हिचकिचा रहे थे। इसी समय लड़के ने–जो घेरे के बीच में था, अपने डंडे में बँधी एक लकड़ी निकाल कर कमर से बँधी चमड़े की पतली रस्सी को चढ़ा कमान तैयार की, फिर न जाने कहाँ छिपाये हुए तीक्ष्ण पाषाण–फल वाले बाण को निकाल चौबीसे पुरुष के हाथ में थमा उसे भीतर कर खुद उसकी जगह आ खड़ा हो गया। चौबीसे पुरुष ने प्रत्यंचा को और कसा, फिर तानकर टंकार के साथ बाण छोड़ एक भेड़िये की कोख में मारा। भेड़िया लुढ़क गया, किन्तु फिर सँभल कर जिस वक्त वह अंधाधुन्ध आक्रमण की तैयारी कर रहा था, उसी वक्त उस पुरुष ने दूसरा बाण छोड़ा। अबकी भेड़िये को घाव करारा लगा था। उसे निश्चल देख दूसरे भेड़िये उसके पास पहुँच गये। पहले उन्होंने उसके शरीर से निकलते हुए गरम खून को चाटा. फिर वे उसे काटकर खाने लगे। उन्हें खाने में व्यस्त देख, फिर लोगों ने शिकार उठाया और सतर्कता के साथ दौड़ते हुए आगे बढ़ना शुरू किया। अबकी बार माँ सबसे पीछे थी , और बीच–बीच में घूम–घूमकर देखती जाती थी। आज बर्फ नहीं पड़ी थी, इसलिए उनके पैरों के चिह्न चाँदनी रात में रास्ते को अच्छी तरह बतला सकते थे। गुहा आध मील से कम दूर रह गई होगी कि भेडियों का झंड फिर पहुँच गया। उन्होंने शिकार को फिर जमीन पर रख हथियारों को सँभाला। अबकी धनुर्धर ने कई बाण चलाये, किन्तु वह क्षण भर भी एक जगह न ठहरने वाले भेड़ियों का कुछ न कर सका। कितनी ही देर के पैंतरेबाजी के बाद चार भेड़िये एक षोडशी तरुणी के ऊपर टूट पड़े। बगल में खड़ी माँ ने अपना भाला एक भेड़िये के पेट में घुसा जमीन पर पटक दिया, किन्तु बाकी तीन ने षोडशी की जाँघ में चोट कर गिरा दिया और बात की बात में उसका पेट

चीरकर अँतड़ियाँ बाहर निकाल दीं। जिस वक्त सबका ध्यान षोडशी को बचाने में लगा था, उसी वक्त दूसरे तीन ने पीछे से खाली पा चौबीसे पुरुष पर हमला किया और बचाव का मौका जरा भी दिये बिना जमीन पर पटक कर उसकी भी लाद फाड़ दी। जब तक लोग उधर ध्यान दें, तब तक षोडशी को वह पचीस हाथ दूर घसीट ले गये थे। माँ ने देखा, चौबीसा पुरुष अधमरे भेड़िये के पास दम तोड़ रहा। है। अधमरे भेड़िये के मुँह में किसी ने डंडा डाल दिया, किसी ने उसके अगले दोनों पैर पकड़ लिये, फिर बाकी ने मुँह लगाकर भेड़िये के बहते हुए गरम-गरम नमकीन खून को पिया, माँ ने गले की नाड़ी काटकर उनके काम को और आसान बना दिया। यह सब काम चन्द मिनटों में हुआ था, लोग जानते थे कि षोडशी की तुक्का बोटी कर चुकने के बाद ही भेड़िये हम पर आक्रमण करेंगे। उन्होंने मृतप्राय चौबीसे पुरुष को वहीं छोड़ तीन भालुओं और मरे भेड़िये को उठा दौड़ना शुरू किया, और वे सही-सलामत गुहा में पहुँच गये।।

आग धाँय-धाँय जल रही थी, जिसकी लाल रोशनी में सभी बच्चे तथा दोनों तरुणियाँ सो रही थीं। दादी ने आहट पाते ही काँपती किन्तु गम्भीर आवाज में कहा-

"निशा-ा-ा! आ गई ?"

"हाँ" कहकर माँ ने पहले हथियारों को एक ओर रख दिया, फिर वह चमड़े की पोशाक खोल दिगम्बरी बन गई। शिकार को रख उसी तरह बाकी सबने भी चर्म-परिधान को हटा आग के सुखमय उष्ण स्पर्श को रोम-रोम में व्याप्त होने दिया।

अब सारा सोया परिवार जाग उठा था। एक मामूली आहट पर जाग जाने के ये लोग बालपन से ही आदी होते हैं। बहुत सँभाल कर खर्च करते हुए माँ ने परिवार का अब तक निर्वाह कराया था। हिरन, खरगोश गाय, भेड़, बकरी, घोड़े के शिकार जाड़ा शुरू होने से पहले ही बन्द हो जाते हैं, क्योंकि उसी वक्त वे दक्षिण के गरम प्रदेश की ओर निकल जाते हैं। माँ के परिवार को भी कुछ और दक्षिण जाना चाहिए था, किन्तु षोडशी उसी वक्त बीमार पड़ गई । उस समय के मानव -धर्म के अनुसार परिवार की स्वामिनी माँ का कर्त्तव्य था कि एक के लिए सारे परिवार की जान को खतरे में न डाले । किन्तु, माँ के दिल ने कमजोरी दिखलाई । आज उन्हें एक छोड, दो को खोना पड़ा। अभी शिकारों के लौटने में दो महीने हैं , इस बीच में देखें और कितनों को देना होता है। तीन भालू और एक भेडिया में तो उनका जाड़ा नहीं कट सकता।

बच्चे बड़े खुश थे, बेचारे खाली पेट लेटे हुए थे। माँ ने पहले उन्हें भेड़िये की कलेजी काट-काट कर दी। लड़के हप्-हप् कर खा रहे थे। चमड़े को बिना नुकसान पहुँचाए उतारा। चमड़े का बड़ा काम है। मांस काटकर जब दिया जाने लगा, बहुत भूखों ने तो कुछ कच्चा ही खाया, फिर सबने आग के अंगार पर भून-भून कर खाना शुरू किया। अपने भुने टुकड़ों में से एक गाल काटने के लिए माँ की सभी खुशमद कर रहे थे। माँ ने कहा-"बस, आज पेट भर खाओ, कल से इतना नहीं मिलेगा।"

माँ उठकर गुहा के एक कोने में गई, वहाँ से चमड़े की फूली हुई झिल्ली को लाकर कहा-"बस यही मधु-सुरा है, आज पियो, नाचो, क्रीड़ा करो।"

छोटों को झिल्ली से घूट-घूट करके पीने को मिला, बड़ो को ज्यादा ज्यादा। नशा चढ़ आया। आँखें लाल हो आई। फिर हँसी का ठहाका शुरू हुआ। किसी ने गाना गाया। बड़े पुरुष ने लकड़ी से लकड़ी बजानी शुरू की। लोग नाचने लगे। आज वस्तुतः आनन्द की रात थी। माँ का राज्य था, किन्तु वह अन्याय और असमानता का राज्य नहीं था। बूढ़ी दादी और बड़े पुरुष को छोड़ बाकी सभी माँ की सन्तानें थीं, और बूढ़ी के ही बड़ा पुरुष तथा माँ बेटा-बेटी थे, इसलिए वहाँ मेरा-तेरा का प्रश्न नहीं हो सकता था। वस्तुतः मेरा-तेरा का युग आने में अभी देर थी। किन्तु हाँ, माँ को सभी पुरुषों पर समान और प्रथम अधिकार था। अपने चौबीसे पुत्र और पति के चले जाने से उसे अफसोस न हुआ हो, यह बात नहीं; किन्तु उस समय का जीवन अतीत से अधिक वर्तमान-विद्यमान की फिक्र करता था। माँ के दो पति मौजूद थे. तीसरा चौदह साल◌ा तैयार हो रहा था। उसके राज्य के रहते-रहते बच्चों में से भी न जाने कितने पति की अवस्था तक पहुँच सकते थे। माँ छब्बीसे को पसन्द करती थी, इसलिए बाकी तीन तरुणियों के लिए एक वह पचासा पुरुष ही बचा था।

जाड़ा बीतते-बीतते दादी एक दिन सदा के लिए सोई पड़ी मिली ! बच्चों में से तीन को भेड़िये ले गये और बड़ा पुरुष बर्फ पिघलने पर उमड़ी नदी के प्रवाह में चला गया। इस प्रकार परिवार सोलह की जगह नौ का रह गया।

3.

बसन्त के दिन थे। चिरमृत प्रकृति में नवजीवन का संचार हो रहा था। छः महीने से सूखे भुर्ज-वृक्षों पर दूसे-पत्ते निकल रहे थे। बर्फ पिघली, धरती हरियाली से ढंकती जा रही थी। हवा में वनस्पति और नई मिट्टी की भींगी-भगी मादक गन्ध फैल रही थी। जीवन-हीन दिगन्त सजीव हो रहा था। कहीं वृक्षों पर पक्षी नाना-भाँति के मधुर शब्द सुना रहे थे, कहीं झिल्ली अनवरत शोर मचा रही थी, कहीं हिम-द्रवित प्रवाहों के किनारे बैठे हजारों जल-पक्षी कृमि-भक्षण में लगे हुए थे, कहीं कलहंस प्रणय-क्रीड़ा कर रहे थे। अब इन हरे पार्वत्य वनों में कहीं झुंड के झुंड हिरन कूदते हुए चरते दिखलाई पड़ते थे, कहीं भेड़ें, कहीं बकरियाँ, कहीं बारहसिंगे, कही गायें। और कहीं इनकी घात में लगे हुए चीते दुबक कर बैठे हुए थे, और कहीं भेड़िये।

जाडे के लिए अवरुद्ध नदी के प्रवाह की भाँति एक जगह रुक गए मानव-परिवार भी अब प्रवाहित होने लगे थे अपने हथियारों, अपने चमड़ों तथा अपने बच्चों को लादे गृह -अग्नि को सँभाले अब वे खुली जगहों में जा रहे थे। दिन बीतने के साथ पशु - वनस्पतियों की भाँति उनके भी शुष्क चर्म के नीचे मांस और चर्बी के मोटे स्तर जमते जा रहे थे। कभी उनके लम्बे केश वाले बड़े-बड़े कुत्ते भेड़ या बकरी पकड़ते, कभी वे स्वयं जाल, बाण या लकड़ी के भाले से किसी जन्तु को मारते । नदियों में भी मछलियाँ थीं, और इस वोल्गा के ऊपरी भाग के निवासियों के जाल आज कल कभी खाली बाहर नहीं आते थे।

रात में अब भी सर्दी थी, किन्तु दिन गर्म था, और निशा-परिवार (माँ का नाम निशा) आजकल कई दूसरे परिवारों के साथ वोल्गा के तट पर पड़ा हुआ था। निशा की भाँति ही दूसरे परिवारों पर भी उनकी माताओं का शासन था, पिता का नहीं। वस्तुतः वहाँ किसका पिता कौन है, यह बतलाना असम्भव था। निशा को आठ पुत्रियाँ और छः पुत्र पैदा हुए, जिसमें चार लड़कियाँ और तीन पुत्र

अब भी उसकी पचपन वर्ष की अवस्था में मौजूद हैं। इनके निशा–सन्तान होने में सन्देह नहीं, क्योंकि इसके लिए प्रसव का साक्ष्य मौजूद है; किन्तु उनका बाप कौन है, इसे बताना सम्भव नहीं है। निशा के पहले जब उसकी माँ–बूढ़ी दादी–का राज्य था, तब बूढ़ी दादी–उस वक्त प्रौढ़ा–के कितने ही भाई पति, कितने ही पुत्र पति थे, जिन्होंने कितनी ही बार निशा के साथ नाचकर, गाकर उसके प्रेम का पात्र बनने में सफलता पाई थी, फिर स्वयं रानी बन जाने पर निशा की निरन्तर बदलती प्रेमाकांक्षा को उसके भाई या सयाने पुत्र ठुकराने की हिम्मत नहीं रखते थे। इसीलिए निशा की जीवित सातों संतानों में किसका कौन बाप है, यह कहना असम्भव है। निशा के परिवार में आज वही सबसे बड़ी बूढ़ी और प्रभुता–शालिनी भी है; यद्यपि यह प्रभुता देर तक रहने वाली नहीं है। वर्ष–दो वर्ष में वह स्वयं बूढ़ी दादी बनने वाली है, और तब सबसे बलिष्ठ निशा–पुत्री लेखा का राज्य होने वाला है। उस वक्त लेखा की बहनों का उससे झगड़ा जरूर होगा। जहाँ हर साल परिवार के कुछ आदमियों को भेड़िये या चीते के जबड़ों, भालू के पंजों, बैल के सींगों, वोल्गा की बाढ़ों की भेंट चढ़ना है, वहाँ परिवार को क्षीण होने से बचाना हर रानी माता का कर्तव्य है। तो भी ऐसा होता आया है, लेखा की बहनों में से एक या दो अवश्य स्वतन्त्र परिवार कायम करने में समर्थ होंगी। यह परिवार–वृद्धि तभी रुकती, यदि अनेक वीर्य के एक क्षेत्र होने की भाँति अनेक रज का भी एक वीर्य–क्षेत्र होता।

परिवार की स्वामिनी निशा अपनी पुत्री लेखा को शिकार में बहुत सफल देखती है। वह पहाड़ियों पर हरिनों की भाँति चढ़ जाती है। उस दिन एक चट्टान पर, बहुत ऊँचे ऐसी जगह एक बड़ा मधुछत्र दिखाई पड़ा, जहाँ रीछ (मध्वद) भी उसे खा नहीं सकता था। लेकिन, लेखा ने लट्ठे पर लट्ठे बाँधे, फिर छिपकली की भाँति सरकते रात को उसने मशाल से छत्ते को विषैली बड़ी–बड़ी मधु–मक्खियों को जलाकर उसमें छेद कर दिया। नीचे के चमड़े के कुप्पे में तीस सेर से कम मधु नहीं गिरा होगा। लेखा के इस साहस की तारीफ सारा निशा–परिवार ही नहीं, पड़ोसी–परिवार भी कर रहा था। किन्तु निशा उससे सन्तुष्ट नहीं थी। वह देख रही थी, तरुण निशा–पुत्र जितना लेखा के इशारे पर नाचने के लिए तैयार है, उतना उसकी प्रार्थना को सुनना नहीं चाहते, यद्यपि वे अभी निशा की खुल्लम–खुल्ला अवज्ञा करने का साहस नहीं रखते।

निशा कितने ही दिनों से कोई रास्ता सोच रहीं थी। कभी उसे ख्याल होता लेखा को सोते में गला दबा कर मार दें, किन्तु वह यह भी जानती थी कि लेखा उससे अधिक बलिष्ठ है; वह अकेली उसका कुछ भी नहीं बिगाड़ सकती। यदि वह दूसरे की सहायता लेना चाहे, तो क्यों कोई उसकी सहायता करेगा ? परिवार के सभी पुरुष लेखा के प्रणय–पात्र, कृपा–पात्र बनना चाहते थे। निशा की पुत्रियाँ भी माँ का हाथ बँटाने के लिए तैयार न थीं, वे लेखा से डरती थीं । वे जानती थीं कि असफल होने पर लेखा बुरी तरह से उनके प्राण लेगी। | निशा एकान्त में बैठी कुछ सोच रही थी। एकाएक, उसका चेहरा खिल उठा––उसे लेखा का परास्त करने की कोई युक्ति सूझ पड़ी।

पहर भर दिन चढ़ आया था। सारे परिवार अपने–अपने चमड़े के तम्बुओं के पीछे नंगे लेटे या बैठे धूप ले रहे थे, किन्तु निशा तम्बू के सामने बैठी थी, उसके पास लेखा का तीन वर्ष का पुत्र खेल रहा था। निशा के हाथ में दोने में लाल–लाल स्ट्राबेरी के फल थे। वोल्गा की धारा पास से बह रही थी, और निशा के सामने सीधे खड़े अरार तक ढालू जमीन थी। निशा ने एक फल लुढ़काया.

लड़का दौड़ा और उसे पकड़कर खा गया। फिर दूसरे को लुढ़काया; उसे थोड़ा और आगे जाने पर वह पकड़ सका। निशा ने जल्दी–जल्दी कितने ही फल लुढ़का दिये; बच्चे ने उन्हें पकड़ने के लिए इतनी जल्दी की कि एक बार उसका पैर अरार से फिसल गया और वह धम्म से वोल्गा की तेज धार में जा गिरा। निशा वोल्गा की ओर नजर दौड़ाए चीख उठी। कुछ दूर पर बैठी लेखा ने देखा। पुत्र को न देख वह धार की ओर झपटी। उसका पुत्र धार में अभी नीचे–ऊपर हो रहा था। उसने छलाँग मारी और पुत्र को पकड़ लेने में सफल हो गई। बहुत पानी पी जाने से बच्चा शिथिल हो गया था। वोल्गा का बर्फीला जल शरीर में काँटे की तरह चुभ रहा था। लेखा को धार काटकर किनारे की ओर बढ़ना मुश्किल था। उसके एक हाथ में बच्चा था, दूसरे हाथ और पैरों से वह तैरने की कोशिश कर रही थी। उसी वक्त अपने गले को उसने किसी के मजबूत हाथों में फँसा देखा। लेखा को अब समझने में देर न लगी। वह देर से निशा की बदली हुई मनोवृत्ति को देख रही थी। आज निशा अपने राह के इस काँटे–लेखा–को निकालना चाहती है। लेखा अब भी निशा को अपना बल दिखला सकती थी; किन्तु उसके हाथ में बच्चा था। निशा ने लेखा को जोर लगाते देख अपनी छाती को उसके सिर पर रख दिया। लेखा एक बार डूब गई। छटपटाने में उसका बच्चा हाथ से छूट गया। अब भी निशा ने उसे बेकाबू कर रखा था। एकाएक उसका हाथ निशा के गले में पड़ गया। लेखा बेहोश थी और निशा उसके बोझ के साथ तैरने में असमर्थ। उसने कुछ कोशिश की, किन्तु बेकार! दोनों एक साथ वोल्गा की भेंट हुईं।

परिवार की बलिष्ठ स्त्री रोचना निशा–परिवार की स्वामिनी बनी।

———

आज से ३६१ पीढ़ी पहले की कथा है। उस वक्त हिन्द, ईरान और यूरोप की सारी जातियाँ एक कबीले के रूप में थी। मानवता का आरम्भिक काल था।

दिवा (३५०० ईसा पूर्व)

देश : वोल्गा–तट (मध्य)

जाति : हिन्दी–स्लाव

काल : ३५०० ई० पू०

1.

"दिवा। धूप तेज है, देख तेरे शरीर में पसीना। आ, यहाँ शिला पर बैठें।"

"अच्छा, सूरश्रवा –ा–ा–ा" कह दिवा सूरश्रवा के साथ एक विशाल देवदारु की छाया में शिला–तल पर बैठ गई।

ग्रीष्म का समय; मध्याह्न की बेला, फिर मृग के पीछे दौड़ना, इस पर भी दिवा के ललाट पर श्रमबिन्दु अरुण मुक्ताफल की भाँति न झलके, यह कैसे हो सकता था ? किन्तु यह स्थान ऐसा था, जहाँ उनके श्रम के दूर होने में देर नहीं लग सकती थी। पहाड़ी नीचे से ऊपर तक हरियाली से लदी हुई थी। विशाल देवदारु अपनी शाखाओं और सूची पत्रों को फैलाये सूर्य की किरणों को रोके थे। नीचे बीच–बीच में तरह–तरह की बूटियाँ, लताएँ और पौधे उगे हुए थे। जरा–सा बैठने के बाद ही तरुण–युगल अपनी थकावट को भूल गये; और आसपास उगे पौधों में रंग–बिरंगे फूल और उनकी मधुर गंध उनके मन का आकर्षण करने लगी। तरुण ने अपने धनुष–बाण और पाषाण–परशु को शिला पर रख दिया; और पास में कल–कल बहते स्फटिक स्वच्छ जलस्रोत के किनारे उगे पौधों से सफेद, बैंगनी, लाल फूलों को चुनना शुरू किया। तरुणी ने भी हथियारों को रख अपने लम्बे सुनहले केशों पर हाथ डाला, अभी भी उनकी जड़ें आई थीं। उसने एक बार नीचे प्रशान्त प्रवाहिता वोल्गा की धारा की ओर देखा, फिर पक्षियों के मधुर कलरव ने उनका ध्यान क्षण भर के लिए अपनी ओर आकर्षित किया, उसने झुककर फूल चुनते तरुण पर नजर डाली। तरुण के भी वैसे ही सुनहले केश थे, किन्तु तरुणी अपने केशों से तुलना नहीं कर सकती थी; वह उसे अधिक सुन्दर जान पड़ते थे। तरुण का मुख घने पिंगलश्मश्रु से ढंका था, जिसके ऊपर उसका नासा, क्पोल–भाग और ललाट की अरुणिमा दिखलाई पड़ती थी। तरुणी की दृष्टि फिर सूर की पुष्ट रोमश भुजाओं पर पड़ी। उस वक्त उसे याद आया कि कैसे सुर ने उस दिन एक बड़े दन्तैल सुअर की कमर को इन्हीं भुजाओं से पत्थर के फरसे द्वारा एक प्रहार में तोड़ दिया था। उस दिन यह कितनी कर्कश थीं और आज इन फूलों को चुनने में वह कितनी कोमल मालूम होती हैं। किन्तु उसकी मुसुक में उछलती मुसरियाँ, उसके पहुँचे में उभड़ी नसें बाहु को विषम बनाती अब भी उसके बल का परिचय दे रही थीं। एक बार तरुणी के मन में आया, उठकर उन बाँहों को चूम ले। हाँ, इस वक्त वह उसे इतनी प्यारी मालूम हो रही थीं। फिर दिवा की दृष्टि तरुण की जाँघों पर पड़ी। हर गति में उनकी पेशियाँ कितनी उछलती थीं। सचमुच चर्बीहीन पेशीपूर्ण उसकी जाँघे, पृथु पेंडली और क्षीण घुट्टी दिवा को अनोखी–सी मालूम होती थीं। सूर ने दिवा का प्यार पाने की कई बार इच्छा प्रकट की थी; मुंह से नहीं, चेष्टा से। नाचों में उसने कई बार अपने श्रम–कौशल को दिखलाकर दिवा को प्रसन्न करना चाहा था, लेकिन दिवा ने जहाँ जन के तरुणों को कितनी ही बार अपनी बाँहें नाचने को दीं, कई बार अपने ओंठ चूमने को

दिये, कई बार उनके अंकों में शयन किया, वहाँ बेचारा सूर एक चुम्बन, एक आलिंगन क्या, एक बार हाथ मिलाकर नाचने से भी वंचित रहा !

सूर अँजली में फूल भर अब दिवा की ओर आ रहा था। उसका नग्न सर्वांग कितना पूर्ण था, उसका विशाल वक्ष, चर्बी नहीं पेशीपूर्ण कृश उदर कितना मनोहर था, इसका ख्याल आते ही दिवा को अफसोस होने लगा–उसने क्यों नहीं सूर का ख्याल किया। लेकिन, वस्तुतः इसमें दिवा का उतना दोष न था, दोष था सूर के मुँह पर लगे लज्जा के ताले का–जिसने दरवाजा खटखटाया उसके लिए वह खुला।

सूर के पास आने पर दिवा ने मुस्कराते हुए कहा–

"कितने सुन्दर, कितने सुगन्धित हैं ये फूल !"

सूर ने फूलों को शिलातल पर रखते हुए कहा–"जब मैं इन्हें तेरेसुनहरे केशों में गूंथ हूँगा, तो ये और सुन्दर लगेंगे।"

"तो सूर ! तू मेरे लिए इन फूलों को ला रहा है ?"

"हाँ, दिवा ! मैंने इन फूलों को देखा, तुझे देखा, फिर याद आई जल की परियाँ ।"

"जल की परियाँ ?"

"हाँ, बहुत सुन्दर जल की परियाँ जो खुश होने पर सारी मनोवांछाओं को पूर्ण कर देती हैं और नाराज होने पर प्राण भी नहीं छोड़तीं ।"

"तो सूर ! तू मुझे कैसी जल–परी समझता है ?"

"नाराज होने वाली नहीं ।"

"किन्तु, मैं तुझ पर कभी खुश नहीं हुई।

दिवा ठंडी सॉस लेकर चुप हो गई। सूर ने फिर दुहराते हुए कहा–

"नहीं दिवा ! तू मुझपर कभी नाराज नहीं हुई। याद है बचपन के दिन ?'

"तब भी तू शर्मीला था।"

"किन्तु तू मुझपर नाराज न होती थी।"

"तब मैं तुझे अपने आप चूमती थी।"

"हाँ, वह चूमना बहुत मीठा था।"

किन्तु जब वे मेरे गोल–गोल स्तन उभड़ने लगे, तब मेरे मुख को सारे जन के तरुण जोहने लगे, तब मैंने तुझे भूला दिया ।"–कह दिवा कुछ खिन्नमना हो गई।

"लेकिन दिवा ! इसमें तेरा दोष नहीं है।"

"फिर किसका दोष ?"

"मेरा, क्योंकि सारे जन के तरुण तुझसे चुम्बन माँगते, तू उन्हें चुम्बन देती; सारे जने के तरुण आलिंगन माँगते, तू आलिंगन देती। मृगया में चतुर, नृत्य में कुशल, शरीर में पुष्ट और सुन्दर किसी जन–तरुण की आशा को तूने भंग नहीं किया।"

"किन्तु सूर' ! तू भी वैसा ही, उनसे भी बढ़कर चतुर, कुशल, पुष्ट तरुण था, और मैंने तेरी आशा को भंग किया।

"दिवा । किन्तु मैंने कभी आशा नहीं प्रकट की।"

"शब्द से नहीं। बचपन में हम जब साथ खेला करते, तब भी तू शब्द से आशा नहीं प्रकट करता था, किन्तु दिवा समझती थी, आज दिवा ने सूर को भुला दिया, क्या यह दिवा (दिन) उस चमकते सूर (सूर्य) को कभी भुलाती है ? नहीं सूर ! अब दिवा तुझे नहीं भुलायेगी।

"तो मैं फिर वही सूर और तू वही दिवा बनेगी।"

"हाँ, और मैं तेरे ओठों को चूमँगी।"

छोटे बच्चों की सी इन नग्न सौन्दर्य-मूर्तियों ने अपने अतिरिक्त अधरों को मिला दिया, फिर दिवा ने अपने अलसी के फूल जैसे नीले नेत्रों को सूर के वैसे ही नीले नेत्रों में चुभोते हुए कहा-

"और तू मेरी अपनी माँ का बेटा, मैं तुझे भूल गई !"

दिवा की आँखें गीली थीं। सूर ने उन्हें अपने गालों से पोछते हुए कहा-

"नहीं, तूने नहीं भुलाया दिवा ! जब तू बड़ी हो गई, तेरी वाणी, ऑखें और सारे अंग कुछ दूसरे जैसे मालूम होने लगे, तो मैं तुझसे दूर हटने लगा।"

"अपने मन से नहीं सूर !

"तो, दिवा !--"

"नहीं, कह तू मुझसे अब फिर नहीं शर्माएगा ?"

"नहीं शर्माऊँगा, अच्छा इन फूलों को गूंथने दे।"

सूर ने एक डंठल से रेशा निकाला, फिर उसमें लाल, सफेद, बैंगनी फूलों को गूंथना शुरू किया। उसके फूल के क्रम में सुरुचि थी। बालों को उसने सँभालकर पीठ पर फैला दिया। गर्मी के दिनों में वोल्गा -तीर के तरुण-तरुणियाँ अकसर नहाने-तैरने का आनन्द लेती हैं। इसलिए दिवा के केश साफ सुलझे हुए थे। सूर ने बालों पर तेहरी मेखला की भाँति स्त्रज को सजाया और फिर बीच में सफेद तथा किनारे पर बैंगनी फूलों के एक गुच्छे को ललाट के ऊपर केशों में खोंस दिया। दिवा शिलातल पर बैठी रही। सूर ने थोड़ा हटकर उसके चेहर को देखा। उसे वह सुन्दर मालूम हुई। थोड़ा और दूर से देखा। वह और भी सुन्दर मालूम हुई, किन्तु वहाँ फूलों की सुगन्धि न मिलती थी। सूर ने पास में बैठकर अपने गालों को दिवा के गालों से मिला दिया। दिवा ने अपने साथी की आँखें चूम लीं, और दाहिने हाथ को उसके कन्धे पर रख दिया। सूर ने अपने बाएँ हाथ से दिवा की कटि को लपेटते हुए कहा-

"दिवा ! ये फूल पहले से अधिक सुन्दर हैं ?"

"फूल या मैं ?"

सूर को कोई उत्तर नहीं सूझा, उसने जरा रुककर कहा-

"मैंने हटकर देखा, तुझे ज्यादा सुन्दर पाया। और हटकर देखा, और सुन्दर पाया।

"और यदि वोल्गा-तट से देखता ?"

"नहीं, उतनी दूर से नहीं-"

सूर की आँखों में चिन्ता की झलक उतर आई थी।

"दूर से तेरी सुगन्धि जाती रहती है, और रूप भी दूर हो जाता है।"

"तू सूर ! तू मुझे दूर से देखना चाहता है या पास रहना चाहता है।

"पास रहना, दिवा ! जैसे दिवा के पास चमकता सूर !"

"आज मेरे साथ नाचेगा सूर ?"

"जरूर !"

"आज मेरे साथ रहेगा ?"

"जरूर।"

"सारी रात ?"

"जरूर !"

"तो आज मैं जन के किसी तरुण के पास नहीं रहूँगी।" कह दिवा ने सूर का आलिंगन किया।

इसी बीच कितने ही शिकारी तरुण–तरुणियाँ आ गई । उनकी आवाज को सुनकर भी वे दोनों वैसे ही रोम–रोम से आलिंगित खड़े रहे। उन्होंने पास आकर कहा–

"दिवा ! आज तूने सूर को अपना साथी चुना ?"

"हाँ ! और मुँह को उनकी ओर घुमाकर कहा–"देखो ये फूल सूर ने सजाये हैं।"

एक तरुणी––"सूर ! तू फूल अच्छे सजाता है। मेरे केशों को भी सजा दे।"

दिवा–"आज नहीं, आज सूर मेरा। कल।"

तरुणी–"कल सूर मेरा।"

दिवा–"कल ? कल भी सूर मेरा।

तरुणी–"रोज–रोज सूर तेरा दिवा ! यह तो ठीक नहीं ।"

दिवा ने अपनी गलती को समझकर कहा–"रोज–रोज नहीं स्वसर (बहन) ! आज और कल भर ।"

धीरे–धीरे कितने ही और प्रौढ़ शिकारी आ गये। एक काला विशाल कुत्ता पास आ सूर के पैरों को चाटने लगा। सूर को अब अपनी भारी भेड़ याद आई। दिवा के कान में कुछ कह, वह दौड़ गया।

2.

लकड़ी की दीवारों और फूस से छाया एक विशाल झोपड़ा था । पत्थर के फरसे तेज होते हैं, किन्तु उनसे इतनी लकड़ियों का काटना सम्भव नहीं था। उन्होंने लकड़ी के काटने में आग से भी मदद ली थी , किन्तु पाषाण–परशुओं ने काफी काम किया था. इसमें शक नहीं। और इतना बड़ा झोपड़ा ? हाँ, इसी में सारा निशा–जन – निशा नामक किसी पुराने काल की स्त्री की सन्तान – रहता है। सारा जन एक छत के नीचे रहता , एक साथ शिकार करता, एक साथ फल या मधु जमा करता है। सारे जन की एक नायिका है, सारे जन का संचालन एक समिति करती है। संचालन—हाँ, इस संचालन से जन के व्यक्तियों के जीवन का कोई अंश छूटा नहीं है। शिकार, नाचना, प्रेम घर बनाना, चमड़े का परिधान तैयार करना सभी कामों का संचालन जन –समिति (कमेटी) करती है, जिसमें जन–माताओं को प्राधान्य है। निशा–जन के इस झोपड़े में १५० स्त्री–पुरुष रहते हैं। तो क्या यह सब एक परिवार हैं ? बहुत कुछ, और अनेक परिवार भी कह सकते हैं। क्योंकि माँ के जीते समय उसकी सन्तानों का एक छोटा परिवार–सा बन

जाता है, ज्यादातर इस अर्थ में कि उसके सारे व्यक्ति उस माँ के नाम से पुकारे जाते हैं। उदाहरणार्थ, दिवा की माँ न रहे और वह कई बच्चों की माँ हो जाये, तो उन्हें दिवा-सूनु (दिवा-पुत्र) और दिवा-दुहिता (दिवा-पुत्री) कहेंगे। इतना होने पर भी दिवा की सन्तान की अपनी सम्पत्ति (मांस, फल) नहीं होगी। सभी जन-स्त्री, पुरुष दोनों साथ सम्पत्ति अर्जित करता है, साथ उसे भोगता है, न मिलने पर साथ भूखे मरता है। व्यक्ति जन से अलग अपना कोई अधिकार नहीं रखते । जन की आज्ञा, जन का रिवाज पालन करना उनके लिए उतना ही आसान मालूम पड़ता है, जितनी अपनी इच्छा।

और झोपड़ा ? यह अस्थायी झोपड़ा है। जब आस-पास के शिकार चले जायेंगे, आस-पास कन्द-मूल-फल न रहेंगे, तो सारा जन भी दूसरी जगह चला जायेगा। सदियों के तजुर्वे से उन्हें मालूम है, कि किसके बाद कहाँ शिकार पहुँचते हैं। यहाँ से चले जाने पर यह फूस गिर-पड़ जायेगा, किन्तु लकड़ी या पत्थर की दीवारें कई साल तक चली जायेंगी। नई जगह जा दीवारों को फस से ढॅाक वे नया दम् (घर) बनायेंगे. उसमें एक स्थान सामान रखने का होगा, एक खाना पकाने का–जन हाथ से मिट्टी का बर्तन बनाता है, खोपड़ी को भी बर्तन के तौर पर इस्तेमाल करता है। माँस कभी कच्चा खाता है, कभी ताजे को भूनता है, सूखे को भूनना निषिद्ध समझता है। वोल्गा के इस भाग के जंगलों में मधु बहुत है, इसीलिए मध्वद (मधुभक्षी रीछ) भी यहाँ बहुत हैं। निशा-जन मधु को बहुत पसन्द करता है। मधु के तौर पर भी और सुरा के तौर पर भी।

और यह संगीत ? हाँ, स्त्री और पुरुष मधुर स्वर से गा रहे हैं। परिधाने के चमड़े को पीटने में तो नहीं लगे हुए हैं? जन हर एक काम को सम्मिलित ही नहीं करता, बल्कि उसे मनोरंजक ढंग से करता है- गीत सम्मिलित काम का एक अंग है, संगीत में काम का श्रम भूल जाता है। किन्तु यह गीत काम वाला गीत नहीं मालूम होता। यहाँ एक बार स्त्रियों के कंठ से सरस कोमल रोग निकल रहा है, एक बार पुरुषों के कंठ से गम्भीर कर्कश ध्वनि। चलें देखें।

झोपड़े में किन्तु विभक्त उसके एक भाग में जन के नर-नारी, बच्चे, बूढ़े, जवान इकट्ठा हुए हैं। बीच में छत कटी हुई है, जिनके नीचे देवदारु के काष्ठ की आग जल रही है। स्त्री-पुरुष बड़े राग से कुछ गा रहे हैं। उसमें जो शब्द सुनाई देते हैं, वह है-

"ओ-|-|-ग-ग-न्-ा-ा आ-ा-ा-या-"

क्या वह इसी अग्नि की प्रार्थना कर रहे हैं ? देखो, जन-नायिका तथा जन-समिति के लोग आग में माँस, चर्बी, फल और मधु डाल रहे हैं। अब के जन को शिकार खूब मिले, फल और मधु की भी बहुतायत रही, पशु तथा मानव शत्रुओं से जन-सन्तान को हानि नहीं पहुँची; इसीलिए आज पूर्णिमा के दिन जन अग्निदेव के प्रति अपनी कृतज्ञता और पूजा अर्पित कर रहा है। अभी जन-नायिका ने मधु-सुरा का एक चषक (प्याला) आग में डाला, लोग खड़े हो गये। हाँ, सभी नंगे हैं, वैसे ही जैसे कि पैदा हुए थे।

जाड़ा नहीं है, इस गर्मी में वह अपने चमड़े को किसी दूसरे चमड़े से ढॅाकना सॅासत समझते हैं। लेकिन कितने सुडौल हैं इनके शरीर ? क्या इनमें किसी का पेट निकला है ? क्या इनमें किसी के चमड़े को चर्बी ने फुला रखा है?-नहीं। सौन्दर्य इसे कहते हैं, स्वास्थ्य इसका नाम है। इनके सबके चेहरे बिलकुल एक जैसे हैं। क्यों न होंगे, ये सभी निशा की सन्तान हैं, बाप-भाई-पुत्र से पैदा

हुए हैं। सभी स्वस्थ और बलिष्ठ हैं। अस्वस्थ निर्बल व्यक्ति इस जीवन में, इस प्रकृति और पशु-जगत् की शत्रुता में जी नहीं सकता।

जन-नायिका उठकर बड़ी शाला में गई। लोग मिट्टी के लिए फर्श पर बैठ रहे हैं। मधु-सुरा के कुप्पे के कुप्पे आ रहे हैं और चषक (प्याले)—किसी के पास खोपड़ी के, किसी के पास हड्डी या सींग के, किसी के दारु-पत्ते के हैं। तरुण-तरुणियाँ, प्रौढ़-प्रौढ़ाएँ वृद्ध-वृद्धाएँ विभक्त से होकर पान-गोष्ठी में लगे हुए हैं। किन्तु, यह नियम नहीं। कितनी ही वृद्धाएँ समझती हैं कि उन्होंने अपने समय में जीवन का आनन्दपूरा ले लिया है, अब तरुणों की बारी है। कितनी ही तरूणियाँ किन्हीं वृद्धों को उनके सन्ध्या-काल में अमृत की एक घूँट अपने हाथ से पिलाना चाहती हैं। वह देखो दिवा को। उसके पास कितनी ही तरुण-तरुणियाँ बैठी हुई हैं; आज उसका हाथ ऋभु के कन्धे पर है, सूर दिवा के साथ बैठा है।

खान, पान, गान, नृत्य और फिर इसी बड़ी शाला में प्रेमी-प्रेमिकाओं का अंक-शयन। सवेरे उठ कुछ स्त्री-पुरुष घर के काम करेंगे, कुछ शिकार करने जायेंगे और कुछ फल जमा करेंगे। और गुलाबी गालों वाले इनके छोटे-छोटे बच्चे ? कुछ माँ की गोद में, कुछ वृक्ष की छाया के नीचे चमड़ों पर कुछ सयाने बच्चों की पीठ या गोद में, और कितने ही वोल्गा की रेतीली कूद-फाँद में रहेंगे।

वृद्ध-वृद्धाएँ अब निशा के राज्य की अपेक्षा ज्यादा सुखी और सन्तुष्ट हैं। जन एक जीवित माता का राज्य नहीं, बल्कि अनेक जीवित माताओं के परिवारों का एक परिवार एक जन है, यहाँ एक माता का अकंटका राज्य नहीं, जन-समिति का शासन है, इसलिए यहाँ किसी निशा को अपनी लेखा को वोल्गा में डुबाने की जरूरत नहीं।

3.

दिवा चार पुत्रों और पाँच पुत्रियों की माँ है, पैंतालिस वर्ष की आयु में वह निशा-जन की जन-नायिका बनाई गई है। पिछले पच्चीस सालों में निशा-जन की संख्या तिगुनी हो गई है। इसके लिए जब कभी सूर दिवा के ओंटों को चूमकर बधाई देता है, तो वह कहती है-"यह अग्नि की दया है. यह भगवान का प्रताप है। जो अग्नि की शरण लेता है, जो भगवान् की शरण लेता है. उसके चारों ओर मधु की धारा, इस वोल्गा की धारा की भाँति बहती है। उसके दारुओं (वन) में नाना मृग आकर चरते हैं।"

निशा-जन के लिए बहुत मुश्किल है। निशा-जन रस्थान बदलते जहाँ जाता, वहाँ पहले के इतने जंगल से उसका काम नहीं चलता। उसे जनदम (जनगृह) ही तिगुना नहीं बनाना पड़ता, बल्कि तिगुने मृगया- क्षेत्रों को भी लेना पड़ता। आज सि मृगया --क्षेत्रों में उसने डेरा डाला है, उसके उत्तर उषा-जन का मृगया-क्षेत्र है। दोनों मृगया-क्षेत्र के बीच कुछ अस्वामिक वन है। निशा-जन अस्वामिक वन को ही नहीं, उषा --जन के क्षेत्र में भी शिकार करने कई बार गया। जन-समिति ने उषा-जन से झगडा होने की सम्भावना को देखा, किन्तु उसे कोई उपाय नहीं सूझा। दिवा ने जन-समिति में एक दिन कहा था-''भगवान् ने इतने मुंह दिये, उन्हीं के आहार के लिए ये वन हैं। इन वनों को छोड़ इन मुखों को आहार नहीं दिया जा सकता; इसलिए निशा-जन जंगल के

रीछों, गायों, घोड़ों को नहीं छोड़ सकता; वैसे ही जैसे इस वोल्गा की मछलियों को ।"

उषा–जन ने निशा–जन को सरासर अन्याय करते देखा। उसकी जन–समिति ने कई बार निशा–जन–समिति से बातचीत की। समझाया, बतलाया–"सनातन काल से हमारे दोनों जनों में कभी युद्ध नहीं हुआ, हम हर शरद् में यहीं आकर रहते रहे।" किन्तु भूखे मरकर न्याय करने के लिए निशा–जन कैसे तैयार होता ? सब कानून जब विफल हो जाते हैं, तो जंगल के कानून की शरण लेनी ही पड़ती है। दोनों जन भीतर–भीतर इसके लिए तैयारी करने लगे। एक का पता दूसरे को मिल नहीं सकता था, क्योंकि प्रत्येक जन ब्याह–शादी, जीना–मरना सब कुछ अपने जन के भीतर करता था।

निशा–जन का एक गिरोह दूसरे मृगया–क्षेत्र में शिकार करने गया, उषा–जन के लोग छिपकर बैठे हुए थे। उन्होंने आक्रमण कर दिया । निशा–जन के लोग भी डटकर लड़े, किन्तु वह तैयार होकर काफी संख्या में नहीं आये थे। कितने ही अपने मरों को छोड़, कितने ही घायलों को लिए वहाँ भाग आये । जन–नायिका ने सुना, जन–समिति ने इस पर विचार किया, फिर जन–संसद–सारे जने के स्त्री–पुरुषों–की बैठक हुई। सारी बात उनके सामने रखी गई। मरों का नाम बतलाया गया। घायलों को सामने करके दिखलाया गया। भाइयों–बेटों, माँओं–बहनों बेटियों ने खून
का बदला लेने के लिए सारे जन को उत्तेजित किया। खून का बदला न लेना जन–धर्म के अत्यन्त विरुद्ध काम है, और वह जन धर्म–विरोधी कोई काम नहीं कर सकता। जन ने तय किया कि मरों के खून का बदला लेना चाहिए।

नाच के बाजे युद्ध के बाजों में बदल गये। बच्चों –वृद्धों की रक्षा के लिए कुछ नर–नारियों को छोड़ सभी चल पड़े। उनके हाथों में धनुष, पाषाण–परशु, काष्ठ–शल्य, काष्ठ–मुद्गर थे। उन्होंने अपने शरीर में सबसे मोटे चमड़े के कंचुक पहने थे। आगे–आगे बाजा बजता जाता था, पीछे हथियार–बन्द नर–नारी। जन–नायिका दिवा आगे–आगे थी। दूर तक सुनाई पड़ती बाजे की आवाज, और लोगों के कोलाहल से सारी अरण्यानी मुखरित हो रही थी। पशु–पक्षी भयभीत हो यत्र–तत्र भाग रहे थे।

अपने क्षेत्र को छोड़ वह अस्वामिक क्षेत्र में दाखिल हुए–सीमा चिह्न न होने पर भी हर एक जन–शिकारी अपनी सीमा को जानता है और वह उसके लिए झूठ नहीं बोल सकता। झूठ अभी मानव के लिए अपरिचित और अत्यन्त कठिन विद्या थी। शिकारियों ने अपने जन के पास सूचना पहुँचाई, वह जन–पुर (जन के झोपड़े) से हथियार–बन्द हो निकले। उषा–जन वस्तुतः न्याय चाहता था, वह सिर्फ अपने मृगया–क्षेत्र की रक्षा करना चाहता था, किन्तु उसके अमित्र इस न्याय के लिए तैयार न थे। उषा–जन के मृगया–क्षेत्र में दोनों जनों का युद्ध हुआ। चकमक पत्थर के तीक्ष्ण फल वाले बाण सन्–सन् बरस रहे थे; पाषाण–परशु खप्–खप् एक–दूसरे पर चल रहे थे। वे भालों और मुद्गरों से एक दूसरे पर प्रहार कर रहे थे। हथियार टूट या छूट जाने पर भट और भटानियाँ हाथों, दाँतों और नीचे पत्थरों से लड़ रहे थे।

निशा–जन की संख्या उषा–जन की संख्या से दूनी थी, इसीलिए उस पर विजय पाना उषा–जन के लिए असम्भव था। किन्तु,

लड़ना जरूरी था, और तब तक जब तक कि एक बच्चा भी न रह जाये। लड़ाई पहर भर दिन चढे शुरू हुई थीं। जंगल में उषा–जन के दो–तिहाई लोग मारे जा चुके थे–हाँ, घायल नहीं मारे, जनों के युद्ध में घायल शत्रु को छेड़ना भारी अधर्म है । बाकी एक–तिहाई ने वोल्गा के तट पर लड़ते हुए प्राण दिया। वृद्धों और बच्चों सहित माताओं ने दम (घर) छोड़ भागना चाहा, किन्तु समय बीच चुका था। निशा–जन के बर्बर नर–नारियों ने उन्हें खदेड़–खदेड़कर पकड़ा, दुधमुँहे बच्चों को पत्थरों पर पटका, बूढ़ों और बूढ़ियों के गले में पत्थर बाँधकर वोल्गा में डुबाया। दम के भीतर रखे मांस, फल, मधु, सुरा तथा दूसरे सामान को बाहर निकाल बाकी बचे बच्चों और स्त्रियों को झोपड़े के भीतर बंद कर आग लगा दी। पोरिसों उछलती ज्वाला के भीतर उठते प्राणियों के क्रन्दन का आनन्द लेते, निशा–जन ने अग्निदेव को धन्यवाद दिया, फिर शत्रु–संचित मांस और सुरा से अपने देवों तथा अपने को तृप्त किया।

जन–नायिका दिवा बहुत खुश थी। उसने तीन माताओं की छाती से छीनकर उनके बच्चों को पत्थर पर पटका था , जब उनकी खोपड़ी के फटने का शब्द होता, तो वह किलकिलाकर हँसती। खान–पान के बाद उसी आग के प्रकाश में नृत्य शुरू हुआ। दिवा अपने तरुण पुत्र वसू के साथ आज नाच रही थी। दोनो नग्न मूतियाँ नृत्य के ताल में ही कभी एक–दूसरे को चूमतीं, कभी आलिंगन करती, कभी चक्कर काटकर भिन्न–भिन्न नाट्य–मुद्राएँ दिखलातीं । सब जन जानता था कि आज उनकी जन –नायिका का प्रेम–पात्र वसु बना है, वसु विजयोन्माद–मत्त माता के प्रेम को ठुकराना नहीं चाहता था।

निशा–जन का मृगया–क्षेत्र अब चौगुने से अधिक हो गया था , शरद के निवास के लिए उसे बिलकुल चिन्ता न रह गई थी। चिन्ता उसे सिर्फ एक बात की थी। उषा–जन के मारे गये लोगों ने जो बात जीवित रहते न कर पाई, उसे अब वे मरने के बाद प्रेत हो करना चाहते थे। उस जले दम की जगह प्रेत–पुर बस गया था, जिससे अकेल–दुकेले गुजरना किसी निशा–जन वाले के लिए असम्भव था। कितनी ही बार शिकारियों ने दूर तक फैली आग के सामने सैकड़ो नंगी मूर्तियों को नाचते देखा था। स्थान–परिवर्तन के समय जन को उधर से ही जाना पड़ता था , किन्तु उस वक्त वह भारी संख्या में होता और दिन के उजाले में जाता था। दिवा ने तो कई बार अँधेरे में दुधमुँहे बच्चों को जमीन से उछल कर अपने हाथों में लिपटते देखा, उस वक्त वह चिल्ला उठती ।

4.

दिवा अब सत्तर से ऊपर की है। अब वह निशा –जन की नायिका नहीं है, किन्तु अब भी वह उसकी एक सम्माननीय वृद्धा है ; क्योंकि २० वर्ष तक जन–नायिका रह उसने अपने बढ़ते हुए जन की समृद्धि के लिए बहुत काम किया था। इन वर्षों में जन को कई बाहरी जनों से लड़ना पड़ा , जिसमें उसे भारी जन –हानि उठानी पड़ी, तो भी निशा–जन सदा विजयी रहा। अब उसके पास कई मासों के लिए पर्याप्त मृगया–क्षेत्र हैं। दिवा के लिए यह सब भग (वान्) की कृपा से था, यद्यपि हाथ के पटके वे बच्चे अब भी कभी–कभी उसकी नींद को उचाट देते !

जाड़ों का दिन था। वोल्गा की धारा जम गई थी और महीनों के बरसते हिम के कारण वह दूसरे रजत बालुका या घने कपास की

राशि सी मालूम होती थी। दूसरी ओर जंगल में शिशिर की निर्जीवता और स्तब्धता छाई थी। निशा–जन की संख्या अब और भी ज्यादा थी, इसलिए उसके आहार की मात्रा भी अधिक होनी जरूरी थी , किन्तु साथ ही उसके पास काम करने वाले हाथ भी अधिक थे और काम के दिनों में वह अधिक मात्रा में आहार संचय करते। जाड़ों में भी सधे कुत्तों के लिए निशा –पुत्र और पुत्रियाँ शिकार में कुछ–न–कुछ प्राप्त कर लेतीं। इधर उन्होंने शिकार का एक और नया ढंग निकाला था – चारे के अभाव से हरिन, गाय, घोड़े आदि शिकार के जानवर एक जंगल से दूसरे जंगल को चले जाते थे। निशा–जन ने जमीन में गिरे दानों को जमते देखा था , इसलिए उन्होंने घास के दानों को आर्द्र भूमि में छींटना शुरू किया। इन उगाई घासों के कारण जानवर कुछ दिन और अटकने लगे।

उस दिन ऋक्षश्रवा के कुत्ते ने खरगोश का पीछा किया। ऋक्षश्रवा भी उसके पीछे दौड़ा। पसीना छूटने पर उसने अपने बड़े चर्म –कंचुक को उतार कन्धे पर रख फिर दौड़ना शुरू किया, किन्तु कुत्ता अभी भी नहीं दिखाई पड़ता था, बरफ में उसके पैरों के निशान जरूर दिखलाई पड़ रहे। थे। ऋक्ष हाँफने लगा और विश्राम करने के लिए एक गिरे हुए वृक्ष के स्कन्ध पर बैठ गया। अभी वह पूरी तरह विश्राम नहीं कर पाया था कि उसे दूर अपने कुत्ते की आवाज सुनाई दी। वह उठकर फिर दौड़ने लगा। आवाज नजदीक आती गई। पास जाकर देखा, देवदारु के सहारे एक सुन्दरी खड़ी है। उसके शरीर पर श्वेत चर्म–कंचुक हैं। सफेद टोपी के नीचे से जहाँ–तहाँ उसके सुनहले केश निकल कर दिखलाई दे रहे हैं। उसके पैरों के पास एंक मरा हुआ खरगोश पड़ा है। ऋक्ष को देखकर कुत्ता नजदीक जा और जोर–जोर से भेंकने लगा। ऋक्ष की दृष्टि सुन्दरी के चेहरे पर पड़ी, उसने मुस्कराकर कहा–"मित्र ! यह तेरा कुत्ता है?"

"हाँ, मेरा है, किन्तु मैंने तुझे कभी नहीं देखा।

"मैं कुरु–जन की हैं। यह कुरु–जन की भूमि है।"

"कुरु–जन की !" कह ऋक्ष सोच में पड़ गया। कुरु यहाँ उसका पड़ोसी जन है। कितने ही वर्षों से दोनों जनों में अनबन चल रही है। कभी–कभी युद्ध भी हो जाता है। किन्तु कुरु उषा–जन से अधिक चतुर है, इसलिए युद्ध में सफलता की आशा न देख वह अकसर अपने पैरों से भी काम लेता है। इस तरह जहाँ हाथ सफलता नहीं प्रदान करते, वहाँ पैर जीवित रहने में सफल बनाते हैं। निशा–पुत्र बराबर कुरु–संहार का निश्चय करते, किन्तु अभी तक वह अपने निश्चय को कार्य रूप में परिणत नहीं कर सके थे।

ऋक्ष को चुप देख तरुणी ने कहा–"इस खरगोश को तेरे कुत्ते ने मारा है, इसे तू ले जा ।

"लेकिन, यह कुरुओं के मृगया–क्षेत्र में मरा है।"

"हाँ, मरा है, किन्तु मैं कुत्ते के मालिक की प्रतीक्षा में थी।"

"प्रतीक्षा में ?

"हाँ कि उसके आने पर इस खरगोश को दे दें।"

कुरु का नाम सुनकर ऋक्ष के मन में कुछ द्वेष –सा उठ आया था, किन्तु सुन्दरी के स्नेहपूर्ण शब्दों को सुनकर वह दूर होने लगा। उसने प्रत्युपकार के भाव से प्रेरित होकर कहा–

"शिकार ही नहीं, तूने मेरे श्वक (कुत्ते) को भी मुझे दिया। यह कुत्ता मुझे बहुत प्रिय है।

"सुन्दर श्वक है।"

"सारे जन के बीच क्यों न हो, मेरी आवाज सुनते ही मेरे पास चला आता है।"

"इसका नाम ?"

"शम्भू ।"

"और तेरा मित्र !"

"ऋक्षश्रवा रोचना–सूनु ।"

"रोचना–सूनु ! मेरी माँ का नाम भी रोचना था। ऋक्ष जल्दी न हो तो थोड़ा बैठ।"

ऋक्ष ने धनुष और कंचुक बरफ पर रखकर सुन्दरी के पैरों के पास बैठते हुए कहा–

"तो अब तेरी माँ नहीं है ?"

"नहीं, वह निशा–जन के युद्ध में मारी गई। वह मुझे बहुत प्यार करती थी।'–कहते ––कहते तरुणी की आँखों में आँसू भर आये।।

ऋक्ष ने अपने हाथ से उसके आँसुओं को पोंछते हुए कहा–

"यह युद्ध कितना बुरा है !" ।

"हाँ, जिसमें इतने प्रियों का बिछोह होता है।"

"और अब भी वह बन्द नहीं हुआ।

"बिना एक के उच्छेद हुए वह कैसे बन्द होगा ? मैं सुनती हैं, निशा–पुत्र फिर आक्रमण करने वाले हैं। मैं सोचती हूँ ऋक्ष ! तेरे जैसे ही तरुण तो वह भी होंगे।"

"और तेरी जैसी ही तरुणियाँ कुरुओं में भी होंगी।"

"फिर भी हमें एक दूसरे को मारना होगा, ऋक्ष ! यह कैसा है !"

ऋक्ष को ख्याल आया, तीन दिन बाद उसका जन कुरुओं पर आक्रमण करने वाला है। ऋक्ष के कुछ बोलने से पहले ही तरुणी ने कहा–

"लेकिन हम अब नहीं लड़ेंगे।"

"नहीं ! कुरु नहीं लड़ेंगे।"

"हाँ, हमारी संख्या इतनी कम रह गई है, कि हमें जीतने की आशा नहीं।"

"फिर कुरु क्या करेंगे ?"

"वोल्गा–तट को छोड़ दूर चले जायेंगे। वोल्गा माता की धारा कितनी प्रिय है ? अब फिर यह देखने को नहीं मिलेगी, इसीलिए मैं घन्टों यहाँ बैठी इसकी सुप्त धारा को देखा करती हूँ।"

"तो तू वोल्गा को फिर न देख सकेगी।"

"न तैर सकेंगी। इस गम्भीर उद (जल) में तैरने में कितना आनन्द आता था !"–सुन्दरी के कपोलों पर अश्रुबिन्दु ढलक रहे थे।

"कितना क्रूर, कितना निष्ठुर !"––उदास हो ऋक्ष ने कहा।

'किन्तु यह जन–धर्म है, रोचना–सूनु।"

"और बर्बर–धर्म है।"

आज से सवा दो सौ पीढ़ी पहले के एक आर्य-जन की यह कहानी है। उस वक्त भारत, ईरान और रूस की श्वेत जातियों की एक जाति थी, जिसे हिन्दी स्लाव या शतं-वंश कहते हैं।

अमृताश्व (३००० ईसा पूर्व)

देश : मध्य-एशिया; पामीर (उत्तर-कुरु)

जाति : हिन्दी-ईरानी

काल : ३००० ई० पू०

फर्गाना के हरे-हरे पहाड़, जगह-जगह बहती सरिताएँ तथा चश्मे, कितने सुन्दर हैं, इसे वही जान सकते हैं, जिन्होंने काश्मीर की सुषमा देखी है। हेमन्त बीत कर बसन्त आ गया है और बसन्त-श्री उस पार्वत्य उपत्यका को भू-स्वर्ग बना रही है। पशु-पाल अपने हेमन्त-निवासों, गिरि-गुहाओं या पाषाण-गृहों से निकलकर विस्तृत गोचर-भूमि में चले आये हैं। उनके घोड़े के बाल के तम्बुओं से-जिनमें अधिकतर लाल रंग के हैं- धुआँ निकल रहा है। अभी एक तम्बू से एक तरुणी मशक को कन्धे से लटकाये नीचे पत्थरों पर अट्टहास करती सरिता के तट की ओर चली। अभी वह तम्बुओं से बहुत दूर नहीं गई थी , कि एक पुरुष सामने आकर खड़ा हुआ। तरुणी की भाँति उसके शरीर पर भी एक पतले सफेद ऊनी कम्बल के दो छोर दाहिने कन्धे पर इस तरह बँधे हुए हैं , कि दाहिना हाथ, मोढ़ा और वक्षार्द्ध तथा घुटनों के नीचे का भाग छोड़, सारा शरीर ढंका हुआ है। पुरुष के पिंगल केश, श्मश्रु सुन्दर रूप से सँवारे हुए हैं। सुन्दरी पुरुष को देख ठहर गई ।

पुरुष ने मुस्कराते हुए कहा-"सोमा ! आज देर से पानी के लिए जा रही है ?"

"हाँ, ऋज्राश्व ! किन्तु तू किधर भूल पड़ा ?".

"भूला नहीं सखी ! मैं तेरे ही पास चला आया।"

"मेरे पास ! बहुत दिनों बाद।"

"आज सोमा याद आ गई !"

"बहुत अच्छा, मुझे पानी भरकर घर में पहुँचाना है। अमृताश्व खाने बैठा है।"

बात करते हुए दोनों नदी तक जा, घर लौटे। ऋज्राश्व ने कहा-

"अमृताश्व बड़ा हो गया।

"हाँ, तूने तो कई वर्षों से नहीं देखा ?"

"चार वर्ष से ?"

"इस वक्त यह बारह वर्ष का है। सच कहती हूँ ऋज्राश्व ! रूप में वह तेरे समान है।

"कौन जाने, उस वक्त मैं भी तो तेरा कृपा-पात्र था। अमृताश्व इतने दिनों कहाँ रहा ?"

"नाना के यहाँ, वाहलीकों में ।"

सुन्दरी ने जलपूर्ण मशक तम्बू में रखी और अपने पति कृच्छ्राश्व को ऋज्राश्व के आने की खबर दी। दोनों और उनके पीछे अमृताश्व भी तम्बू से बाहर निकले। ऋज्राश्व ने सम्मान प्रदर्शित करते हुए कहा--"कह, मित्र कृच्छ्राश्व ! तू कैसे रहा ?"

"अग्निदेव की कृपा है, ऋज्राश्व ! आ जा फिर, अभी-अभी सोम (भांग) को घोटकर मधु और अश्विनी-क्षीर के साथ तैयार किया है।"

"मधु-सोम । किन्तु इतने सबेरे कैसे ?"

"मैं घोड़ों के रेवड़ में जा रहा हूँ। बाहर देखा नहीं, घोड़ा तैयार है ?

"तो आज शाम को लौटना नहीं चाहता !"

"शायद। इसीलिए तैयार है। यह सोम की मशक और मधुर अश्वमांस ।"

"अश्व–मांस !"

"हाँ, हमारे पशुओं पर अग्निदेव की कृपा है। मैं तो अश्वों को ही अधिक पालता हूँ।"

"हाँ, कृच्छ्राश्व ! तेरा नाम उल्टा है।"

"माँ–बाप के समय हमारे घर में अश्वों की कृच्छ्रता थी, इसीलिए यह नाम रख दिया।

"लेकिन अब तो ऋद्धाश्व होना चाहिए।

"अच्छा, चलो भीतर ।"

"किन्तु, मित्र ! इसी देव–द्रुम की छाया में हरी घास पर क्यों न ?"

"ठीक, सोमा ! तू ला, सोम और माँस से यहीं मित्र को तृप्त करें।"

"किन्तु कृच्छ्र ! तू अश्वों में जा रहा था।

"चला जाऊँगा, आज नहीं कल। बैठ ऋज्राश्व !"

सोमा सोम की मशक और चषक (प्याले) लिये आई। दोनों मित्रों के बीच अमृताश्व भी बैठ गया। सोमा ने सोम (भाँग के रस) और चषक को धरती पर रखते हुए कहा–"बिस्तर ला हूँ, जरा ठहरो।"

"नहीं सोमे ! यह कोमल हरी घास बिस्तर से अच्छी है"–ऋज्राश्व ने कहा।

"अच्छा, यह बतला ऋजु ! लवण के साथ उबाला मॉस खायेगा, या आग में भूना ? बछेड़ा आठ महीने का था, मांस बहुत कोमल है।"

"मुझे तो सोमे ! भूना बछेड़ा पसन्द आता है। मैं तो कभी–कभी सम्पूर्ण बछेड़े को आग पर भूनता हूँ। देर लगती है, किन्तु मांस बहुत मधुर होता है। और तुझे भी सोमे ! मेरे चषक को अपने ओठों से मीठा करना होगा।

"हाँ, हाँ सोमे ! ऋज बहुत समय बाद आया है।"– कृच्छ्राश्व ने कहा।

"मैं जल्दी आती हूँ, आग बहुत है, माँस भूनते देर न लगेगी।"

कृच्छ्राश्व को चषक पर अँड़ेलते देख ऋज्राश्व ने कहा "क्या जल्दी है?"

"सोम मधुरतम है। सोमा का हाथ और सोम ! सोम अमृत है। यह सोमपायी को अमृत बनाता है। पी सोम और अमृत बन जा।"

"तू अमृत क्या बनेगा ? जिस तरह चषक पर चषक उँडेले जा रहा है, उससे तो अ–चिर में मृत–सा बन जायेगा।"

"किन्तु तू जानता है ऋज्र ! मैं सोम से कितना प्रेम रखता हूँ ?"

इसी वक्त भुने माँस के तीन टुकड़ों को चमड़े पर लिये सोमा आकर बोली–'किन्तु कृच्छ्र ! तू सोमा से प्रेम नहीं रखता ?"

"सोमा से भी और सोम से भी।" कृच्छ्र ने परिवर्तित स्वर में कहा।

उसकी आँखें लाल हो रही थीं, "और सोमा, आज तुझे क्या परवाह ?"

"हाँ, आज तो मैं अतिथि ऋज़ की हूँ।"

"अतिथि या पुराने मित्र की ?" –हँसने की कोशिश करते हुए कृच्छ्र ने कहा।

ऋज्राश्व ने हाथ पकड़कर सोमा को अपनी बगल में बैठा लिया, और सोम–पूर्ण चषक को उसके मुँह में लगा दिया । सोमा ने दो बँट पीकर कहा–"अब तू पी ऋज्र ! बहुत समय बाद यह दिन आया है।"

ऋज्राश्व ने सारे चषक को एक साँस में साफ कर नीचे रखते हुए कहा –"तेरे ओठों के लगते ही सोमे ! यह सोम कितना मीठा हो जाता है।"

कृच्छ्राश्व पर सोम का असर होने लगा था। उसने झटपट अपने चषक को भरकर सोमा की ओर बढ़ाते हुए लड़खड़ाती जबान से कहा–"तो–––सो–––– ! इस–स्–से–भी––म्–क–ध्–धु–र–व्–ब–ना–। दे।"

सोमा ने उसे ओठों से छू ; लौटा दिया। अमृताश्व को बड़ों के प्रेमालाप में कम रस आता था , इसलिए वह समवयस्क बालक–बालिकाओं के साथ खेलने के लिए निकल भागा। कृच्छ्राश्व ने झपी जाती पपनियों और गिरे जाते शिर के साथ कहा –"सो–ो–मं–– ! ग–गा–ना–1–ग–गा–ऊँ ?"

"हाँ, तेरे जैसे गायक क्या कुरु में कहीं है?"

"ठ–ठी–कम्–मे–रे–ज–जै–सा–ग–गायक–न–ही–तू–तो सु–सु–न–"

"पृपि–व्–वे––म्–मसो–मं–"

"रहने दे कृच्छ्र ! देख तेरे संगीत से सारे पशु–पक्षी जंगल छोड़ भाग रहे हैं।"

"ह. हु–म्–म!"

यह समय सोम पी अमृत बनने का नहीं था। आम तौर से उसका समय सूर्यास्त के बाद होता है, किन्तु कृच्छ्राश्व को तो कोई बहाना मिलना चाहिए । उसके होश हवाश छोड़ चित्त पड़ जाने पर, सोमा और ऋज्राश्व ने प्याले रख दिये और दोनों नदी के किनारे एक चट्टान पर जा बैठे। पहाड़ के बीच यहाँ धार कुछ समतल भूमि में बह रही थी , किन्तु उसमें बड़े–छोटे पत्थरों के ढोंके भरे हुए थे , जिन पर जल टकराकर शब्द कर रहा था। पत्थरों की आड़ में जहाँ –तहाँ मछलियाँ अपने पंखों को हिलातीं चलती –फिरती दिखलाई पड़ती थीं। तट के पास की सूखी भूमि पर विशाल साल, देवदारु आदि के वृक्ष थे। पक्षियों के सुहावने गीतों के साथ फूलों से सुगंधित मन्द पवन में श्वाँस तथा स्पर्श लेना बड़े आनन्द की चीज थी। बहुत वर्षों बाद दोनों इस स्वर्गीय भू भाग में अपने पुराने प्रेम की आवृत्ति कर रहे थे। इस वक्त फिर उन्हें वह दिन याद आ रहे थे , जबकि सोमा षोडशी पिंगला (पिंगल केशी) थी, जब वसन्तोत्सव के समय ऋज्राश्व भी वाहलीकों में अपने मामा के घर गया था। सोमा उसके मामा की लड़की थी। ऋज्राश्व भी उसके प्रेमियों में था। उस वक्त सोमा के चाहने वालों में होड़ लगी थी, किन्तु जयमाला कृच्छ्राश्व को मिली। दूसरों के साथ अजाश्व को भी पराजय स्वीकार करनी पड़ी। अब सोमा कृच्छ्राश्व की पत्नी है, किन्तु उस जिन्दादिल युग में स्त्री ने अभी अपने को पुरुष की जंगम सम्पत्ति होना नहीं स्वीकार किया था, इसलिए उसे अस्थायी प्रेमी बनाने का अधिकार था। अतिथियों और मित्रों के पास स्वागत के रूप में अपनी स्त्री को भेजना, उस वक्त का सर्वमान्य सदाचार था। आज वस्तुतः सोमा ऋज्राश्व की रही।

शाम को ग्राम के नर नारी महापितर (कबीले के मुखिया या शासक) के विस्तृत आँगन में जमा हुए। सोम, मधुसुरा और स्वादिष्ट गो–अश्व–मॉस लाया जा रहा था। महापितर पुत्रोत्पत्ति का महोत्सव मना रहे थे। कृच्छ्र ने अपने को हिलने –डोलने लायक नहीं रखा था, उसकी जगह सोमा और ऋज्राश्व वहाँ पहुँचे। बडी रात तक पान, गीत, नृत्य महोत्सव मनाया गया ! सोमा के गीत और ऋज्राश्व के नृत्य को सदा की भाँति कुरुओं ने बहुत पसन्द किया।

2.

"मधुरा ! तू थक तो नहीं गई ?"

"नहीं, मुझे घोड़े की सवारी पसन्द है ?"

"किन्तु उन दस्युओं ने मुझे बुरी तरह पकड़ रखा था ?"

"हाँ, बाह्लीक पक्यों की गौओं और अश्वों को नहीं, बल्कि लड़कियों को लूटने आये थे।

"हाँ पशु का लूटना दोनों जनों में चिरस्थायी शत्रुता पैदा करता है, किन्तु कन्या को लूटना थोड़े ही समय के लिए–आखिर ससुर को जमाता का सत्कार करना ही पड़ता है।"

"किन्तु मुझे तेरा नाम नहीं मालूम ?"

"अमृताश्व, कुच्छ्राश्व–पुत्र, कौरव ।"

"कौरव ! कुरु मेरे मामा के कुल होते हैं।"

"मधुरा, अब तू सुरक्षित है। बोल कहाँ जाना चाहती है?"

मधुरा के मुख पर कुछ प्रसन्नता की रेखा दौड़ने लगी थी , किन्तु वह बीच ही में रुक गई। अमृताश्व समझ गया, और बात का रुख दूसरी ओर मोड़ते हुए बोला– "पक्थों की कन्यायें हमारे ग्राम में भी आई हैं।"

"सभी लूटकर ?"

"नहीं, उनमें मातुल पुत्रियाँ अधिक हैं।"

"तभी तो। किन्तु लड़कियों के लिए यह लूट–मार मुझे बहुत बुरी मालूम होती है।"

"और मुझे भी मधुरा ! वहाँ पुरुष–स्त्री यह भी जानते हैं कि उनमें प्रेम की सम्भावना है भी।',

"मातुल–पुत्री का ब्याह इससे अच्छा है; क्योंकि उसमें पहले से परिचित होने का मौका मिलता है ।"

'तेरा कोई ऐसा प्रेमी था मधुरा ?"

"नहीं, मेरी कोई बुआ नहीं है।"

"कोई दूसरा ?"

"स्थायी नहीं।

"क्या तू मुझे भाग्यवान् बना सकती है ?"

"मधुरा की शर्मीली निगाहें नीची हो गई। अमृताश्व ने कहा–

"मधुरा! ऐसे भी जनपद हैं, जहाँ स्त्रियाँ दूसरे की नहीं, अपनी होती हैं।"

"नहीं समझी अमृताश्व ।" ।

"उन्हें कोई लूटता नहीं, उन्हें कोई सदा के लिए अपनी पत्नी नहीं बना पाता। वहाँ स्त्री–पुरुष समान होते हैं।"

"समान हथियार चला सकते हैं ।

"हाँ, स्त्री स्वतन्त्र है।

"कहाँ है वह जनपद, अमृत–आँ अमृताश्व !"

"नहीं अमृत ही कह मधुरा ! वह जनपद यहाँ से पश्चिम में बहुत दूर है।

"तू वहाँ गया है अमृत ?"

"हाँ। वहाँ की स्त्री आजीवन स्वतन्त्र रहती है; जैसे जंगल में स्वतन्त्र विचरता मृग, जैसे वृक्षों पर उड़ती चिड़ियाँ।"

"वह बड़ा अच्छा जनपद होगा ! वहाँ स्त्री को कोई नहीं लूटता न ?"

"स्वतन्त्र बाघिन को कौन जीते जी लूट सकता है?"

"और पुरुष, अमृत ?"

"पुरुष भी स्वतन्त्र है।

"बाल-बच्चे ।"

"मधुरा ! वहाँ को घर-बार दूसरी ही तरह का है; और सारे ग्राम का एक परिवार होता है।"

"उसमें बाप का कर्तव्य ?"

"बाप नहीं कह सकते मधुरा ! वहाँ स्त्री किसी की पत्नी नहीं, उसका प्रेम स्वच्छन्द है।"

"तो वहाँ कोई बाप को नहीं जानता ?"

"सारे घर के पुरुष बाप हैं।"

"यह कैसा रिवाज है ?"

"इसीलिए वहाँ स्त्री स्वतन्त्र है; वह योद्धा है, शिकारी है।"

"और गाय-घोड़ों का पालन-पोषण ?"

"वहाँ गाय-घोड़े जंगलों में पलते हैं, वैसे ही जैसे यहाँ हरिण ।"

"और भेड़-बकरियाँ ?"

"वहाँ लोग पशु-पालन नहीं जानते। शिकार, मछली और जंगल के फल पर गुजारा करते हैं।"

'सिर्फ शिकार ! फिर उन लोगों को दूध नहीं मिलता होगा ?"

"मानवी का दूध और वह भी बचपन ही में।"

"घोड़े पर चढ़ना भी नहीं ?"

"नहीं। और चमड़े के सिवा दूसरा परिधान भी नहीं जानते ।

"उन्हें बड़ा दुःख होता होगा?"

"किन्तु वहाँ की स्त्रियाँ स्वतन्त्र, पुरुषों की तरह स्वतन्त्र हैं। वह फल जमा करती हैं, शिकार करती हैं, युद्ध में शत्रुओं पर पाषाण-परशु और बाण चलाती हैं।"

"मुझे भी यह पसन्द है। मैंने शस्त्र चलाना सीखा है, किन्तु युद्ध में पुरुषों की भाँति जाने का सुभीता कहाँ ?"

"पुरुष ने यह काम अपने ऊपर लिया है। घोड़ों-गायों, भेड़-बकरियों को वह पालता है, स्त्री को उसने पशु-पत्नी नहीं, गृह-पत्नी बनाया है।"

"और लड़कियों को लूटने लायक बनाया है। वहाँ तो लड़कियाँ नहीं लूटी जाती होंगी, अमृत ?"

'एक जन के लड़के-लड़की सदा उसी जन में रहते हैं, न बाहर देना, न बाहर से लेना।"

"कैसा रिवाज है ?"

"वह यहाँ नहीं चल सकता।"

"इसलिए लड़कियाँ लूटी जाती रहेंगी ?"

"हाँ तो मधुरा ? क्या कहती है ?"

"किस बारे में ?"

"मेरे प्रेम के बारे में ।"

"मैं तेरे वश में हैं, अमृत ।"

"किन्तु मैं लूटकर नहीं ले जाना चाहता।"

"क्या, मुझे युद्ध करने देगा ?"

"जहाँ तक मेरा बस होगा।"

"और शिकार करने ?",

"जहाँ तक मेरा बस होगा।"

"बस ?"

"क्योंकि मुझे महापितर की आज्ञा तो माननी पड़ेगी। अपनी ओर से मधुरा ! मैं मुझे स्वतन्त्र समझेंगा।"

"प्रेम करने न करने के लिए भी।"

"प्रेम हमारा सम्बन्ध स्थापित कर रहा है। अच्छा उसके लिए भी।"

"तो अमृत ! मैं तेरा प्रेम स्वीकार करती हूँ।"

"तो हम कुरुओं में चलें या पक्थों में ?"

"जहाँ तेरी मर्जी ।"

"अमृत ने घोड़े को लौटाया और वह मधुरा के बताये रास्ते से पक्थों के भ्रम में पहुँचा। ग्राम में किसी के तम्बूघर में कोई मारा गया था; किसी में कोई घायल पड़ा था, किसी की लड़की लूटी गई थी। चारों ओर कुहराम मचा हुआ था। मधुरा की माँ रो रही थी और बाप ढाढ़स बँधा रहा था, जब कि घोड़ा उसके बालों के तम्बू के बाहर खड़ा हुआ।

|अमृताश्व के उतर जाने पर मधुरा कूद पड़ी और अमृताश्व को बाहर खड़े रहने के लिए कहकर भीतर चली गई । एकाएक सामने आ खड़ी बेटी को देख, पहले माँ–बाप को विश्वास न हुआ। फिर माँ ने के गोद में ले उसके मुख को ऑसुओं से भिगोना शुरू किया। शान्त होने पर बाप ने पूछा और मधुरा ने बतलाया – "वाहलीक पक्थ । लड़कियों को लूटकर ले जा रहे थे। मुझे लूटकर ले जाने वाला पिछड़ गया था। मौका पाकर मैं घोड़े से कूद गई। वह पकड़कर फिर चढ़ानाचाहता था। मैं उसका विरोध कर रही थी। उसी वक्त एक सवार आ गया, उसने वाह्लीक को ललकारा और उसे घायल कर गिरा दिया। वही कुरु तरुण मुझे यहाँ पहुँचाने आया है।"

बाप ने कहा–"तो तरुण ने तुझे नहीं ले जाना चाहा ?"

"बलात् नहीं।"

"किन्तु हमारे जनपद के नियम से अनुसार तू उसकी हुई।

"और मैं उससे प्रेम भी करती हैं, तात !"

मधुरा के बाप ने बाहर आकर अमृताश्व का स्वागत किया और उसे तम्बू के भीतर लिवा लाया। गाँव वालों को यह अजीब –सी बात मालूम हुई; किन्तु सभी के सम्मान और सहानुभूति के साथ अमृताश्व ने मधुरा के साथ ससुराल छोडी।

3.

अब अमृताश्व अपने कुरु ग्राम का महापितर था। उसके पास पचासों घोड़े, गायें तथा बहुत–सी भेड़–बकरियाँ थीं । उसके चार बेटे और मधुरा रेवड़ और घर का काम देखते थे। ग्राम के दरिद्र–कुलों के कुछ आदमी भी उसके यहाँ काम करते थे–नौकर के तौर पर

नहीं, घर के एक व्यक्ति के तौर पर। एक कुरु को दूसरे कुरु से समानता का बर्ताव करना पड़ता। अमृताश्व के चलते–फिरते ग्राम में पचास से ऊपर परिवार थे। आपसी झगड़ों, मामलों मुकदमों को फैसला महापितर को ही देखना पड़ता। फिर पानी , रास्ते और दूसरे सार्वजनिक कामों का संचालन भी महापितर करता और युद्ध में––जो सदा सिर पर बैठा ही रहता–सेना का मुखिया बनना तो महापितर का सबसे बड़ा कर्तव्य था। वस्तुतः युद्धों में सफलता ही आदमी को महापितर के पद पर पहुँचाती हैं।

अमृताश्व एक बहादुर योद्धा था। पक्थों, बाह्लीकों तथा दूसरे जनों अनेक युद्धों में उसने अपनी बहादुरी दिखलाई थी । मधु को दिये उसके वचनों का उसने पालन किया। मधुरा ने अमृताश्व के साथ रीछ, भेडिये और बाघ के शिकार ही नहीं किये थे, बल्कि युद्धों में भी भाग लिया था। यद्यपि जन वालों में से किसी–किसी ने इसे पसन्द नहीं किया था, उनका कहना था, स्त्री का काम घर के भीतर है। अमृताश्व जब पहले–पहल महापितर चुना गया, उस दिन कुरु पुर महोत्सव मना रहा था। तरुण–तरुणियों ने आज के लिए अस्थायी प्रणय बाँधे थे। ग्रीष्म के दिनों में नदी की उपत्यका और पहाड़ पर घोड़ों और गायों के रेवड़ स्वच्छन्द चर रहे थे। गाँव वाले भूल गये थे कि उनके शत्रु भी हैं। पशुधन के होते ही उनके शत्रुओं की संख्या बढ़ती थी। जब कुरु जन वोल्गा के तट पर था , उस वक्त उसके पास पशुधन नहीं था। उस वक्त उसे आहार जंगल से लेना पड़ता था; कभी शिकार, मधु या फल न गिने से भूखा रहना पड़ता था। अब कुरुओं ने शिकार के कुछ पशुओं–गाय, घोड़े, भेड़, बकरी, खर को पालतू बना लिया था। वह उन्हें माँस, दूध, चमड़ा ही नहीं, बल्कि ऊन के वस्त्र भी देते । कुरुआनियाँ सूत कातने और कम्बल बुनने में कुशल । किन्तु यह कुशलता समाज में उनके पहले स्थान को अक्षुण्ण नहीं रख सकी। अब स्त्री नहीं पुरुष का राज्य है। जन–नायिका जन–समिति का नहीं, बल्कि लड़ाके महापितर का शासन है। जो जनमत का ख्याल रखते हुए भी बहुत कुछ अपने मन से निर्णय करता। और सम्पत्ति ? जहाँ स्त्री के राज्य में परिवार का परिवार सदा एकत्र रहता, एक साथ काम करता; वहाँ अब अपना–अपना परिवार, अपना–अपना पशुधन और उसका हानि–लाभ भी अपने ही को था। हाँ, सबके संकट के वक्त जन फिर एक बार पुराने जन का रूप लेना चाहता था।

अमृताश्व महापितर के महोत्सव में मस्त जन को अपने पशुधन की फिक्र न थी। बाजे की आवाज पर थिरकते तरुण सिर्फ सोम सुरा और सुन्दरियों का ख्याल रख सकते थे। पहर रात रह गई थी, किन्तु नृत्य अब भी बन्द होना नहीं चाहता था। इसी वक्त चारों ओर कुत्ते जोर–जोर से भौंकते हुए उपत्यका के ऊपर के भाग की ओर दौड़ते मालूम हुए। अमृताश्व उन पुरुषों में था जो सोम को उतना ही पीने में आनन्द मानते हैं जितने में उनकी आँखों में लाली उतर आये और साथ ही होश–हवाश भी हाथ से जाने न पावे । कुत्तों की आवाज सुन, चुपके से उठ, उसने काठ के बेट वाली अपनी पाषाणी गदा को सँभाला और नदी के किनारे–किनारे आवाज आने की दिशा की ओर चलना शुरू किया। थोड़ी ही दूर जाने पर अस्ताचल पर पहुँचते चन्द्रमा की रोशनी में कोई स्त्री आती दिखाई पड़ी। वह ठहर गया। पास आने पर मालूम हुआ वह मधुरा है। मधुरा की साँस अभी तेजी से चल रही थी , उसने उत्तेजित स्वर में कहा–"पुरु हमारे पशुओं को हाँके लिए जा रहे हैं।"

"हाँके लिये जा रहे है ! और हमारे सारे तरुण नशे में चूर हैं ! तू कहाँ तक गई थी मधुरा ?"

"उतनी ही दूर तक जितने में कि मैं इतना जान सकी ।

"सारे पशुओं को ले जा रहे हैं ?"

"देर से जान पड़ता है, बिखरे रेवड़ को एकत्र करने में लगे हुए थे।

"तू क्या सोचती है मधुरा ?"

"देर करने का समय नहीं !"

"और हमारे सारे तरुण नशे में चूर हैं।"

"जो चले सकें, उन्हें लेकर धावा बोलना चाहिए।

'हाँ जरूर, लेकिन एक बात है मधुरा ! तुझे मेरे साथ नहीं चलना चाहिए। इन तरुणों का आधा नशा तो इस समाचार से ही उतर जाएगा और बाकी को दही खिलाना। जैसे-जैसे नशा उतरता जाय, वैसे-वैसे भेजती जाना।"

"और कुरुआनियाँ ?"

"मैं कुरुओं के महापितर की हैसियत से आज्ञा दे सकता हूँ, उन्हें युद्धक्षेत्र में उतरने की; उस पुरानी विस्मृत प्रथा को हमें जगाना होगा।"

"मैं आगे आने की कोशिश नहीं करूँगी; अच्छा जल्दी।"

महापितर की आज्ञा पर बाजे एकदम बन्द हो गये। नर-नारी महापितर के गिर्द जमा हो गये। सचमुच गो-अश्व-हरण की बात सुनते ही उनमें से कितनों का नशा उतर गया; उनके चेहरों पर प्रणय-मुद्रा की जगह वीर-मुद्रा छा गई। महापितर ने मेघ-गम्भीर स्वर में कहा-

"कुरुओं और कुरुआनियों ! पुरु शत्रुओं से हमें अपने धन को छीनना है। लड़ाई होगी। तुममें से जितने होश में हैं, अपने हथियार को ले, घोड़ों पर सवार हो, मेरे पीछे आयें। जो नशे में हों, मधुरा से दही लेकर खायें, और उतरते ही दौड़ आयें। कुरुआनियों ! आज तुम्हें भी मैं रणक्षेत्र में आने की आज्ञा देता हूँ। पुरानी कुरुआनियाँ युद्धक्षेत्र में पुरुषों के समान भाग लेती थीं; यह हम बृद्धों से सुनते आये हैं। आज तुम्हारा महापितर अमृताश्व तुम्हें इसकी आज्ञा देता है।"

दम के दम में चालीस घोड़े जमा हो गये। पुरु जितने पशुओं को जमा कर पाये थे, उन्हें उपत्यका के ऊपर की ओर भगाये लिये जा रहे थे। पर दो घंटे की दौड़ के बाद पौ फटते वक्त कुरुओं ने उन्हें देखा। घोड़ों और गायों के इतने झुण्ड को इकट्ठा कर उस पहाड़ी से दौड़ाते हुए हाँकना आसान काम न था। पुरु सवार अपने चमड़े के कोड़ों को हवा और पत्थरों पर पटक कर पशुओं को भयभीत कर रहे थे। अमृताश्व ने देखा, पुरुओं की संख्या सौ के करीब होगी। अपनी चालीस की टुकड़ी से लड़ाई शुरू करनी चाहिए या नहीं, इस पर ज्यादा मत्थापच्ची वह करना नहीं चाहता था।

उसने सींगों के लम्बे भाले को सँभाल कर दुश्मन पर हमला करने की आज्ञा दी।

कुरु वीर और वीरांगनाओं ने-हाँ, वीरांगनायें आधी से कम न थ-निर्भय हो घोड़ों को आगे दौड़ाया। उन्हें देखते ही कुछ को पशुओं को रोक रखने के लिए छोड़, पुरु नीचे की ओर दौड़ पड़े; और घोड़ों से पूरा फायदा उठाने के लिए नदी के किनारे एक खुली जगह में खड़े हो, कुरुओं का इन्तजार करने लगे। अमृताश्व की आकृति उस वक्त देखने लायक थी। उसका घोड़ा अमृत और वह दोनों एक ही शरीर के अंग मालूम होते थे। हरिन के तेज सींग को उसका भाला एक बार जिसके शरीर पर लगता, वह दूसरे बार के लिए अपने घोड़े पर बैठा नहीं रह सकता था। पुरुओं ने धनुष-बाण और पाषाण-परशु पर ज्यादा भरोसा कर गलती की थी, यदि उनके पास भी उतने ही सींग के भाले होते; तो निश्चय ही कुरु उनका मुकाबला नहीं कर सकते थे। एक घंटा संग्राम होते हो गया, कुरु अब भी डटे हुए थे, किन्तु उनके एक-तिहाई योद्धा हताहत थे, यह डर की बात थी। इसी वक्त तीस कुरु घुड़सवार ललकारते हुए संग्राम-क्षेत्र में पहुँचे। कुरुओं की हिम्मत बहुत बढ़ गई। पुरु बुरी तरह से मरने लगे। उनकी नाजुक हालत देख पशुओं को रोक रखने

के लिए छोड़े हुए घुड़सवार भी आ पहुँचे; किन्तु इसी समय चालीस कुरु–कुरुआनियों का जत्था लिए मधुरा आ पहुँची। डेढ़ घंटा जमकर युद्ध हुआ। अधिकांश पुरु हताहत हुए, कुछ भाग निकले। घायलों का खात्मा कर कुरु–वाहिनी पुरु–ग्राम की ओर बढ़ी। वह चार कोस ऊपर था। सारा ग्राम सूना था। लोग तम्बुओं को छोड़कर भाग गये थे। उनके पशु जहाँ–तहाँ चर रहे थे। किन्तु कुरुओं को पहले पुरुओं से निबटना था। पुरु बुरी तरह घिर गये थे; ऊपर भागने का उतना सुभीता न था। उपत्यका सँकरी होती गई थी और चढ़ाई कड़ी थी, तो भी प्राण बचाने के लिए नर–नारी घोड़ों पर भागे जा रहे थे। आखिर ऐसा भी स्थान आया; जहाँ घोड़ा आगे नहीं बढ़ सकता था। लोग पैदल चलने लगे। कुरु उनके नजदीक आ गये थे। बच्चे, बूढ़े स्त्रियाँ तेजी से नहीं बढ़ सकते थे, इसलिए उन्हें भागने का मौका देने के लिए कुछ कुरु–भट एक सँकरी जगह में खड़े हो गये। कुरु अपनी संख्या का पूरा इस्तेमाल नहीं कर सकते थे; इसलिए उन्हें इन पुरुओं से रास्ता साफ करने में कुछ घंटे लगे। पुरु और कुरु अब दोनों ही पैदल थे , किन्तु पुरुओं में मर्द मुश्किल से एक दर्जन रह गये थे इसलिए वह कुछ ही दिनों तक सारे पुरु– परिवार की रक्षा कर सकते थे। उन्होंने एक दिन कुछ साहसी स्त्रियों को ले, एक दुरूह पथ पकड़, वह उपत्यका छोड़ दी और पहाड़ों को पार करते दक्खिन की ओर बढ़ गये। कुरुओं ने जहाँ–तहाँ छिपे प्राणों की भिक्षा माँगते पुरु बच्चों, वृद्धों और स्त्रियों को पकड़ा। बन्दी बनाना इस पितृ–युग के नियम के विरुद्ध था, इसलिए बच्चे से बूढ़े तक सारे ही पुरुषों को उन्होंने मार डाला। स्त्रियों को वह अपने साथ लाये । पुरुओं का सारा पशु –धन भी उनका हुआ। अब वह हरित रोद (नदी) उपत्यका नीचे से ऊपर तक कुरुओं की चरागाह थी। एक पीढ़ी तक के लिए महापितर ने एक से अधिक पत्नी रखने का विधान कर दिया और इसी वक्त कुरुओं में पहले–पहल सपत्नी देखी गई ।

– – –

आज से दो सौ पीढी पहले के एक आर्य –कबीले की यह कहानी है। उस वक्त भारत और ईरान की श्वेत जातियों का एक कबीला (जन) था और दोनों का सम्मिलित नाम आर्य था। पशुपालन उनकी जीविका का मुख्य साधन था।

पुरुहूत (२५०० ईसा पूर्व)

देश : वक्षु–उपत्यका (ताजिकिस्तान)

जाति : हिन्दी–ईरानी

काल : २५०० ई० पू०

वक्षु की घर्घर करती धारा बीच में बह रही थी। उसके दाहिने तट पर पहाड़ धारा से ही शुरू हो जाते थे , किन्तु बाई तरफ अधिक ढालुआँ होने से उपत्यका चौड़ी मालूम होती थी। दूर से देखने पर सिवाय धन –हरित उत्तुंग देवदारु–वृक्षों की स्याही के कुछ नहीं दिखलाई पड़ता था; और नजदीक आने पर नीचे ज्यादा लम्बी और ऊपर छोटी होती जाती शाखाओं के साथ उनके बाण जैसे नुकीले श्रृंग दिखलाई पड़ते थे। और उनके नीचे तरह–तरह की वनस्पति, तथा दूसरे वृक्ष भी थे। ग्रीष्म का अन्त था. अभी वर्षा शुरू नहीं हुई थी। यह ऐसा महीना है, जब उत्तरी भारत के मैदानों में लोग गर्मी से सख्त परेशान रहते हैं , किन्तु इस सात हजार फीट ऊँची पार्वत्य उपत्यका में गर्मी मानो घुसने ही नहीं पाती। वक्षु के बाएँ तट से एक तरुण जा रहा था। उसके शरीर पर ऊनी कंचुक जिसके ऊपर कई पर्त लपेटा हुआ कमरबन्द था, नीचे ऊनी सुत्थन और पैरों में अनेक तनियों की चप्पल थी। शिर के कंटोप को उसने उतार कर अपने पीठ की कंडीर पर रख लिया था, और उसके लम्बे चमकीले पिंगल केश पीठ पर बिखरे हवा के हलके झोंकों से जब–तब लहरा उठते थे। तरुण की कमर से चमड़े से लिपटा ताँबे का खड्ग लटक रहा था। उसकी पीठ पर बीरी की पतली शाखाओं की बुनी चोंगानुमा कंडी थी ! जिसमें तरुण ने बहुत–सी चीजें, खुला धनुष तथा बाणों से पूर्ण तर्कश रख रखा था। तरुण के हाथ में एक डंडा था, जिसे कंडी की पेंद में लगाकर खड़ा हो वह कभी –कभी विश्राम करने लग जाता था। अब चढ़ाई कड़ी हो रही थी। उसके सामने छै मोटी –मोटी भेड़ें चल रही थीं, जिनकी पीठ पर सत्तू से भरी घोड़े के बाल की बड़ी –बड़ी थैलियाँ थीं । तरुण के पीछे एक लाल झबरा कुत्ता चल रहा था। कलविंक के मधुर गम्भीर स्वर से पर्वत प्रतिध्वनित हो रहा था , जिसका प्रभाव तरुण पर भी था, और वह मुँह से सीटी बजाता जा रहा था।

अभी एक चट्टान के ऊपर से एक पतली रूपहली धारा के रूप में गिरता चश्मा आ गया। धारा को चट्टान के प्रान्त से खुलकर गिरने के लिए किसी ने लकड़ी की नली लगा दी थी। हॉफती भेड़े नीचे पानी पीने लगीं । तरुण ने पास में फैली अंगूर की लताओं में छोटे अंगूरों के गुच्छे लटकते देखे । बैठकर कंडी को जमीन पर उतार वह अंगूर तोड़ कर खाने लगा। अभी अंगूर में कसैलापन लिये तुर्शी ज्यादा थी। उनके पकने में महीने भर की देर थी; किन्तु तरुण पथिक को वे अच्छे मालूम हो रहे थे , इसलिए वह एक–एक दाने को मुँह में धीरे–धीरे फेंकता जा रहा था। शायद वह प्यासा ज्यादा था और तुरन्त चलकर आये को शीतल पानी हानिकारक होता है , इसीलिए वह देर कर रहा था।

पानी पीकर भेड़ें चारों ओर उगी हरी घासों को चर रही थीं । झबरा कुत्ता गमी अधिक अनुभव कर रहा था, इसलिए उसने न अपने मालिक का अनुकरण किया और न भेड़ों का, वह धार के नीचे फैले पानी में बैठ गया। अब भी उसका पेट भाथी की तरह फूल –पचक रहा था और उसकी लाल लम्बी जीभ खुले मुँह से निकल कर लपलपा रही थी। तरुण ने धार से नीचे मुँह खोला, और गिरती

धारा से एक साँस में प्यास बुझा, चुल्लू में पानी भर अगले केशों की जड़ भिगोते हुए मुँह को धोया। उसके अरुण गालों और लाल ओठों को ढाँकने के लिए पिंगल रोम अभी आरम्भिक तैयारी में थे। भेड़ों को बड़े मन से चरते देख तरुण कंडी के पास बैठ गया और कानों को तिरछा कर अपनी ओर ताकते झबरा की आँखों के भावों को परख कर, कंडी में एक ओर से हाथ डाल सूखी भेड़ की रान के एक टुकड़े को कमरबन्द से लटकती चमड़े में बन्द ताँबे की तेज छुरी से काट –काट कर कुछ स्वयं खाने और कुछ झबरे को खिलाने लगा। इसी वक्त लकड़ी की घंटी की खन–खन करती आवाज सुनाई दी। तरुण ने कुछ दूर झाड़ी से आधा छिपे एक गदहे को आते देखा, फिर दूसरे को, और पीछे एक षोडशी बाला अपनी ही जैसी पोशाक तथा पीठ पर कंडी लिए आती देखी ; मुँह से आनायास सीटी बजने लगी– जब वह कुछ सोचने लगता तो तरुण के मुँह से सीटी बजने लगना साँस जैसा स्वाभाविक हो जाता था। षोडशी के कान में सीटी की आवाज एक बार पड़ी जरूर और उसने उस जगह की ओर ताका भी, किन्तु तरुण का शरीर गुल्म से आच्छादित था। यद्यपि तरुण ने ५० हाथ दूर से देखा था किन्तु षोडशी के मुख की एक हल्की किन्तु सुन्दर छाप उसके अन्तस्तल पर पड़ गई थी और उत्सुकता से वह यह जानने की प्रतीक्षा कर रहा था कि वह किधर जा रही है। इधर वक्षु की ऊपर की ओर कोई गाँव नहीं बसा हुआ है, यह तरुण जानता था। इसलिए वह भी उसी की तरह पंथचारिणी है, यह वह समझ सकता था।

षोडशी के सुन्दर किन्तु अपरिचित चेहरे को देखकर झबरा भेंकने लगा। तरुण के "चुप झबरा" कहने पर वह वहीं चुपचाप बैठ गया। षोडशी के गदहे पानी पीने लगे, और जब वह अपनी कंडी उतारने लगी, तो तरुण ने अपनी मजबूत भुजाओं में लेकर उसे नीचे रख दिया। षोडशी ने मुस्कुराहट के रूप में कृतज्ञता प्रकट करते हुए कहा–

"बडी गर्मी है।"

"गर्मी नहीं है, चढ़ाई में चलकर आने से ऐसा ही मालूम होता है। थोड़े–से विश्राम से ही पसीना चला जायेगा।"

"अभी दिन अच्छा है।"

"अभी दस–पन्द्रह दिन और वर्षा का डर नहीं ।"

"वर्षा से मुझे डर लगता है। नालों और बिछली के कारण रास्ते बहुत खराब हो जाते हैं।"

"गदहों के लिए चलना और मुश्किल होता है।"

"घर पर भेड़ें नहीं थी, इसलिए मैंने गदहों को ही ले लिया। अच्छा, तुझे कहाँ जाना है, मित्र !"

"डाँडे पर ! आजकल हमारे घोड़े, गायें, भेड़ें वहीं हैं।"

"मैं भी वही जा रही हूँ। सत्तू, दाना, फल, नमक पहुँचाने जा रही हूँ।"

"तेरे पशुओं को कौन देखता है ?"

"मेरा परदादा, और भाई–बहनें भी।"

''परदादा । वह तो बहुत बूढ़ा होगा?"

"बहुत बूढा, उतना बूढ़ा आदमी तो शायद कहीं नहीं मिलेगा।"

"फिर वह पशुओं को क्या देखता होगा?"

"अभी वह बहुत मजबूत है। उसके बाल, भौं सब सफेद है, किन्तु उसके नये दाँत हैं। देखने में पचास–पचपन का मालूम होता है।

"तो उसे घर पर रखना चाहिए ।

"वह मानता ही नहीं, मेरे पैदा होने के पहले से वह गाँव नहीं गया।"

"गॉव नहीं गया ?"
"जाना नहीं चाहता। गाँव से उसको घृणा है। वह कहता है , मनुष्य एक जगह बाँधकर रखने के लिए नहीं पैदा किया गया। बहुत पुरानी बातें सुनाता है। अच्छा तेरा नाम क्या है, मित्र ?"
"पुरुहूत. माद्री–पुत्र पौरव ।।
"और तेरा नाम स्वसर (बहिन) ?"
"रोचना माद्री ।"
"तो तू मेरे मातुल–कुल की है स्वसर ! ऊपरी मद्र या निचला ?
"ऊपरी मद्र ।"

वक्षु नदी के बाएँ तट पर पुरुओं के ग्राम थे लेकिन उनका निचली भाग –जो नीचे के मैदान से मिलता है–मद्रों के हाथ में था, और दायाँ तट ऊपर मद्रों, नीचे परशुओं के हाथ में। भूमि और जनसंख्या की दृष्टि से पुरु मद्रों से कम न थे। पुरुओं के नीचे वाले मद्र निचले मद्र कहे जाते थे। रोचना उपरले मद्र की थी। पुरुहूत के मामा का गाँव भी उपरले मद्र में था। इस बात के जानने पर दोनों कुछ और आत्मीयता का अनुभव करने लगे। पुरुहूत ने फिर बात आरम्भ करते हुए कहा –
"रोचना ! लेकिन आज हम डाँडे पर नहीं पहुँच सकते । तूने अकेले आने का साहस कैसे किया ?"
"हाँ, मैं जानती थी कि रात को चीते से गदहों को बचाना मुश्किल है, लेकिन बाबा के लिए खाने की चीजें लाना जरूरी था–पुरुहूत ! बाबा मुझे बहुत मानता है। मैंने सोचा रास्ते में कोई और भी मिल जायेगा, आजकल डाँडे के जाने वाले बहुत होते हैं। और यह भी ख्याल आया कि आग जला लेने पर काम चल जायेगा।"
"रास्ते चलते आग नहीं जलाई जा सकती। अरणी है तेरे पास, रोचना ?"
"होने पर भी अरणी को रगड़ कर अग्नि–देवता को प्रकट करना आसान नहीं है। खैर, मेरे पास एक पवित्र अरणी है, वह हमारे घर में पितामह के समय से चली आई है। इस अरणी से प्रकट हुई अग्नि द्वारा बहुत से यज्ञ, बहुत–सी देव– पूजाएँ हुई हैं। मुझे अग्नि–देवता का मंत्र भी याद है, इसलिए वे इससे जल्दी प्रकट हो जाते हैं।"
"और पुरुहूत ! अब हम दो हैं, इसलिए चीते को पास आने की हिम्मत न होगी।"
"और हमारा झबरा भी है, रोचना ।"
"झबरा!"
"हाँ, यही लाल श्वक (सम–कुत्ते) है।"
झबरा, झबरा, बोलते ही झबरा खड़ा हो मालिक का हाथ चाटने लगा। रोचना ने भी "झबरा, झबरा !" कहा। वह आकर उसके पैरों को सँघने लगा। फिर जब रोचना ने उसकी पीठ पर हाथ दिया, तो झबरा दुम हिलाते हुए उसके पैरों में बैठ गया।
पुरुहूत ने कहा–"झबरा बहुत समझदार श्वक है रोचना !"
"और मजबूत भी।"
"हाँ, भेड़िया, भालू, चीता किसी से नहीं डरता ।"

भेड़े और गदहे अब काफी घास चर चुके थे, थकावट भी दूर हो गई थी, इसलिए दोनों तरुण–पथिकों ने फिर चलना शुरू किया। झबरा उनके पीछे–पीछे चल रहा था। यद्यपि उनकी पगडंडी तिरछे काटकर जा रही थी , तो भी चढ़ाई तेज थी, इसलिए वे सधे पैर

धीरे–धीरे ही आगे बढ़ सकते थे। पुरुहूत कहीं धरती में चिपकी लाल स्ट्राबरियों को तोड़ता , कहीं करोंदों को और रोचना को भी देता। अभी अच्छे–अच्छे फल खूब पकने पर नहीं आये थे, पुरुहूत को इसकी बड़ी शिकायत थी। शाम तक वे इसी तरह बातें करते चढ़ते गए। सूर्यास्त हो रहा था; जब एक घने गुल्म के नीचे से कल –कल करके बहते चश्मे को उन्होंने देखा। पास ही थोड़ी खुली जगह थी, जिसमें लकड़ी के अधजले कुन्दे, राख और घोड़ों की लीद पड़ी थी। पुरुहूत ने झुककर राख को कुरेदा, उसमें आग दबी हुई थी। उसने बहुत खुश होकर कहा–

"रोचना ! रात के ठहरने के लिए इससे अच्छी जगह आगे नहीं मिलेगी। पास में पानी है. घास की अधिकता है, सूखे लक्कड़ पड़े हैं, और फिर आज सवेरे यहाँ से जाने वाले पथिक ने आग को राख के नीचे दबा दिया है।"

'हाँ. पुरुहूत ! इससे अच्छी जगह नहीं मिलेगी। आज यहीं ठहरें, अगले चश्मे तक पहुँचने में अँधेरा हो जाएगा।"

पुरुहूत ने बैठकर झट अपनी कंडी को पत्थर के सहारे धरती पर रख दिया. फिर रोचना की कंडी को उतारा। दोनों ने मिलकर गदहों के बोझ को अलग किया और उनकी काठी खोल दी। गदहों ने दो –तीन लोट लगाई फिर घास में चले गये। भेड़ों की लादियों को उतारने में कुछ देर लगी क्योंकि भेडों को जबर्दस्ती पकड कर लाना पड़ता था। रोचना मशक ले चश्मे पर पानी भरने गई। पुरुहूत ने पत्ते और छोटी लकड़ियाँ डाल आग को बाल दिया, और फिर बड़ी लकड़ियों को लगा बड़ी आग तैयार कर दी। जब रोचना पानी भरकर लौटी, तो पुरुहूत ताँबे की पतीली सामने रख गाय की चौथाई टाँग को चाकू से काट रहा था, रोचना को देखकर बोला–

"कल शाम तक हम ऊपर पहुँच जाएँगे रोचना ! तेरा गोष्ठ बहुत दूर तो न होगा ?"

"जहाँ हम डाँडे पर पहुँचते हैं, वहाँ से तीन कोस पूरब है।"

"और मेरा छै कोस पूरब। तब तो बाबा का गोष्ठ रोचना ! मेरे रास्ते पर ही पड़ेगा।"

"तो, तू बाबा को देख पायेगा। मैं सोचती थी बाबा की तुझसे कैसे भेंट हो।"

'एक ही दिन तो और है, इसीलिए एक चौथाई रान काफी है। यह पिछली रान है रोचना ! बेहद् (बहिला) की ।"

"मेरे पास बछेड़े की आधी टाँग है, आजकल माँस ज्यादा देर होने पर बसाने भी तो लगता है ?"

"नमक डालकर माँस को पकाना कैसा रहेगा ?"

"बहुत अच्छा और मेरे पास गोड़ी भी है पुरुहूत ! मांस, गोड़ी और पीछे थोड़ा–सा सत्तू मिलाने पर अच्छा सूप तैयार हो जायेगा, सोते वक्त सूप तैयार मिलेगा।"

"मैं अकेला होता तो रोचना ! सूप न बनाता, बहुत देर लगाती है; किन्तु तब तक हम पशुओं को बाँधने , बातचीत करने में लगे रहेंगे।"

"बाबा मेरे सूप को बहुत पसन्द करता है, पुरुहूत ! और यह ताँबे की पतीलो।"

"हाँ, ताँबा बहुत महँगा है रोचना ! इस पतीली पर एक घोड़े का दाम खर्च हुआ है, किन्तु रास्ते में यह अच्छी रहती है।"

"तो तेरे घर बहुत पशु होंगे पुरुहत ?"

और बहुत धान्य भी रोचना ! इसलिए यह एक घोड़े–मूल्य की पतीली है। अच्छा, यह ले मैंने माँस काट दिया। पानी और नमक डाल तू तो माँस को आग पर चढ़ा और मैं उस ओर भी लकड़ी की आग तैयार करता हूँ। फिर थोड़ी –सी घास काट गदहों और घोड़ों को बीच में यहाँ बाँधना है। जानती है न चीते को गदहे का माँस उससे भी अधिक मीठा कि हमें बछिया का। और झब्बर ! तब तक तू भी इस पर जीभ चला।"–कह जरा–सी माँस लगी एक हड्डी को झबरा के सामने फेंक दिया। झबरा पूँछ हिलाता हड्डी को पैर में दबा दाँतों से तोड़ने की कोशिश करने लगा। पुरुहूत ने ऊपर का कंचुक और कमरबन्द हटा दिया। बिना बाँह की कुरती के नीचे उसकी चतुरस्त्र छाती और पृथुल बाँहें बतला रही थी कि इस बीस वर्ष के तरुण के शरीर में कितनी ताकत है। काम करते वक्त

पुरुहूत का रोआँ–रोआँ नाचता था। कंडी में से दराती निकाल उसने बात की बात में घास का एक ढेर जमा कर दिया , फिर कान पकड़ गदहों को ला बँटा गाड़ कर बाँध सामने घास डाल दिया। इसी तरह भेड़ों को भी।

और काम से निवृत्त हो, अब पुरुहूत भी आग के पास आ बैठा। रोचना पतीली से उबले माँस–खंडों को निकाल कर चमडे पर रखती जा रही थी। पुरुहूत ने कंडी में से एक चर्म–खंड निकाल बाहर बिछा दिया, फिर एक काठ का सुन्दर चषक (प्याला) तथा झिल्ली में रखा पेय निकाल बाहर रखा; उसी के साथ बाँसुरी भी निकल कर जमीन पर गिर पड़ी। मालूम हुआ जैसे कोई कोमल शिशु गिर पड़ा है और चोट के डर से माँ तड़प रही है; उसने जल्दी से बाँसुरी को उठाकर कपड़े से पोंछा और चूम कर उसे कंडी में रखने लगा। रोचना देख रही थी वह बीच में बोल उठी–

"पुरुहूत ! तू बंशी बजाता है ?"

"यह बंशी मुझे बहुत प्यारी है, रोचना ! जान पड़ता है, मेरा प्राण इसी बंशी में बसता है।

"मुझे बंशी सुना, पुरुहूत ।

"अभी या खाने के बाद !!"

"जरा–सा अभी।"

"अच्छा–"कह पुरुहूत ने बंशी को ओंठ में लगा जब आठों उँगलियों को उसके छिद्रों पर फेरना शुरू किया , तो विशाल वृक्षों की छाया से निकल कर पैर फैलाते संध्या–अन्धकार की स्तब्धता में दिगन्त को प्रतिध्वनित करने वाली उस मधुर ध्वनि ने चारों ओर जादू सा फैला दिया। रोचना सब सुध–बुध भूल तन्मय हो उस ध्वनि को सुन रही थी। पुरुहूत किसी उर्वशी के वियोग में व्याकुल पुरुरवा के व्यथापूर्ण गान को बंशी में गा रहा था। गान बन्द होने पर रोचना को मालूम हुआ , वह स्वर्ग से एकाएक धरती पर रख दी गई । उसने आँखों में आनन्दाश्रु भरकर कहा–

"पुरुहूत ! तेरा बंशी का गान बहुत मधुर है, बड़ा ही मधुर। मैंने ऐसी वंशी नहीं सुनी। कितनी प्यारी है यह लय। "

"लोग भी ऐसा ही कहते हैं, रोचना ! किन्तु मैं उसे नहीं समझ सकता। बंशी के ओठों में लगाते ही मैं सब कुछ भूल जाता हैं। यह बंशी मेरे पास रहे, फिर मुझे दुनिया में किसी चीज की चाह नहीं रह जाती।"

"अच्छा आ, पुरु ! अब माँस ठंडा हो जायेगा।"

"और रोचना ! माँ ने चलते वक्त यह द्राक्षा–सुरा दी थी। थोड़ा है, किन्तु मॉस के साथ पीने में अच्छी होगी।"

"सुरा प्रिय है, तुझे पुरु?"

"प्रिय नहीं कह सकता, रोचना ! प्रिय तृप्ति नहीं होती; किन्तु मै तो आँखों में हल्की लाली उछलने के बाद एक बूंट भी नहीं पी सकता।"

"यह हाल मेरा भी है, पुरु ! नशे में चूर आदमी को देखकर मुझे बड़ी घृणा होती है।"–रोचना ने अपने काष्ठ–चषक को निकाल कर नीचे रख दिया।

तीन भाग में एक भाग माँस झब्बर को दिया गया। दोनों ने देर में खान–पान समाप्त किया। चारों ओर अँधेरे की घनी चादर तन गई थी। मोटे लक्कड़ों की धधकती आग की लाल रोशनी और उसके आस पास की थोड़ी –सी जगह के सिवा वहाँ और कुछ दिखाई नहीं देता था। हाँ, कुछ ध्वनियाँ उस वक्त सुनाई देती थीं, जो कीड़े तथा दूसरे क्षुद्र जन्तुओं की मालूम होती थीं। बात और बीच – बीच में बंशी की तान चलती रही। आखिर सत्तू डालकर कई घंटे में पका सूप भी तैयार हो गया। दोनों ने अपने चषकों से गर्मा –गर्म

सूप पिया। बड़ी रात जाने पर सोने का प्रस्ताव हुआ। रोचना चमड़े का बिछौना तैयार कर अपने कपड़ों को उतारने में लगी; पुरुहूत ने आग पर और लकड़ियाँ सजा दीं, पशुओं के सामने घास डाल दी, फिर वन के देवताओं की प्रार्थना कर कपड़ों को उतार सो गया!

दूसरे दिन सबेरे उठे तो दोनों अनुभव करते थे, रात भर ही में जैसे उन्होंने सगे बहिन–भाई पा लिये। रोचना के उठने पर पुरुहूत अपने को रोक नहीं सका और बोला–
"मेरा मन तेरा मुख चूमने को करता है, स्वसर (बहिन) !"
"और मेरा भी पुरु ! इस जगत् में हमने बहिन–भाई पाये। पुरुहूत ने उसके बिखरे बालों को पीछे की ओर सँभालते हुए रोचना के दोनों गालों को चूम लिया। दोनों के मुख प्रसन्न और नेत्र गीले थे। मुख धोकर वे थोड़ा सत्तू और सूखा माँस खाकर पशुओं को लाद चल पड़े। बीच–बीच में दो–तीन जगह वे बैठे भी, किन्तु बातचीत में समय इतना जल्दी बीता कि उन्हें मालूम नहीं हुआ, कब डॉडे पर पहुँचे और कब माद्र बाबा के पास। रोचना ने परिचय दिया और बाबा ने पुरुओं की वीरता की प्रशंसा करते हुए पुरुहूत का स्वागत किया।

2.

इस डाँडे पर मद्रों का छोटा–सा गाँव बस गया था, जिसके घर तम्बू या फूस के झोपड़ों के थे। जहाँ नीचे की ओर ढालू या खड़ी पहाड़ी भूमि पर घने देवदारु का जंगल ही जंगल दिखलाई पड़ता था , वहाँ यहाँ डाँडे के ऊपर वृक्षों का नाम नहीं था। जमीन अधिकतर चौरस थी, जिस पर हरी घास का मोटा फर्श बिछा हुआ था। इसी हरे मैदान में कहीं भेड़ें, कहीं गायें और कहीं घोड़े चर रहे थे, जिनके बीच में कहीं–कहीं छोटे–छोटे बछड़े और बछेड़े छलाँग मार कर खेल दिखला रहे थे। इसी भूमि को देखकर तो माद्र बाबा का कहना था, "मनुष्य एक जगह बाँध कर रखने के लिए नहीं पैदा किया गया।" माद्र बाबा का तम्बू इस मास में यहाँ है। जब घास कम हो जाएगी, तो वह दूसरी जगह चला जायेगा। दूध, दही, मक्खन, माँस की यहाँ अधिकता है। तम्बू के भीतर यही चीजें भरी हुई हैं। हर पन्द्रह– बीस दिन पर गाँव से आदमी आता है और यहाँ से मक्खन तथा माँस ले जाता है। जाड़ों में इस डॉडे पर बर्फ पड़ जाती है। बाबा की चले तो वे तब भी यहीं रहें किन्तु पशु बर्फ खाकर तो नहीं रह सकते , इसीलिए घूम–घुमैवे रास्ते से वे थोड़ा नीचे जंगल वाले प्रदेश में चले आते हैं, और पशु सब नीचे गाँव में । बाबा गाँव पर चलने का नाम लेने पर मारने दौड़ते हैं।

अभी दिन था, जब दोनों पथिक बाबा के तम्बू पर पहुँचे थे, इसलिए सामान उतारने के बाद जहाँ बाबा ने हँसते हुए घोड़ों के दूध की सुरा (कूमिस) का काष्ठ कुप्पा और प्याला सामने रखा, कि तीन–चार प्याले में ही रास्ते की सारी थकावट दूर हो गई। शाम को बछेड़ों और बछड़ों के लिये रोचना के भाई–बहिन तथा गाँव के दूसरे तरुण चरवाहे भी आ गये। इधर रोचना ने बाबा से पुरुहूत की बंशी का गुण बखाना था। फिर बाबा जैसे मौजी जीव पुरुहूत को कैसे छोड़ते । उन्हें और गोत्र (गोष्ठ) के सारे तरुणों को बंशी बहुत पसन्द है। रात को जब नृत्य हुआ तो पुरुहूत ने वहाँ भी अपनी करामात दिखलाई ।

सवेरे पुरुहूत ने जाने का नाम लिया, किन्तु बाबा इतनी जल्दी क्यों जाने देने लगे। दोपहर के भोजन के बाद बाबा ने अपनी कथा शुरू की और कथा शुरू हुई कड़ी के पास रखी ताँबे की पतीली को देखकर। बाबा ने कहा–

"इस ताँबे और खेतों को देखकर मेरा दिल जल जाता है। जबसे ये चीजें वक्षु के तट पर आईं , तब से चारों ओर पाप–अधर्म बढ़ गया, देवता भी नाराज हो गये, अधिक महामारी पड़ने लगीं, अधिक मार–काट भी।"

"तो पहले ये चीजें नहीं थी बाबा ?"–पुरुहूत ने कहा।।

"नहीं बच्चा ! ये चीजें मेरे बचपन में जरा–जरा आई। मेरे दादा ने तो इनका नाम तक न सुना था। उस वक्त पत्थर , हड्डी, सींग, लकड़ी के ही सारे हथियार होते थे।"

"तो लकडी कैसे काटते थे, बाबा !"

"पत्थर के कुल्हाड़े से ।"

"बहुत देर लगती होगी; और इतनी अच्छी तो नहीं कटती होगी ?

"इसी जल्दी ने सारा काम चौपट किया। अब अपने दो महीने के खाने तथा आधी जिन्दगी के चढ़ने के एक अश्व को देकर एक अयः (ताँबे का) कुल्हाड़ा लो, फिर जंगल का जंगल काट–उजाड़ दो अथवा गाँव के गाँव को मार डालो। लेकिन गाँव जंगल के वृक्षों की तरह निहत्था नहीं है, उसके पास भी उसी तरह का तेज कुल्हाड़ा है। इस अयः कुठार ने युद्ध को और क्रूर बना दिया। इसके घाव से जहर पैदा हो जाता है। पहले वाण के फल पत्थर के होते थे, वे इतने तीक्ष्ण नहीं थे, ठीक है; किन्तु चतुर हाथों में ज्यादा कारगर होते थे। अब इन ताँबे के फलों से दुधमुँहें बच्चे भी बाघ का शिकार करना चाहते हैं। अब काहे कोई निष्णात धनुर्धर होना चाहेगा ?"

"बाबा ! मैं तेरी एक बात से सहमत हूँ, मनुष्य एक जगह बाँधकर रखने के लिए नहीं पैदा किया गया।"

"हाँ वत्स ! पहले दिन के किये पाखाने पर रोज–रोज पाखाना करना हो तो कितना बुरा लगेगा ? हमारा तम्बू आज यहाँ है, पशु यहाँ के तृण खा लेंगे। इसके आस पास मनुष्यों और पशुओं के पेशाब और पाखाने दिखलाई पड़ने लगेंगे , उस समय हम इस जगह को छोड़ दूसरी जगह चले जाएँगे। वहाँ नये हरे–हरे तृण अधिक होंगे, वहाँ धरती, पानी, हवा अधिक शुद्ध होगी।"

"हाँ बाबा ! मैं भी ऐसी ही धरती को पसन्द करता हूँ। ऐसी धरती पर मेरी बंशी ज्यादा सुरीली आवाज निकालती है।"

"ठीक कहा वत्स ! पहले हम इन्हीं तम्बुओं के झुंड को ग्राम कहते थे और ये झुंड एक ही जगह साल भर क्या, तीन महीने भी नहीं रहते; किन्तु आज के गाँव पुत्र–पौत्र सौ पीढ़ी के लिए बनते हैं। पत्थर, लकड़ी, मिट्टी की दीवारें उठाते हैं, जिनसे हवा भीतर नहीं आ सकती। पत्थर, लकड़ी, फूस की छत पाटते हैं, जिसके भीतर हवा क्या जायगी ? आज कहने के लिए अग्नि को देवता, वायु को देवता कहते हैं, किन्तु आज उनके लिए हमारे हृदय में वह सम्मान नहीं है। इसीलिए आज कितनी नई –नई बीमारियाँ होती हैं। हे मित्र ! हे नासत्य ! हे अग्नि ! तुम जो इन मानवों पर कोप दिखलाते हो, सो ठीक ही करते हो।"

"किन्तु बाबा ! इन अयः– कुठारों, अयः–खड्गों, अयः– शल्यों को छोड़कर हम जिन्दा कैसे रह सकते हैं ? इन्हें छोड़ दें तो शत्रु हमें एक दिन में खा जाये ?"

"मैं मानता हूँ, वत्स ! दो महीने को भोजन या आधी जिन्दगी की सवारी वाले घोड़े को खुशी –खुशी बेंचकर लोगों ने अयः– खणग नहीं खरीदा। वक्षु – माता की कोख में दाग लगाया, निचले मद्रों और पशुओं ने वक्षु रोद (नदी) कहाँ तक जाता है, मैं नहीं जानता, कोई नहीं जानता। ऐसे ही झूठ बकने वाले कहते हैं कि पृथ्वी के छोर पर जो अपार पानी है, उसमें जाता है। हाँ, यह मालूम है, मद्रों और पर्शुओं की भूमि के खतम होते ही वक्षु–रोद पहाड़ छोड़ मैदान में चला जाता है और आगे झूठ बोलने वाले देवशत्रुओं की भूमि है। कहते हैं, वहाँ बड़ी–बड़ी टाँगों वाले छोटे–मोटे पहाड़ जैसे जन्तु होते हैं, क्या कहते हैं बच्चा ? अब स्मृति क्षीण होती जा रही है।"

"उष्ट्र (शुतुर, ऊँट) बाबा ! लेकिन वह पहाड़ जितना नहीं होता। एक दिन एक निचला माद्र उष्ट्र का बच्चा लाया था। छै महीने का बतलाता था, वह हमारे घोड़ों के बराबर था।"

"हाँ वत्स ! जो बाहर के देशों से घूमकर आते हैं, वे झूठ बोलना बहुत सीख जाते हैं। कहते थे–क्या कहते हैं ?

"उष्ट्र।"

"हाँ, उष्ट्र की गर्दन इतनी लम्बी होती है, कि वह वक्षु के इस तट पर खड़ा हो उस तट की घास चर सकता है। यह भी झूठ है न बच्चा ?"

"हाँ, बाबा ! उस बच्चे की गर्दन घोड़े से जरूर बड़ी थी, किन्तु घास चरने की बात बिलकुल झूठ।"

"इन्हीं झूठे मद्रों और पर्शुओं ने अयः– कुठार, अयः–खड्ग की बीमारी फैलाई। पर्शुओं ने हम उत्तर मद्रों पर इन हथियारों से हमला किया, यह बाप के समय की बात है। दो–दो घोड़े देकर एक–एक अयः– कुठार निचले मद्रों से हमारे लोगों ने खरीदा।"

"अयः– कुठार के सामने पाषाण–कुठार बेकार थे न बाबा ।"

"हाँ, बेकार थे वत्स ! इसीलिए मजबूर होकर अयः–शस्त्र लेने पड़े और जब पुरुओं पर निचले मद्रों ने आक्रमण किया , तो तुम्हारे लोगों ने हम मद्रों से अयः–शस्त्र खरीदे । उत्तर मद्रों और पुरुओं में भी झगड़ा नहीं सुना गया वत्स । किन्तु पशु और निचले मद्र सदा से दस्यु का काम करते आये हैं, सदा से पुराने धर्म को छोड़ नई बातें करते आये है और उनके कारण हमारे लोगों को भी अपनी प्राणरक्षा के लिए वैसा करना पड़ा। मैं समझता हूँ, जब तक निचले मद्र और पशु भी अयः–शस्त्रों को नहीं छोड़ते, तब तक हम ऊपर वालों का उन्हें छोड़ना आत्महत्या करना है। किन्तु अयः (ताँबा) का इतना प्रसार बुरा है, इसमें तो शक नहीं वत्स ! इस पाप के प्रचारक यही दोनों जन हैं, उनको कभी देवों को आशीर्वाद नहीं मिलेगा। घोर अन्धकार वाले पाताल में चले जाएँगे , जरूर जाएँगे। इन्हीं की देखा–देखी, इन्हीं के डर से हमारे मिटटी–पत्थर वाले ग्राम बसे। पहले ऐसे ही तम्बुओं वाले––आज यहाँ कल वहाँ रहने वाले ग्राम वक्षु की कुक्षि में थे। किन्तु इन मद्रों ने , इन पर्शुओं ने यह बात तोड़ दी। कहाँ से देखकर धरती माता की छाती चीरी , इन्होंने इन्हीं अयः–शस्त्रों से । ऐसा पाप कभी किसी ने नहीं किया। धरती को माता कहते हैं न वत्स !"

"हाँ, बाबा ! धरती को माता कहते हैं, देवी कहते हैं, उसकी पूजा करते हैं।"

"और उस धरती माता की छाती को अपने हाथों से इन पापियों ने चीरा ! और क्या किया–नाम भूलता हूँ, स्मृति काम नहीं करती वत्स !"

"कृषि, खेती।"

"हाँ, कृषि और खेती चलायी। गेहूं बोया, व्रीहि (चावल) बोया, जौ बोया, आज तक कभी यह सुना नहीं गया। हमारे पूर्वजों ने कभी धरती माता की छाती नहीं चीरी , देवी का अपमान नहीं किया। धरती माता हमारे पशुओं के लिए घास देती थी। उसके जंगलों में तरह–तरह के मीठे फल थे, जो हमारे खाने से खत्म नहीं होते थे। किन्तु इन मद्रों के पाप और उनकी देखा –देखी किये गये हमारे पाप के कारण वह पोरिसा भर उगने वाली घासें कहाँ हैं ? अब पहले जैसी मोटी गायें–जिनमें से एक सारे मद्र जन के एक दिन के भोजन को पर्याप्त होतीं–कहाँ हैं ? न वे गायें, न वे घोड़े, न वे भेड़े हैं। जंगल के हरिन और भालू भी अब उतने बड़े नहीं होते। आदमी भी उतने दिन नहीं जीते। यह सब पृथ्वी देवी के कोप के कारण है, वत्स ! और कुछ नहीं।"

"बाबा ! आपने कितने शरद (जाड़े) देखे हैं ?"

"सौ से ऊपर वत्स ! उस वक्त हमारे गाँव के दस तम्बू थे, अब मिट्टी–पत्थर की दीवारों वाले सौ घर हो गये हैं। जब खेत नहीं थे , तब उनके चलते–फिरते घर, चलते–फिरते ग्राम होते थे; जब खेत हो गये, तो उनके गेहूँ को हरिनों से बचाओं , दूसरे पशुओं से बचाओ। खेत क्या, मनुष्य के बाँधने के लिए बँटे हो गये। लेकिन वत्स ! मनुष्य एक जगह बाँधकर रहने के लिए नहीं पैदा किया गया। जो बात देवों ने मानवों के लिए नहीं बनाई. उसे इन मद्रों और पशुओं ने बनाकर दिखाया।"

"किन्तु बाबा ! क्या अब इस खेती को हम चाहें तो छोड़ सकते हैं ? आज हमारा आधा भोजन धान्य है।"

"हाँ, यह मानता हूँ वत्स ! किन्तु धान्य हमारे पूर्वज नहीं खाते थे। यहाँ से पच्चीस कोस दक्खिन गेहूँ का जंगल है। वहाँ गेहूँ अपने आप जमता, अपने आप फलता, अपने आप झेर जाता है। उसे गायें खातीं, उनका दूध बढ़ जाता है, घोड़े खाते हैं और खूब मोटे हो जाते हैं। हर साल हमारे पशु वहाँ जाते हैं। धरती माता ने धान्यों को आदमी के लिए नहीं पैदा किया—उनके दाने हमारे खेत वाले गेहूँ से छोटे–छोटे होते हैं–धरती ने इन्हें पशुओं के लिए बनाया था। मुझे डर लगता है कि कहीं जंगली गेहूँ नष्ट न हो जायें। हमारे खाने के लिए वत्स ! ये गायें हैं, घोड़े हैं, भेड़–बकरियाँ हैं, जंगल में भालू, हिरन, सूअर कितने ही तरह के शिकार हैं, द्राक्षा आदि कितने तरह के फल हैं। यह सब आहार धरती माता हमें खुशी से देती थी, किन्तु बुरा हो इन मद्रों, पर्शुओं का, इन्होंने पुराना सेतु तोड़ नया रास्ता बनाया, जिससे मानवों पर देवों का कोप उतरा। अभी वत्स ! न जाने वक्षु –वासियों के भाग्य में क्या–क्या बदा है। मैं तो पच्चीस साल से डाँडा छोड़ ग्राम में नहीं गया। जाड़ों में थोड़ा नीचे एक झोपड़ी में चला जाता हूँ। क्या जाऊँ , सभी लोग पूर्वजों के बाँधे सेतु को तोड़ फेंकना चाहते हैं। पूर्वजों के मुँह से निकली वाणी का भी मैं इतने दिनों से गोप रहा हूँ , अब भी जिसको सीखना होता है, वह यहाँ मेरे पास आता है। किन्तु उस वाणी के न मानने वाले बहुत होते जा रहे हैं। अब सुनते हैं मद्रों पर्शुओं का खेती से भी पेट नहीं भर रहा है। अब वे वक्षु वालों के आहार –परिधान को ढो–ढोकर कहाँ दे रहे हैं, और उनकी जगह क्या मिलता है–देखो यही एक घोड़े को देकर खरीदी पतीली , भूखे मरने लगे तो क्या इसे पतीली के खाने से पेट भरेगा ? अब पुरुओं को पेट के आहार तथा शरीर को वस्त्र रहित पाओगे, और उनकी जगह उनके घरों में पाओगे इन पतीलियों को ।"

"और बाबा ! एक और सुना है, निचले मद्रों की स्त्रियों ने कानों और गलों में पीले सफेद आभूषण पहनने शुरू किये हैं। एक कान के आभूषण में एक घोड़े का दाम लग जाता है, बाबा ! उसे अयः नहीं. हिरण्य (सोना) कहते हैं और सफेद को रजत ।"

"कोई मार नहीं देता इन अधर्मियों को । ये सारे वक्षु– जन–मण्डल का सत्यानाश करके छोड़ेंगे। ये हमारे आहार–परिधान के लिए जो कुछ बेच रहा है, उसे भी नहीं छोड़ेंगे। हमारी स्त्रियाँ भी उनकी देखा –देखी दो घोड़े के दाम का कुंडल कानों में पहनेंगी । हे कृपालु अग्नि ! अब अधिक दिन मानवों में मत रखो, मुझे पितरों के लोक में ले चलो।"

"एक और भारी पाप, बाबा। मद्र और पशु कहीं से आदमी पकड़ लाये हैं, उनसे अयः–खड्ग, अयः– कुठार बनवाते हैं। वे बड़े चतुर शिल्पी हैं, बाबा ! किन्तु, माद्र–पशुं उन्हें पशु की तरह जब चाहते हैं, रखते हैं; जब चाहते, बेच देते हैं। खेती का काम, कम्बल बुनने का काम और क्या–क्या दूसरे काम ये लोग इन्हीं पकड़कर रखे लोगों–जिन्हें वे दास कहते हैं–से कराते हैं।"

"मनुष्य का खरीदना बेचना ! हम तो आहार–परिधान का बेचना ये भी बुरा मानते थे , किन्तु हमारे पूर्वज पितरों को यह आशा न थी, कि ये मद्र–लंक इतने नीचे गिर जायेंगे। जब अँगुली सड़ने लगे तो उसकी दवा है, काट फेंकना, नहीं तो सारा शरीर सड़ जायेगा ! इन मद्रों–पर्शुओं को वक्षु –तट पर रहने देना पाप है, पुत्र ! मैं अब ज्यादा दिन तक देखने के लिए नहीं रहूँगा।"

माद्र बाबा की कहानियाँ बड़ी मनोरंजक होती थीं, किन्तु पुरुहूत इतना समझने की भी शक्ति रखता था कि जो हथियार आ गये हैं, उन्हें छोड़कर मनुष्य तथा पशु–शत्रुओं के बीच जिया नहीं जा सकता। तीसरे दिन जब वह विदा होने लगा, तो वृद्ध ने उसके ललाट और भ्रू को चूमकर आशीर्वाद दिया। रोचना उसे दूर तक पहुँचाने गई और अलग होते वक्त दोनों ने एक –दूसरे के गालों को अश्रु–बिन्दुओं से प्रक्षालित किया।

3

माद्र बाबा की बात ठीक हुई, यद्यपि पच्चीस वर्ष बाद निचले मद्र और पशु दिन पर दिन ऊपर वाले पुरुओं और मद्रों को दबाते ही

गये। जहाँ इन ऊपर वाले जनों में कपड़ा, कम्बल बनाने वाले स्वतंत्र स्त्री–पुरुष होते, जिनके खाने – कपड़े पर खर्च ज्यादा पड़ता, जिससे उनके हाथ की बनी वस्तु अच्छी होते भी अधिक महँगी पड़ती , वहाँ नीचे के मद्रों और पशुओं के पास दास थे , जिनकी बनाई चीजें उतनी अच्छी नहीं होतीं, तो भी सस्ती पड़तीं। जब वहाँ के व्यापारी इन सभी चीजों को बाहर के देशों में ऊँट या घोड़े पर लादकर ले जाते, तो बहुत बिकतीं । ऊपरी जनों को भी अब ताँबे की वस्तुएँ अधिकाधिक संख्या में जरूरी थीं–एक तो हर साल वह कुछ न कुछ सस्ती होती जाती थीं; दूसरे मिट्टी– काठ की चीजों से वे चिरस्थायी होतीं । जहाँ पच्चीस साल पहले ताँबे की पतीली एकाध घरों में दिखाई पड़ती, वहाँ अब उससे बिरले ही घर खाली थे, सोने–चाँदी का भी रिवाज बढ़ने लगा था और इन सबके बदले इन जनों को आहार–कम्बल, चमड़ा, घोड़े या गायें बेचनी पडतीं, जिससे उनकी अवस्था गिरती जा रही थी। ऊपर के जनों के कुछ लोगों ने भी सीधे व्यापार करने की कोशिश की, क्योंकि उन्हें सन्देह होने लगा था, कि उनको नीचे के पड़ोसी ठग रहे हैं; लेकिन वक्षु के नीचे जाने का रास्ता उन्हीं की जन्म–भूमि से होकर था, जिसे मद्र खोलना नहीं चाहते थे। कई बार इसको लेकर छोटे–मोटे झगड़े भी हुए। कितनी ही बार उत्तर मद्रों और पुरुओं ने बाहर के देशों में जाने के लिए दूसरे रास्ते निकालने चाहे, किन्तु उसमें वे सफल नहीं हुए। नीचे ऊपर के जनों के इस संघर्ष में एक खास बात यह थी , कि जहाँ नीचे वाले आपस में मेल नहीं रख सकते थे, वहाँ ऊपर वाले जन मिलकर आक्रमण–प्रत्याक्रमण कर सकते थे। इन युद्धों में अपनी वीरता और बुद्धिमानी के कारण पुरुहूत अपने जन का प्रिय हो गया था, और तीस साल की छोटी आयु में पुरु जन ने उसे अपना महापितर चुन लिया था।

पुरुहूत को साफ दीख रहा था कि यदि मद्रों के इस व्यापारिक अन्याय को रोका नहीं गया, तो ऊपरी जनों के लिए कोई आशा नहीं ताँबे का प्रचार कम होने की जगह दिन–प्रतिदिन बढ़ता जा रहा था; हथियार, बर्तन और आभूषण के लिए ही नहीं, अब तो लोग विनिमय के लिए मनों माँस या कम्बल ले जाने की जगह ताँबे की तलवार या छुरी ले जाना पसन्द करते थे। पुरुहूत ने अपने जन की बैठक के सामने अपने दुःखों का कारण इन नीचे के जनों का व्यापारिक अन्याय बतलाया। सभी सहमत थे कि मार्गकंटक मद्रों को हटाये बिना वे उनके हाथ की कठपुतली बन जायेंगे। शायद वे दिन भी आयें, जबकि वे उनके दासों जैसे हो जायें । पुरु और उत्तर मद्र के महापितरों की इकट्ठा बैठक में भी लोग इसी निष्कर्ष पर पहुँचे। दोनों जनों ने मिलकर युद्ध –संचालन के लिए पुरुहूत को अपना एक सम्मिलित सेनापति चुना और उसे इन्द्र की उपाधि दी। इस प्रकार पुरुहूत प्रथम इन्द्र था।

पुरुहूत ने बड़े जोर से सैनिक तैयारी शुरू की। इन्द्र बनते ही उसने हथियार बनाने का इन्तजाम करने के लिए दो लोहार दासों को अपने यहाँ शरण दी। ऊपरी जन उनके साथ बहुत अच्छा बर्ताव करते थे , और उनकी सहायता से वह लौह (लाल धातु–ताँबा) शिल्प में निपुणता प्राप्त करने में सफल हुए। इस प्रकार मद्रों और पुरुओं में कितने ही लौह–शिल्पी तैयार हो गये। अपने लोहार दासों को लौटा देने के लिए पड़ोसियों ने जबान ही नहीं बल्कि शस्त्र को भी इस्तेमाल करना चाहा , किन्तु निचले जनों में बनियापन के साथ–साथ योद्धा के पराक्रम की कमी भी आ गई थी। लड़ाई में सफल न होने पर उन्होंने ताँबा देना बन्द कर दिया। किन्तु उन्हें जल्दी ही मालूम हो गया कि इससे उनका व्यापार ही चौपट हो जायेगा –मद्र पुरु तो पिछले समय की खरीदी पतीलियों तथा दूसरे बर्तनों से अपने शस्त्र तैयार करने में एक पीढ़ी के लिए स्वतन्त्र थे।

आखिर इन्द्र और उसके दोनों जनों ने मद्र –पशुओं को मिटा डालने का संकल्प किया। पुरुहूत ने स्वयं भी लोहार का काम सीखा था, और उसके सुझाव के अनुसार खड्ग भाले तथा बाण–फल में कई सुधार हुए। उसने चतुर बलिष्ठ भटों की छातियों को चोट से बचाने के लिए कितने ही ताँबे के वक्ष–त्राण बनवाये । इन्द्र ने तय किया कि पहले सिर्फ एक शत्रु को लिया जाय , और इसके लिए

उसने पर्शुओं को चुना। जाड़ों में पर्शु अधिक संख्या में व्यापार के लिए बाहर चले जाते थे , इन्द्र ने इसी समय को सबसे अच्छा समझा। उत्तर मद्र और पुरु के योद्धाओं को उसने युद्ध कौशल सिखलाया। यद्यपि पशुओं और मद्रों की शत्रुता चिर से चली आती थी, किन्तु उनको क्या पता था कि इस तरह अचानक उनके ऊपर शत्रु का ऐसा घातक आक्रमण होगा , जिसके कारण वक्षु–उपत्यका से उनका नाम तक मिट जायेगा । इन्द्र ने स्वयं अपने नेतृत्व में चुने हुए मद्र और पुरु –योद्धाओं के साथ आक्रमण किया। युद्ध के उद्देश्य को पहचानने में देर न हुई, और समझ जाने पर पर्शु प्राणों की बाजी लगाकर बड़ी वीरता से लड़े। किन्तु, उस जल्दी में वे सारे पशु–ग्रामों को एकत्र न कर सके। इन्द्र की सेना ने एक के बाद एक पर्शु –ग्रामों को लेते हजारों पर्शुओं का संहार किया– किसी को बन्दी नहीं बनाया। उधर निचले मद्रों ने जब संकट को समझा, तो समय बीत चुका था। आखिर के कुछ गाँव ही अब रह गये थे, जिनके लिए काफी भटों को छोड़ पुरुहूत इन्द्र कुरु–भूमि में चला आया। निचले मद्रों ने आक्रमण किया, किन्तु उनकी भी वही दशा हुई जो कि पर्शुओं की हुई । निचले मद्र और पर्शु–जनों का जो भी पुरुष–बाल, रुग्ण, बृद्ध–उनके हाथ आया, उसे उन्होंने जीवित नहीं छोड़ा, स्त्रियों को अपनी स्त्रियों में शामिल कर लिया। हाथ आये दासों में जिन्होंने अपने देश में लौट जाना चाहा, उन्हें लौटा दिया। कुछ निचले मद्र और पशु स्त्री –पुरुष जान बचाकर वक्षु उपत्यका छोड़ पश्चिम की ओर चले गये। उन्हीं की सन्तानें पीछे ईरान की पर्छ (पर्सियन) और मद्र (मिडियन) के नाम से प्रसिद्ध हुई। उनके पूर्वजों पर इन्द्र के नेतृत्व में जो अत्याचार हुआ था, उसे वे भूल नहीं सकते थे। इसीलिए ईरानी इन्द्र को अपना सबसे जबर्दस्त शत्रु मानने लगे। सारी वक्षु –उपत्यका उत्तर मद्रों और पुरुओं के हाथ आई। दोनों ने दाहिनें–बायें तट को आपस में बाँट लिया।

वक्षु वालों ने भरसक कोशिक की कि नई को हटाकर पुरानी बातों की फिर से स्थापना करें किन्तु वे ताम्र को छोड़कर पत्थर के हथियारों को नहीं लौटा सकते थे और ताम्र के लिए वक्षु की पहाड़ी उपत्यका से बाहर व्यापार सम्बन्ध करना जरूरी था।

हाँ, दासता को उन्होंने कभी नहीं स्वीकार किया और न बाहरी लोगों को वक्षु –उपत्यका का स्थायी निवासी बनने का अधिकार दिया। शताब्दियों के बाद जब पुरुहूत इन्द्र को भी लोग भूलने लगे थे या उसे देवता बना सके थे, तो वंश इतना बढ़ गया कि सब का भरण–पोषण वक्षु– नहीं कर सकती थी, इसलिए उनकी कितनी ही सन्तानें दक्षिण की ओर बढ़ने के लिए बाध्य हुईं।

अब से पहले एक जन दूसरे से स्वतन्त्र रहता था, महापितर की प्रधानता होने पर भी वह सब कुछ जन पर निर्भर करता था। किन्तु, वक्षु तट के अन्तिम संघर्ष ने कई जनों के एक सेनापति–इन्द्र को जन्म दिया।

आज से एक सौ अस्सी पीढ़ी पहले के आर्यजनों की यह कहानी है। इन्हीं जनों में से कुछ की सन्तानें अब भारत की ओर प्रस्थान करने वाली थीं । उस समय कृषि और ताँबे का प्रयोग होने लगा था , आर्य दासता को अस्वीकृत कर उसे फिर से विस्मृत करना चाहते थे।

पुरुधान (२००० ईसा पूर्व)

देश : ऊपरी स्वात

जाति : हिन्दी–आर्य

काल : २००० ई० पू०

1.

वह सुवास्तु का बायाँ तट अपने हरे–भरे पर्वतों, बहते चश्मों, दूर तक फैले खेतों में लहराते गेहूँ के पौधों के कारण अत्यन्त सुन्दर था। किन्तु आर्यों को सबसे अधिक अभिमान था, अपनी पत्थर की दीवारों तथा देवदारु के पल्लों से छाई वस्तुओं –घरों–का, तभी तो उन्होंने इस प्रदेश को यह (सुन्दर घरों वाला प्रदेश, स्वात) नाम दिया। वक्षुतट पार करते आर्यों ने पामीर और हिन्दुकुश से दुर्गम डाँडों, तथा कुनार, पंज.कोरा जैसी नदियों को कितनी मुश्किल से पार किया। इसकी स्मृति शायद उन्हें बहुत दिन तक रही , और क्या जाने आज जो मंगलपुर (मंगलोर) में इन्द्र–पूजा की भारी तैयारी है, वह इन्हीं दुर्गम पथों से सकुशल निकाल लाने वाले अपने इन्द्र के प्रति कृतज्ञता प्रकट करने के लिए।

आज मंगलपुर के पुरुओं ने अपने अपने सुन्दर गृहों को देवदारु की हरी शाखाओं और रंग–बिरंगी इंडियों से सजाया है। पुरुधान को एक खास तरह की लाल झंडियाँ लगाते हुए देख, एक को हाथ में ले उसके पड़ोसी सुमेध ने कहा–

'मित्र पुरु ! यह तुम्हारी इंडियाँ बड़ी हल्की और चिकनी हैं। हमारे यहाँ तो ऐसे वस्त्र नहीं बनते, यह दूसरी ही तरह की भेड़ें होंगी!"

"यह भेड़ों का ऊन नहीं है, सुमेध !"

"तो फिर ?"

"यह ऐसा ऊन है जो वृक्ष पर उगता है।"

"हमारे यहाँ जैसे भेड़ों के शरीर पर ऊन उगता है, उसी तरह यह ऊन जंगल में वृक्ष पर उगता है।"

"ऐसा ही सुना जाता है, मित्र ! मैने स्वयं उस वृक्ष को नहीं देखा।"

सुमेध ने तकले को जॉघ से रगड़ कर घूमने के लिए फेंक ऊन की नई प्यूनी लगाते हुए कहा –'कितने भाग्यवान होंगे वे लोग जिनके जंगल के वृक्षों में ऊन जमता है ! क्या हमारे यहाँ यह वृक्ष नहीं लगाये जा सकते ?"

"सो मालूम नहीं। सर्दी–गर्मी को वह वृक्ष कितना बर्दाश्त कर सकता है, इसे हम नहीं जानते; किन्तु सुमेध ! माँस तो वृक्ष पर नहीं पैदा होता ?"

"जब किसी देश में ऊन वृक्ष पर पैदा होता है, तो किसी में मॉस भी हो सकता है। और इसका दाम ?"

"दाम ऊनी कपड़े से बहुत कम, किन्तु ऊन के बराबर यह ठहरता नहीं ।"

"कहाँ से खरीदा ?"

"असुर लोगों के पास से। यहाँ से पचास कोस पर उनका देश है, वह लोग इसी का कपड़ा पहनते हैं।"

"इतना सस्ता है, तो हम लोग भी इसे क्यों न पहने ?"

"किन्तु इससे जाड़ा नहीं जा सकता।"

"फिर असुर कैसे पहनते हैं ?"

"उनके यहाँ सर्दी कम पड़ती है, बरफ तो देखने को नहीं मिलती।"

"तुम वाणिज्य के लिए पूर्व, उत्तर, पश्चिम न जा दक्खिन को ही क्यों जाते हो ?"

"उधर नफा अधिक रहता है; और चीजें भी बहुत तरह की मिलती है ; लेकिन एक बड़ी तकलीफ है—वहाँ बहुत गर्मी है, मधुर शीतल जल के लिए तो जी तरस जाता है।"

"लोग कैसे होते हैं, पुरुधान ?"

"लोग नाटे-नाटे होते हैं रंग ताँबे-जैसा । बड़े कुरूप। नाक तो मालूम होती है, है ही नहीं-बहुत चिपटी-चिपटी, भौंड़ी-भौंडी। और एक बहुत बुरा रिवाज है वहाँ, आदमी खरीदे-बेचे जाते हैं।"

"खरीदे-बेचे ?"

"उन्हें दास कहते हैं।"

"दासों और स्वामियों की सूरत-शकल में क्या कुछ अंतर होता है ?"

"नहीं! हाँ, दास बहुत गरीब, परतन्त्र होते हैं-उनका तन-प्राण स्वामी के हाथ में होता है।"

"इन्द्र हमारी रक्षा करे, ऐसे लोगों का मुँह देखने को न मिले ।"

"और मित्र सुमेध ! अब भी तुम्हारा तकला चल रहा है, यज्ञ में नहीं चलना है?"

"चलना क्यों नहीं है, इन्द्र की कृपा से पीवर पशु और मधुर सोम मिलता है। उसी इन्द्र की पूजा में कौन अभागा है, जो न शामिल होगा ?"

"और तुम्हारी गृहपत्नी का क्या हाल है ? आजकल तो अखाड़े में उसका पता ही नहीं चलता ?"

"चसक गये हो क्या पुरुधान ?"

"चसकने का सवाल ही क्या है? तुमने तो सुमेध जान-बूझकर बुढ़ापे में तरुणी से प्रणय करना चाहा।"

"पचास में बुढ़ापा नहीं आता ।"

"लेकिन, पचास और बीस में कितना अन्तर होता है ?"

"तो उसने उसी दिन इन्कार कर दिया होता ?"

"उस दिन तो दाढ़ी-मूछ मुड़ाकर अठारह वर्ष के बन गये थे; और उषा के माँ-बाप की नजर पचास वर्ष पर नहीं, तुम्हारे पशुओं पर थी।"

"छोड़ो इस बात को पुरु ! तुम तरुण लोग तो हमेशा...."

"अच्छा छोड़ता हूँ सुमेध ! देखा बाजा बजने लगा है यज्ञ आरम्भ होगा।"

"देर करा दोगे तुम और गाली सुनेगा बेचारा सुमेध ।"

"तो चलो, उषा को भी साथ ले चलें ।"

"वह क्या अब तक घर पर बैठी होगी ?"

"और इस ऊन और तकले को तो लाओ रख चलें ।"

"इसने यज्ञ में बाधा नहीं पड़ने की।"

"इसीलिए तो उषा तुम्हें पसन्द नहीं करती।

"पसन्द तो करती; किन्तु तुम मंगलपुर के तरुण यदि पसन्द करने दो तब न ?"

बात करते दोनों मित्र नगर से बाहर यज्ञ–वेदी की ओर जा रहे थे। जिस तरुण–तरुणी की पुरुधान से चार आँखें होतीं, वह मुस्कुरा उठता। पुरुधान उन्हें आँखों से इशारा कर मुँह फेर लेता। सुमेध की नजरों ने एक बार एक तरुण को पकड़ लिया, फिर क्या था, वह बड़बड़ाने लगा–

"मंगलपुर के कलंक हैं ये तरुण !"

"मित्र–वित्र नहीं, मुझको देखकर हँसते हैं।"

"यह बदमाश है मित्र, तुम तो जानते ही हो, इसकी बात को क्या लिये हो।"

"मुझे तो मंगलपुर में भलामानुष कोई दिखलायी ही नहीं पड़ता।"

यज्ञ–वेदी के पास विस्तृत मैदान था, जिसमें जहाँ–तहाँ मंच और देवदारु के पत्तों वाले खम्भों पर तोरण बन्दरवार टँगे थे , ग्राम के बहुत से स्त्री–पुरुष वेदी के आस–पास जमा थे, किन्तु अभी वह बड़ा जमावड़ा शाम से होने वाला था, जबकि सारे पुरुजन के नर–नारियों का भारी मेला मंगलपुर में लगेगा और जिसमें स्वात नदी के दूसरे तट के मद्र भी शामिल होंगे।

उषा ने दोनों जोड़ीदारों को आते देखा और वह सुमेध के पास आकर उसके हाथ को अपने हाथों में ले तरुण –तरुणियों का–सा प्रेमाभिनय करते बोली–

"प्रिय सुमेध ! सवेरे से ढूंढती–ढूँढ़ती मर गई. तुम्हारा कहीं पता नहीं !"

"मैं क्या कहीं मर गया था ?"

"ऐसा वचन मुँह से मत निकालो, सुमेध ! जीते–जी मुझे विधवा न बनाओ।"

"विधवाओं को पुरुओं में देवरों की कमी नहीं।"

"और सधवाओं को क्या देवर विष लगते है ?"–पुरुधान ने कहा।

"हाँ, ठीक कहा पुरु ! यह मुझको चराने आई है। सवेरे से ही घर से निकली है, न जाने कितने घर न्योते बाँटे होंगे और शाम को एक कहेगा मेरे साथ नाच, दूसरा कहेगा मेरे साथ झगड़ा होगा, खून–खराबी होगी और इस स्त्री के लिए बदनाम होगा सुमेध ।"

उषा ने हाथ को छोड़ आँखों और स्वर की भावभंगी को बदलते हुए कहा – "तो, उषा को तुम पिटारी में बन्द करके रखना चाहते हो ? जाओ तुम चूल्हे–भाड़ में, मैं भी अपना रास्ता लेती हूँ।"

उषा ने एकान्त पा पुरुधान को देख मुस्कुरा दिया, और वह वेदी के गिर्द की भीड़ में गायब हो गई।

साल में सिर्फ आज का ही दिन है जब स्वात की उपत्यका में पुराने इन्द्र को वक्षु–तट की भाँति सबसे मोटे अश्व का माँस खाने को मिलता है, घोड़े के लिए सारे जन में चुनाव होता है। वैसे स्वात उपत्यका में घोड़ा नहीं खाया जाता ; किन्तु इन्द्र की इस वार्षिक प्रथा के यज्ञ–शेष को सभी भक्तिभाव से ग्रहण करते हैं। जन के महापितर –जिन्हें यहाँ जनपति कहा जाता है–आज अपने जन –परिषद् के साथ इन्द्र को वह प्रिय बलि देने के लिए मौजूद हैं। जनपति को बलिदान का सारा विधि –विधान याद है; वह सारे मन्त्र याद है, जिनसे स्तुति करते हुए वक्षु–तटवासी इन्द्र को बलि दिया करते थे। बाजे और मन्त्रस्तुति के साथ अश्व के स्पर्श, प्रोक्षण से

लेकर आलम्भन (मारने) तक सारी क्रिया सम्पन्न हुई। फिर अश्व के चमड़े को अलग कर उसके शरीर के अवयवों को अलग–अलग रखकर, कितने को कच्चा और कितने को बघार कर , अग्नि में आहुति दी गई। यज्ञशेष बँटते –बँटते शाम होने को आई। तब तक सारा मैदान नर–नारियों में भर गया। सभी अपने सुन्दरतम वस्त्रों और आभूषणों में थे। स्त्रियों के शरीर में रंगीन सूक्ष्म कम्बल कामदार भिन्न–भिन्न रंगों के कमरबन्द से बँधा हुआ था, जिसके भीतर सुन्दर कंचुक था। कानों में अधिकांश के सोने के कुण्डल थे। वसन्त समाप्त हो रहा था, उपत्यका में बहुत तरह के फूल, मानो आज के लिए ही फूले हुए थे। तरुण–तरुणियों ने अपने लम्बे केशों को उनसे खूब सँवारा था और आज इन्द्रोत्सव में उन्हें स्वच्छन्द प्रणय का पूरा अधिकार था। शाम को जब बनी –ठनी उषा पुरुधान के हाथ को अपने हाथ में लिए घूम रही थी, तो सुमेध की नजर उन पर पड़ी। उसने मुँह फेर लिया। क्या करता बेचारा । इन्द्रोत्सव के दिन गुस्सा भी नहीं कर सकता था। पिछले ही साल इसके लिए जनपति ने उसे फटकारा था ।

आज सचमुच मधु–क्षीर– मिश्रित सोम (भंग) रस की नदियाँ बह रही थीं। गाँव–गाँव के लोगों की ओर से बछड़े या बेहद के स्वादिष्ट माँस और सोमरस के घट आकर रखे हुए थे। अभिनव प्रणय में मस्त तरुण–तरुणियों को हर जगह स्वागत था। वह मॉस–खंड मुँह में डालते, सोम का प्याला पीते, इच्छा होने पर बाजे–जो बजते या हर वक्त बजने के लिए तैयार रहते थे–पर कुछ नाचते और फिर दूसरे ग्राम के स्वागत–स्थान को चल देते। सारे जन की ओर से बड़े पैमाने पर तैयारी की गई थी , यहाँ का नाचने का अखाड़ा भी बहुत बड़ा था।

इन्द्रोत्सव मुख्यतः तरुणों का त्योहार था। इस एक दिन–रात के लिए तरुण सारे बन्धनों से मुक्त हो जाते थे।

2.

ऊपरी स्वात का यह भाग पशु और धान्य से परिपूर्ण है, इसीलिए यहाँ के लोग बहुत सुखी और समृद्ध हैं। उनको जिन वस्तुओं का अभाव है, उनमें मुख्य हैं ताँबा और शौक की चीजों में सोना–चाँदी तथा कुछ रत्न, जिनकी माँग दिन–पर–दिन बढ़ती जा रही है। इन चीजों के लिए हर साल स्वात और कुभा (काबुल) नदियों के संगम पर बसे असुर–नगर हैं। जान पड़ता है, इस असुर–नगर को पीछे आर्य लोग पुष्कलावती (चारसद्दा) के नाम से पुकारने लगे और हम भी यहाँ इसी नाम को स्वीकार कर रहे हैं। जाड़े के मध्य में स्वात, पंजकोरा तथा दूसरी उपत्यकाओं में रहने वाली पहाड़ी जातियाँ–पुरु–कुरु, गान्धार, मद्र, मल्ल, शिवि, उशीनर आदि अपने घोड़ों, कम्बलों तथा दूसरी विक्रेय वस्तुओं को लेकर पुष्कलावती के बाहर वाले मैदान में डेरे डालती थीं। यह असुर व्यापारी उनकी चीजों को ले बदले में इच्छित वस्तुएँ देते थे। सदियों से यह क्रम अच्छी तरह चला आता था। अब के साल पुरुओं का सार्थ (कारवाँ) पुरुधान के नेतृत्व में पुष्कलावती गया। इधर कई वर्षों से पहाड़ी लोगों में शिकायत थी कि असुर उनको बहुत ठग रहे हैं। असुर नागरिक व्यापारी इन पहाड़ियों से ज्यादा चतुर थे, इसमें तो शक ही नहीं। साथ ही वह इन्हें निरे उजड्ड जंगली समझते थे , जिनमें कुछ सभ्यता भी थी, किन्तु पीले बालों, नीली आँखों वाले आर्य घुड़सवार कभी अपने को असुर नागरिकों से नीच मानने के लिए तैयार न थे। धीरे–धीरे जब आर्यों में से पुरुधान जैसे कितने ही आदमी असुरों की भाषा समझने लगे , और उन्हें उनके समाज में घूमने का मौका मिला, तो पता लगा कि असुर आर्यों को पशु–मानव मानते हैं। यह आरम्भ था दोनों जातियों में वैमनस्य के फूट निकलने का।

असुरों के नगर सुन्दर थे। उनमें पक्की ईंटों के मकान, पानी बहने की मोरियाँ, स्नानागार, सड़के, तालाब आदि होते थे। आर्य भी पुष्कलावती की सुन्दरता से इंकार नहीं करते थे। किन्हीं किन्हीं असुर तरुणियों के सौदर्य को –नाक, केश, क्द की शिकायत रखते भी–वे मानने के लिए तैयार थे; किन्तु यह कभी स्वीकार करने को तैयार नहीं थे, कि देवदारों से आच्छादित पर्वत मेखला के भीतर काष्ठ की चित्र –विचित्र अट्टालिकाओं से सुसज्जित , स्वच्छ गृह पंक्तियों वाला मंगलपुर किसी तरह भी पुष्कलावती से कम है। पुष्कलावती में महीना भर काटना भी उनके लिए मुश्किल हो जाता था और बार –बार अपनी जन भूमि याद आती थी। यद्यपि वही स्वात नदी पुष्कलावती के पास भी बह रही थी, किन्तु वह देखते थे, उसके जल में वह स्वाद नहीं है। उनका कहना था, असुरों का हाथ लगने से ही वह पवित्र जल कलुषित हो गया है। कुछ भी हो आर्य असुरों को किसी तरह भी अपने बराबर मानने के लिए तैयार नहीं थे, खासकर जब कि उन्होंने उनके हजारों दास –दासियों, और कोठों पर बैठकर अपने शरीर को बेचने वाली वेश्याओं को देखा।

लेकिन व्यक्ति के तौर पर आर्यों के असुरों में और असुरों के आर्यों में कितने ही मित्र पैदा हो गये थे। असुरों का राजा पुष्कलावती से दूर सिन्धु तट के किसी नगर में रहता था। इसलिए पुरुधान ने उसे नहीं देखा था। हाँ , राजा के स्थानीय अफसर को उसने देखा था। वह नाटा, मोटा और भारी आलसी था, सुरा के मारे उसकी मोटी पपनियाँ सदा मूंदी रहा करती थीं। उसके सारे शरीर में दर्जनों रूपे–सोने के आभूषण थे। कानों को फाड़कर उसने कंधे तक लटका लिया था। यह अफसर पुरुधान की दृष्टि में कुरूपता और बुद्धिहीनता का नमूना था। जिस राज्य का ऐसा प्रतिनिधि हो उसके प्रति पुरुधान जैसे आदमी की अच्छी सम्मति नहीं हो सकती थी। पुरुधान ने सुना था कि वह असुर राजा का साला है और इसी एक गुण के कारण वह इस पद पर पहुँचा है।

कई साल के अस्थायी सहवास के कारण पुरुधान को असुर समाज भीतर की बहुत –सी निर्बलताएँ मालूम हो गयी थीं। उच्च वर्ग के असुर चाहे जितने चतुर हों, किन्तु उनमें कायर अधिक पाये जाते हैं। यह अपने अधीनस्थ भटों और दासों के बल पर शत्रु से मुकाबला करना चाहते हैं। निर्बल शत्रु के सामने ऐसी सेना ठहर नहीं सकती। असुरों के शासक –राजा, सामन्त––अपने जीवन का एकमात्र उद्देश्य भोग–विलास समझते थे। हरेक सामन्त की सैकड़ों स्त्रियाँ और दासियाँ होती थीं। स्त्रियों को भी वह दासियों की भांति रखते थे। हाल में असुर राजा ने कुछ पहाड़ी (आर्य) स्त्रियों को भी बलात् अपने रनिवास में दाखिल किया था, जिसके लिए आर्य जनों में बहुत उत्तेजना फैली हुई थी। खैरियत यही थी कि असुर राजधानी सीमान्त से बहुत दूर थी और वहाँ तक आर्यों की पहुँच अभी नहीं थी, इसीलिए लोग आर्य स्त्रियों की बात को दन्तकथा समझते थे।

पुष्कलावती के बाजारों से तरह –तरह के आभूषण, कार्पास वस्त्र, अस्त–शस्त्र और दूसरी चीजें, सुवास्तु क्या, कुनार के उपरले काँठे के खानाबदोशों के झोपड़ों तक पहुँचने लगी थीं। सुवास्तु की स्वर्ण केश सुन्दरियाँ चतुर असुर शिल्पियों के हाथ के बने आभूषणों पर मुग्ध थीं, इसलिए सार्थ के साथ हर साल अधिक से अधिक आर्य स्त्रियाँ पुष्कलावती आने लगी थीं। सुमेध बेचारा सचमुच उषा को विधवा कर चल बसा था, और अब वह अपने चचेरे देवर पुरुधान की पत्नी थी। इस साल वह भी पुष्कलावती आई थी । पुष्कलावती के नगराधिपति के आदमियों ने पीतकेशों के तम्बुओं के भीतर बहुत –सी सुन्दरियों को देख, इसकी खबर अपने स्वामी को दी, और उसने तय किया था, कि जब सार्थ लौटने लगे, तो पहाड़ (अबाजई) में घुसते ही हमला करके उसे लूट लिया जाये। यद्यपि यह काम बुद्धिहीनता का था, क्योंकि पीतकेश कितने लड़ाके होते हैं, इसका पता उसे था, किन्तु नगराधिपति में बुद्धि

की गन्ध तक न थी। नगर के बड़े–बड़े सेठ–साहूकार उससे घृणा करते थे। जिस व्यापारी से पुरुधान की मित्रता थी, उसकी सुन्दरी कन्या को हाल ही में नगराधिपति ने जबर्दस्ती अपने घर में डाल लिया था। इसके लिए वह उसका जानी –दुश्मन बन गया था। उषा भी असुर सौदागर के घर कई बार गई थी। यद्यपि वह सौदागर – पत्नी की एक बात को भी नहीं समझती थी। किन्तु पुरुधान के दुभाषियापन तथा सेठानी के व्यवहार के कारण दोनों आर्य–असुर नारियों में सखित्व कायम हो गया था। प्रस्थान करने से दो दिन पहले सौदागर ने अपने भारी ग्राहक पुरुधान की दावत की। उसी वक्त उसने पुरुधान के कान में नगराधिपति के नीचे इरादे की बात कह दी। उसी रात पुरुधान के सारे आर्य सार्थ नायकों को बुलाकर परामर्श किया। जिनके पास अच्छे हथियारों की कमी थी, उन्होंने नये हथियार खरीदे । बेचने के लिए लाये घोड़े तथा दूसरे भारी गट्ठर उनके बिक चुके थे , सिर्फ अपने चढ़ने के घोड़े तथा खरीदे सामान, आभूषण, धातु की दूसरी चीज–हल्के थे, इसलिए इस ओर से उनको कम चिन्ता थी। स्वात की आर्य–स्त्रियों में आभूषण–श्रृंगार का शौक बढ़ रहा था, किन्तु अभी तक उनकी तरुणाई की शिक्षा में गीत–नृत्य के साथ शस्त्र–शिक्षा भी शामिल थी; इसलिए संकट की खबर सुनते ही उन्होंने भी अपने–अपने खड्ग और चर्म–ढाल सँभाल लिये।

पुरुधान को पता था कि असुर–भट सीमान्त के पहाड़ी दर्रे पर आगे से रास्ता रोककर हमला करेंगे, और उसी वक्त उनकी एक बड़ी टुकड़ी पीछे से भी घेरना चाहेगी । इसके लिए पुरुधान ने पूरी तैयारी कर ली थी, जो कि पहले खबर के मिल जाने से ही सम्भव हुई। वैसे होता. तो पंजकोरा, कुनार और स्वात के सार्थ अलग–अलग बिना एक–दूसरे का ख्याल किये चल देते; किन्तु अब सब तैयार थे। यद्यपि शत्रु को पता न लगने देने के लिए उन्होंने पुष्कलावती से एक –दो दिन आगे–पीछे कूच किया था; किन्तु बात तय हो चुकी थी, कि अब्जा (अबाजई) के द्वार पर सभी एक समय पहुँचेंगे। जब द्वार (दर्रा) कोस–दो– कोस रह गया, तो पुरुधान ने पच्चीस सवार पहले भेजे। जिस वक्त सवार द्वार के भीतर बढ़ने लगे, उसी वक्त असुरों ने उन पर बाण छोड़ने शुरू किये। आक्रमण की बात सच निकली। सवार पीछे हट आये, और उन्होंने अपने सार्थनायक को खबर दी। पुरुधान ने पहले पीछे आने वाले शत्रुओं से निबटना चाहा। इसमें सुभीता भी था , क्योंकि यद्यपि असुर हर साल आर्यों से हजारों की संख्या में घोड़े खरीद रहे थे , किन्तु अभी वह चुस्त सैनिक घुड़सवार नहीं बन सके थे।

सार्थ रुक गया, और रक्षा के लिए कितने ही भटों को वहाँ छोड़ बाकी सवारों के साथ पुरुधान पीछे मुड़ा। असुर –सेना को आशा न थी, कि पीतकेश एकाएक उन पर आ पड़ेंगे। पीतकेशों के लम्बे भालों और खड्गों के सामने वह देर तक न ठहर सके , लेकिन आर्य–दल उन्हें सिर्फ पराजित करके नहीं छोड़ना चाहता था। वह इन निर्नास, काले असुरों को बतलाना चाहता था कि पीतकेशियों पर नजर डालना कितनी खतरे की बात है। सुर –सेना को भागते देख पुरुधान ने सार्थ को सूचना भेजी और अपने सवारों को ले पुष्कलावती पर आ पड़ा। असुर सैनिकों की भाँति उनका नगराधिपति भी इसकी आशा नहीं रखता था। असुर अपनी पूरी शक्ति को इस्तेमाल करने का मौका नहीं पा सके, और आसानी से असुर– दुर्ग तथा नगराधिपति पीतकेशों के हाथ में आ गये। पीतकेश असुरों के इस विश्वासघात से बहुत उत्तेजित थे। उन्होंने बड़ी निर्दयतापूर्वक असुर – पुरुषों का वध किया। नगराधिपति को तो नगर के चौरास्ते पर ले जा असुर– प्रजा के सामने एक–एक अंग काटकर मारा। उन्होंने स्त्रियों, बच्चों और व्यापारियों को नहीं मारा। यदि उस वक्त दास बनाने की इच्छा होती, तो सम्भव है पीतकेश (आर्य) इतना अधिक वध न करते । पुष्कलावती के बहुत से भाग को उन्होंने आग लगाकर जला डाला। यह प्रथम असुर–दुर्ग का पतन था।

असुरों और पीतकेशों के महान् विग्रह –देवासुर–संग्राम–का इस प्रकार प्रारम्भ हुआ। पुरुधान ने लौटकर अब्जा दर्रे में एकत्र असुर

सैनिकों को खतम किया और फिर सारे पीतकेश सार्थ अपनी–अपनी जन भूमियों को चले गये। कई सालों के लिए पुष्कलावती का व्यापार मारा गया। पीतकेशों ने असुर–पण्य को लेने से इन्कार किया; किन्तु ताँबे–पीतल का बहिष्कार वह कितनी देर तक कर सकते थे ?

आज से एक सौ साठ पीढ़ी पहले आर्य (देव) असुर संघर्ष हुआ था, उसी की यह कहानी है। आर्यों के इस पहाड़ी समाज में दासता स्वीकृत नहीं हुई थी। ताँबे – पीतल के हथियारों और व्यापार का जोर बढ़ चला था।

अंगिरा (१८०० ईसा पूर्व)

स्थान : गंधार (तक्षशिला)
जाति : हिन्दी–आर्य
काल : १८०० ई० पू०

"बेकार है यह कार्पास वस्त्र; न इससे जाड़ा रुकता है, न वर्षा से बचाव ।" अपने भीगे कंचुक को हटा कम्बल ओढ़ते हुए तरुण ने कहा।
"किन्तु गर्मी की ऋतु में यह अच्छा होता है"– दूसरे तरुण ने भी कंचुक को किवाड़ पर पसारते हुए कहा।

शाम होने में अभी काफी देर थी, किन्तु आवसथ (पांथशाला) में आग के किनारे अभी से लोग डटे हुए थे। दोनों तरुण धुंयें में बैठने की जगह गवाक्ष के पास हवा के ख्याल से कम्बल ओढ़कर बैठ गये।

पहला तरुण–"हम अभी एक योजन जा सकते थे, और कल सबेरे ही गंधार नगर में (तक्षशिला) पहुँच जाते, किन्तु इस पानी और हवा को क्या किया जाये।"
दूसरा–जाड़ों की यह बदली और बुरी लगती है। किन्तु, जब नहीं होती तो हमारे किसान इन्द्र से पानी बरसाने के लिए प्रार्थना पर प्रार्थना करते हैं और पशुपाल अधिक क्रंदन करते हैं ।
पहला– "सो तो है मित्र, सिर्फ पान्थ ही हैं, जो इसे नहीं पसन्द करते और कोई सदा पान्थ भी तो नहीं रहता।" फिर गर्दन के पीछे के घाव के बड़े दाग को देखकर कहा–"तेरा नाम मित्र ?"
"पाल मद्र। और तेरा ?"
"वरुण सौवर। तो तू पूर्व से आता है ?"
"हाँ, मद्रों में से और तू दक्खिन से ? बतला मित्र ! दक्खिन में, सुनते है, असुर अब भी आर्यों से लड़ रहे हैं।"
"सिर्फ समुद्र–तट पर उनका एक नगर बच रहा था। जानता है, न मित्र ! हमारे मधवा इन्द्र ने किस तरह असुरों के सौ नगर –दुर्गों को तोड़ा था।"
"सुना है, असुरों के नगर–दुर्ग लौह (ताँबा) के थे ?"
"असुरों के पास लौह ज्यादा है, किन्तु नगर–दुर्ग बनाने भर के लिए नहीं। मैं नहीं समझता यह कथा कैसे फैली। असुरों के मकान ईंटों–आग में पकाई चौकोर किन्तु लम्बी अधिक–के होते हैं, उनके नगरों को जिस दीवार से घेरा गया रहता है, वह भी ईंट की होती है। यह ईंटें लौह (लाल) वर्ण की होती हैं, किन्तु लौह (ताम्र) धातु और ईंटों में इतना अन्तर है , कि उसे लौह नहीं कहा जा सकता।"
"लेकिन हम तो वरुण ! असुरों के लौह दुर्ग को ही सुनते आते हैं।"
"शायद, हमारे इन्द्र को इन दुर्गों के तोड़ने में जितनी शक्ति लगानी पड़ी, उसी के कारण यह नाम पड़ा हो।"
"और शंबर के पराक्रम की भी तो बड़ी–बड़ी कथाएँ सुनी जाती हैं, उसका समुद्र में घर था, उसका रथ आकाश में चलता था।"

"रथ की बात बिलकुल गलत है। असुर यदि किसी युद्ध विद्या में सबसे निर्बल हैं, तो अश्वारोहण में। आज भी उत्सव के समय असुर अश्वरथ की जगह वृषभरथ जोड़ते हैं। मैं तो समझता हूँ पाल ! हमारे यह अश्व ही थे, जिनके कारण हम विजयी हुए, नहीं तो असुर-पुरों को जीत न सकते थे। शंबर को मरे दो सौ साल हो गये, किन्तु मुझे विश्वास है, उसके पास अश्वरथ भी न रहा होगा, आकाश में चलने की तो बात ही क्या ?"

"तो शंबर यदि इतना साधारण शत्रु था, तो उसके जीतने से हमारे इन्द्र की इतनी महिमा क्यों हुई ?"

"क्योंकि शंबर बहुत वीर था। उसके स्वर्ण-खचित लौह कवच को मैंने सौवीरपुर में देखा है, वह बहुत ही दृढ़ और विशाल है। असुर, आमतौर से कद में छोटे होते हैं। किन्तु शंबर बहुत बड़ा था, बहुत लम्बा-चौड़ा और शायद कुछ अधिक मोटा और हमारा मधवा इंद्र पतला, छरहरा जवान । सिन्धु के तट पर अब भी असुरों के पुरदुर्ग देखने को मिलते है। उनके भीतर रहकर कुछ सौ धनुर्धर हजारों शत्रु भटों को पास आने से रोक सकते हैं । वस्तुतः ये असुरों की पुरियाँ अयोध्या (अ पराजेय) थीं। और ऐसी अयोध्या पुरियों को तोड़ने वाला हमारा मधवा इन्द्र -नहीं, आर्य-सेनानी महापराक्रमी था।"

"दक्खिन में क्या अब भी असुरों का बल मौजूद है, वरुण !"

"कहा नहीं, सागर-तीर का उनका अन्तिम दुर्ग अभी हाल में टूटा है, इस युद्ध में मैं भी शामिल हुआ था," कहते हुए वरुण के अरुण मुख पर और अधिक लाली छिटक गई, और उसने अपने दीर्घ चमकीले पीले केशों को पीछे की ओर सहलाते हुए कहा- "असुरों के अन्तिम पुरदुर्ग का पतन हो गया।"

"तुम्हारा इन्द्र कौन था ?"

"इन्द्र का पद हमने तोड़ दिया है।"

"तोड़ दिया है ?"

"हाँ, क्योंकि इससे हम दक्षिणी आर्यों को डर लगने लगा।"

'डर क्यों ?"

"इन्द्र का अर्थ हम सेना नायक समझते हैं न?"

"हाँ।"

"और सेना नायक को आर्य अपना सब कुछ नहीं मानते। युद्ध के समय उसकी आज्ञा को भले ही शिरोधार्य मानें, किन्तु आर्य अपनी जन-परिषद् को सर्वोपरि मानते हैं; जिसमें हर आर्य को अपने विचार खुलकर रखने का अधिकार होता है।"

"हाँ, यह है।"

"किन्तु. इसके विरुद्ध असुरों का इन्द्र या राजा सब कुछ अपने ही हैं, वह किसी जन-परिषद् को अपने ऊपर नहीं मानता। असुर-राजा के मुँह से जो निकल गया, वही हर एक असुर को करना होगा, नहीं तो उसके लिए मृत्यु है।"

"ऐसे इन्द्र को हम लोग कभी पसन्द नहीं कर सकते ।"

"किन्तु असुर ऐसे ही इन्द्र को पसन्द करते आते थे। अपने राजा को वह मनुष्य नहीं, देवता मानते थे, और उसकी जिन्दा पूजा के लिए वह जो-जो करते रहे हैं, उसको सुनकर, मित्र ! तू विश्वास नहीं करेगा।''

"हाँ, मैंने भी देखा है, असुर पुरोहित अपने लोगों को गदहा बनाकर रखते हैं।"

"हाँ, गदहे से भी बढ़कर ! सुना है न वह शिश्न (लिंग) और उपस्थ को पूजते हैं। मैं मानता हूँ, स्त्री-पुरुष के आनन्द के ये दो साधन हैं, इनके द्वारा हमारी सन्तान आगे चलती है, किन्तु इनको साक्षात् या मिट्टी-पत्थर का बनाकर पूजना कितनी भारी मूर्खता है ?"

"इसमें क्या शक।"
"और असुर-राजा शिश्नदेव के भारी भक्त थे। किन्तु इसमें तो मुझे निरी चालाकी मालूम होती है। आखिर, असुर-राजा और उनके पुरोहित मूर्ख नहीं होते, वह हम आर्यों से ज्यादा चतुर होते हैं। उनके नगरों – जैसा नगर बनाने के लिए हमें उनसे बहुत सीखना पड़ेगा। उनकी पण्यवीथी (बाजार). उनके कमल-शोभित सरोवर, उनकी उच्च अट्टालिकाएँ. उनके राजपथ ऐसी चीजें हैं, जिन्हें शुद्ध आर्य-भूमियों में नहीं पाया जा सकता। मैंने उत्तर सौवीर के असुर-परित्यक्त नगरों को देखा है, और इस नवपराजित नगर को भी; हम आर्य उनके पुराने नगरों को प्रतिसंस्कार (मरम्मत) करके भी उस रूप में कायम नहीं रख सके, और ये नया नगर-जिसे कहते हैं, शंबर ने स्वयं बसाया था—तो देवपुर जैसा है।"
"देवपुर !"
'देवपुर। और पृथ्वी पर उसकी किसी से उपमा नहीं दी जा सकती, मित्र ! एक परिवार के रहने लायक घर को ही ले लीजिए। इसमें सजे हुए एक या दो बैठकखाने, धूमनेत्रक (चिमनी) के साथ अलग रसोईघर, आँगन में ईंट का कुआँ, स्नानागार, शयनागार, कोष्ठागार) साधारण बनियों के घरों को मैंने दो-दो, तीन-तीन तल के देखा है। क्या बखान करू, असुर-पुर की उपमा मैं सिर्फ देवपुर से ही दे सकता हूँ।"
"पूरब में भी असुरों के नगर हैं, किन्तु हम मद्रों की (स्यालकोट वाली) भूमि से वह बहुत आगे हैं।"
"मैंने देखा है मित्र! और ऐसे नगरों के बसाने, बनाने वाले हमसे अधिक चतुर थे, इसे हमें मानना पड़ेगा। सागर के बारे में तो नहीं सुना होगा ?" ।
"नाम सुना है।"
"सिर्फ नाम सुनने या वर्णन करने से अन्दाजा नहीं लग सकता। सागर के तट पर खड़े होकर देखने से ही कुछ-कुछ पता लगता है। सामने ऊपर नील जल नीले आकाश से मिला हुआ है।"
"आकाश से मिला हुआ, वरुण !"
"हाँ, जितना ही आगे देखें, जल ताड़ों ऊपर उठता चला गया है, और अन्त में जाकर आकाश से मिल जाता है। दोनों का रंग भी एक-सा होता है-हॉ, सागर जल अधिक नीला होता है। और इस अपार-सागर में असुर अपनी विशाल नौकाओं को निर्भय होकर चलाते, वर्षों – महीनों के रास्ते जाते, और सागर से नाना प्रकार के रत्न लाते हैं। असुरों के साहस और चतुराई का यह भी एक नमूना है। यही नहीं, एक बात तो तूने सुनी भी न होगी मित्र ! असुर बिना मुँह से बोले बात चीत कर सकते हैं ।"
"बिना बोले ! क्या कहा मित्र ?"
"हॉ. बिना बोले । मिट्टी, पत्थर, चमड़े को दे दो, एक असुर उस पर कुछ चिह्न खींच देगा, और दूसरा सारी बात समझ लेगा। जितना हम दो घंटी बात करके नहीं समझा सकते, उतना वह पाँच-दस चिहनों को खींचकर बतला सकते हैं। यह बात आर्यों को कभी नहीं मालूम थी। अब हमारे आर्य उन चिह्नों को सीख रहे हैं, किन्तु वर्षों लगाने पर भी उनका सीखना पूरा नहीं होता।" ।
"तब जरूर असुर हमसे अधिक चतुर थे।"
"और उनके लोहारों, दस्तकारों, कुम्भकारों, रथकारों, वंशकारों, कर्मकारों, तन्तुकारों के हाथ की कारीगरी को तो हम सब देखते ही रहते हैं। फिर असुरों के अधिक चतुर होने में सन्देह क्या हो सकता है ?"
"और तूने कहा कि असुर वीर भी होते हैं।"
"हाँ, किन्तु उनकी संख्या बहुत कम है। आर्यों की तरह उनका हर एक बच्चा दूध छोड़ते ही तलवार से नहीं खेलता। उनके यहाँ योद्धाओं की अलग श्रेणी है, शिल्पियों, व्यापारियों की अलग और दासों की अलग। योद्धा श्रेणी को छोड़ दूसरी युद्ध -विद्या नहीं

सीखते। उन्हें योद्धा बहुत नीची निगाह से देखते हैं और दास–दासियों की अवस्था तो पशु से भी बदतर है, उन्हें खरीदते–बेचते ही नहीं हैं, बल्कि वह उनके शरीर–प्राण से मनमाना कर सकते हैं।"

"उनमें योद्धा कितने होंगे ?"

"सौ में एक से भी कम, और दास–दासी सौ में चालीस, अर्धदास सौ में चालीस–शिल्पी और किसान अर्धदास हैं। और सौ में दस व्यापारी, बाकी दूसरे ।।

"तभी तो असुर आर्यों से हार गये।"

"हाँ, उनकी हार में यह एक प्रधान कारण था। और एक बड़ा कारण था, उनका राजा को सारे जन के ऊपर देवता मान लेना।"

"इसे तो हम आर्य कभी नहीं मान सकते।"

"इसीलिए हमें इन्द्र का पद तोड़ना पड़ा। मधवा के बाद के किसी इन्द्र की बात है, उसने असुर राजा जैसा बनना चाहा।"

"असुर राजा जैसा ! आर्यजन के साथ मनमानी करना !''

"हाँ ? और वही एक नहीं, उसके बाद दूसरे ने, फिर इस बात में कुछ आर्य भी उनकी सहायता करते पकड़े गये।"

"सहायता करते ?"

"कुल, परिवार के ख्याल से। इसीलिए सौवीर–जन ने तय किया, कि अब कोई इन्द्र नहीं बनाया जाएगा। इन्द्र अशनि (बिजली)–हस्त देवता का नाम भी है, जिससे लोगों में भ्रम फैलने का डर है।"

"अच्छा किया सौवीर–जन ने मित्र !"

"लेकिन कितने ही आर्यों के नाम लजाने वाले पैदा हो गये हैं, जो असुरों की हर बात की प्रशंसा करते नहीं थकते। उनकी कितनी ही प्रशंसनीय बातें हैं जिनकी मैं प्रशंसा करता हूँ, उन्हें, हमें लेना चाहिए। उनके हथियारों को हमने अपनाया। उनके वृषभ –रथों की देखा–देखी हमारे मधवा इन्द्र ने अश्वरथ बनाये। धनुर्धर के लिए घोड़े पर से अधिक सुभीता रथ में होता है। वहाँ वह जितना चाहे, उतने तरकश रख सकता है, शत्रु के तीरों से बचने के लिये आवरण भी रख सकता है। उनके कवच , शक्ति, गदा आदि से हमने बहुत–सा सीखा। उनके नगरों से भी हम बहुत –सी बातें ले रहे हैं। उनकी सागर –यात्रा को भी हमें सीखना चाहिए, क्योंकि लौह (ताँबा), दूसरे धातु, रत्न और बहुत–सी चीजें सागर–पार से आती है। अभी भी यह सारा व्यापार असुर–व्यापारियों के हाथ में है। यदि हम उनसे स्वतन्त्र होना चाहते हैं, तो सागर–नौचालन सीखना होगा। किन्तु असुरों की बहुत सी बातें हैं, जिनको हमें घातक समझना चाहिए, जैसे शिश्न–पूजा।"

"लेकिन, शिश्न–पूजा को कौन आर्य पसन्द करेगा ?"

"मत कह मित्र ! कितने ही आर्य कह रहे हैं कि असुरों की भाँति हमें भी अपने पुरोहित बनाने चाहिए। हमारे यहाँ योद्धा , पुरोहित, व्यापारी, कृषक, शिल्पी का भेद नहीं, सब सभी काम इच्छानुसार कर सकते हैं, किन्तु असुरों ने अलग–अलग श्रेणियाँ बना रखी हैं। आज आर्यों में पुरोहित बन जाने दो और देखेंगे, कुछ ही वर्षों में शिश्न (लिंग) पूजा भी शुरू हो जायेगी। असुर –पुरोहित बहुत मक्कार होते हैं, लाभ–लोभ के लिए आर्य–पुरोहित भी वही करने लगेंगे।"

"यह तो बुरा होगा, वरुण !"

पिछले दो सौ वर्षों के असुर–संसर्ग से आर्यों में उनकी कितनी ही बुराइयाँ आने लगी हैं, उनको देखकर बूढ़े–बूढे आर्य निराश हो रहे हैं। मैं निराश नहीं हूँ। मैं समझता हूँ, यदि आर्य जन को अपनी पुरानी बातें ठीक से समझाई जायें, तो वह पथ–भ्रष्ट नहीं हो सकता। गन्धार–नगर (तक्षशिला) में अंगिरा नाम के, सुना है, एक आर्य ऋषि (ज्ञानी) हैं, वह आर्यों की पुरानी विद्या के भारी ज्ञाता है। वह आर्यों को आय–मार्ग पर आरूढ़ करने के लिए शिक्षा देते है। मैंने आर्यों की विजय के लिए तलवार चलाई है, अब चाहता हूँ, आर्यत्व

की रक्षा के लिए भी कुछ करूं।"

"कैसा संयोग है, मैं भी ऋषि अंगिरा के पास ही जा रहा हूँ, उनसे युद्ध–विद्या सीखने।"

"किन्तु पाल ! तूने पूरब के आर्यजनों की बात नहीं बतलाई ?"

"पूरब में आर्यजन वन की आग की तरह बढ़ रहे हैं। इस गन्धार से आगे की भूमि को हम मद्रों ने लिया है। उससे आगे मल्लों ने अपना जनपद (जन की भूमि) बनाया है। इसी तरह कुरु, पंचाल आदि जनों से भी बड़े–बड़े प्रदेश अपने हाथों में किये।"

"तो वहाँ बहुत भारी संख्या में आर्य होंगे ?"

"बहुत भारी संख्या में नहीं, जितना ही आगे बढ़ते जायें, उतनी ही असुरों और दूसरों की संख्या अधिक मिलती है।

"दूसरे कौन मित्र ?"

"असुर मंगुर के चमड़े या ताँबे जैसे वर्ण के होते हैं। पूरब में एक और तरह के लोग रहते हैं , जिन्हें कोल कहते हैं, बिल्कुल कोयले जैसे काले होते हैं। ये कोल गाँव में भी रहते हैं और जंगल में मृगों की तरह भी। जंगली कोलों के कितने ही हथियार पत्थर के होते हैं।"

"तो आर्य–जनों को अनार्यों के साथ बहुत लड़ना पड़ता होगा ?"

"डटकर लड़ाई अब बहुत कम करनी होती है। आर्यों के घोड़ों को देखते ही अनार्य भाग खड़े होते हैं , किन्तु यह रात को हमारी बस्तियों पर छापा मारते हैं, जिसके लिए हमें अक्सर उनके साथ बहुत क्रूर बनना पड़ता है, इससे असुरों (शबरों), कोलों के गाँव के गाँव खाली हो गये हैं– वह पूरब की ओर भागते जा रहे हैं।"

"तो तेरे यहाँ पाल! असुरों के चाल–व्यवहार के पकड़ने का डर नहीं है?"

"मद्रजन में नहीं; और शायद यही बात मल्लों की भी है। आगे की नहीं कहता। हमारे यहाँ वस्तुतः अनार्य जंगलों में रह गये हैं।"

दोनों मित्रों का वार्तालाप अँधेरा होने तक चलता रहा; और यदि आवसथ रक्षिका ने आकर खान–पान के बारे में न पूछा होता, तो शायद अभी वह खतम भी न होता। आवसथ ग्राम की ओर से बनाया गया था , जिसमें सभी यात्रियों–इसे कहने की आवश्यकता नहीं, कि पीतकेशों–के ठहरने का प्रबन्ध था, और जिनके पास खाना नहीं होता, उन्हें आवसथ की ओर से सत्तू, गोमांस–सूप मिलता। सामान या बदले की चीज दे देने पर आवसथ–रक्षिका भोजन बना देती। सोम और सुरा के लिए यह आवसथ बहुत प्रसिद्ध था। वरुण और पाल ने आग में भुने गोमांस और सुरा से अपनी मित्रता को मजबूत किया।

2.

ऋषि अंगिरा सिन्धु के पूर्व वाले गंधार जन के ऊँचे–से–ऊँचे अधिकारी जनपति तक रह चुके थे। यद्यपि पुष्कलावती (चारसदा) से प्रथम पुश्त के बाद असुर लोग हटने लगे थे, और जब दूसरी पीढ़ी में कुनार–तट से आकर गन्धार जन की एक शाखा ने पश्चिमी गंधार को पराजित कर लिया, तो मरने से बचे हुए असुर बड़ी तेजी से पश्चिमी गंधार को खाली करने लगे। उससे तीस साल बाद ही सिन्धु के पूरब की भूमि पर गंधार और मद्रजनों का हमला हुआ, और वितस्ता (झेलम) और सिन्धु के बीच की भूमि को गंधारों तथा वितस्ता और इरावती (रावी) के बीच वाली को मद्रों ने आपस में बाँट लिया जो पीछे क्रमशः पूर्व गन्धार और मद्र जनपद के नाम से प्रसिद्ध हुए। इस आरम्भिक देव (आर्य)–असुर संग्राम में दोनों जातियों ने अमानुषिक क्रूरता दिखलाने में होड़ लगा रखी थी , जिसका परिणाम यह हुआ कि गंधार में बिल्कुल ही नहीं और मद्र में बहुत कम असुर बच रहे। लेकिन समय बीतने के साथ आगे

असुरों का विरोध कम पड़ने लगा, और पीतकेशों ने भी अपनी युद्ध–क्रूरता कम की। यही नहीं, बल्कि जैसा कि वरुण सौवीर ने कहा था, पीतकेशों पर असुरों की बहुत–सी बातों का प्रभाव पड़ने लगा। ऋषि अंगिरा वक्षुतट से चली आती आर्य–परम्परा के बड़े पंडित ही नहीं थे, बल्कि वह चाहते थे, कि आर्य अपने रक्त तथा दूसरे आचार व्यवहारों की शुद्धता को न छोड़ें। इसीलिए पूर्वी गन्धार में अश्व माँस–भक्षण–जो एक प्रकार से छूट गया था–को उन्होंने अश्व–पालन को उत्साहित कर फिर से स्थापित किया। उनके इस आर्यत्व–प्रेम, उनकी विद्या और युद्धविद्या–चातुरी की ख्याति इतनी बढ़ चुकी थी , कि दूरतम आर्य–जनपदों से भी आर्यकुमार उनके पास शिक्षा ग्रहण करने के लिए आने लगे । किन्तु, उस वक्त किसी को क्या पता था, कि आगे चलकर गन्धारपुर में अंगिरा का रोपा यह विद्या–अंकुर तक्षशिला के रूप में एक विराट वृक्ष बन जाएगा, जिसकी छाया और मधुर फल से लाभ उठाने के लिए सैकड़ों योजन दूर से चलकर आर्य विद्याप्रेमी आयेंगे।

ऋषि अंगिरा की आयु ६५ साल की थी, उनके श्वेत केश, नाभि तक लटकती श्वेत चमकती दाढ़ी उनके प्रशान्त गम्भीर चेहरे पर बहुत आकर्षक मालूम होते थे। अभी लेखनी, स्याही और भुर्जपत्र इस्तेमाल करने में कई सदियों की जरूरत थी , उनका सारा अध्यापन मौखिक हुआ करता था, जिसमें पुराने गीतों और कविताओं को विद्यार्थी दुहरा–दुहराकर कंठस्थ करते थे। दूर के विद्यार्थी अपने साथ खाद्य–सामग्री नहीं ला सकते थे , इसलिए ऋषि अंगिरा को विद्यार्थियों के भोजन –वस्त्र का प्रबन्ध करना पड़ता था। अंगिरा ने अपने पैतृक खेतों के अतिरिक्त विद्यार्थियों की सहायता से जंगल काटकर नये खेत आबाद किये थे जिनसे साल भर के खाने के लिए गेहूँ पैदा हो जाता था। अभी बाग–बगीचों का रवाज़ न था, किन्तु जंगल में जब फल पकने का समय आता, तो अपनी शिष्य–मण्डली के साथ वह वहाँ फल जमा करने के लिए चले जाते । खेत जोतने –बोने–काटने, फूल–फल–काष्ठ जमा करने के समय ऋषि और उनके विद्यार्थी वक्षु और सुवास्तु के तटों पर बने गीतों को बड़े राग से गाया करते । सारे गन्धार में सबसे बड़ा अश्वस्थ (अश्व–पालन स्थान) ऋषि अंगिरा का था। दूर–दूर तक अपने शिष्यों और परिचितों से ढुँढवाकर उन्होंने उच्च जाति के घोड़े–धोड़ियों को जमाकर उनके वंश की वृद्धि की थी। सैंधव (सिन्धु–तटवर्ती) घोड़ों का जो पीछे सर्वत्र भारी नाम हुआ, उसका प्रारम्भ ऋषि अंगिरा के अश्वस्थ से ही हुआ था। इनके अतिरिक्त ऋषि अंगिरा के पास हजारों गायें और भेड़ें थीं । उनके शिष्यों को विद्याध्ययन के साथ–साथ बराबर काम करना पड़ता था, जिसमें ऋषि भी समय–समय पर हाथ बँटाते थे, यह जरूरी भी था क्योंकि इस प्रकार शिष्यों को खाने–पहनने की कोई तकलीफ नहीं होने पाती थी।

तक्षशिला के पूर्व के सारे पहाड़ सुजल–सुफल, हरे–भरे थे। ऋषि अंगिरा के साथ उस वक्त वरुण और पाल की टोली गोष्ट की देख भाल कर रही थी। तम्बुओं के बाहर कुछ दूर पर लाल, उजले बछड़े फुदक रहे थे, और ऋषि अपने शिष्यों के साथ बाहर हरी घास पर बैठे हुए थे। ऋषि के बायें हाथ में बारीक ऊन की पूनी थी, और दाहिना हाथ काट की बड़ी तकली को चला रहा था। शिष्यों में भी कोई तकली चला रहा था, कोई ऊन निकिया रहा था, कोई हाथों लम्बी पूनी तैयार कर रहा था। आज ऋषि प्राचीन और नवीन, आर्य और अनार्य रीति–रिवाजों, शिल्प–व्यवसायों में कौन ग्राह्य हैं, कौन त्याज्य हैं, इस बात को समझा रहे थे।

"वत्सो ! सभी नवीन त्याज्य है, सभी प्राचीन ग्राह्य है, यह कहना बिल्कुल गलत है, और करना तो और भी असम्भव है। वक्षुतट के आर्यों में जब पहिले–पहिल पत्थर के हथियारों की जगह ताँबे का हथियार प्रचलित होने लगा, तो कितनों ने इस नवीन चीज का विरोध किया था।

ऋषि के प्रिय शिष्य वरुण ने पूछा– "पत्थर के हथियारों से कैसे काम चलता होगा ?"

"आज वत्स ! ताँबे के हथियारों से काम चल रहा है, कल इससे भी तीक्ष्ण कोई हथियार निकल आयेगा, फिर लोग सवाल करेंगे– ताँबे के हथियार से कैसे काम चलता होगा ? जो हथियार जिस वक्त प्राप्य होता है, आदमी उसी से काम चला लेता है। जब पाषाण के कुल्हाड़े से लड़ाइयाँ लड़ी जाती थीं, तो दोनों पक्ष के भटों के पास पाषाण के ही कुल्हाड़े होते थे, जैसे ही एक पक्ष के पास ताँबे का कुल्हाड़ा आया, वैसे ही दूसरे पक्ष को भी पाषाण छोड़ ताँबे का कुल्हाड़ा हाथ में लेना पड़ा; यदि वह ऐसा न करता तो संसार में जीने के लिए उसे स्थान न मिलता। इसीलिए मैंने कहा–सभी नवीन बातों को त्याज्य कहना गलत है। यदि मैं नवीन का विरोधी होता, तो इतने सुन्दर घोड़े, इतनी सुन्दर गायें न पैदा करा सकता। मैंने देखा अच्छे घोड़े–घोड़ियों के अच्छे बछेड़े होते हैं। मैंने कुछ अच्छे–अच्छे घोड़े–घोड़ियों को चुना, और आज पैंतीस वर्ष बाद इस वक्त तुम अंगिरा के घोड़ों की इस नसल को देख रहे हो।

असुर खेतों की खाद का अच्छा प्रबन्ध करते थे। वह पहाड़ी नदियों से नहरें निकाल कर सिंचाई करते थे। हमने गन्धार में इन बातों को स्वीकृत किया। उनके शहर बसाने के तरीके , चिकित्सा के कितने ही ढंग बहुत अच्छे थे , हमने उन्हें ले लिया है। आहार , परिधान, जीवन–रक्षा के लिए उपयोगी जितनी भी चीजें मिलें, उन्हें स्वीकार करना चाहिए. इसका ख्याल किये बिना कि वह पुरानी हैं या नई. आर्यों से आई हैं या अनार्यों से। सुवास्तु में और उससे पहले आर्य कपास के वस्त्र का नाम भी नहीं जानते थे , किन्तु यहाँ हम लोग उसे पहनते हैं। गर्मियों में वह सुखद होता है।"

"लेकिन कितनी ही चीजें हैं, जिनको हमें विषवत् त्याज्य समझना चाहिए। असुरों का शिश्न (लिंग) पूजा–धर्म हमारे लिए निन्दनीय है। उनका जाति–विभाग हमारे लिए त्याज्य है, क्योंकि उसके कारण सभी आदमी अपने जन की रक्षा के लिए हथियार नहीं उठा सकते, आपस में ऊँच–नीच का भाव बढ़ता है। असुरों के साथ रक्त–मिश्रण नहीं करना चाहिए, क्योंकि यह असुर बनने के लिए दरवाजा खोल देगा, और फिर आर्यों में भी नाना शिल्पों, नाना व्यवसायों की छोटी–बड़ी जातियाँ बन जायेंगी।"

पाल–"रक्त–सम्मिश्रण को तो सभी आर्य बहुत बुरा समझते हैं ?"
ऋषि–"हाँ, किन्तु इसके लिए उतना ध्यान देने को तैयार नहीं हैं। क्या असुर अथवा कोल स्त्रियों के साथ आर्य समागम नहीं करते ?"
वरुण–"सीमान्त पर करते हैं, और असुर पुरों की वेश्याओं के पास तो हमारे भट आम तौर से जाते हैं ।"
ऋषि–"इसका परिणाम क्या होगा ? वर्णसंकरता बढ़ेगी। असुरों में भी पीतकेश बालक–बालिकाएँ पैदा होंगी जिन्हें भ्रम या धोखे में पकड़ कर आर्य अपने भीतर ले लेंगे, फिर रक्त की शुद्धता कहाँ से रहेगी ? इसलिए रक्त–शुद्धता के वास्ते हमें स्त्री–पुरुष दोनों ओर से पूरा ध्यान रखना होगा। यही नहीं , हमें आर्य जनपद में दास–प्रथा नहीं स्वीकार करनी होगी , क्योंकि रक्त की शुद्धता को नष्ट करने के लिए इससे खतरनाक कोई चीज नहीं। बल्कि , मैं तो कहूँगा ऐसी कोशिश करनी चाहिए , कि आर्य जनपद में अनार्यों का वास न होने पाये।"

"सबसे बड़ा खतरा और सारी बुराइयों की जड़ है, असुरों की राज्य–प्रथा जिसका ही एक अंग है उनकी पुरोहित–प्रथा। असुर–जन को कोई अधिकार नहीं; असुर–राजा जो कहे उसी पर चलना हर एक असुर अपना धर्म समझता है। असुर –पुरोहित सिखलाता है, जनता को सभी बातों का जिम्मा ऊपर देवताओं और नीचे राजा ने ले रखा है , जन को कुछ कहने–करने का अधिकार नहीं । राजा स्वयं धरती पर देवता है। मुझे बड़ी प्रसन्नता हुई, जब सुना कि शिवि- वीरों ने इन्द्र के पद को हटा दिया । यद्यपि इन्द्र को आर्यों में

वह स्थान कभी नहीं मिला, जो कि असुर-राजा को प्राप्त था-इन्द्र जन द्वारा चुना एक बड़ा योद्धा मात्र था, वह जन पर शासन करने का कोई अधिकार नहीं रखता था। तो भी इस पद से खतरा था, और कुछ लोगों ने उसकी आड़ में आर्यों में राज-प्रथा कायम करने का प्रयत्न किया भी। आर्य यदि अपने आर्यत्व को कायम रखना चाहते हैं, तो उन्हें किसी आदमी को राजा जैसा अधिकार नहीं देना चाहिए। आर्यों में असुरों के धर्म के प्रति भारी घृणा है , इसमें शक नहीं; किन्तु जिस दिन आर्यों में राजा बनेगा, उसी दिन असुरों जैसा पुरोहित भी आ जायेगा और फिर आर्यत्व को डूबा ही समझो। जन के परिश्रम पर राजा मौज करेगा, और देवता की सहायता दिलाने के लिए वह पुरोहित को रिश्वत देकर अपनी ओर मिला लेगा, इस प्रकार राजा और पुरोहित मिल जन को अपना दास बना छोड़ेंगे।

"हमें, आर्यों की पुरानी प्रथाओं को बड़ी दृढ़ता के साथ पकड़े रहना होगा, और जहाँ भी कोई आर्य जन उससे डिगे, उसे आर्यों की जनता से खारिज कर देना होगा।"

3.

सौवीर के दक्षिणी भाग (कराची के आस पास) से इधर कितनी ही चिन्ताजनक खबरें वरुण को मिल रही थीं; जिनसे मालूम होता था, कि अन्तिम असुर-दुर्ग के पराजय के साथ आर्यों के भीतर भारी कलह उठ खड़ी होना चाहती है। वरुण ने अपने गुरू के साथ सौवीर की समस्या पर कई बार हर पहलू से विचार किया था। ऋषि अंगिरा का कहना था, कि चाहे यह कलह पहले सौवीर में पैदा हुई हो, किन्तु इसके भीतर से सारे आर्य जनों को गुजरना पड़ेगा। आर्य सदा से व्यक्ति के ऊपर जन के शासन को मानते आये हैं , उधर असुरों की निरंकुश राजसत्ता को देखकर कितने ही आर्य नेताओं को अधिकार और भोग का प्रलोभन हो सकता है , इन दोनों मनोवृत्तियों का संघर्ष जरूर होकर रहेगा, और जिस जनपद में असुरों की संख्या जितनी ही अधिक होगी, वहाँ इस संघर्ष की और ज्यादा सम्भावना है, क्योंकि वहाँ पराजित असुर आर्यों की भीतरी फूट से फायदा उठाना चाहेंगे।

आठ वर्ष रहने के बाद सौवीरपुरे (रोरुक, रोडी) की खबरों को और चिन्ताजनक सुन वरुण को गन्धारपुर छोड़ना पड़ा। आवसथ के प्रथम साथी पाल माद्र ने उसका साथ दिया। गन्धार की सीमा पार कर वे नमक की पहाड़ियों वाले सिन्धु जनपद में प्रविष्ट हुए। नमक की खानों में काम करने वाले अब भी असुर (व्यापारी और श्रमिंक) ज्यादा थे, जिसका असर पीतकेशों (आर्यों) पर भी बुरा पड़ा था। उनमें ज्यादा आलस्य था। वह अपने काम को अनार्य कर्मकरों से कराना ज्यादा पसन्द करते थे , और समझते थे कि हमारा काम घोड़े पर चढ़ना और तलवार चलाना है। अनार्यों के सामने असुर राजाओं जैसी हेकड़ी दिखाने वाले आर्य राजसत्ता अंकुरित करने के लिए अच्छे क्षेत्र थे। लेकिन, नमक की पहाड़ियों को पार करने पर सौवीरों का प्रथम-स्थान (मूल स्थान, मुल्तान) जब आया, तो अवस्था कुछ अच्छी पाई। यहाँ के निवासी सारे ही आर्य थे , और उनके लिए यह तारीफ़ की बात थी कि यहाँ की भीषण गर्मी (वरुण और पाल गर्मी क ऋतु ही में यात्रा कर रहे थे, यद्यपि सिन्धु में नाव से चलने के कारण मार्ग का कष्ट कम था) को बर्दाश्त कर भी जनपद को आर्य बनाये हुए थे।

सौवीरपुर (रोरुक, रोडी) में गर्मी का क्या पूछना था, उन्हें वह गर्मी ज्यादा परेशान कर रही थी। आर्यों में अभी लिखने का संकेत (लिपि) नहीं प्रचलित हुआ था, इसलिए जब तब सौवीर के सार्थों द्वारा वरुण ने अपने मित्रों को जो संदेश भेजा था , वह पूरा नहीं

पहुँच सकता था। इस वक्त कितनी ही बार उसे असुरों की लिपि का ख्याल आया था । सौवीरपुर में पहुँचने पर उसे मालूम हो गया, कि मामला बहुत दूर तक बढ़ चुका है। स्वयं सौवीरपुर में सुमित्र के समर्थक बहुत कम थे , किन्तु दक्षिण सौवीर में अन्तिम असुर-दुर्गध्वंसक सुमित्र का पक्ष लेने वाले आर्य ज्यादा थे। इस अन्तिम दुर्ग के पतन के समय सेनापति सुमित्र ने असुर नागरिकों पर आवश्यकता से अधिक दया दिखलाई थी, उस वक्त वरुण इसके लिए सुमित्र का भारी प्रशंसक बन गया था। किन्तु अब उसे मालूम हो रहा था, कि यह सब सुमित्र की चाल थी। वह समझता था, इस पराजय के बाद असुर फिर आर्यों के विरुद्ध खड़े नहीं हो सकेंगे, और इस दया-प्रदर्शन से सागर पर के सार्थवाह असुरों की सम्पत्ति और शक्ति का उपयोग हम अपने व्यक्तिगत लाभ के लिए कर सकेंगे।

सुमित्र अब भी सेना को लिए हुए सागर तीर के असुरपुर में बैठा था, और बनावटी युद्धों के बहाने वहाँ से लौटने का नाम नहीं लेता था। वरुण पहले जन के साधारण नायकों से मिला, उनको सुमित्र की बातें स्पष्ट नहीं मालूम थीं । वह समझते थे, व्यक्तिगत द्वेष के कारण कुछ जननायक सुमित्र का विरोध कर रहे हैं। फिर जब वह उन प्रधान नायकों से मिला, जिन पर जन के शासन का भार था, तो उन्होंने सारी बातें बतलाई, किन्तु साथ ही यह भी कहा कि सुमित्र की बुरी नीयत हमारे लिए बिल्कुल साफ होने पर भी जन के साधारण लोगों के लिये साफ नहीं है, क्योंकि इसे वह दूसरे ही अर्थ में लेते हैं।

असुरपुर की विजय में वरुण सुमित्र का उपनायक था, इसलिए यद्यपि उस बात को बीते अब नौ साल हो गये थे , तो भी लोगों में उनके खड़ग की प्रशंसा बन्द नहीं हुई थी। वरुण ने जन को समझने से पहले चाहा कि सुमित्र के बारे में खुद जाकर पता लगाये। इसी अभिप्राय से एक दिन दोनों मित्र दक्षिण सौवीर के लिए नौका पर सवार हुए। उन्होंने गन्धार -व्यापारियों जैसा बाना बनाया ! असुरपुर के देखने में मालूम होता था, वह सचमुच ही आर्यों का नहीं, असुरों का पुर है। उसकी पण्य-वीथियों में बड़े-बड़े असुर सागर-वणिकों के महल और देश-विदेश की पण्य-वस्तुएँ थीं। कितने ही असुर सामन्त परिवार भी अपने मुहल्ले में बसे हुए थे, और उनके आस पास दास-दासी भी पहले ही की तरह हाथ बाँधे खड़े रहते थे। उसके मन में जिज्ञासा होने लगी कि आखिर विजयी आर्य यहाँ पर कहाँ रहते हैं। सुमित्र असुरराज के महल में रहता था। एक दिन उसने गन्धार-वणिक की ओर से भेंट लेकर पाल माद्र को उसके पास भेजा । पाल ने लौटकर बतलाया कि पीले केशों और गौर मुख को छोड़ देने पर सुमित्र बिलकुल असुर राजा बन गया है। उसका निवास किसी आर्य सेनापति का सीधा -साधा घर नहीं, सोने-चाँदी से चमकता असुर -दरबार है। उसके पार्श्वचर सैनिकों में भी वह सादगी नहीं है। सप्ताह बीतते बीतते मालूम हो गया कि वहाँ आर्यों का पता लगता है असुर-कन्याओं के नृत्यों तथा सुरा-गोष्ठियों में। कितनी ही आर्य स्त्रियाँ अपने पतियों के पास जाना चाहती हैं , किन्तु बहाना करके उन्हें आने से मना कर दिया जाता है। सुमित्र ने बहुत बार सन्देश भेजने पर भी अपनी स्त्री को आने से रोक दिया। वह स्वयं असुर पुरोहित की कन्या के प्रेम में फँसा हुआ था। और वही नहीं नगर की कितनी ही असुर-सुन्दरियाँ उसकी अन्तःपुरचारिणी थीं। अपने आर्य सैनिकों के लिए भी उसने वैसे ही छूट दे रखी थी। दूसरे आर्य जब आने लगते , तो दासों से दंगा करवा देता, जिससे कुछ खून-खराबी होती और आर्य आने से रुक जाते ।

वरुण ने सारी बातों का पूरा पता लगा अपने मित्र के साथ चुपचाप सौवीरपुर के लिए प्रस्थान किया। सौवीरपुर में उसने जननायकों को बतलाया, कि सुमित्र अपनी शक्ति को इतना दृढ़ कर चुका है, कि अब हमें असुरपुर के आर्य भटों ही नहीं, असुरो की शक्ति से भी मुकाबला करना पड़ेगा, इसके लिए तैयारी करके हमें असली बात लोगों को बतलानी होगी। वरुण नृत्य -अखाड़े का दुलारा था

और वर्षों से पतियों का मुख न देख पाने वाली आर्य स्त्रियाँ जब इस सुन्दर नर्तक के मुँह से एकान्त में अपने पतियों की करतूतों को सुनतीं तो उन्हें पूरा विश्वास हो जाता। फिर एक कान से दूसरे कान में चलकर बात बड़े वेग से फैलने लगती । वरुण कवि भी था , उसने पति–वियोगिनी आर्य महिलाओं की ओर से असुर –कन्याओं को अभिशाप , तथा सुमित्र के विलासपूर्ण स्वार्थमय जीवन के कितने ही सुन्दर गीत बनाये, जो दावानल की भाँति सारे सौवीर के आर्य ग्रामों में गाये जाने लगे। आखिर में उसने आर्य पत्नियों को थोड़ा–थोड़ा करके उनके पतियों के पास भेजा , जिन्हें तिरस्कार कर लौटने का परिणाम और भी बुरा साबित हुआ । सुमित्र को लौटने के लिए कहने पर भी जब वह आने के लिए राजी नहीं हुआ तो उसके स्थान पर वरुण को सेनानायक नियुक्त कर भारी आर्य सेना के साथ असुरपुर के लिए रवाना किया। वरुण को सामने आया समझ –सुमित्र के सैनिकों में फूट पड़ गई. और कितनों ने अपने अनार्य व्यवहार के लिए सचमुच पश्चाताप किया। बाकी बची हुई सेना की मदद से लड़ने में सुमित्र को सफलता की आशा न थी , इसलिए अन्त में उसने वरुण को नगर समर्पित कर सौवीरपुर लौटने की इच्छा प्रकट की। इस प्रकार आर्य–जन पहली भीषण परीक्षा में सफल हुआ। वरुण ने असुरों को नहीं छेड़ा, क्योंकि अब वह अस्त्र से नहीं लड़ रहे थे। हाँ, आर्यों को असुरों के प्रभाव से अलग रखने के लिए उसने एक अलग आर्यपुर बसाया और ऋषि अंगिरा की बतलाई कितनी ही बातों को काम में लाना शुरू किया।

–––

आज से १२५ पीढ़ी पहले की आर्य–कहानी।

सुदास् (१५०० ईसा पूर्व)

देश : कुरु-पंचाल (पश्चिमी युक्त प्रान्त)
जाति : वैदिक आर्य
काल : १५०० ई० पू०

बसन्त समाप्त हो रहा था। चनाव (चन्द्रभागा) की कछार में दूर तक पके गेहुँओं के सुनहले पौधे खड़े हवा के झोकों से लहरा रहे थे, जिनमें जहाँ तहाँ स्त्री-पुरुष गीत गाते खेत काटने में लगे हुए थे। कटे खेतों में उगी हरी घास चरने के लिए बहुत -सी बछेड़ों वाली घोड़ियाँ छोड़ी हुई थीं। धूप में एक पान्थ आगे की ओर अपने भूरे केशों के जूट को दिखलाते हुए सिर में फटे कपड़ों की उष्णीष (पगड़ी) बाँधे, शरीर पर एक पुरानी चादर लपेटे, घुटनों तक की धोती (अन्तरवासक) पहने हाथ में लाठी लिए मन्दगति से चला जा रहा था। प्यास के मारे उसका तालू सूख रहा था। पथिक ने हिम्मत बाँधी थी अगले गाँव में पहुँचने की ; किन्तु मार्ग के बगल एक कच्चे कुएँ तथा छोटे से शमी वृक्ष को देखकर उसकी हिम्मत टूट गई। उसने पहले अपने उष्णीय वस्त्र , फिर नंगे होकर धोती, तथा एक बार दोनों को जोड़कर छोर को पानी में डुबाने की कोशिश की; किन्तु वह सफल नहीं हुआ। अन्त में निराश हो पास के वृक्ष के सहारे बैठ रहा। उसे जान पड़ने लगा कि फिर इस जगह से उठना नहीं होगा। उसी वक्त एक कन्धे पर मशक , दूसरे कन्धे पर रस्सी तथा हाथ में चमड़े की बाल्टी लिए एक कुमारी उधर आती दिखाई पड़ी। पान्थ की छूटी आशा लौटने लगी। तरुणी ने कुएँ पर आकर मशक को रख दिया, और जिस वक्त वह बाल्टी को कुएँ में डालने जा रही थी , उसी वक्त उसकी नजर यात्री के चेहरे पर पड़ी। उसका चेहरा मुरझाया हुआ था, ओठ फटे, गाल चिपके, आँखें कोटरलीन, पैर नंगे धूल-भरे थे। किन्तु इन सबके पीछे से उसकी तरुणाई की झलक भी आ रही थी।

पथिक ने स्वर्णकेशों पर कुमारियों की संजा , शरीर पर उत्तरासंग (चादर), कंचुक और अन्तरवासक (लुँगी) के साधारण, किन्तु विनीत वेश को देखा। धूप में चलने के कारण तरुण का मुख अधिक लाल हो गया था, और ललाट तथा ऊपरी ओठ पर कितने ही श्रमबिन्दु झलक रहे थे। कुमारी ने थोड़ी देर उस अपरिचित पुरुष की ओर निहार कर माद्रियों की सहज मुस्कराहट को अपने सुन्दर ओठों पर ला तरुण की आधी प्यास को बुझाते हुए मधुर स्वर में कहा-
''मैं समझती हूँ तू प्यासा है भ्रातर !"
पथिक ने साहसपूर्वक अपने गिरते कलेजे को दृढ़ करने में असफल होते हुए कहा-"हाँ, मैं बहुत प्यासा हूँ।"
"तो मैं पानी लाती हूँ।"
तरुणी ने बाल्टी में पानी भरा। तब तक तरुण भी उसके पास आकर खड़ा हो गया था। उसका दीर्घ गोत्र और मोटी हड्डियाँ बतला रही थीं कि अभी उनके भीतर से असाधारण पौरुष लुप्त नहीं हुआ है। मशक से लटकते चमड़े के गिलास को पथिक के हाथ में दे तरुणी ने उसमें बाल्टी से पानी भर दिया। पथिक ने बड़ी घूँट भरी और गले से उतारने के बाद नीचे मुँहकर बैठ गया। फिर एक सँस में गिलास के पानी को पी गया। गिलास उसके हाथ से छूट गया और अपने को सँभालते -सँभालते भी वह पीछे की ओर गिर पड़ा। तरुणी जरा देर के लिए अवाक् रह गई। फिर देखा, तरुण की आँखें उलट गई हैं, वह बेहोश हो गया है। तरुणी ने झट से अपने सिर से बँधे रुमाल को पानी में डुबा तरुण के मुख और ललाट को पोंछना शुरु किया। कुछ क्षण में उसने आँखें खोलीं फिर तरुण कुछ

लज्जित--सा हो क्षीण स्वर में बोला-''मुझे अफसोस है कुमारि ! मैंने तुझे कष्ट दिया।"

"मुझे कष्ट नहीं है, पर मैं तो डर गई थी, ऐसा क्यों हुआ ?"

"कोई बात नहीं, खाली पेट था, प्यास में बहुत पानी पी गया। किन्तु अब कोई हर्ज नहीं।"

"खाली पेट ?"-कह पथिक को बोलने का कुछ भी अवसर दिये बिना तरुणी वहाँ से दौड़ गई और थोड़ी देर में एक कटोरे में दही, सत्तू और मधु लेकर आ उपस्थित हुई । तरुण के चेहरे पर संकोच और लज्जा की रेखा फिरी देख कुमारी ने कहा -"तू संकोच न कर पथिक ! मेरा भी एक भाई कई साल हुए घर से निकल गया है। यह थोड़ी-सी तेरी सहायता करते वक्त मुझे अपना भाई याद आ रहा है।"

पथिक ने कटोरे को ले लिया। तरुणी ने बाल्टी से जल दिया। तरुण सत्तू घोल कर धीरे-धीरे पी गया। पीने के बाद उसके चेहरे की आधी मुरझाहट जाती रही और अपने संयत मुख की मूक मुद्रा से कृतज्ञता प्रकट करते हुए वह कुछ बोलने की सोच ही रहा था, कि तरुणी ने मानों उसके भावों को समझकर कहा-"संकोच करने की जरुरत नहीं भ्रातर ! तू दूर से आया मालूम होता है ?"

"हाँ, बहुत दूर पूरब से-पंचाल से ।"

"कहाँ जायेगा ?"

"यहाँ, वहाँ कहीं भी।"

"तो भी।"

"अभी तो कोई काम चाहता हूँ, जिसमें अपने तन और कपड़ों की व्यवस्था कर सकूँ।"

"खेतों में काम करेगा?"

"क्यों नहीं ? मैं खेत काट-बो-जोत सकता हूँ। खलिहान का काम कर सकता हूँ। घोड़े-गाय की चरवाही कर सकता हूँ। मेरे शरीर में बल है; अभी सूख गया है । किन्तु थोड़े ही समय में मैं भारी बल के काम को भी करने लगा। कुमारि ! मैंने कभी अपने किसी मालिक को नाराज नहीं किया।"

"तो मैं समझती हूँ, पिता तुझे काम पर रख लेंगे। पानी भरती हूँ, मेरे साथ चलना ।"

तरुण ने मशक ले चलने की बहुत कोशिश की; किन्तु तरुणी राजी न हुई। खेत में एक लाल तम्बू लगा था, जिसके बाहर चालीस के करीब स्त्री-पुरुष बैठे थे। तरुण पहचान नहीं सकता था कि इनमें कौन तरुणी का पिता है। सबके एक-से सादे वस्त्र, एक-से पीले केश, गोरा शरीर, अदीन मुख। तरुणी ने मशक और बाल्टी को उतार बीच में बिछे चमड़े पर रखा, फिर साठ वर्ष के एक बूढ़े किन्तु स्वस्थ बलिष्ठ आदमी के पास जाकर कहा-

"यह परदेशी तरुण काम करना चाहता है, पितर ।"

"खेतों में दुहितर ?"

"हाँ, कहीं भी।"

"तो यहाँ काम करे। वेतन जो यहाँ दूसरे पुरुषों को मिलेगा, वही इसे भी मिल जायेगा।"

तरुण सुन रहा था। वृद्ध ने यही बात उसके सामने दुहराई, जिसे उसने स्वीकार किया। फिर वृद्ध ने कहा-"आ तरुण ! तू भी आ जा। हम सब मध्यान्ह भोजन कर रहे हैं।"

"अभी मैंने सत्तू पिया है, तेरी दुहिता ने दिया था, आर्य !"

"आर्य-वार्य नहीं मैं जेता ऋभु -पुत्र माद्र हूँ। तू जो कुछ भी खा -पी सके खा-पी। अपाला ! मैरेय (कच्ची शराब) देना,

अश्विनीक्षीर का । धूप में अच्छा होता है। तरुण ! बात शाम को कराँगा, इस वक्त नाम–भर जानना चाहता हूँ।"

"सुदास् पांचाल" ।

"सुदास् नहीं, सुदाः–सुन्दर दान देने वाला। तुम पूरब वाले भाषा भी ठीक से बोलना नहीं जानते ? पंचाल जनपद से ? अच्छा अपाले ! यह पूरब वाले लज्जालु होते हैं। इसे खिलाना, जिसमें शाम तक कुछ काम करने लायक हो जाय।"

सुदास् ने अपाला के आग्रह पर मेरय के दो–तीन प्याले पिये और एकाध टुकड़ा रोटी का गले से नीचे उतारा। दो दिन से भूखे रहने के कारण उसकी भूख मर–सी गई थी।

जैसे–जैसे सूर्य की प्रचण्डता मन्द होती जा रही थी, वैसे ही वैसे सुदास् अपने भीतर नई स्फूर्ति आती देख रहा था, और शाम को काम छोड़ने से पहले गेहूँ काटने में वह किसी से कम न था।

रात को लोग वहाँ से दूर खलिहान–घरों के पास गए। जेता की खेती बड़ी थी, वह खलिहान में रात को जमा हुए दो सौ से ऊपर कमकर बतला रहे थे। खलिहान के घरों में खाना बनाने वाले अपने काम में लगे हुए थे। एक भारी बैल मारा गया था , जिसकी हड्डियों, अँतड़ियों और कुछ माँस को एक–बड़े देग में तीन घंटा दिन रहते ही चढ़ा दिया गया था। बाकी आध –आध सेर के टुकड़े नमक के साथ उबाले जा रहे थे। घरों के बाहर एक भारी चिकना मैदान खलिहान के लिए था, जिसके एक ओर एक पक्का कुआँ तथा पानी से भरा कुण्ड था। स्त्री –पुरुषों ने कण्ड पर जाकर हाथ–मुंह धोये । जिन्हें शरीर धोने की इच्छा थी, उन्होंने शरीर भी धोया।अँधेरा होने के साथ पाँती से बैठे स्त्री–पुरुषों के सामने रोटी, माँस खंड और सुराभांड रखे गए। सुदास की लज्जा का ख्याल कर अपाला–पानी लाने वाली–ने उसे अपने पास बैठाया, यद्यपि इसमें उसकी लज्जा का उतना ख्याल न था; जितना कि परदेश गए भाई की स्मृति का । भोजन–पान के बाद गान नृत्य शुरू हुआ जिसमें यद्यपि सुदास् आज सम्मिलित नहीं हो सका; किन्तु आगे चलकर वह सर्वप्रिय गायक और नर्तक बना।

खेत की कटाई, ढोलाई और देवाई डेढ़ महीने तक चलती रही; किन्तु दो सप्ताह बीतते बीतते ही सुदास् पहचाना नहीं जा सकता था। उसकी बड़ी–बड़ी नीली आँखें उभर आई थीं। उसके गालों पर स्वाभाविक लाली दौड़ चुकी थी। उसके शरीर की नसें व हड्डियाँ पेशियों से ढंक रही थीं ।

जेता ने सप्ताह बाद ही उसे नए कपड़े दे दिए थे। खलिहान करीब–करीब उठ चुका था। छः–सात आदमियों–जिनमें बाप–बेटी और सुदास् भी थे–को छोड़ बाकी लोग अपने अनाज को लेकर चले गए थे। इन लोगों के पास खेत थोड़े थे , इसलिए अपने खेतों को काटकर वह जेता के खेतों में काम करने आए थे। इन डेढ़ महीनों में जेता और उसकी लड़की अपने तरुण कमकर के सरल , हँसमुख स्वभाव से परिचित हो चुके थे। एक दिन संध्या–सुरा के बाद जेता ने सुदास् से पूरब वालों की बात छेड़ दी। अपाला भी पास बैठी सुन रही थी। जेता ने कहा–"सुदाः ! पूरब में मैं बहुत दूर तक तो नहीं गया हैं, किन्तु पंचालपुर (अहिच्छत्र) को मैंने देखा है। मैं अपने घोड़ों को लेकर जाड़ों में गया था।"

"पंचाल (रुहेलखंड) कैसा लगा, आर्यवृद्ध ?"

"जनपद में कोई दोष नहीं। वह मद्र–जैसा ही स्वस्थ–समृद्ध है, बल्कि उसके खेत यहाँ से अधिक उपजाऊ मालूम हुए; किन्तु..."

"किन्तु क्या ?"

*क्षमा करना सुदाः ! वहाँ मानव नहीं बसते ।"

"मानव नहीं बसते ? तो क्या देव या दानव बसते हैं ?"

"मैं इतना ही कहूँगा कि वहाँ मानव नहीं बसते ।

"मैं नाराज नहीं होऊँगा, आर्यवृद्ध ! तुझे क्यों ऐसा ख्याल हुआ ?"

"सुदाः! तूने देखा, मेरे खेतों में काम करने वाले दो सौ नर–नारियों को ?"

"हाँ।"

"क्या मेरे खेत में काम करने, मेरे हाथ से वेतन पाने के कारण उन्हें जरा भी मेरे सामने दैन्य प्रकट करते देखा ?"

"नहीं, बल्कि मालूम होता था, सभी तेरे परिवार के आदमी हैं ।"

"हाँ, इनको मानव कहते हैं। ये मेरे परिवार के हैं। सभी मद्र और माद्रियाँ हैं। पूरब में ऐसी बात को देखने को जी तरसता है। वहाँ दास या स्वामी मिलते हैं, मानव नहीं मिलते, बन्धु नहीं मिलते।"

"सत्य कहा, आर्यवृद्ध ! मानव का मूल्य मैंने शतद्रु (सतलज) पारकर– खासकर इस मद्रभूमि में आकर देखा। मानव में रहना आनन्द, अभिमान और भाग्य की बात है।"

"मुझे खुशी है, पुत्र ! तूने बुरा नहीं माना। अपनी–अपनी जन्मभूमि का सबको प्रेम होता है।"

" किन्तु प्रेम का अर्थ दोषों से आँख मींचना नहीं होना चाहिए ।"

"मैंने कुरु–पंचाल की यात्रा करते वक्त बहुत बार सोचा, यहाँ के भी पंडितों से चर्चा की । मुझे इस दोष के आने का कारण तो मालूम हुआ किन्तु प्रतिकार नहीं । ।

"क्या कारण, आर्यवृद्ध ?"

"यद्यपि पंचाल जनपद पंचालों का कहा जाता है, किन्तु उसके निवासियों में आधे भी पंचाल–जन नहीं हैं।"

"हाँ, आगन्तुक बहुत हैं।"

"आगन्तुक नहीं पुत्र ! मूल निवासी बहुत हैं। वहाँ की शिल्पी जातियाँ, वहाँ के व्यापारी, वहाँ दास पंचाल–जनों के उस भूमि पर पग रखने से बहुत पहले से मौजूद थे। उनका रंग देखा है न ?"

"हाँ, पंचाल–जनों से बिल्कल भिन्न काला, साँवला या ताम्रवर्ण ।"

"और पंचाल–जनों का वर्ण मद्रों–जैसा गौर होता है ?"

"बहुत कुछ ।"

"हाँ बहुत कुछ ही, क्योंकि दूसरे वर्ण वालों के साथ मिश्रण होने से वर्ण (रंग) में विकार होता ही है। मैं समझता हूँ, यदि मद्र की भाँति वहाँ भी आर्य–पिंगलकेश–ही बसते, तो शायद मानव वहाँ भी दिखलाई पड़ते । आर्य और आर्य–भिन्नों के ऊँच–नीच भाव में तो भिन्न वर्ण होना कारण हो सकता है।"

"और शायद, आर्यवृद्ध ! तुझको मालूम होगा कि इन आर्य–भिन्नों –जिन्हें पूर्वज असुर कहते थे –मैं पहले ही से ऊँच –नीच और दास–स्वामी होते आते थे।"

"हाँ, किन्तु पंचाल तो आर्य–जन थे, एक खून, एक शरीर से उत्पन्न।"

"हाँ, फिर वहाँ उनमें भी ऊँच–नीच का भाव वैसा ही पाया जाता है। पंचाल–राज दिवोदास् ने मेरे कुछ घोड़े खरीद थे, इसके लिए एक दिन मैं उसके सामने गया। उसका पुष्ट गौर तरुण शरीर सुन्दर था ; किन्तु उसके सिर पर लाल–पीली भारी–भरकम डलिया

(मुकुट), फटे कानों में बड़े–बड़े छल्ले, हाथों और गले में भी क्या–क्या तमाशे थे। यह सब देखकर मुझे उस पर दया आने लगी। जान पड़ा, चन्द्रमा को राहु ग्रस रहा है। उसके साथ उसकी स्त्री भी थी, जो रूप में मद्र–सुन्दरियों से कम न थी; किन्तु इन लाल–पीले बोझों से बेचारी झुकी जा रही थी।"

सुदास् का हृदय वेग से चलने लगा था। उसने अपने भावों से चेहरे को न प्रभावित होने देने के लिए पूरा प्रयत्न किया ; किन्तु असफल होते देख बात को बदलने की इच्छा से कहा–

"पंचाल–राज ने घोडों को लिया न, आर्यवृद्ध ?"

'लिया और अच्छा दाम भी दिया। याद नहीं, कितने हिरण्य; किन्तु वहाँ यह देखकर ज्वर आ रहा था कि पंचाल –जन भी उसके सामने घुटने टेककर वन्दना करते, गिड़गिड़ाते हैं। मर जाने पर भी कोई मद्र ऐसा नहीं कर सकता, पुत्र !"

"तुझे तो ऐसा नहीं करना पड़ा, आर्यवृद्ध ?"

"मैं तो लड़ पड़ता, यदि मुझे ऐसा करने को कहा जाता । पूरबे वाले राजा हमें वैसा करने को नहीं कहते। यह सनातन से चला आया है।"

"क्यों ?"

"क्यों पूछता है पुत्र ! इसकी बड़ी कहानी है। जब पश्चिम से आगे बढ़ते –बढ़ते पंचाल–जन यमुना, गंगा, हिमवान् के बीच (उत्तर–दक्षिण के पंचालों) की इस भूमि में गए, तो वह बिल्कुल मद्रों की ही भाँति एक परिवार–एक बिरादरी–की तरह रहते थे। असुरों से संसर्ग बढ़ा, उनकी देखा–देखी इन आर्य–पंचालों में से कुछ सरदार, राजा और पुरोहित बनने के लिए लालायित होने लगे।"

"लालायित क्यों होने लगे ?"

"लोभ के लिए, बिना परिश्रम के दूसरे की कमाई खाने के लिए। इन्हीं राजाओं और पुरोहितों ने पंचालों में भेद –भाव खड़ा किया, उन्हें मानव नहीं रहने दिया।"–कहते–कहते जेता किसी काम से उठ गए।

2.

मद्रपुर (शाकला या स्यालकोट) में जेता के कुल में रहते सुदास् को चार वर्ष बीत गए थे । जेता की स्त्री मर चुकी थी। उसकी विवाहिता बहनों और बेटियों में से दो–एक बराबर उसके घर रहती थीं, किन्तु घर के स्थायी निवासी थे जेता, सुदास् और अपाला । अपाला अब बीस साल की हो रही थी। उनके व्यवहार से पता लगता था कि अपाला और सुदास् का आपस में प्रेम है। अपाला मद्रपुर की सुन्दरियों में गिनी जाती थी और उसके लिए वहाँ सुन्दर तरुणों की कमी न थी। उसी तरह सुदास् जैसे तरुण के लिये भी वहाँ सुन्दरियों की कमी न थी; किन्तु लोगों ने सदा सुदास को अपाला और अपाला को सुदास के ही साथ नाचते देखा । जेता को भी इसका पता था, और वह इसे पसन्द करता, यदि सुदास् मद्रपुर में रहने के लिए तैयार हो जाता। किन्तु सुदास् कभी–कभी अपने माता–पिता के लिए उत्कंठित हो जाता था। जेता जानता था कि सुदास् अपने माँ–बाप का अकेला पुत्र है।

एक दिन अपाला और सुदास्, प्रेमियों की नदी चन्द्रभागा (चनाब) नदी में नहाने गए। नहाते वक्त कितनी ही बार सुदास् ने अपाला के नग्न अरुण शरीर को देखा; किन्तु आज पचासों नग्न सुन्दरियों के बीच उसके सौन्दर्य की तुलना कर उसे पता लगा, जैसे आज ही उसने अपाला के लावण्य की पूरी परख पाई है। रास्ते में लौटते वक्त उसे मौन देखकर अपाला ने कहा –"सुदास् ! आज तू बोलता नहीं, थक गया है क्या ? चन्द्रभागा की धार को दो बार पार करना कम मेहनत की बात नहीं है।"

"तू भी तो अपाले ! आर-पार तैर गई, और मैं तो दो क्या, समय हो तो दस बार चन्द्रभागा को पार कर सकता हूँ।"

"बाहर निकलने पर मैंने देखा, तेरे वक्ष कितने फूले हुए थे? तेरी बॉहों और जॉघों की पेशियाँ तो दुनी मोटी हो गई थीं ।"

"तैरना भारी व्यायाम है। यह शरीर को बलिष्ठ और सुन्दर बनाता है।"

"किन्तु तेरे सौन्दर्य में क्या वृद्धि होगी, अपाले ! तू तो अभी भी तीनों लोकों की अनुपम सुन्दरी है।"

"अपनी आँखों से कहता है न, सुदास् ?"

"किन्तु मोह से नहीं अपाले ! तू यह जानती है।"

"हाँ, तूने चुम्बन तक कभी मुझसे नहीं माँगा, यद्यपि मद्र-तरुणियाँ इसके वितरण में बहुत उदार होती हैं।"

"बिना माँगे भी तो तूने उसे देने की उदारता की है।"

"किन्तु उस वक्त, जबकि मैं तुझमें भैया श्वेतश्रवा को देखा करती थी।"

"और अब क्या न देगी ?"

"माँगने पर चुम्बन क्यों न दूँगी?"

"और माँगने पर तू मेरी-"

"यह मत कह, सुदास् ! इनकार करके मुझे दुःख होगा।"

"किन्तु उस दुःख को न आने देना तेरे हाथ में है ?"

"मेरे नहीं, तेरे हाथ में है।"

"कैसे ?"

"क्या तू सदा के लिए मेरे पिता के घर में रहने के लिए तैयार है ?"

"सुदास् को कितनी ही बार उन कोमल ओठों से इन कठोर अक्षरों के निकलने का डर था , आज अशनि (बिजली) की भाँति एकाएक वह उसके कानों को छेदकर हृदय पर पड़े। कुछ देर के लिए उसका चित्त उद्विग्न हो उठा , किन्तु वह नहीं चाहता था, कि अपाला उसके नग्न हृदय को देखे। क्षण भर के बाद उसने स्वर पर संयम करके कहा- "मैं तुझे कितना प्रेम करता हूँ, अपाले ?"

"यह मैं जानती हैं, और मेरी भी बात तुझे मालूम है। मैं सदा के लिए तेरी बनना चाहती हूँ। पिता भी इससे प्रसन्न होंगे ; किन्तु फिर तुझे पंचाल से मुँह मोड़ना होगा।"

पंचाल से मुँह मोड़ना कठिन नहीं है; किन्तु वहाँ मेरे वृद्ध माता-पिता हैं। मुझे छोड़ माँ का दूसरा पुत्र नहीं है। माँ ने वचन लिया है कि मरने के पहले मैं उसे एक बार जरुर देखें।"

"मैं माँ के वचन को तुड़वाना नहीं चाहती। मैं तुझे सदा प्रेम करूंगी, सुदास् ! तेरे चले जाने पर भी । मुझे मालूम है, मैं तेरे लिए रोया करूंगी, जीवन के अन्त तक। किन्तु हमें दो वचनों को नहीं तोड़ना चाहिए-तुझे अपनी माँ के और मुझे अपने हृदय के वचन को ।"

"तेरे हृदय का वचन क्या है, अपाले ?"

"कि मानव-भूमि से अमानव-भूमि में न जाऊँगी।"

"अमानव-भूमि पंचाल-जनपद ?"

"हाँ, जहाँ मानव का मूल्य नहीं, स्त्री को स्वातन्त्र्य नहीं ।"

"मैं तुझसे सहमत हूँ।"

"और इसके लिए मैं तुझे चुम्बन देती हूँ।"-कह अश्रु-सिक्त कपोल को अपाला ने सुदास् के ओठों पर रख दिया । सुदास् के चुम्बन कर लेने पर उसने फिर कहा—तू जा, एक बार माँ का दर्शन कर आ; मैं तेरे लिए मद्रपुर में प्रतीक्षा करूँगी।"

अपाला के भोले–भाले शब्दों को सुनकर सुदास् को अपने प्रति ऐसी अपार घृणा हो गई , जिसे वह फिर कभी अपने दिल से नहीं निकाल सका। माँ–बाप को देखकर लौट आने की बात कहकर ही सुदास् जेता से घर जाने के लिए आज्ञा माँग सकता था। जेता और अपाला दोनों ने इसे स्वीकार किया।

प्रस्थान के एक दिन पहले अपाला ने अधिक से अधिक समय सुदास् के साथ बिताया। दोनों के उत्पल –जैसे नीले नेत्र निरन्तर अश्रुपूर्ण रहते । उन्होंने इसे छिपाने की भी कोशिश न की। दोनों घंटों अधरों को चूमते , आत्म–विस्मृत हो आलिंगन करते अथवा नीरव अश्रुपूर्ण नेत्रों से एक–दूसरे को देखते रहते ।
चलते वक्त अपाला ने फिर आलिंगनपूर्वक कहा–"सुदास् ! मैं तेरे लिए मद्रपुर में प्रतीक्षा करूँगी।"
अपाला के ये शब्द सारे जीवन के लिए सुदास् के कलेजे में गड़ गये।

3.

सुदास् का अपनी माँ से भारी स्नेह था। सुदास् का पिता दिवोदास प्रतापी राजा था , जिसकी प्रशंसा में वशिष्ठ, विश्वामित्र और भारद्वाज जैसे महान् ऋषियों ने मंत्र पर मंत्र बनाये; किन्तु ऋग्वेद में जमा कर देने मात्र से उनके भीतर भरी चापलूसी छिपाई नहीं जा सकती। सुदास् का स्नेह केवल अपनी माता से था। वह जानता था कि दिवोदास की उस जैसी कितनी ही पत्नियाँ , कितनी ही दासियाँ हैं। वह उसके ज्येष्ठ पुत्र –पंचाल–सिंहासन का उत्तराधिकारी–की माँ है, इसके लिए वह थोड़ा–सा ख्याल भले ही करे; किन्तु दिवोदास् कितनी ही तरुण सुन्दरियों से भरे रनिवास में उस बुढ़िया के दन्तहीन मुख के साथ प्रेम क्यों करने लगा ? माँ का एक पुत्र होने पर भी वह पिता का एकमात्र पुत्र न था। उसके न रहने पर प्रतर्दन दिवोदास् का उत्तराधिकारी होता।

वर्षों बीत जाने पर माँ पुत्र से निराश हो चुकी थी , और रोते–रोते उसकी आँखों की ज्योति मन्द पड़ गई थी । सुदास् एक दिन चुपचाप बिना किसी को खबर दिए. पिता से बिना मिले, माँ के सामने जाकर खड़ा हो गया। निष्प्रभ आँखों से उसे अपनी ओर विलोकते देख सुदास् ने कहा–
'माँ ! मैं हूँ तेरा सुदास् ।'
उसकी आँखें प्रभायुक्त हो गईं, फिर भी मंच से बिना हिले ही उसने कहा–"यदि तू सचमुच मेरा सुदास् है, तो विलीन होने के लिए वहाँ क्यों खड़ा है ? क्यों नहीं मेरे कंठ से आ लगता ? क्यों नहीं अपने सिर को मेरी गोद में रखता......."
सुदास् ने माँ की गोद में अपने सिर को रख दिया। माँ ने हाथ लगा कर देखा , वह हाथ में विलीन होने वाला नहीं, बल्कि ठोस सिर था। उसने उसके मुँह, गाल, ललाट और केशों को बार–बार चूम आँसुओं से सींचा, अनेक बार कंठ लगाया। माँ की अश्रुधारा को बन्द न होते देख सुदास् ने कहा–"माँ! मैं तेरे पास आ गया हूँ, अब क्यों रोती है?"
"आज ही के दिन भर वत्स ! आज ही घड़ी भर पुत्र ! यह अंतिम आँसू है, सुदास् ! मेरी आँखों के तारे !"

अन्तःपुर से सूचना राजा तक पहुँची। वह दौड़ा हुआ आया और सुदास् को आलिंगन कर आनन्दाश्रु बहाने लगा। दिन बीतते–बीतते महीने हो गए, फिर महीने दो साल में परिणत हो गए। माँ–बाप के सामने सुदास् प्रसन्नमुख बनने की कोशिश करता; किन्तु एकान्त

मिलते ही उसके कानों में वह वज्रच्छेदिका ध्वनि आती "मैं तेरे लिए मद्रपुर में प्रतीक्षा करूँगी" और उसके सामने वही हिलते लाल अधर आ जाते तब तक ठहरते, जब तक कि आँखों के आँसू उसे ओझल नहीं कर देते । सुदास् के सामने दो स्नेह थे –एक ओर अपाला का वह अकृत्रिम प्रेम और दूसरी ओर वृद्धा माँ का वात्सल्यपूर्ण हृदय । माँ के असहाय हृदय को विदीर्ण करना उसे अत्यन्त नीच स्वार्थान्धता जान पड़ी, इसीलिए उसने माँ के जीवन भर पंचाल न छोड़ने का निश्चय किया। लेकिन राजपुत्र के आमोद – प्रमोदपूर्ण जीवन को स्वीकार करना, उसे अपनी सामर्थ्य से बाहर की बात मालूम होती थी। पिता के प्रति वह सदा सम्मान दिखलाता था और उसकी आज्ञा के पालन में तत्परता भी।

वृद्ध दिवोदास ने एक दिन पुत्र से कहा–"वत्स सुदास् ! मैं जीवन के अन्तिम तट पर पहुँच गया हूँ, मेरे लिए पंचाल का भार उठाना अब सम्भव नहीं है।"

"तो आर्य ! क्यों न यह भार पंचालों को ही दे दिया जाय ?"

"पंचालों को ! पुत्र, तेरा अभिप्राय मैंने नहीं समझा।"

"आखिर आर्य ! यह राज्य पंचालों का है। हमारे पूर्वज पंचाल–जन के साधारण पुरुष थे। उस समय पंचाल का कोई राजा न था। पंचाल–जन ही सारा शासन चलाता था, जैसे आज भी मल्ल में, मद्र में, गंधार में वहाँ के जन चलाते हैं । फिर हमारे दादा वर्ध्र्यश्व के किसी पूर्वज को लोभ–भोग का लोभ, दूसरों के परिश्रम की कमाई के अपहरण का लोभ–हुआ वह जनपति या सेनापति के पद पर रहा होगा और जन के लिए किसी युद्ध को जीत कर जन के प्रेम, विश्वास और सम्पत्ति को प्राप्त किया होगा; जिसके बल पर उसने जन से विश्वासघात किया। जन का राज्य हटा कर उसने असुरों की भाँति राजा का राज्य स्थापित किया, असुरों की भाँति वशिष्ठ, विश्वामित्र के किसी विस्मृत पूर्वज को पुरोहित–पदवी रिश्वत में दी, जिसने जन की आँखों में धूल झोंक कर कहना शुरू किया इन्द्र, अग्नि, सोम, वरुण, विश्वेदेव ने इस राजा को तुम्हारे ऊपर शासन करने के लिए भेजा. उसकी आज्ञा मानो, इसे बलि–शुल्क–कर दो। यह सरासर बेईमानी थी, चोरी थी पिता ! जिससे अधिकार मिला, उसके नाम तक को भूल जाना, उसके लिए कृतज्ञता के एक शब्द को भी जीभ पर न लाना !"

"नहीं पुत्र ! विश्न (=सारे) जन को हम अपना राजकृत (=राजा बनाने वाला) स्वीकार करते हैं। अभिषेक की प्रतिज्ञा के वक्त वही हमें राजचिह्न पलाश–दण्ड देते हैं।"

"अभिषेक–प्रतिज्ञा अब समज्या (=तमाशा) जैसी है। किन्तु, क्या सचमुच जन राजा के स्वामी हैं ? नहीं, यह तो स्पष्ट हो जाता है, जबकि हम देखते हैं–राजा अपने जन के बीच बराबर में बैठ नहीं सकता, उनसे सहभोज, सहयोग नहीं रखता। क्या मद्र या गन्धार का जन–पति ऐसा कर सकता है ?"

"यहाँ यदि हमें वैसा करें, तो किसी दिन भी शत्रु मार देगा या विष दे देगा।"

"यह भय भी चोर–अपहारक को ही हो सकता है। जन –पति चोर नहीं होते, अपहारक नहीं होते। वह वस्तुतः अपने को जन –पुत्र समझते हैं, वैसा ही व्यवहार भी करते हैं, इसलिए उनको डर नहीं। राजा चोर है, जन––अधिकार के अपहारक हैं, इसलिए उनको हर वक्त डर बना रहता है। राजाओं का रनिवास , राजाओं का सोना–रुपा–रत्न, राजाओं की दास–दासियाँ–राजाओं का सारा भोग–अपना कमाया नहीं होता, यह सब अपहरण से आया है।"

"पुत्र ! इसके लिए तू मुझे दोषी ठहराता है ?"

"बिल्कुल नहीं, आर्य ! तेरी जगह पर आने पर मुझे भी इच्छा या अनिच्छा से वही करना होगा। मैं अपने पिता दिवोदास् को इसके लिए दोषी नहीं ठहराता ।"

"तू राज्य को जन के पास लौटाने की बात कहता है, क्या यह सम्भव है ? तुझे समझना चाहिए पुत्र ! जन के भोग का अपहारक सिर्फ पंचाल राज दिवोदास ही नहीं है। वह अनेक अपहारक –चोर सामन्तों में से एक है। वह बड़ा हो सकता है , किन्तु उनके सम्मिलित बल के सामने पंगु है। अनेक प्रदेश –पति, उग्र राजपुत्र (राजवंशिक). सेनापति के अतिरिक्त सबसे भारी सामन्त तो पुरोहित हैं।"

हाँ, मैं जानता हूँ पुरोहित की शक्ति को। राजा के छोटे पुत्र राजपद तो पा नहीं सकते, इसलिए वह पुरोहित (ब्राह्मण) बन जाते हैं। मैं समझता हूँ, मेरा छोटा–भाई प्रतर्दन भी वैसा ही करेगा। अभी राजा और पुरोहित में सिंहासन–वेदी और यज्ञ–वेदी का ही अन्तर है; किन्तु क्या जाने; आगे चलकर क्षत्रिय, ब्राह्मण दो अलग बल, दो अलग श्रेणियाँ बन जायें। मद्र–गंधार में खड्ग और स्त्रुवा दोनों को एक ही साथ सँभाल सकता है; किन्तु पंचालपुर में स्त्रुवा विश्वामित्र के हाथ में होगा और खड्ग वर्य्यश्व पत्र दिवोदास के हाथ में। जन का बँटवारा तो अभी यहाँ तीन भागों में हो चुका है –सामन्त के नाते, जन–भोग–अपहारक होने के नाते, आवाह–विवाह–सम्बन्ध के नाते। माता–पिता के नाते भी चाहे राजा और पुरोहित एक हों, किन्तु दोनों के नाम–क्षत्रिय, ब्राह्मण–अभी ही अलग–अलग गिने जाने लगे हैं, और दोनों के स्वार्थों में टक्कर भी लगने लगी है, इसीलिए ब्रह्मक्षत्र–बल में मैत्री स्थापित करने की भारी कोशिश की जा रही है। एक कुल के इन दोनों वर्गों के बाहर जन की भारी संख्या है, यह तीसरा वर्ग है। आज इस महजन का नाम बदलकर उसे विश् (विट) या प्रजा रख दिया गया है। कैसी विडम्बना है। जो जन (पिता) था उसे ही आज प्रजा (पुत्र) कहा जाता है। आर्य ! यह क्या सरासर वंचना नहीं है?"

"और पुत्र ! तूने एक भारी संख्या को नहीं गिना ।

"हाँ, आर्य–जन से भिन्न प्रजा – शिल्पी, व्यापारी, दास–दासी – शायद इन्हीं के कारण जन को अधिकार से वंचित करने में सामन्त सफल हुए। अपने शासक जन को अपने ही समान किसी के द्वारा परतंत्र हुआ देख आर्य–भिन्न प्रजा को संतोष हुआ। इसे ही राजा ने अपना न्याय कहा।"

"शायद, पुत्र ! तू गलती नहीं कर रहा है; किन्तु यह तो बता, राज्य किसको लौटाया जाय ? चोरों–अपहारकों–सामन्तों और व्यापारियों को भी ले ले – को छोड़ देने पर आर्य–जन और अनार्य–प्रजा सबसे भारी संख्या में हैं, क्या वे राज्य सँभाल सकते हैं? और इधर धर्म–सामन्त और राज–सामन्त के गिद्ध मेरे छोड़ते ही प्रजा को नोच खाने के लिए तैयार हैं। कुरु–पंचाल जन के हाथ से राज्य छिने छै ही सात पीढ़ियाँ बीती हैं, इसलिए हम जन के दिनों को भूले नहीं हैं। उस वक्त इस भूमि को दिवोदास् राज्य नहीं पंचालाः (सारे पंचाल वाले) कहते और समझते थे, किन्तु आज तो मुझे वहाँ लौटने का रास्ता नहीं दीखता।"

"हॉ. रास्ते में ये वशिष्ठ, विश्वामित्र–जैसे ग्राह जो वैठे हुए हैं ?"

"इसे हमारी परवशता समझ, हम काल को पलट नहीं सकते, और कल कहाँ पहुँचेंगे, इसका भी हमें पता नहीं ! मुझे इससे संतोष है कि मुझे सुदास्– जैसा पुत्र मिला है। मैं भी किसी वक्त तरुण था। अभी उस वक्त तक वशिष्ठ और विश्वामित्र की कविताओं , उनके प्रजा की मति को हरने वाले धर्मों–कर्मों का मायाजाल इतना नहीं फैला था। मैं सोचता था––राजा की इस दस्युवृत्ति को कम करूं, किन्तु वैसा करने में अपने को असमर्थ पाया। उस वक्त मेरे लिए माँ ही सब कुछ थी; किन्तु पीछे जब मैं भग्नमनोरथ, निराश हो गया, तो इन पुरोहितों ने अपनी कविताओं के ही नहीं, कन्याओं के फन्दे में मुझे फंसाया; इन्द्राणी से दासियों की उपमा दे सैकड़ों दासियों से रनिवास भर दिया। दिवोदास् के पतन से शिक्षा ले तू सजग रहना, प्रयत्न करना, शायद कोई रास्ता निकल आये और दस्युवृत्ति हट जाय। किन्तु सुदास् जैसे सहृदय दस्यु को हटाकर प्रतर्दन जैसे हृदयहीन वंचक दस्यु के हाथ में पंचाल को दे देना अच्छा न होगा। मैं पितृलोक से देखता रहूँगा। तेरे प्रयत्न को और बड़े सन्तोष के साथ पुत्र !"

4.

दिवोदास् देवलोक को चला गया। सुदास् अब पंचालकों का राजा हुआ। ऋषि–मंडली अब उसके गिर्द मँडराती थी। सुदास् को अब पता लगा कि इन्द्र, वरुण, अग्नि, सोम के नाम से इन सफ़ेद दाढ़ियों ने लोगों को कितना अन्धा बनाया है। उनके कठोर फन्दे में सुदास् अपने को जकड़ा पाता था। जिनके लिए यह कुछ करना चाहता था , वह उसके भाव को उलटा समझने के लिए , उसे अधार्मिक राजा घोषित करने के लिए तैयार थे। सुदास् को वह दिन याद आ रहे थे, जबकि वह नंगे पैर फटे कपड़ों के साथ अज्ञात देशों में घूमता था। उस वक्त वह अधिक मुक्त था। सुदास् की हार्दिक व्यथा को समझने वाला , उससे सहानुभूति रखने वाला वहाँ एक भी आदमी न था। पुरोहित–ऋषि–उसके पास अपनी तरुण पोतियों, पर–पोतियों को भेजते थे और राजन्य—प्रादेशिक सामन्त–अपनी कुमारियों को, किन्तु सुदास् अपने को आग लगे घर में बैठा पाता था । वह चन्द्रभागा के तीर प्रतीक्षा करती उन नीली आँखों को भूल नहीं सकता था।

सुदास ने सारे जन–आर्य–अनार्य दोनों की सेवा करने की ठानी थी, किन्तु इसके लिए देवताओं के दलदल में आपाद–निमग्न जने को पहले यह विश्वास दिलाना था कि सुदास् पर देवताओं की कृपा है। और कृपा है, इसका सबूत इसके सिवाय कोई न था, कि ऋषि–ब्राह्मण–उसकी प्रशंसा करें । अंत में ऋषियों की प्रशंसा पाने के लिए उसे हिरण्य –सुवर्ण, पशु–धान्य, दासीदास दान देने के सिवाय कोई रास्ता नहीं सूझा। पीवर गोवत्स के माँस और मधुर सोमरस से तोंद फुलाये इन ऋषियों की राय में वह वस्तुतः अब सुदास् (बहुत दान देने वाला) हुआ। इन चाटुकार ऋषियों की बनाई सुदास् की 'दान–स्तुतियों में कितनी ही अब भी ऋग्वेद में मौजूद हैं, किन्तु यह किसको पता है कि सुदास् इन दान –स्तुतियों को सुनकर उनके बनाने वाले कवियों को कितनी घृणा की दृष्टि से देखता था।

सुदास् का यशोगान सारे उत्तर–पंचाल (रुहेलखंड) में ही नहीं, दूर–दूर तक होने लगा था। अपने भोग–शून्य जीवन से वह जो कुछ हो सकता था, विश्व–जन का हित करता था। पिता के कितने ही साल बाद सुदास की माँ मरी। वर्षों से जो घाव साधारण तौर से बहते रहने के कारण अभ्यस्त–सा हो गया था, अब जान पड़ा. उसने भारी विस्फोट का रुप धारण कर लिया है। उसे मालूम होता था, अपाला हर क्षण उसके सामने खड़ी है और अश्रुपूर्ण नेत्रों, कम्पित अधरों से कह रही है–"मैं तेरे लिए मद्रपुर में प्रतीक्षा करूँगी।" उस व्यथा की आग को सुदास् आँसुओं से बुझा नहीं सकता था।

हिमवान् में शिकार करने का बहाना कर सुदास् एक दिन पंचालपुर (अहिच्छत्र) से निकल पड़ा। मद्रपुर (स्यालकोट) में वह घर मौजूद था, जहाँ उसे अपाला का प्रेम प्राप्त हुआ था ; किन्तु न अब वहाँ जेता था, न उसकी प्रिया अपाला । दोनों मर चुके थे . अपाला एक ही साल पहले । उस घर में अपाला का लुप्त–पुनःप्राप्त भाई और उसका परिवार रहता था। सुदास् को साहस नहीं हुआ कि उस घर से और स्नेह बढ़ाए। अपाला की एक सखी से वह मिला। उसने अपाला के उन रंगीन नए वस्त्रों –अन्तरवासक, उत्तरीय (चादर), कंचुक और उष्णीष को सामने रख आँखों में आँसू भरकर –'मेरी सखी ने इन वस्त्रों को अन्तिम समय में पहना था और उसके ओठों पर अन्तिम शब्द था : "मैंने सुदास् को वचन दिया है, बहन, कि मैं तेरे लिए मद्रपुर में प्रतीक्षा करूँगी।"

सुदास् ने उन कपड़ों को उठाकर अपनी छाती और आँखों से लगाया, उनसे अपाला के शरीर की सुगन्धि आ रही थी।

यह आज से १४४ पीढी, पहले के आर्य–जन की कहानी है। इसी समय पुरातनम् ऋषि वशिष्ठ, विश्वामित्र, भारद्वाज ऋग्वेद के मन्त्रों की रचना कर रहे थे, इसी समय आर्य–पुरोहितों की सहायता में कुरु–पंचालक के आर्य–सामन्तों ने जनता के अधिकार पर अंतिम और सबसे जबरदस्त प्रहार किया।

प्रवाहण (७०० ईसा पूर्व)

स्थान : पंचाल (युक्त–प्रान्त)
काल : ७०० ई० पू०

"एक ओर हरा–हरा वन, उसमें फले करौदों की मादक गंध; पक्षियों का मधुर कूजन; दूसरी ओर बहती गंगा की निर्मल धारा, उसकी कछार में चरती हमारी हजारों कपिला–श्यामा गाएँ, जिनके बीच हुँकारते विशाल बलिष्ठ वृषभ–कभी इन दृश्यों से भी आँखों को तृप्त करना चाहिए, प्रवाहण ! तू तो सदा कभी उद्गीथ (साम) के गाने में लगा रहता है और कभी वशिष्ठ तथा विश्वामित्र के मंत्रों की आवृत्ति में ।"

"लोपा, तेरी आँखें वह दृश्य देखती हैं और मैं आँखों को देखकर तृप्त हो जाता हूँ।"

"हिम्म् ? तू बात बनाने में भी चतुर है, यद्यपि जिस वक्त तुझे उन पुराने गानों को श्वान –स्वर में अपने सहपाठियों के साथ दोहराते देखती हूँ तो समझती हूँ कि मेरा प्रवाहण जिन्दगी भर स्तनपायी बच्चा ही रहेगा।"

"सचमुच प्रवाहण के बारे में तेरी यही सम्मति है, लोपा ?"

"सम्मति कुछ भी हो; किन्तु उसके साथ एक पक्की सम्मति है कि प्रवाहण सदा के लिए मेरा है।"

"इसी आशा और विश्वास से, लोपा, मुझे श्रम और विद्या अर्जन करने में शक्ति मिलती है। मैं अपने मन पर जबर्दस्त संयम करने में अभ्यस्त हूँ, नहीं तो कितनी ही बार मेरा मन इन पुरानी गाथाओं, पुराने मंत्रों और पुराने उद्गीथों को रटने से भाग निकलना चाहता है। जिस वक्त परिश्रम से वह थक जाता है। और सब कुछ छोड़ बैठना चाहता है, उस वक्त मुझे और कोई दवा नहीं सूझती, सिवा इसके कि लोपा के साथ बिताने के लिए कुछ क्षण मिलें ।"

"और मैं उसके लिए सदा तैयार रहती हूँ।"

लोपा की पिंगल आँखें कहीं दूर देख रही थीं। उसके पिंगल कोमल केशों को प्रातः समीर कम्पित कर रहा था। जान पड़ता था, लोपा वहाँ नहीं है। प्रवाहण ने लोपा के केशों को अँगुलियों से स्पर्श करते हुए कहा–''लोपा, तेरे सामने मैं अपने को खर्ब समझता हूँ।"

"खर्ब ! नहीं मेरे प्रवाहण'–उसे अपने कपोल से लगाते हुए लोपा ने कहा–''मैं तुझ पर अभिमान करती हूँ। मुझे वह दिन याद है, जब मैंने बुआ के साथ आए आठ वर्ष के उस शिशु को अपने शिशुतर नेत्रों से दिखा था। मैं उस वक्त तीन या चार वर्ष की थी; किन्तु मेरी स्मृति उस बाल–चित्र को अंकित करने में गलती नहीं कर रही। मुझे वह पीत कुञ्चित केश , वह शुक–सी नासा, वह पतले लाल अधर, वह चमकीली नीली बड़ी आँखें, वह तप्त सुवर्णगात्र याद है, और यह भी याद है, माँ ने मुझसे कहा–पुत्री लोपा, यह तेरा भाई है। मैं लजा गई थी; किन्तु माँ ने तेरे मुँह को चूमकर कहा–पुत्र प्रवाहण, यह तेरी मातुल–पुत्री लोपा लजाती है, इसकी लाज हटा।"

"और मैं तेरे पास गया। तूने मामी के सुगन्धित तरुण केशों के पीछे मुँह छिपा लिया।"

"किन्तु छिपाते वक्त मैंने आँखों के लिए, रास्ता खोल रखा था। मैं देख रही थी, तू क्या करता है। सिर्फ माँ की गोद, दासियों या दासियों के बच्चों के सिवा कोई न था। पिता का आचार्य –कुल अभी जन्मा न था। मैं इस घर में अपने को अकेली समझती थी , इसलिए तुझे देखकर मुझे मन–ही–मन आनन्द हुआ।"

"खेलने के लिए। और तभी तू मुझसे छिप गई थी। मैंने तेरे नंगे श्वेत शरीर और गोल –गोल चेहरे को देखा। मेरे शिशु–नेत्रों को वह अच्छा मालूम हुआ। मैंने पास जाकर तेरे कन्धे पर हाथ रखा । तुझे ख्याल है , माँ और मामी ने क्या किया? दोनों मुस्कुराई और

बोलीं–"ब्रह्मा हमारी साध पूरी करे। मुझे उस वक्त साध का अर्थ नहीं मालूम हुआ।"

"मुझे याद नहीं, प्रवाहण ! मेरे लिए इतना ही बहुत है कि मैंने तेरे कोमल हाथ का स्पर्श अपने कन्धे पर अनुभव किया।"

"और तू संकोच के मारे गोल–मटोल हो गई।"

"तूने मेरे हाथ को अपने हाथों में लिया; किन्तु तेरे ओठ सिले–से रहे, तब माँ ने क्या कहा ?"

"मामी की एक–एक बात मुझे याद है। मामी को क्या भूल सकता हूँ ? माँ मुझे गार्ग्य मामा के पास छोड़कर घर लौट गई ; किन्तु मामी के प्रेम ने मुझे माँ की भुला दिया। मामी को मैं कैसे भूल सकता हूँ ?"

प्रवाहण के नेत्रों में आँसू भर आए। उसने लोपा के ओठों को चूमकर कहा –"मामी का मुँह ऐसा ही था, लोपा ! हम दोनों साथ सोये रहते। तेरी तो नहीं, मेरी आँखें कितनी ही बार खुली रहती; किन्तु जब मैं मामी को आते देखता तो आँखों को बन्द कर लेता। फिर मन्द निःश्वास के साथ उनके ओठों के स्पर्श को अपने गालों पर पाता। मैं आँखें खोल देता।"

मामी बोलती–वत्स, जागो ! फिर वह तेरे मुँह को चूमतीं; किन्तु तू बेसुध सोती रहती ?"

लोपा की आँखों में भी आँसू थे। उसने उदास होकर कहा–'माँ को मैं इतना कम देख सकी !"

"हाँ, तो उस समय मुझे तेरे पास मूक खड़ा देख मामी ने कहा –"यह तेरी बहन है, वत्स ! इसके ओठों को चूम और कह कि आ, घोड़ा–घोड़ा खेलें ।"

"हाँ, तो तूने मेरे ओठों को चूमा और फिर घोड़ा–घोड़ा खेलने के लिए कहा। मैंने माँ के केशों से अपने मुँह को बाहर किया। तू वहाँ घोड़ा बन गया। मैं तेरी पीठ पर चढ़ गई।"

"और मैं उसी वक्त तुझे बाहर ले गया।"

"मैं कितनी धृष्ट थी !"

"तू सदा निडर थी, लोपा ! और मेरे लिए तो तू सब कुछ थी। मामा के डर से मैं अपना पाठ याद करने में लगा रहता और जब थक जाता तो तेरे पास आ जाता।"

"और तेरे ही लिए मैं भी तेरे पास बैठने लगी।"

"और मैं समझता हूँ, लोपा ! यदि तू मुझसे आधा भी परिश्रम करती. तो मामा के अन्तेवासियों में सबसे आगे बढ़ जाती ।"

"लेकिन तुझसे नहीं" लोपा ने प्रवाहण की आँखों को एक बार खूब गौर से देखकर कहा–"मैं तुझसे आगे बढ़ना नहीं चाहती।"

"किन्तु मुझे प्रसन्नता होती।"

"क्योंकि हम दोनों में अलग अपनापन नहीं है।"

"लोपा, तूने मेरे मन में उत्साह ही नहीं, शरीर में बल भी दिया। मैं रात को कितना कम सोता था ! फिर स्वयं रटने और दूसरों को रटाने में खाना–पीना तक भूल जाता था। तू मुझे स्वाध्याय –गृह के अँधेरे से निकाल कर जबर्दस्ती कभी वन , कभी उद्यान और कभी गंगा की धार में ले जाती। मुझे ये चीजें अच्छी लगती हैं, लोपा ! किन्तु साथ ही मैं चाहता हूँ, तीनों वेदों और ब्राह्मणों की सारी विद्याओं को शीघ्र–से–शीघ्र समाप्त कर डालें।"

"किन्तु अब तो तू समाप्ति पर पहुँच चुका है। पिता कहते हैं कि प्रवाहण मेरे समान है।"

"यह मैं भी समझता हूँ। ब्राह्मणों की विद्या पढ़ने को अब बहुत कम रह गई है, किन्तु विद्या ब्राह्मणों ही तक समाप्त नहीं हो जाती।"

"यही मैं तुझसे कहने वाली थी। किन्तु क्या अभी यह तेरा पलाश–दण्ड और रूखा केश चलता ही रहेगा ?

"नहीं, इसकी चिन्ता मत कर, लोपा ! पलाश–दण्ड अब छूटने वाला है। और सोलह साल के इन रूखे केशों में तू सुगंधित तेल डालने को स्वतंत्र होगी।"

"प्रवाहण, मेरी समझ में यह नहीं आता कि रूखे केशों के लिए इतना जोर क्यों ! तूने तो मेरे इन ओठों का चूमना कभी छोड़ा नहीं।"

"क्योंकि वह बचपन से लगी आदत थी।"

"तो क्या दूसरे आचार्य-कुलों के अन्तेवासी इन कठोर व्रतों का पालन करते हैं ?"

"मजबूरी होने पर, नहीं तो, लोपा, यह सब मान प्रतिष्ठा के लिए किया जाता है ! लोग इसे ब्राह्मण-कुमारों की कठिन तपस्या समझते हैं।"

"और फिर कुरुराज पिता को गाँव, हिरण्य-सुवर्ण, दास-दासी और बड़वा (घोड़ी)- रथ देते हैं। मेरे घर में पहले ही से दासियाँ काफी थीं। अब जो हाल में कुरुराज ने तीन और भेजी हैं, उनके लिए यहाँ काम ही नहीं है।"

"बेच दे, लोपा ! तरुणी हैं, एक-एक से तीस-तीस निष्क (अशर्फियाँ) मिल जायेंगे।"

"अफसोस ! हम ब्राह्मण हैं, हम दूसरों से ज्यादा पठित और ज्ञानी भी होते हैं, क्योंकि हमें उसके लिए सुभीता है। किन्तु जब मैं इन दासों के जीवन को देखती हैं, तो मुझे ब्रह्मा, इन्द्र, वरुण सारे अपने देवताओं, वशिष्ठ, भरद्वाज, भृगु, अंगिरा सारे ऋषियों और अपने पिता-जैसे आज, के सारे श्रोत्रिय ब्राह्मण महाशालों (महाधनियों) से घृणा हो जाती है। सभी जगह व्यापार, सौदा, लाभ, लोभ आदि दिखलाई पड़ते हैं। उस दिन काली दासी के पति को पिता ने कोशल के उस बनिये के हाथ पचास निष्क में बेच डाला। काली मेरे पास रोती-गिड़गिड़ाती रही। मैंने पिता से बहुत कहा, किन्तु उन्होंने कहा—सारे दासों को घर में रख छोड़ने से जगह नहीं रहेगी और यदि रख ही छोड़ा जाय, तो वह धन काहे का ? विदाई के दिन की पहली रात दोनों कितना रोते रहे ! और उनकी वह छोटी दो वर्ष की बच्ची-जिसका चेहरा, सभी कहते हैं, पिता से मिलता है- सबेरे के वक्त उठकर कितना चिल्ला रही थी ! लेकिन काली का पति बेच दिया गया। जैसे वह आदमी नहीं, पशु था; ब्रह्मा ने गोया उसे और उसकी सैकड़ों पीढ़ियों को इसीलिए बनाया है। यह मैं नहीं मान सकती, प्रवाहण ! तेरे जितना मैंने तीनों वेदों को याद नहीं किया है ; किन्तु उनको समझते हुए सुना है। वहाँ सिर्फ आँखों को न दिखलाई देने वाली वस्तुओं, लोकों और शक्तियों का प्रलोभन या भय-मात्र दिखलाया गया है।"

प्रवाहण ने लोपा के आरक्त कपोलों को अपनी आँखों में लगाकर कहा- "हमारा प्रेम मतभेद रखने ही के लिए हुआ है।"

"और मतभेद हमारे प्रेम को और पुष्ट करता है।

"ठीक कहा, लोपा ! यदि इन्हीं बातों को कोई दूसरा कहता, तो मैं कितना गरम हो जाता; किन्तु यहाँ जब तेरे इन अधरों से अपने सारे देवताओं, ऋषियों, आचार्यों के ऊपर प्रखर वाण छोड़े जाते देखता हूँ, तो बार-बार इन्हें चूमने की इच्छा होती है। क्यों ?"

"क्योंकि हमारे अपने भीतर भी दो तरह के विचारों के द्वन्द्व अक्सर चलते रहते हैं, और हम उनके प्रति सहिष्णुता रखते हैं, इसीलिए कि वह हमारे अभिन्न अंग हैं।"

"तू भी मेरा अभिन्न अंग है, लोपा !"

2.

"तूने शिवि के इन दुशालों को कभी नहीं ओढ़ा और काशी के चंदन तथा सागर के मोतियों से अपने को कभी नहीं विभूषित किया। प्रिये, इनसे इतनी उदासीनता क्यों ?"

"क्या मैं इनमें ज्यादा सुन्दर लगूँगी ?"

"मेरे लिए तू सदा सुन्दर है।"

"फिर इन बोझों को लादकर शरीर को साँसत देने से लाभ क्या ? सच कहती हूँ, प्रिय ! मुझे बड़ा बुरा लगता है, जब तू उस भारी

बोझ को अपने सर पर मुकुट के नाम से उठाता है।"

'किन्तु दूसरी स्त्रियाँ तो वस्त्र–आभूषण के लिए मार करती हैं।"

"मैं वैसी स्त्री नहीं हूँ।"

"तू पंचाल–राज के हृदय पर शासन करने वाली स्त्री है।"

"प्रवाहण की स्त्री हूँ, पंचालों की रानी ।"

"हाँ प्रिये ! हमने कब इस दिन की कल्पना की थी। मामा ने हमसे बिल्कुल छिपा रखा था कि मैं पंचाल–राज का पुत्र हूँ।"

"उस वक्त पिता और क्या करते ? पंचाल–राज की सैकड़ों रानियों में एक मेरी बुआ भी थीं, और पंचाल–राज के दस पुत्र तुझसे बड़े थे, इसलिए कौन आशा रख सकता था कि तू एक दिन पंचालों के राजसिंहासन का अधिकारी होगा ?"

"अच्छा, किन्तु तुझे यह राज–भवन क्यों नहीं पसन्द आता लोपा ?"

"क्योंकि मैं गार्ग्य ब्राह्मण महाशाल के प्रासद से ही तंग आ गई थी। हमारे लिए वह प्रासाद था; किन्तु वहाँ के दास–दासियों के लिए ? और वह राज–प्रासाद तो उस महाशाल के प्रासाद से हजार गुना बढ़–चढ़कर है। यहाँ मुझे और तुझे छोड़कर सारे दास–दासी हैं। दो अ–दासों के कारण दासों से भरा यह भवन अ –दास–भवन नहीं हो सकता। किन्तु मुझे आश्चर्य होता है . प्रवाहण, तेरा हृदय कितना कठोर है !"

"तभी तो वह कठोर वाग्वाणों को सह सकता है।"

"नहीं, मानव को ऐसा नहीं होना चाहिए ।

"मैंने मानव बनने की नहीं, योग्य बनने की कोशिश की, प्रिये ! यद्यपि उस योग्यता–अर्जन के समय मुझे कभी यह ख्याल न आया था कि एक दिन मुझे इस राज–भवन में आना होगा।"

"तू पछताता तो नहीं, प्रवाहण ! मेरे साथ प्रेम करके ?"

"मैंने तेरे प्रेम को मातृ–क्षीर की तरह अप्रयास पाया और वह अपने–पन का अंग बन गया। मैं संसारी पुरुष हैं, लोपा ! किन्तु मैं तेरे प्रेम के मूल्य को समझता हूँ। मन का प्रवाह सदा एक–सा नहीं रहता। जब कभी मन में अवसाद आता है, तो मेरे लिए जीवन दुर्भर हो जाता है, उस वक्त तेरा प्रेम और सुविचार मुझे हस्तावलम्ब देते हैं।"

"किन्तु मैं जितना अवलम्ब देना चाहती हूँ, उतना नहीं दे सकती, प्रवाहण ! इसका मुझे अफसोस है।"

"क्योंकि मैं राज्य करने के लिए पैदा किया गया हूँ।"

"लेकिन कभी तू महाब्राह्मण बनने की धुन में था ।"

"उस वक्त मुझे पता न था कि मैं पंचालपुर (कन्नौज) के राजभवन का अधिकारी हूँ ?"

"किन्तु राज–काज से बाहर जो तू हाथ डाल रहा है, इसकी क्या आवश्यकता ?"

"अर्थात् ब्रह्मा से आगे ब्रह्म तक की उड़ान ? किन्तु लोपा, यह राज–काज से अलग चीज नहीं है। राज्य को अवलम्ब देने ही के लिए यह हमारे पूर्वज राजाओं ने वशिष्ठ और विश्वामित्र को उतना सम्मानित किया था। वह ऋषि, इन्द्र, अग्नि और वरुण के नाम पर लोगों को राजा की आज्ञा मानने के लिए प्रेरित करते थे। उस समय के राजा जनता में विश्वास –सम्पादन के लिए इन देवताओं के नाम पर बड़े–बड़े खर्चीले यज्ञ करते थे। आज भी हमें यज्ञ करते हैं और ब्राह्मणों को दान –दक्षिणा देते हैं। यह इसलिए कि जनता देवताओं की दिव्य शक्ति पर विश्वास करे । और यह भी समझे कि हम जो यह गंधशाली का भात , गो–वत्स का मधुर माँस–सूप, सूक्ष्म वस्त्र और मणि–मुक्तामय आभूषण का उपयोग करते हैं, वह सब देवताओं की कृपा है।"

"तो यह पुराने देवता काफी थे, अब इस नये ब्रह्म की क्या आवश्यकता थी ?"

"पीढ़ियों से किसी ने इन्द्र, वरुण, ब्रह्मा को नहीं देखा। अब कितनों के मन में संदेह होने लगा है।"

"तो ब्रह्म में क्या संदेह न होगा ?"

"ब्रह्म का स्वरूप मैंने ऐसा बतलाया है कि कोई उसके देखने की माँग नहीं पेश करेगा। जो आकाश की भाँति देखने –सुनने का विषय नहीं; जो यहाँ–वहाँ सर्वत्र है, उसके देखने का सवाल कैसे उठ सकता है ? सवाल तो उस साकार देवता के बारे में उठता था।"

"तू जो आकाश–आकाश कहकर साधारण नहीं, बल्कि उद्दालक, आरुणि–जैसे ब्राह्मणों को भी भरमा रहा है, क्या वह प्रजा को भ्रम में रखने ही के लिए ?"

"लोपा ! तू मुझे जानती है, तुझसे मैं क्या छिपा सकता हूँ ? इस राजभोग को हाथ में रखने के लिए यह जरूरी है, कि संदेह पैदा करने वालों की बुद्धि को कुंठित कर दिया जाय, क्योंकि हमारे वास्ते आज सबसे भयंकर शत्रु हैं देवताओं और उनकी यज्ञ–पूजा के प्रति संदेह पैदा करने वाले।"

"किन्तु तू ब्रह्म की सत्ता और उसके दर्शन की बात भी तो करता है ?"

"सत्ता है, तो दर्शन भी होना चाहिए। हाँ, इन्द्रियों से नहीं क्योंकि इन्द्रियों से दर्शन होने की बात कहने पर संदेहवादी फिर उसे दिखलाने के लिए कहेंगे। इसलिए मैं कहता हूँ कि उनके दर्शन के लिए दूसरी ही सूक्ष्म इन्द्रिय है, और उस इन्द्रिय को पैदा करने के लिए मैं ऐसे–ऐसे साधन बतलाता हूँ कि लोग छप्पन पीढ़ी तक भटकते रहें और विश्वास भी न खो सकें। मैंने पुरोहितों के स्थूल हथियार को बेकार समझकर इस सूक्ष्म हथियार को निकाला है। तूने शबरों के पास पत्थर और ताँबे के हथियार देखे हैं, लोपा ?"

"हाँ, जब मैं तेरे साथ दक्षिण के जंगल में गई थी।"

"हाँ, यमुना के उस पार। शबरों के वह पत्थर और ताँबे के हथियार क्या हमारे कृष्ण –लौह (असली लोहे) के इन हथियारों का मुकाबला कर सकते हैं ?"

"नहीं।"

"इसी तरह वशिष्ठ और विश्वामित्र के ये पुराने देवता और यज्ञ शबरों जितनी बुद्धि रखने वालों को ही संतुष्ट कर सकते हैं ; और समझ रखने वाले इन संदेहवादियों की तीक्ष्ण बुद्धि के सामने वह व्यर्थ हैं।"

"उनके सामने तो यह मेरा ब्रह्म भी कुछ नहीं है। तू ब्राह्मण ज्ञानियों को शिष्य बना ब्रह्मज्ञान सिखलाता फिरता है, और मैं तेरे घर में ही तेरी बात को सरासर झूठ–फरेब मानती हूँ।"

"क्योंकि तू असली रहस्य (उपनिषद्) को जानती है ?"

"ब्राहाण समझदार होते, तो क्या तेरे रहस्य को नहीं जान पाते।"

"वह भी तू देखती ही है। कोई–कोई ब्राह्मण रहस्य की परख कर सकते हैं; किन्तु वह मेरे इस रहस्य (उपनिषद्) हथियार को अपने लिए बहुत उपयोगी समझते हैं। उनकी पुरोहिती, गुरुआई पर लोगों को अविश्वास हो चला था। जिसको परिणाम होता उस दक्षिणा से वंचित होना, जिससे उन्हें चढ़ने को बड़वा–रथ, खाने को उत्तम आहार, रहने को सुन्दर प्रासाद और भोगने को सुन्दर दासियाँ मिलती हैं।"

"यह तो व्यापार हुआ ?"

"व्यापार, और ऐसा व्यापार जिसमें हानि का भय नहीं। इसलिए उद्दालक –जैसे समझदार ब्राह्मण मेरे पास हाथ में समिधा लेकर शिष्य बनने आते हैं, और मैं ब्राह्मणों के प्रति गौरव प्रदर्शित करते हुए उपनयन किए बिना –विधिवत् गुरु बने बिना –उन्हें ब्रह्मज्ञान प्रदान करता हूँ।"

"यह बहुत निकृष्ट भावना है, प्रवाहण !"

"मानता हूँ; किन्तु हमारे उद्देश्य के लिए यह सबसे अधिक उपयोगी साधन है; वशिष्ठ और विश्वामित्र की नाव ने हजार वर्ष भी काम नहीं दिया; किन्तु जिस नाव को प्रवाहण तैयार कर रहा है, वह दो हजार वर्ष आगे तक राजाओं और सामन्तों–परधन–भोगियों–को पार उतारती रहेगी; यज्ञ–रूपी नाव को, लोपा ! मैंनें अदृढ़ समझा। इसीलिए इस दृढ़ नाव को तैयार किया है जिसे ब्राह्मण और क्षत्रिय मिलकर ठीक से इस्तेमाल करते हुए ऐश्वर्य भोगते रहेंगे। किन्तु लोपा ! इस "आकाश" या ब्रह्म से भी बढ़कर मेरा दूसरा आविष्कार है।"

"कौन ?"

"मरकर फिर इसी दुनिया में लौटना–'पुनर्जन्म' "

"यह सबसे भारी जाल है !"

"और सबसे कार्यकारी भी। जिस परिमाण में हम सामन्तों, ब्राह्मणों और बनियों के पास अपार भोग–राशि एकत्रित होती गई है, उसी परिमाण में साधारण प्रजा निर्धन होती गई। इन निर्धनों, शिल्पियों, कृषकों और दास–दासियों को भड़काने वाले पैदा होने लगे हैं, जो कहते हैं–'तुम अपनी कमाई दूसरों को देकर कष्ट उठाते हो; वह धोखे में रखने के लिए तुम्हें झूठे ही विश्वास दिलाते हैं कि तुम इस कष्ट, त्याग, दान करने के लिए मरकर स्वर्ग में जाओगे। किसी ने स्वर्ग में मृत जीवों के उन भोगों को देखा नहीं है। इसी का जवाब है; यहाँ संसार में जो नीच–ऊँच के भाव छोटी–बड़ी जातियों, निर्धन–धनिक आदि के भेद पाये जाते हैं, वह सब पहले जन्म के कर्मों ही के कारण। हम इस प्रकार पहले के सुकर्म–दुष्कर्म का फ़ल प्रत्यक्ष दिखलाते हैं।"

"ऐसे तो चोर भी अपने चोरी के माल को पूर्वजन्म की कमाई कह सकता है?"

"किन्तु उसके लिए हमने पहले ही से देवताओं , ऋषियों और जन–विश्वास की सहायता प्राप्त कर ली है, जिसके कारण चोरी के धन को पूर्वजन्म की कमाई नहीं माना जाएगा। इस जन्म में परिश्रम बिना अर्जित धन को हम पहले देवताओं की कृपा से प्राप्त बतलाते थे; किन्तु जब देवताओं और उनकी कृपा पर संदेह किया जाने लगा, तो हमें कोई दूसरा उपाय सोचना जरूरी था। ब्राह्मणों में यह सोचने की शक्ति नहीं रह गई। पुराने ऋषियों के मंत्रों और वचनों को रटने में ही वह चालीस– पैंतालीस की आयु बिता देते हैं। वह दूसरी कोई गम्भीर बात कहाँ से सोच निकालेंगे ?"

"किन्तु तूने भी तो, प्रवाहण ! रटने में बहुत–सा समय लगाया था?"

"सिर्फ सोलह वर्ष । चौबीस वर्ष की उम्र के बाद मैं ब्राह्मण की विद्याओं को पार कर बाहर के संसार में आ गया था। यहाँ मुझे ज्यादा पढ़ने को मिला। मैंने राज–शासन की बारीकियों में घुसने के बाद देखा कि ब्राह्मणों की बनाई पुरानी नाव आज के लिए अदृढ़ है।"

"इसलिए तूने दृढ़ नाव बनाई ?"

"सत्य या असत्य से मुझे मतलब नहीं, मेरा मतलब है उसके कार्योपयोगी होने से। लोपा ! संसार में लौटकर जन्मने की बात आज नयी मालूम होती है और मुझे उसके भीतर छिपा हुआ स्वार्थ भी मालूम है : किन्तु मेरे ब्राह्मण चेले अभी से उसे ले उड़े हैं। पितरों और देवताओं के रास्ते (पितृ–यान, देव–यान) को समझने के लिए अभी ही लोग बारह –बारह साल गाय चराने को तैयार हैं ! लोपा ! मैं और तू नहीं रहेंगे; किन्तु वह समय आएगा जबकि सारी दरिद्र प्रजा इस पुनरागमन के भरोसे सारे जीवन की कटुता, कष्ट और अन्याय को बर्दाश्त करने के लिए तैयार हो जाएगी। स्वर्ग और नरक को समझाने के लिए यह कैसा सीधा उपाय निकाला लोपा?"

"लेकिन यह अपने पेट के लिए सैकड़ों पीढ़ियों को भाड़ में झोंकना है।"

"वशिष्ठ और विश्वामित्र ने भी पेट के लिए ही वेद रचे; उत्तर–पंचाल (रुहेलखण्ड) के राजा दिवोदास् के कुछ शबर दुर्गों की विजय

पर कविता पर कविता बनाई। पेट का प्रबन्ध करना बुरा नहीं है, और जब हम अपने पेट के साथ हजार वर्षों के लिए अपने बेटे-पोतों, भाई-बन्धुओं के पेट का भी प्रबन्ध कर डालते हैं[1], तो हम शाश्वत यश के भागी होते हैं ? प्रवाहण वह काम कर रहा है, जिसे पूर्वज ऋषि भी नहीं कर पाये-जिसे धर्म की रोटी खाने वाले ब्राह्मण भी नहीं कर सके।"

"तू बड़ा निष्ठुर है, प्रवाहण !"

"किन्तु मैंने अपने काम को योग्यतापूर्वक पूरा किया।"

(१. त्वं तदुक्थमिन्द्र वर्हणा कः प्रयच्छता सहसा शूर दर्ष ।
अब गिरेर्दासं शंबरं हन् प्रावो दिसोदासं चित्राभिरूती ।।
ऋग्वेद ६|२६५ ।।)

3.

प्रवाहण मर चुका था। उसके ब्रह्मवाद, उसने पुनर्जन्म या पितृयानवाद की विजय-दुन्दुभी सिंधु से सदानीरा(गंडक) के पार तक बज रही थी। यज्ञों का प्रचार अब भी कम नहीं हुआ था, क्योंकि ब्रह्मज्ञानी उन्हें करने में खास तौर से उत्साह प्रदर्शन करते थे। क्षत्रिय प्रवाहण के निकाले ब्रह्मवाद में ब्राह्मण बहुत दक्ष हो गये थे, और इसमें कुरु के याज्ञवल्क्य की बड़ी ख्याति थी कुरु-पंचाल में-जिसने किसी वक्त मंत्रों के कर्ता और यज्ञों के प्रतिष्ठाता वशिष्ठ, विश्वामित्र और भरद्वाज को पैदा किया था-याज्ञवल्क्य और उसके साथी ब्रह्मवादियों-ब्रह्मवादिनियों की धूम थी। ब्रह्मवादियों की परिषद् रचाने में यज्ञों से भी ज्यादा नाम होता था। इसीलिए राजा राजसूय आदि यज्ञों के साथ या अलग ऐसी परिषदें कराते थे, जिनमें हजारों गायें, घोड़े और दास--दासियाँ (दासी खासतौर से, क्योंकि राजाओं के अन्तःपुर में पली दासियों को ब्रह्मवादी विशेष तौर से पसंद करते थे) वाद-विजेता को पुरस्कार में मिलते थे। याज्ञवल्क्य कई परिषदों में विजयी हो चुका था। अबकी बार उसने विदेह (तिर्हत) के जनक की परिषद् में भारी विजय प्राप्त की, और उसके शिष्य सोमश्रवा ने हजार गायें घेरी थीं। याज्ञवल्क्य विदेह से कुरु तक उन गायों को हाँककर लाने का कष्ट क्यों उठाने लगा। उसने उनको वहीं ब्राह्मणों में बाँट दिया। ब्रह्मवादी याज्ञवल्क्य की भारी ख्याति हुई। हाँ, हिरण्य (अशर्फी), सुवर्ण, दास-दासी और अश्वतरी (खचरी) रथ को वह अपने साथ कई नावों में भरकर कुरु देश लाया।

प्रवाहण को मरे साठ साल हो गये थे। उस वक्त याज्ञवल्क्य अभी पैदा नहीं हुआ था। किन्तु, सौ वर्ष से ऊपर पहुँची लोपा पंचालपुर (कन्नौज) के बाहर के राजोद्यान में अब भी रहती थी। उद्यान के आम्र-कदली-जम्बू वृक्षों की छाया में रहना वह बहुत पसंद करती थी।

जीवन में प्रवाहण की बातों का वह बराबर विरोध किया करती थी; किन्तु अब इन साठ वर्षों में प्रवाहण के दोषों को वह भूल चुकी थी उसे याद था केवल प्रवाहण का वह जीवन-भर का प्रेम ! अब भी वृद्धा की आँखों में ज्योति थी, अब भी उसकी प्रतिभा बहुत धूमिल नहीं हुई थी; किन्तु ब्रह्मवादियों से वह अब भी बहुत चिढ़ती थी। उस दिन पंचालपुर में ब्रह्मवादिनी गार्गी वाचक्नवी उतरी। राजोद्यान के पास ही एक उद्यान में गार्गी को बड़े सम्मान के साथ ठहराया गया। जनक की परिषद् में याज्ञवल्क्य ने जिस तरह धोखे

से उसे परास्त किया था, गार्गी उसे भूल नहीं सकती थी। 'तेरा सिर गिर जाएगा, गार्गी ! यदि आगे प्रश्न किया तो' – यह कोई बात का ढंग न था। ऐसा उग्र–लोहितपाणि (खून से हाथ रँगने वाले) ही कर सकते हैं, गार्गी सोचती थी।

गार्गी लोपा के पितृ–कुल की कन्या थी। लोपा उससे सुपरिचित थी, यद्यपि ब्रह्मवाद के संबंध में वह उससे बिल्कुल असहमत थी अबकी बार याज्ञवल्क्य ने जिस तरह का ओछा हथियार उसके खिलाफ इस्तेमाल किया था, उससे गार्गी जल गई थी। इसलिए जब अपनी परदादी बुआ के पास गई, तो उसके भावों में जरूर कुछ परिर्वतन था। लोपा ने पास आई गार्गी के ललाट और आँखों को चूमकर छाती से लगाया और फिर स्वास्थ्य, प्रसन्नता के बारे में पूछा। गार्गी ने कहा– "विदेह से आ रही हूँ, बुआ।"

''मल्लयुद्ध करने गई थी, गार्गी बेटी ।"

"हाँ, मल्लयुद्ध ही हुआ, बुआ ! यह ब्रह्मवादियों की परिषदें मल्लयुद्ध से बढ़कर कुछ नहीं हैं। मल्लों की भाँति ही इनमें प्रतिद्वन्द्वी को छल–बल से पछाड़ने की नीयत होती है।"

"तो कुरु–पंचाल के बहुत से ब्रह्मवादी अखाड़े में उतरे होंगे ?"

"कुरु–पंचाल तो अब ब्रह्मवादियों का गढ़ हो गया है ।"

"मेरे सामने ही इस ब्रह्मवाद की एक छोटी–सी चिनगारी–सो भी अच्छी नीयत में नहीं—मेरे प्रवाहण ने छोड़ी थी, और वह वन की आग बन सारे कुरु–पंचाल को जलाकर अब विदेह तक पहुँच रही है।"

"बुआ, तो तेरी बात की सच्चाई को अब मैं कुछ–कुछ अनुभव करने लगी हूँ। वस्तुतः यह भोग–अर्जन का एक बड़ा रास्ता है। विदेह में याज्ञवल्क्य को लाखों की संपत्ति मिली और दूसरे ब्राह्मणों को भी काफी धन मिला।"

"यह यज्ञ से भी ज्यादा नफे को व्यापार है, बेटी ! मेरा पति इसे राजाओं और ब्राह्मणों के लिए भोग–प्राप्ति की दृढ़ नौका कहा करता था। तो याज्ञवल्क्य जनक की परिषद् में विजयी रहा। और तू कुछ बोली या नहीं?"

"बोलना न होता तो इतनी दूर तक गंगा में नाव दौड़ाने की क्या जरूरत थी।"

"नाव में चोर–डाकू तो नहीं लगे ?"

"नहीं, बुआ ! व्यापारियों के बड़े–बड़े सार्थों (कारवाँ) में भटों का प्रबन्ध रहता है। हम ब्रह्मवादी इतने मूर्ख नहीं हैं कि अकेले–दुकेले अपने प्राणों को संकट में डालते फिरें ।"

"और याज्ञवल्क्य ने सबको परास्त कर दिया ?"

"उसे परास्त करना ही न कहना चाहिए !"

"सो क्यों ?"

"क्योंकि प्रश्नकर्ता याज्ञवल्क्य का उत्तर सुन चुप रह गये।"

"तू भी?"

"मैं भी; किन्तु मुझे उसने वाद से नहीं, बकवाद से चुप कर दिया।"

"बकवाद से ?" ।

"हाँ, मैं ब्रह्म के बारे में प्रश्न कर रही थी, और याज्ञवल्क्य को इतना घेर लिया था कि उसको निकलने का रास्ता न था। इसी वक्त याज्ञवल्क्य ने ऐसी बात कही, जिसके सुनने की मुझे आशा न थी।

"क्या बेटी!"

"उसने यह कहकर प्रश्न का उत्तर माँगने से मुझे रोक दिया– 'तेरा सिर गिर जाएगा, गार्गी यदि आगे प्रश्न किया तो'।"

"मुझे आशा न थी. बेटी ! किन्तु मुझे सब आशा हो सकती थी। गार्गी । याज्ञवल्क्य प्रवाहण का पक्का प्रशिष्य सिद्ध हुआ। प्रवाहण के मिथ्यावाद को इसने पूर्णता को पहुँचाया। अच्छा हुआ गार्गी ! जो तूने आगे प्रश्न नहीं किया।"

"तुझे कैसे मालूम हुआ. बुआ।"

"इसी से कि मैं अपनी आँखों से तेरे सिर को कंधे पर देख रही हूँ।"

"तो क्या तुझे विश्वास है, बुआ ! यदि मैं आगे प्रश्न करती, तो मेरा सिर गिर जाता।"

"जरूर। किन्तु याज्ञवलक्य के ब्रह्मबल से नहीं, बल्कि वैसे ही, जैसे औरों के सिर गिरते देखे जाते हैं।"

"नहीं बुआ।"

"तू बच्ची है, गार्गी ! तू जानती है कि यह ब्रह्मवाद सिर्फ मन की उड़ान, मन की कलाबाजी है। नहीं गार्गी, इसके पीछे राजाओं और ब्राह्मणों का भारी स्वार्थ छिपा हुआ है। जिस क्षण यह ब्रह्मवाद पैदा हुआ था, उस समय इसका जन्मदाता मेरी बगल में सोता था। यह राज–सत्ता और ब्राह्मण–सत्ता को दृढ़ करने का भारी साधन है –वैसे ही, जैसे कृष्ण–लौह(लोहे) का खड्ग, जैसे उग्र लेहितपाणि भट।"

"बुआ, मैंने ऐसा नहीं समझा था।"

"बहुत से ऐसा नहीं समझते ! मैं नहीं समझती, जनक वैदेह भी इस रहस्य(उपनिषद) को न समझता होगा। किन्तु याज्ञवल्क्य समझता है –वैसे ही, जैसे मेरा पति प्रवाहण समझता था। प्रवाहण को किसी देवता , देवलोक, पितृलोक, यज्ञ और ब्रह्मवाद में विश्वास नहीं था। उसे विश्वास था सिर्फ भोग में, और उसने अपने जीवन के एक–एक क्षण को उस भोग के लिए अर्पण किया। मरने के दिनों से तीन दिन पहले विश्वामित्र कुलीन पुरोहित की सुवर्णकेशी कन्या उसके रनिवास में आई। बचने की आशा न थी , तो भी वह उस बीस वर्ष की सुन्दरी से प्रेम करता रहा।"

"गायों को दान कर विदेहराज की दी हुई सुन्दर दासियों को याज्ञवल्क्य अपने साथ लाया है, बुआ !"

"मैंने अभी कहा कि वह प्रवाहण का पक्का चेला है। देखा न उसका ब्रह्मवाद ? और यह तो तूने दूर से देखा। यदि नजदीक से देखने का मौका मिलता तो देखती बेटी!"

"तो बुआ, तू सचमुच समझती है कि यदि मैं आगे प्रश्न करती, तो मेरा सिर गिर जाता ?"

"निस्संदेहः किन्तु याज्ञवल्क्य के ब्रह्म–तेज से नहीं, बेटी। दुनिया में कितनों के सिर चुपचाप गिरा दिए जाते हैं।"

"मेरा सिर चकराता है, बुआ !"

"आज ? और मेरा सिर तब से चकराता है, जब से मैंने होश सँभाला सारा ढोंग, पूरी वंचना ! प्रजा की मशक्कत की कमाई को मुफ्त में खाने का तरीका है यह राजवाद, ब्रह्मवाद, यज्ञवाद, प्रजा को कोई इस जाल से तब तक नहीं बचा सकता, जब तक कि वह खुद सचेत न हो, और उसे सचेत होने देना इन स्वार्थियों को पसन्द नहीं है।"

"क्या मानव–हृदय हमें इस वंचना से घृणा करने की प्रेरणा नहीं देगा ?"

"देगा बेटी ! और मुझे एकमात्र उसी की आशा है।''

–––

आज से १०८ पीढ़ी पहले की यह कहानी है, जबकि ऊपरी अन्तर्वेद में उपनिषद् के ब्रह्मज्ञान की रचना आरम्भ हुई थी । उस वक्त तक, उद्यान और असली लोहा भारत में प्रवलित हो चुका था।

बन्धुल मल्ल (४६० ईसा पूर्व)

काल : ४६० ई०पू०

वसन्त का यौवन था। वृक्षों के पत्ते झड़कर नये हो गये थे। शाल अपने श्वेत पुष्पों से वन को सुगन्धित कर रहा था। अभी सूर्य की किरणों के प्रखर होने में देर थी। गहन शालवन में सूखे पत्तों पर मानवों के चलने की पद -ध्वनि आ रही थी। एक बड़े वल्मीक (दीमक के टीले) के पास खड़े हुए दो तरुण-तरुणी उसे निहार रहे थे। तरुणी के अरुण गौर मुख पर दीर्घ कुंचित नील केश बेपरवाही के साथ बिखर कर उसके सौंदर्य की वृद्धि कर रहे थे। तरुण ने अपनी सबल भुजा को तरुणी के कन्धे पर रख कर कहा-

"मल्लिका ! इस वल्मीक को देखने में इतनी तन्मय क्यों है ?"

"देख, यह दो पोरिसाका है।"

"हाँ, साधारण वल्मीकों से बड़ा है, किन्तु इससे भी बड़े वल्मीक होते हैं। तुझे ख्याल आता होगा , क्या सचमुच वर्षा बरसने पर इससे आग और धुआँ निकलता ?"

"नहीं वह शायद झूठी दन्तकथा है; किन्तु यह चींटी जैसे छोटे-छोटे और उससे कहीं कोमल रक्तमुख श्वेत कीट जैसे इतने बड़े वल्मीक को बना लेते हैं !"

"मनुष्य के बनाये महलों को यदि उसके शरीर से नापा जाय तो वह इसी तरह कई गुना बड़े मालूम होंगे। यह एक दीमक का काम नहीं है, शत-सहस्त्र दीमकों ने मिलकर इसे बनाया है। मानव भी इसी तरह मिलकर अपने काम को करता है।"

"इसलिए मैं भी उत्सुकतापूर्वक इसे देख रही थी, इनमें आपस में कितना मेल है। यह अति क्षुद्र प्राणी समझे जाते हैं , और शत-सहस्त्र मिलकर एक साथ रह, इतने बड़े-बड़े प्रासादों को बनाते हैं। मुझे दुःख है, हमारे मल्ल इन दीमकों से कुछ शिक्षा नहीं लेते।"

"मानव भी मेल से रहने में किसी से कम नहीं है, बल्कि मानव, जो आज श्रेष्ठ प्राणी बना है, वह मेल ही के कारण। तभी वह इतने बड़े-बड़े नगरों, निगमों (कस्बों), गाँवों को बसाने में सफल हुआ है, तभी उसके जलपोत अपार सागर को पार कर द्वीप-द्वीपान्तरों की निधियों को जमा करते हैं, तभी उसके सामने हाथी, गैंडे, सिंह नतशिर होते हैं।"

"किन्तु उसकी ईर्ष्या ! यदि यह ईर्ष्या न होती, तो कितना अच्छा होता !"

"मुझे मल्लों की ईर्ष्या को ख्याल आता है !"

"हाँ, क्यों वह तुझसे ईर्ष्या करते हैं। मैंने तुझे कभी किसी की निन्दा -अपकार करते नहीं देखा-सुना, बल्कि तेरे मधुर व्यवहार से दास कर्मकर तक कितने प्रसन्न हैं, यह सभी जानते हैं। तो भी कितने ही सम्भ्रान्त मल्ल तुझसे इतनी डाह रखते हैं !"

"क्योंकि वह मुझे सर्वप्रिय होते देखते हैं, और गण (प्रजातन्त्र) में सर्वप्रिय से डाह करने वाले अधिक पाये जाते हैं, सर्वप्रियता ही से तो यहाँ पुरुष गण-प्रमुख होता है।"

"किन्तु उन्हें तेरे गुणों को देखकर प्रसन्न होना चाहिए था। मल्लों में किसी को तक्षशिला में इतना सम्मान मिला हो , आज तक नहीं सुना गया। क्या उन्हें मालूम नहीं कि आज भी राजा प्रसेनजित् कोसल के लेख (पत्र) पर लेख तुझे बुलाने के लिए आ रहे हैं।"

"हम तक्षशिला में दस साल तक एक साथ पढ़ते रहे। उसे मेरे गुण ज्ञात हैं।"

"कुसीनारा के मल्लों को वह अज्ञात हैं, यह मैं नहीं मानती। महालिच्छवि जब यहाँ आकर तेरे पास ठहरा हुआ था, उस वक्त उसके मुँह से तेरे गुणों का बखान बहुत से कुसीनारा वालों ने सुना था।"

"किन्तु मल्लिका ! मेरे साथ ईर्ष्या करने वाले मेरे गुणों को जानकर ही वैसा करते हैं। गुणों और सर्वप्रिय होना गणों में ईर्ष्या का भारी

कारण है। मुझे अपने लिए ख्याल नहीं है, मुझे अफसोस इसी बात का है कि मैंने मल्लों की सेवा के लिए तक्षशिला में उतने श्रम से शस्त्र–विद्या सीखी। आज वैशाली के लिच्छवियों को कोसल और मगध अपने बराबर मानते हैं, किन्तु कोसलराज को अपने ऊपर मानती है। मैंने सोचा था, हम पावा, अनूपिया, कुसीनारा आदि सभी नौ मल्ल गणों को स्नेह–बन्धन में बाँधकर लिच्छवियों की भाँति अपना नौ मल्लों का एक सम्मिलित सुदृढ़ गढ़ बनायेंगे। नौ मल्लों के मिल जाने पर प्रसेनजित् हमारी तरफ आँख भी नहीं उठा सकता। बस यही एकमात्र अफसोस है।"

बन्धुल के गौर मुख की कान्ति को फीकी पड़ी देख मल्लिका को अफसोस होने लगा , और उसने ध्यान को दूसरी ओर खींचते हुए कहा–

"तेरे साथी शिकार के लिए तैयार खड़े होंगे ! और मैं भी चलना चाहती हूँ, घोड़े पर या पैदल ?"

"गवय (घोड़रोज, नीलगाय) का शिकार घोड़े की पीठ से नहीं होता , मल्लिका ! और क्या इस घुट्टी तक लटकते अन्तरवासक (लंगी) इस तीन हाथ तक लहराते उत्तरासंग (चादर) और इन अस्त–व्यस्त केशों को काली नागिनों की भाँति हवा में उड़ाते शिकार करने चलना है ?"

"ये तुझे बुरे लगते हैं ?"

"बुरे !" मल्लिका के लाल ओठों को चूमकर, "मल्लिका नाम से भी जिसका सम्बन्ध हो, वह मुझे बुरा नहीं लग सकता। किन्तु शिकार में जाने पर जंगल की झाड़ियों में दौड़ना पड़ता है।"

"इन्हें तो मैं तेरे सामने समेटे लेती हूँ। " कह मल्लिका ने अन्तरवासक को कसकर बाँध लिया, केशों को सँभालकर सिर के ऊपर जूड़ा करके कहा–"मेरे उत्तरासंग (ओढ़नी) की पगड़ी बाँध दे, बन्धुल !"

पगड़ी बाँध, बन्धुल कंचुकी के भीतर से उठे क्षुद्र–विल्व–स्पर्धी स्तनों का अर्धालिंगन करते हुए बोला–"और ये तेरे स्तन ?"

"स्तन सभी मल्ल–कुमारियों के होते हैं।"

"किन्तु, यह कितने सुन्दर हैं ?

"तो क्या कोई इन्हें छीन ले जायेगा ?"

"तरुणों की नजर लग जायेगी।"

"वह जानते हैं, यह बन्धुल के हैं।"

"नहीं, तुझे उज्र न हो तो मल्लिका ! भीतर से मैं इन्हें अपने अंगोछे से बाँध दूँ ।"

"कपड़ों के बाहर के दर्शन से तुझे तृप्ति नहीं हो रही है ?" मल्लिका ने मुस्करा कर बन्धुल के मुँह को चूमते हुए कहा।

बन्धुल ने कंचुकी को हटा शुभ्र स्फटिक–शिला सदृश वक्ष पर आसीन उन आरक्त गोल स्तनों को अंगोछे से बाँध दिया। मल्लिका ने फिर कंचुकी को पहनकर कहा–

"अब तो तेरा खतरा जाता रहा बन्धुल !"

"बन्धूल को अपनी चीज के लिए खतरा नहीं है प्रिये ! अब दौड़ने में यह ज्यादा हिलेंगे भी नहीं ।"

सभी तरुण मल्लमल्लियाँ शिकारी वेश में तैयार इस जोड़े की प्रतीक्षा कर रहे थे , और इनके आते ही धनुष, खड्ग और भाले को सँभाल चल पड़े। गवयों के मध्याह्न विश्राम का स्थान किसी को मालूम था। उसी के पथ–प्रदर्शन के अनुसार लोग चले। बड़े वृक्षों की अल्प–तृण छाया के नीचे गवयों का एक यूथ बैठा जुगाली कर रहा था, यूथपति एक नील गवय, खड़ा कानों को आगे–पीछे तानते

चौकी दे रहा था। मल्ल दो भागों में बँट गये। एक भाग तो अस्त्र–शस्त्र सँभाल एक ओर वृक्षों की आड़ लेकर बैठ गया। दूसरा भाग पीछे से घेरने के लिए दो टुकड़ियों में बँटकर चला। हवा उधर से आ रही थी , जिधर वह दोनों टुकड़ियाँ मिलने जा रही थीं। नील गवय अब भी अपनी हरिन जैसी छोटी दुम को हिला रहा था । दोनों टुकड़ियों के मिलने से पहले ही बाकी गवय भी खड़े हो नथुनों को फुलाते, कानों को आगे टेढ़ा करते उसी एक दिशा की ओर अस्थिर शरीर से देखने लगे। क्षण भर के भीतर ही जान पड़ा , उन्हें खतरा मालूम हो गया, और नील गवय के पीछे वह हवा बहने की दिशा की ओर दौड़ पड़े। अभी उन्होंने खतरे को आँखों से देखा न था, इसलिए बीच–बीच में खड़े हो पीछे की ओर देखते थे। छिपे हुए शिकारियों के पास आकर एक बार फिर वह मुड़कर देखने लगे। इसी वक्त कई धनुषों के ज्या की टंकार हुई । नील गवय के कलेजे को ताककर बन्धुल ने अपना निशाना लगाया। उसी को मल्लिका और दूसरे कितनों ने भी लक्ष्य बनाया, किन्तु यदि बन्धुल का तीर चूक गया होता, तो वह हाथ न आता, यह निश्चित था। नील गवय उसी जगह गिर गया। यूथ के दूसरे पशु तितर–बितर हो भाग निकले। बन्धुल ने पहुँच कर देखा, गवय दम तोड़ रहा है। दो गवयों के खून की बूंदों का अनुसरण करते हुए शिकारियों ने एक कोस पर जो एक को धरती पर गिरा पाया। इस सफलता के साथ आज के वनभोज में बहुत आनन्द रहा ।

कुछ लोग लकड़ियों की बड़ी निर्धूम आग तैयार करने लगे। मल्लों ने पतीले तैयार किये। कुछ पुरुषों ने गवय के चमड़े को उतार मॉस–खंडों को काटना शुरू किया। सबसे पहले आग में भुनी कलेजी तथा सुरा –चषक लोगों के सामने आये। माँस–खंड काटने में बन्धुल के दोनों हाथ लगे हुए थे, इसलिए मल्लिका ने अपने हाथ से मुँह में भुना टुकड़ा और सुरा–चषक दिया।

माँस पककर तैयार नहीं हो पाया था, जबकि संध्या हो गई। लकड़ी के दहकते अग्नि–स्कन्धों की लाल रोशनी काफी थी, उसी में मल्लों का गान–नृत्य शुरू हुआ । मल्लिका–कुसीनारा की सुन्दरतम तरुणी–ने शिकारी वेश में अपने नृत्य–कौशल को दिखलाने में कमाल किया। बन्धुल के साथी इस अखिल जम्बूदीप के मूल्य के नारी–रत्न का अधिकारी होने लिए, उसके भाग्य की सराहना कर रहे थे।

2.

कुसीनारा के संस्थागार (प्रजातन्त्र–भवन) में आज बड़ी भीड़ थी। गण–संस्था (पार्लमिंट) के सारे सदस्य शाला के भीतर बैठे हुए थे। कितने ही दर्शक और दर्शिकाएँ शाला के बाहर मैदान में खड़े थे। शाला के एक सिरे पर विशेष स्थान पर गणपति बैठे थे। उन्होंने सदस्यों की ओर गौर से देख, खड़े होकर कहा–

"भन्ते (पूज्य) गण ! सुनै, आज जिस काम के लिए हमारा यह सन्निपात (बैठक) हुआ है, उसे गण को बतलाता हूँ। आयुष्मान् बन्धुल तक्षशिला से युद्ध–शिक्षा प्राप्त कर मल्लों के गौरव को बढ़ाते हुए लौटा है। उसके शस्त्र–नैपुण्य को कुसीनारा से बाहर के लोग भी जानते हैं। उसे यहाँ आये चार साल हो गये। मैंने गण के छोटे –मोटे कामों को अपनी सम्मति से उसे दिया , और हर काम को उसने बहुत तत्परता और सफलता के साथ पूरा किया। अब गण को उसे एक स्थायी पद –उपसेनापति का पद देना है, यह ज्ञप्ति (प्रस्ताव–सूचना) है।"

"भन्ते गण ! सुनै । गण आयुष्मान् बन्धुल को उपसेनापति का पद दे रहा है, जिस आयुष्मान् को यह स्वीकार हो, वह चुप रहे, जिसे

स्वीकार न हो, वह बोले ।"

"दूसरी बार भी, भन्ते गण ! सुनै। गण आयुष्मान् बंधुल को उपसेनापति का पद दे रहा है। जिस आयुष्मान् को यह स्वीकार हो, वह चुप रहे, जिसे स्वीकार न हो, वह बोले ।"

"तीसरी बार भी, भन्ते गण । सुनै। गण अन्युष्मान् बन्धुल को उपसेनापति का पद दे रहा है। जिस आयुष्मान् को यह स्वीकार हो , वह चुप रहे, जिसे स्वीकार न हो, वह बोले ।"

इसी वक्त एक सदस्य–रोज मल्ल–उत्तरासंग (चादर) को हटा दाहिना कन्धा नंगा रख कान्हासोती कर खड़ा हो गया। गणपति ने कहा–

"आयुष्मान् कुछ बोलना चाहता है, अच्छा बोल ।"

रोज मल्ल ने कहा–"भन्तेगण ! सुनै । मैं (आयुष्मान्) बन्धुल की योग्यता के बारे में सन्देह नहीं रखता। मैं उसके उपसेनापति बनाये जाने का खास करके विरोध करना चाहता हूँ। हमारे गण का नियम रहा है कि किसी को उच्च पद देते वक्त उसकी परीक्षा ली जाती रही है। मैं समझता हूँ, आयुष्मान् बन्धुल पर भी वह नियम लागू होना चाहिए ।"

रोज–मल्ल के बैठ जाने पर दो–तीन दूसरे सदस्यों ने भी यही बात कही। कुछ सदस्यों ने परीक्षा की आवश्यकता नहीं है , इस बात पर जोर दिया। अन्त में गणपति ने कहा–

भन्ते गण ! सुनै । गण का आयुष्मान् बन्धुल के उपसेनापति बनाये जाने में थोड़ा –सा मतभेद है, इसलिए छन्द (वोट) लेने की जरूरत है। शलाका–ग्रहापक (शलाका बाँटने वाले) छन्द शलाकाओं (वोट की काष्ठमय तीलियों) को लेकर आपके पास जा रहे हैं। उनके एक हाथ की तीलियाँ लाल शलाकाएँ हैं, दूसरी में काली। लाल शलाका 'हाँ' के लिए है, काली 'नहीं' के लिए। जो आयुष्मान् रोज के मत के साथ हों, मूल ज्ञप्ति (प्रस्ताव) को स्वीकार नहीं करते, वह काली शलाका लें, जो मूल ज्ञप्ति को स्वीकार करते हैं। वह लाल को।"

शलाका–ग्रहापक छन्द शलाकाओं को ले–लेकर एक–एक सदस्य के पास गये। सबने अपनी इच्छानुसार एक–एक शलाका ली। लौट आने पर गणपति ने बाकी बची शलाकाओं को गिना। लाल शलाकाएँ ज्यादा थीं , काली कम; जिसका अर्थ हुआ काली शलाकाओं को लोगों ने ज्यादा लिया।

गणपति ने घोषित किया–

"भन्ते गण ! सुनै। काली छन्द–शलाकाएँ ज्यादा उठाई गई, इसलिए मैं धारण करता हूँ कि गण आयुष्मान् रोज मल्ल से सहमत हैं। अब गण निश्चय करें, कि आयुष्मान् बन्धुल से किस तरह की परीक्षा ली जाये।"

कितने ही समय के वाद–विवाद तथा छन्द–शलाको उठवाने के बाद निश्चित हुआ कि बन्धुल मल्ल लकड़ी के सात बँटों को एक साँस में तलवार से काट डाले। इसके लिए सातवाँ दिन निश्चित कर सभा उठ गई।

सातवें दिन कुसीनारा के मैदान में स्त्री–पुरुषों की भारी भीड़ जमा हुई । मल्लिका भी वहाँ मौजूद थी। जरा–जरा दूर पर कठोर काष्ठ

के सात खूँटे गड़े हुए थे। गणपति के आज्ञा देने पर बन्धुल ने तलवार सँभाली। सारी जनमंडली साँस रोककर देखने लगी। बन्धुल मल्ल की दृढ़ भुजाओं में उसे लम्बे सीधे खड्ग को देखकर लोग बन्धुल की सफलता के लिए निश्चित थे। बन्धुल की बिजली –सी चमकती तलवार को लोगों ने उठते–गिरते देखा–पहला बँटा कटा, दूसरा, तीसरा, छठे के कटते वक्त बन्धुल के कानों में झन्न की आवाज आई, उसके ललाट पर बल आ गया, और उत्साह ठंडा हो गया । बन्धुल की तलवार सातवें बँटे के अन्तिम छोर पर पहुँचने से जरा पहले रुक गई। बन्धुल जल्दी से एक बार सभी बँटों के सिर को देख गया। उसका शरीर काँप रहा था , मुँह गुस्से में लाल था, किन्तु वह बिल्कुल चुप रहा।

गणपति ने घोषित किया कि सातवें बँटे का सिरा अलग नहीं हो पाया। लोगों की सहानुभूति बन्धुले मल्ल की ओर थी। घर आ मल्लिका ने बन्धुल के लाल और गम्भीर चेहरे को देखकर अपनी उदासी को भूल उसे सान्त्वना देना चाहा। बन्धुल ने कहा–

"मल्लिका! मेरे साथ भारी धोखा किया गया। मुझे इसकी आशा न थी।"

"क्या हुआ प्रिय !"

"एक–एक बँटे में लोहे की कीलें गाड़ी हुई थीं। पाँचवें बँटे तक मुझे कुछ पता न था , छठवें के काटने पर मुझे झन्न –सी आवाज सुनाई दी। मैं धोखा समझ गया। यदि इस आवाज को न सुना होता, तो सातवें बँटे को भी साफ काट जाता, किन्तु फिर मेरा मन क्षुब्ध हो गया।"

"ऐसा धोखा ? यह तो उनकी भारी नीचता है, जिसने ऐसा किया।"

"किसने किया, इसे हम नहीं जान सकते, रोज पर मुझे बिल्कुल गुस्सा नहीं है। आखिर वह उचित कह रहा था और सम्मति से गण के बहुसंख्यक सदस्य सहमत थे। किन्तु, मुझे क्षोभ और गुस्सा इस पर है कि कुसीनारा में मुझसे स्नेह रखने वालों का इतना अभाव है ?"

"तो बन्धुल मल्ल कुसीनारा से नाराज हो रहा है ?

"कुसीनारा मेरी माँ है; जिसने पाल–पोसकर मुझे बड़ा किया, किन्तु अब मैं कुसीनारा में नहीं रहूँगा।"

"कुसीनारा को छोड़ जाना चाहता है?"

"क्योंकि कुसीनारा को बन्धुल मल्ल की जरूरत नहीं है।"

"तो कहाँ चलेगा ?"

"मल्लिका, तू मेरा साथ देगी !"–विकसित बदन हो बन्धुल ने कहा।

"छाया की भाँति मेरे बन्धुल !"–मल्लिका ने बन्धुल की लाल आँखों को चूम लिया और तुरन्त उसकी रुक्षता जाती रही।

"मल्लिका ! अपने हाथों को दे। फिर मल्लिका के हाथों को अपने हाथों में लेकर बन्धुल ने कहा–"यह तेरे हाथ मेरे लिए शक्ति के स्रोत हैं, इन्हें पाकर बन्धुल कहीं भी निर्भय विचर सकता है !"

"तो प्रिय ! कहाँ चलने को तय कर रहा है और कब ?"

"बिना जरा भी देर किये, क्योकि ख़ुटों की कीलों का पता गणपति को लगने ही वाला है। उसके बाद वह फिर से परीक्षा –दिन निश्चित करेंगे, हम लोगों को आग्रह से पहले चल देना चाहिए।"

'अन्याय का परिमार्जन क्यों नहीं होने देता ?"

"कुसीनारा ने मेरे बारे में अपनी सम्मति दे दी है , मल्लिके ! मेरा यहाँ काम नहीं है, कम–से–कम इस वक्त । कुसीनारा को जब बन्धुल की जरूरत होगी, उस वक्त वह यहाँ आ मौजूद होगा।"

उसी रात को ले चलने लायक चीजों को ले मल्लिका और वन्धुल ने कुसीनारा को छोड़ दिया , और दूसरे दिन अचिरवती (राप्ती के तट पर) अवस्थित ब्राह्मणों के ग्राम मल्लग्राम (मलाँव, गोरखपुर) में पहुँच गये। मल्लों के जनपद में मल्लग्राम के सांकृत्य अपनी युद्ध–वीरता के लिए ख्याति रखते थे। वहाँ बन्धुल के मित्र भी थे , किन्तु बन्धुल मित्रों की मुलाकात के लिए नहीं गया था—वह गया था वहाँ से नाव द्वारा श्रावस्ती (सहेट–महेट) जाने के लिए। मल्लग्राम में श्रेष्ठी सुदत्त के आदमी रहते थे, और उनके द्वारा नावों को पाना आसान था। सांकृत्य ब्राह्मणों ने अपने कुलाचार के अनुसार अपने द्वार पर एक मोटा सुअर को बच्चा काटा और अपने हाथ से पकाकर बन्धुल मल्ल तथा मल्लिका को उसी सूकर मार्दव से सन्तृप्त किया।

3.

श्रावस्ती राजधानी में कोसल राज प्रसेनजित् ने अपने सहपाठी मित्र बन्धुल मल्ल का बड़े जोरों से स्वागत किया। तक्षशिला में ही प्रसेनजित् ने इच्छा प्रकट की थी कि मेरे राजा होने पर तुझे मेरा सेनापति बनना होगा। राजा हो जाने पर भी कई बार वह इसके बारे में लिख चुका था, किन्तु कोसल–काशी जैसे अपने समय के सबसे समृद्ध और विशाल राज्य का सेनापति होने की जगह , बन्धुल अपनी कुसीनारा के एक मामूली गण का उपसेनापति रहना ज्यादा पसन्द करता था। किन्तु अब कुसीनारा ने उसे ठुकरा दिया था , इसलिए प्रसेनजित् के प्रस्ताव करने पर उसने शर्त रखी–

"मैं स्वीकार करूंगा, मित्र ! तेरी बात को, किन्तु, उसके साथ कुछ शर्त है।"

"खुशी से कह, मित्र बन्धुल !"

"मैं मल्ल–पुत्र हूँ।"

"हाँ, मैं जानता हूँ और मल्लों के विरुद्ध जाने की मैं तुझे कभी आज्ञा नहीं दूँगा।"

"बस इतना ही।"

"मित्र ! मल्लों के साथ जो सम्बन्ध हमारा है, बस मैं उतना ही कायम रखना चाहता हूँ। तू जानता है कि मुझे राज्य –विस्तार की इच्छा नहीं है। यदि किसी कारण से मुझे मल्लों का विरोध करना पड़ा , तो मुझे स्वतन्त्रता होगी चाहे जो पक्ष लें। और कुछ मैं अपने प्रिय मित्र के लिए कर सकता हूँ ?"

"नहीं, महाराज ! बस इतना ही।"

4.

बन्धुल मल्ल कोसल–सेनापति था। प्रसेनजित् जैसे नरम, उत्साहहीन राजा के लिए एक ऐसे योग्य सेनापति की बड़ी जरूरत थी। वस्तुतः यदि उसे बन्धुल मल्ल न मिला होता, तो शायद मगधों और वत्सों ने उसके राज्य के कितने ही भाग दाब लिये होते। श्रावस्ती पहुँचने के कुछ समय बाद मल्लिका को गर्भ–लक्षण दिखलाई देने लगा। बन्धुल मल्ल ने एक दिन पूछा–

"प्रिये ! किसी चीज का दोहद हो तो कहना।"

"हाँ, दोहद है प्रियतम ! किन्तु बड़ा दुष्कर ।"

"बन्धुल मल्ल के लिए दुष्कर नहीं हो सकता, मल्लिके ! बोल क्या दोहद है ?"

"अभिषेक–पुष्करिणी में नहाना।"

"मल्लों की ?"

"नहीं, वैशाली में लिच्छवियों की ।"

"तूने ठीक कहा, मल्लिके ! तेरा दोहृद दुष्कर है। किन्तु बन्धुल मल्ल उसे पूरा करेगा। कल सवेरे तैयार हो जा , रथ पर हम दोनों चलेंगे।"

दूसरे दिन पाथेय ले अपने खड्ग, धनुष आदि के साथ दोनों रथ पर सवार हुए।

दूर की मंजिल को अनेक सप्ताह में पार कर एक दिन बन्धुल का रथ वैशाली में इसी द्वार से प्रविष्ट हुआ, जिस पर उसका सहपाठी —कुछ लिच्छवियों की ईर्ष्या से अन्धा हुआ –महालि अध्यक्ष था। एक बार बन्धुल की इच्छा हुई महालि से मिल लेने की , किन्तु दोहृद की पूर्ति में विघ्न देख उसने अपने इरादे को छोड़ दिया।

अभिषेक–पुष्करिणी के घाटों पर पहरा था। वहाँ जीवन में सिर्फ एक बार किसी लिच्छवि –पुत्र को नहाने (अभिषेक पाने) का सौभाग्य होता था, जबकि वह लिच्छवि गण के 999 सदस्यों के किसी रिक्त स्थान पर चुना जाता । रक्षी पुरुषों ने बाधा डाली , तो बन्धुल ने कोड़े से मारकर उन्हें भगा दिया, और मल्लिका को स्नान करा रथ पर चढ़ तुरन्त वैशाली से निकल पड़ा। रक्षी पुरुषों से खबर पा पाँच सौ लिच्छवि रथी बन्धुल के पीछे दौड़े।

महालि ने सुना तो उसने मना किया, किन्तु गर्वीले लिच्छवि कहाँ मानने वाले थे। दूर से रथों के चक्करों की आवाज सुन पीछे देख मल्लिका ने कहा–

"प्रिय ! बहुत से रथ आ रहे हैं।"

"तो प्रिये ! जिस वक्त सारे रथ एक रेखा में हों, उस वक्त कहना।"

मल्लिका ने वैसे समय सूचित किया। पुराने ऐतिहासिकों का कहना है कि बन्धुल ने खींचकर एक तीर मारा , और वह पाँच सौ लिच्छवियों के कमरबन्द के भीतर से होता निकल गया। लिच्छवियों ने नजदीक पहुँच कर लड़ने के लिए ललकारा। बन्धुल ने सहज भाव से कहा–

"मैं तुम्हारे जैसे भरों से नहीं लड़ता।"

"देख भी तो हम कैसे मरे हैं।"

"मैं दूसरा बाण खर्च नहीं करता। घर लौट जाओ, प्रियों–बन्धुओं से पहले भेंट कर लेना, फिर कमरबन्द को खोलना"–कह बन्धुल ने मल्लिका के हाथ से रास ले ली और रथ को तेजी से हाँककर आँख से ओझल हो गया।

कमरबन्द खोलने पर सचमुच ही पाँचों सौ लिच्छवि मरे पाये गये।

5.

श्रावस्ती (आजकल को उजाड़ सहेट –महेट) उस वक्त जम्बूद्वीप का सबसे बड़ा नगर था। प्रसेनजित् के राज्य में श्रावस्ती के

अतिरिक्त साकेत (अयोध्या) और वाराणसी (बनारस) दो और महानगर थे। श्रावस्ती के सुदत्त (अनाथपिंडक) और मृगार, साकेत के अर्जुन जैसे कितने ही करोड़–पति सेठ काशी–कोसल के सम्मिलित राज्य में बसते थे, जिनके सार्थ (कारवाँ) जम्बूद्वीप ही में नहीं, बल्कि ताम्रलिप्त से होकर पूर्व–समुद्र (बंगाल की खाड़ी) और भरुकच्छ (भड़ौंच) तथा सुप्पारक (सोपारा) से होकर पश्चिम समुद्र (अरब सागर) द्वारा दूर–दूर के द्वीपों तक जाते थे। ब्राह्मण– सोभन्तो (महाशालों) तथा क्षत्रिय–सामन्तों के बराबर तो उनका स्थान नहीं था, तो भी यह लोग समाज में बहुत ऊँचा स्थान रखते थे, और धन में तो उनके सामने सामन्त तुच्छ थे। सुदत्त ने जेत राजकुमार के उद्यान जेतवन की कार्षापणों (सिक्कों) को बिछाकर खरीदा, और गौतम बुद्ध के लिए वहाँ जेतवन–विहार बनवाया था। मृगार के लड़के पुण्ड्रवर्धन के ब्याह में राजा प्रसेनजित् स्वयं सदल –बल साकेत गया था, और कन्या–पिता अर्जुन श्रेष्ठी का मेहमान रहा। अर्जुन की पुत्री तथा मृगार की पुत्रवधू विशाखा ने अपने हार के दाम से हजार कोठरियों का एक सात तल्ला विशाल विहार (मठ) बनवाया, जिसका नाम पूर्वाराम मृगार माता प्रसाद पड़ा। देश–देशान्तर का धन इन श्रेष्ठिओं के पास दुहकर चला आता था, फिर उनकी अपार सम्पत्ति के बारे में क्या कहना है ?

जैवाल, उद्दालक, याज्ञवल्क्य ने यज्ञवाद को गौण–द्वितीय–स्थान देते हुए वास्तविक निस्तार के लिए ब्रह्मवाद की दृढ़ नौका का निर्माण किया। जनक जैसे राजाओं ने बड़े–बड़े पुरस्कार रख ब्रह्म–सम्बन्धी शास्त्रार्थ की परिषदें बुलानी शुरू की ; जिनसे वेद से बाहर भी कल्पना करने का रास्ता खुला। अब यह वह समय था, जब कि देशों में स्वतन्त्र चिन्तन की एक बाढ़–सी आ गई थी, और विचारक (तीर्थंकर) अपने–अपने विचारों को लोगों के सामने साधारण सभाओं में रखते थे –कहीं उसका रूप साधारण उपदेश अपवाद, सूक्य के रूप में होता था, कहीं कोई वाद के आह्वान (चैलेंज) को घोषणा के तौर पर जम्बू (जामुन) की शाखा गाड़ते धूमता फिरता। प्रवाहण ने छप्पन पीढ़ियों को भटकाने के लिए ब्रह्म –साक्षात्कार के बहुत उपाय बतलाते थे, जिनमें प्रव्रज्या (संन्यास), ध्यान, तप आदि शामिल थे। अब उपनिषद् की शिक्षा से बाहर वाले आचार्य भी अपने स्वतंत्र विचारों के साथ प्रव्रज्या और ब्रह्मचर्य पर जोर देते थे।

अजित केस कम्बल बिल्कुल जड़वादी था, सिवाय भौतिक पदार्थों के वह किसी आत्मा, ईश्वर–भक्ति, नित्य तत्त्व या स्वर्ग– नर्क पुनर्जन्म को नहीं मानता था, तो भी वह स्वयं गृह–त्यागी ब्रह्मचारी था। जिन सामन्तों का उस वक्त शासन था, उनकी सहानुभूति का पात्र बनने ही नहीं, बल्कि उनके कोप से बचने के लिए भी यह जरूरी था, कि अपने जड़वाद को धर्म का रूप दिया जाए। लौहित्य ब्राह्मण–सामन्त तथा पायासी जैसे राजन्य–सामन्त जड़वादी थे, और अपने विचारों के लिए लोगों में इतने प्रसिद्ध थे, कि जड़वाद को छोड़ने में भी वह लोक–लज्जा समझते थे, तो भी इसका जड़वाद समाज के लिए खतरनाक नहीं था।

जड़वाद का प्रचार देखा जाता था, लेकिन ब्राह्मण–क्षत्रिय सामन्तों तथा धन कुबेर व्यापारियों की सबसे अधिक आस्था गौतम बुद्ध के अनात्मवाद की ओर था–कोसल में विशेषकर । इसमें एक कारण यह भी था, कि गौतम स्वयं कोसल के अन्तर्गत शाक्यगण के निवासी थे। गौतम जड़वादियों की भाँति कहते थे–आत्मा, ईश्वर आदि कोई नित्यवस्तु विश्व में नहीं है, सभी वस्तुएँ उत्पन्न होती हैं और शीघ्र ही विलीन हो जाती हैं। संसार वस्तुओं का समूह नहीं, बल्कि घटनाओं का प्रवाह है। समझदार आदमियों के लिए यह विचार ही युक्तिसंगत, हृदयंगम जान पड़ते थे। किन्तु, ऐसे अनित्यवाद से लोक–मर्यादा, गरीब–अमीर, दास–स्वामी के भेद को ठोकर लग सकती थी, इसीलिए तो अजित का जड़वाद सामन्त और व्यापारी वर्ग में सर्वप्रिय नहीं हो सका। गौतमबुद्ध ने अपने अनात्मवाद–जड़वाद–में कुछ और बातों को मिलाकर उसी कड़वाहट को दूर किया था। उनका कहना था–किसी नित्य आत्मा के

न होने पर भी चेतना–प्रवाह स्वर्ग या नर्क आदि लोगों के भीतर एक शरीर से दूसरे शरीर–एक शरीर–प्रवाह से दूसरे शरीर प्रवाह में बदलता रहता है। इस विचार में प्रवाहण राजा के आविष्कृत हथियार –पुर्नजन्म की पूरी गुंजाइश हो जाती थी। यदि गौतम कोरे जड़वाद का प्रचार करते, तो निश्चय ही श्रावस्ती, साकेत, कौशाम्बी, राजगृह, भद्रिका के श्रेष्ठिराज ने अपनी थैलियाँ खोलते और न ब्राह्मण–क्षत्रिय–सामन्त तथा राज उनके चरणों में सिर नवाने के लिए होड़ लगाते ।

श्रावस्ती के ऊँचे वर्ग की स्त्रियों की गौतम बुद्ध के मत में बड़ी आस्था थी। प्रसेनजित् की पटरानी मल्लिका देवी बुद्ध धर्म में बहुत अनुरक्त थी, उसके नगर के सेठ की पुत्रवधू तथा उसकी सखी विशाखा ने अपने श्रद्धा के रूप में पूर्वाराम –जैसा एक महाविहार ही बनाकर बुद्ध को दान दे दिया था। बन्धुल मल्ल सेनापति की पत्नी मल्लिका,मल्लिका पटरानी की बड़ी प्रिय सखी थी, उसी से प्रेरित हो वह भी बुद्ध के उपदेशों में जाने लगी, तथा कुछ समय बाद बुद्धोपासिका हो के रही।

मल्लिका का घर अब बहुत समृद्ध था। कोशल जैसे महान् राज्य के सेनापति का घर समृद्ध होना ही चाहिए। मल्लिका के दस वीर पुत्र हुए, जो राज–सेना के ऊँचे पदों पर थे। बन्धुल मल्ल ने एक युग तक राजा के ऊपर अपना प्रभाव रखा। इसी बीच उसके बहुत से शत्रु हो गये। दूसरे जनपद के आदमी को इतने ऊँचे पद पर देखना वह नहीं पसन्द करते थे। ईर्ष्यालुओं ने राजा के पास चुगली करनी शुरू की। राजा कुछ मंदबुद्धि था भी , "बन्धुल मल्ल तो महाराज को निर्बुद्धि कहता है" कहकर उसे भड़काया गया। अन्त में यहाँ तक बतलाया गया कि सेनापति राज्य को छीनना चाहता है। प्रसेनजित् को बात ठीक जँच गई। वह उसके और अपने शत्रुओं के हाथ में खेलने लगा। बन्धुल मल्ल को चिन्तित देख एक दिन मल्लिका ने कहा––

"प्रिय ! तू क्यों इतना चिन्तित है?"

"क्योंकि राजा मुझ पर संदेह करने लगा है।"

"तो क्यों न सेनापति का स्थान छोड़ कुसीनारा चले चलें । वहाँ अपनी जीविका के लिए हमारे पास काफी कर्मान्त (कामत, खेती) है।"

"इसका अर्थ है राजा को उसके शत्रुओं के हाथ में छोड़ देना। देखती नहीं मल्लिका! मगधराज अजातशत्रु कई बार काशी पर आक्रमण कर चुका है। एक बार हमने उसे बन्दी बना लिया, महाराज ने उदारता दिखलाते हुए राजपुत्री व से ब्याह कर उसे छोड़ दिया। किन्तु अजातशत्रु सारे जम्बूदीप का चक्रवर्ती बनना चाहता है मल्लिका ! वह इस ब्याह से चुप होने वाला नहीं है। उसके गुप्तचर राजधानी में भरे हुए हैं। हमारे दूसरे पड़ोसी अवन्तिराज के दामाद वत्सराज उदयन की नीयत भी ठीक नहीं है , वह भी सीमान्त पर तैयारी कर रहा है। ऐसी अवस्था में श्रावस्ती को छोड़ भागना भारी कायरता होगी, मल्लिका !"

"और मित्र–द्रोह भी।"

"मुझे अपनी चिन्ता नहीं है, मल्लिका ! युद्धों में कितनी बार मैं मृत्यु के मुख में जाकर बाहर निकला हूँ, इसलिए किसी वक्त मृत्यु यदि अपने जबड़े के भीतर मुझे बन्द कर ले, तो कोई बड़ी बात नहीं ।"

माली की लड़की मल्लिका–जो कि एक साधारण कमकर की लड़की है , अपने गुणों से प्रसेनजित् की पटरानी बनी –अब नहीं थी, नहीं तो हो सकता था कि राजा के कानों को लोग इतना खराब न कर पाते। एक दिन राजा ने सीमान्त के विद्रोह की बात कहकर एक जगह बन्धुल मल्ल के पुत्रों को भेज दिया। जब वह सफल हो लौट रहे थे तो धोखे से उन्हीं के खिलाफ बन्धुल मल्ल को भेजा , इस प्रकार बाप और उसके दसों लड़के एक ही जगह काम आये। जिस वक्त इस घटना की चिट्ठी मल्लिका के पास आई, उस वक्त वह

बुद्ध और उनके भिक्षु संघ को भोजन कराने जा रही थी , उसकी दसों तरुणी बहुओं ने बड़े प्रेम से कई तरह के भोजन तैयार किये थे। मल्लिका ने चिट्ठी पढ़ी, उसके कलेजे में आग लग गई, किन्तु उसने उस वक्त अपने ऊपर इतना काबू किया कि आँखों में आँसू क्या मुंह को म्लान तक नहीं होने दिया। चिट्ठी को आँचर के कोने में बाँध उसने सारे संघ को भोजन कराया। भोजनोपरान्त बुद्ध के उपदेश को श्रद्धा से सुना, तब अन्त में चिट्ठी को पढ़ सुनाया। बन्धुल परिवार पर बिजली गिर गई। मल्लिका में काफी धैर्य था, किन्तु उन तरुण विधवाओं को धैर्य दिलाना बुद्ध के लिए भी मुश्किल था ।

समय बीतने पर प्रसेनजित् को सच्ची बातें मालूम हुई। उसे बहुत शोक हुआ, किन्तु अब क्या हो सकता था। प्रसेनजित् ने अपने मन की सान्त्वना के लिए बन्धुल के भागिनेय दीर्घकारायण को अपना सेनापति बनाया।

6

जाड़ों का दिन था। कपिलवस्तु के आसपास के खेतों में हरे-भरे गेहूँ, जौ तथा फूली हुई पीली सरसों लगी थी; आज नगर को खूब अलंकृत किया गया था; जगह-जगह तोरण-बन्दनवार लगे थे। संस्थागार (प्रजातंत्र-भवन) को खास तौर से सजाया गया था। तीन दिन की भारी मेहनत के बाद आज जरा-सा अवकाश पा कुछ दास किसी घर के एक कोने में बैठे हुए थे। काक ने कहा-

"हम दासों का भी कोई जीवन है ! आदमी की जगह यदि बैठे पैदा हुए होते, तो अच्छा था; उस वक्त हमें मनुष्य जैसा ज्ञात तो न होता।"

"ठीक कहते हो काक ! कल मेरे मालिक दंडपाणि ने लाल लोहा करके मेरी स्त्री को दाग दिया ।"

"क्यों दादा ?"

"क्यों, इनसे कौन पूछे। यह तो दासों के पति-पत्नी के संबंध को भी नहीं मानते। जिस पर यह दंडपाणि अपने को निगंठ -श्रावक (जैन) कहता है-जो निगंठ की भूमि के कीड़े को हटाने के लिए अपने पास मोर पंखी रखते हैं। कसूर यही था कि मेरी स्त्री कई दिन से सख्त बीमार हमारी बच्ची की बेहोशी की बात मुझसे कहने आई थी। बेचारी बच्ची आखिर बची भी नहीं। अच्छा हुआ मर गई। संसार में उसे भी तो हमारे ही जैसा जीवन जीना पड़ता। सचमुच काक ! हम दासों का कोई जीवन नहीं है। इतना ही नहीं, हमारा कसाई स्वामी कह रहा है कि इस चहल-पहल के बीतते ही वह मेरी स्त्री को बेच देगा।"

"तो उस कसाई दंडपाणि को लोहे से दागने से भी संतोष नहीं आया ?"

"नहीं भाई ! वह कहता है कि बारह वर्ष बाद उस बच्ची के उसे पचास निष्क (अशर्फियाँ) मिलते । मानो, हमने जान-बूझकर उसके पचास निष्क बर्बाद कर दिये।"

"और मानो, हम दासों के पास माँ-बाप का हृदय ही नहीं है।"

"एक तीसरे वृद्ध दास ने बीच में कहा-"और एक यह भी दासी ही का लड़का है, जिसके स्वागत के लिए यह सारी तैयारी की जा रही है।"

"कौन दादा ?"

"यही कौसल-राजकुमार विदूडभ।"

"दासी का पुत्र !"

"हाँ, महानाम शाक्य की उस बुढ़िया दासी को नहीं जानता, हमारे जैसी काली नहीं—किसी शाक्य के वीर्य से होगी।"

"और दासियों में उसकी क्या कमी है दादा ?"

"हाँ तो उसी दासी से महानाम की एक लड़की पैदा हुई थी। बड़ी गौर, बड़ी सुन्दर, देखने में शाक्यानी मालूम होती थी।"

"क्यों न मालूम होगी ? और सुन्दर लड़कियों को चाहे वह दासी की हों, मालिक बड़े चाव से पालते-पोसते हैं।"

"कोसलराज प्रसेनजित् किसी शाक्य-कुमारी से ब्याह करना चाहता था, किन्तु कोई शाक्य अपनी कन्या को देना नहीं चाहता था- शाक्य अपने को तीनों लोक में सबसे कुलीन मानते हैं , काक! किन्तु साफ इन्कार करने से कोसलराज शाक्यों के गण पर कोप करता। इसीलिए महानाम ने अपनी इसी दासी की लड़की को शाक्य -कुमारी कहकर प्रसेनजित् को दे दिया। इसी लड़की वार्ष भक्षत्रिया का लड़का है यह विदूडभ राजकुमार !"

"लेकिन अब तो वह भी हमारे खून का वैसा ही प्यासा होगा, जैसे शाक्य।"

बाजे बजने लगे, शाक्यों ने कोसल राजकुमार की अगवानी कर संस्थागार में बड़े धूम-धाम से उसका स्वागत किया, यद्यपि भीतर से दासी-पुत्र समझ सभी उसके ऊपर घृणा कर रहे थे। विदूडभ अपने "मातुल कुल" का स्वागत ले, नाना महानाम का आशीर्वाद पा खुशी-खुशी कपिलवस्तु से विदा हुआ। दासी-पुत्र के पैर से संस्थागार अपवित्र हो गया था , इसलिए उसकी शुद्धि होनी जरूरी थी। और कितने ही दास-दासी आसनों को धूल से धोकर शुद्ध करने में लगे थे। एक मुँहचली दासी धोते वक्त दासी -पुत्र विदूडभ को दस हजार गाली देती जा रही थी। विदूडभ का एक सैनिक अपने भाले को संस्थागार में भूल गया था। लौटकर भाला लेते वक्त उसने दासी की गाली को ध्यान से सुना। धीरे-धीरे सारी बात का पता विदूडभ को लगा। उसने संकल्प किया कि कपिलवस्तु को निःशाक्य करूँगा और आगे चलकर उसने यह कर दिखलाया। उसके क्रोध का दूसरा लक्ष्य था प्रसेनजित्, जिसने उसे दासी में पैदा किया।

दीर्घकारायण अपने मामा और ममेरे भाइयों के खून को भूल नहीं सकता था। उधर बुढ़ापे में अपनी सारी भूलों का पश्चाताप करते प्रसेनजित् अधिक-से-अधिक विश्वास और मृदुता दिखलाना चाहता था। एक दिन मध्याह्न भोजन के बाद उसे बुद्ध का ख्याल आया। कुछ ही योजनों पर शाक्यों के किसी गाँव में ठहरे सुन, कारायण और कुछ सैनिकों को लेकर वह चल पड़ा। उसने बुद्ध के गृह में जाते वक्त मुकुट, खड्ग आदि राजचिह्नों को कारायण के हाथ में दे दिया। कारायण विदूडभ से मिला हुआ था, उसने एक रानी को छोड़, विदूडभ को राजा घोषित कर, श्रावस्ती का रास्ता लिया।

कितनी ही देर तक उपदेश सुन, प्रसेनजित् बाहर निकला, तो रानी ने बिलख-बिलख कर सारी बात बतलाई। वहाँ प्रसेनजित् अपने भांजे मगध-राज अजातशत्रु से मदद लेने के लिए राजगृह की ओर चला। बुढ़ापे में कई सप्ताह चलने से रास्ते ही में उसका शरीर जवाब दे चुका था। शाम को जब राजगृह पहुँचा, तो नगरद्वार बन्द हो चुका था। द्वार के बाहर उसी रात एक कुटिया में प्रसेनजित् मर गया। सवेरे रानी का विलाप सुन अजातशत्रु और वज्रा दौड़ आये, किन्तु उस मिट्टी को ठाट-बाट से जलाने के सिवाय वह क्या कर सकते थे।

बन्धुल के खून का यह बदला था, दासता के दुष्कर्म का यह परिणाम था।

आज से सौ पीढ़ी पहले की यह ऐतिहासिक कहानी है। उस वक्त तक सामाजिक विषमताएँ बहुत बढ़ चुकी थीं। धनी व्यापारी वर्ग समाज में एक महत्त्वपूर्ण स्थान ग्रहण कर चुका था। परलोक का रास्ता बतलाने वाले , नरक से उद्धार करने वाले कितने ही पथ–प्रदर्शक पैदा हो गये थे, किन्तु गाँव–गाँव में दासता के नरक को धधकता देखकर भी सब की आँखें उधर से मुंदी हुई थीं।

नागदत्त (३३५ ईसा पूर्व)

काल : ३३५ ई० पू०

1.

"उचित पर हमें ध्यान देना चाहिए, विष्णुगुप्त ! मनुष्य होने से हमारे कुछ कर्तव्य हैं, इसलिए हमें उचित का ख्याल रखना चाहिए ।
"कर्त्तव्य धर्म है न ?"
"मैं धर्म को ढोंग समझता हूँ। धर्म केवल परधन–अपहारकों को शान्ति से परधन उपभोग करने का अवसर देने के लिए है। धर्म ने क्या कभी गरीबों और निर्बलों की सुध ली ? विश्व की कोई जाति नहीं है, जो धर्म को न मानती हो, किन्तु क्या कभी उसने ख्याल किया कि दास भी मनुष्य हैं। दासों को छोड़ दो, अदास स्त्रियों को ले लो, क्या धर्म ने कभी उन पर न्याय किया ? धन चाहिए, तुम दो, चार, दस, सौ स्त्रियों को विवाहित बना सकते हो। वह दासी से बढ़कर नहीं होगी , और धर्म इसे ठीक समझता है। मेरा उचित का मतलब धर्म से उचित नहीं है, बल्कि स्वस्थ मानव का मन जिसे उचित समझता है।"
"तो मैं कहता हूँ, जो आवश्यक है, वही उचित है।"
"तब तो उचित–अनुचित का भेद ही नहीं रह जायेगा।"
"भेद रहेगा मित्र ! आवश्यक से मतलब मैं सिर्फ एक के लिए जो आवश्यक हो, उसे नहीं लेता।"
"जरा साफ करके कह विष्णुगुप्त !"
"यही हमारे तक्षशिला–गान्धार को ले ले भाई । हमारे लिए अपनी स्वतन्त्रता कितनी प्रिय और उचित भी है ; किन्तु हमारा देश इतना छोटा है, कि वह बड़े शत्रु को मुकाबिला नहीं कर सकता। जब तक मद्र, पश्चिम गन्धार जैसे छोटे–छोटे गण हमारे पड़ोसी थे, तब तक चैन से रहे–कभी–कभी लड़ाई हो पड़ती थी , किन्तु उसका परिणाम कुछ आदमियों की बलि –मात्र होता था। हमारी स्वतन्त्रता का अपहरण नहीं; क्योंकि तक्षशिला के काँटेदार आहार को पचाना किसी के लिए आसान न था , किन्तु जब पार्शव (ईरानी) पश्चिमी पड़ोसी बने, तो हमारी स्वतंत्रता उनकी कृपा पर रह गई। हमारी स्वतंत्रता के लिए क्या आवश्यक है ? यही कि हम पार्शवों जितने मजबूत बनें ।"
"और मजबूत बनने के लिए क्या करें ?"
"छोटे से गण से काम नहीं चलेगा, हमें छोटे–छोटे जनपदों की जगह विशाल राज्य कायम करना चाहिए।"
"उस विशाल राज्य में छोटे–छोटे जनपदों का क्या स्थान रहेगा ?"
"अपनेपन का ख्याल।"
"यह गोल–मोल शब्द है विष्णुगुप्त ! दास कभी स्वामी में अपनेपन का ख्याल रखता है?" ।
"तो मित्र नागदत्त ! स्थान पाना इच्छा या ख्याल पर निर्भर नहीं करता, वह निर्भर करता है योग्यता पर; यदि तक्षशिला–गान्धार में योग्यता होगी, तो वह उस विशाल राज्य में उच्च स्थान ग्रहण करेगा, नहीं तो मामूली।"
"गुलाम का स्थान ?"
"किन्तु मित्र ! हम गुलाम का स्थान भी उससे कहीं अच्छा होगा , जो कि पश्चिमी गन्धार को दारयोश् के राज्य में मिला हुआ है। अच्छा, मेरी औषधि को जाने दे , तू ही बतला हमें अपनी स्वतन्त्रता को कायम रखने के लिए क्या करना चाहिए , जबकि यह

निश्चित है, कि हम एक क्षुद्र जनपद के रूप में अपने अस्तित्व को कायम नहीं रख सकते ?"

"मैं कहूँगा विष्णुगुप्त ! हमें अपने गण–स्वातन्त्र्य को कायम रखना चाहिए और किसी राजा के अधीन नहीं बनना चाहिए । मैं मानता हूँ, हम एक क्षुद्र गण के रूप में अपनी स्वतन्त्रता नहीं कायम रख सकते, इसीलिए हमें सारे उत्तरापथ (पंजाब) के गणों का एक संघ संगठित करना चाहिए।"

"उस संघ में, प्रत्येक गण स्वतन्त्र रहेगा, या संघ सर्वोपरि रहेगा ?"

"मैं समझता हूँ, जैसे हम सब व्यक्तियों के ऊपर गण हैं, उसी तरह गन्धार, मद्र, मल्ल, शिवि आदि सभी गणों के ऊपर संघ को मानना होगा।"

"इसे कैसे मनवायेंगे ? आखिर गण के बाहरी शत्रुओं की रक्षा के लिए हमें सेना रखनी होगी। बलि (कर) लेनी होगी।"

"जैसे हम गण के भीतर के लोगों से कराते हैं, वैसे संघ के भीतर गणों से करा सकते हैं।"

"गण के भीतर हमारा पहले से चला आया एक जन एक खून का परिवार है, अनादि काल से इस परिवार को गण–नियम के मानने की आदत बन गई है, किन्तु यह गणों का संघ नई चीज होगा, यहाँ खून का सम्बन्ध नहीं, बल्कि खून का झगड़ा–प्रतिद्वन्द्विता अनादि काल से चली आई है, फिर कैसे हम संघ के नियम को मनवा सकते हैं ? यदि मित्र ! तू इस पर व्यवहार की दृष्टि से विचारता तो कभी इसके लिए न कहता। संघ की बात गण तभी मानेंगे, जबकि उन्हें वैसा मानने के लिए मजबूर किया जायेगा। और वह मजबूर करने वाली शक्ति कहाँ से आयेगी ?"

"मैं समझता हूँ, उसे भीतर से पैदा करनी चाहिए।"

"मैं कहता हूँ, भीतर से पैदा होती तो अच्छी बात है, किन्तु पार्शवों के प्रहार को अनेक बार सहकर हमने देख लिया कि वह भीतर से ही नहीं पैदा की जा सकती, इसलिए हमें जैसे हो, वैसे उसे पैदा करना चाहिए ?"

"राजा स्वीकार कर भी?"

"सिर्फ तक्षशिला का नहीं, तक्षशिला–गान्धार जैसे अनेक जनपद का एक राजा–चक्रवर्ती–भी स्वीकार करता, तो हर्ज नहीं।"

"तो फिर पार्शव दारयोश् को ही क्यों न राजा मान लें ?"

"पार्शव दारयोश् हमारा नहीं है, मित्र ! यह तू खुद जानता है हम जम्बूद्वीप के हैं।"

"अच्छा, तो नन्द को।"

"यदि हम उत्तरापथ (पंजाब) के सारे गणों का संघ नहीं बना सकते, तो हमें नन्द को स्वीकार करने में भी उज्र नहीं होना चाहिए। पश्चिमी गान्धार की भाँति दारयोश् का दास बनना अच्छा है, या अपने एक जम्बूद्वीपीय चक्रवर्ती के अधीन रहना अच्छा है?"

"तूने विष्णुगुप्त ! राजा का राज्य अभी देखा नहीं है, देखता तो समझता, कि वहाँ साधारण जन दास से बढ़कर हैसियत नहीं रखते।"

"मैं मानता हूँ, मैंने पश्चिमी गान्धार छोड़ किसी राजा के राज्य में पैर नहीं रखा, किन्तु देश–भ्रमण की इच्छा मेरे दिल में है। मैं तेरी तरह बीच–बीच में चक्कर काटने की जगह अध्ययन समाप्त कर एक ही बार उसे करना चाहता हूँ किन्तु, इससे मेरे इस विचार में कोई अंतर नहीं आ सकता कि हमें यदि विदेशियों की घृणित दासता से बचना है, तो छोटी सीमाओं को तोड़ना होगा। दारयोश् की सफलता की वही कुन्जी है।"

"उन्हें कितनी सफलता मिली इसे मैं नजदीक से देखना चाहता हूँ"

"नजदीक से ?"

"हाँ, मैंने प्राचीन में मगध तक देख लिया, और देख लिया नन्द का राज्य जो हमारे पूर्व गान्धार (तक्षशिला) की तुलना में नर्क है; मजबूत वह जरूर है गरीबों को पीस देने के लिए, किन्तु मेहनत करने वाले लोग–कृषक, शिल्पी, दास–कितने पीड़ित हैं, इसे बयान

नहीं कर सकता।"

"यह इसीलिए, कि नन्द के राज्य में तक्षशिला जैसा कोई स्वाभिमानी, स्वतंत्रता प्रेमी गण नहीं सम्मिलित हुआ"

"सम्मिलित हुआ है, विष्णुगुप्त ! लिच्छवियों का गण हमारे गन्धार से भी जबर्दस्त था, किन्तु आज वैशाली मगध की चरणदासी है; और लिच्छवि मगध–शिकारी के जबर्दस्त कुत्ते–इससे बढ़कर कुछ नहीं। वैशाली को जाकर देखो; उजाड़ हो रही है, पिछले डेढ़ सौ वर्षों में उसकी संख्या तिहाई भी नहीं रह गई। शताब्दियों से अर्जित स्वतंत्रता , स्वाभिमान के भाव अब मगध–राज्य के लड़ाके सैनिक बनाने में काम आ रहे हैं। एक बार जहाँ किसी बड़े राज्य के हाथ में अपने को दे दिया , तो फिर उसके हाथ से छूटना मुश्किल।"

"मित्र नागदत्त ! मैं भी किसी वक्त तेरी ही तरह से विचारता था, किन्तु मैं समझता हूँ, अब छोटे–छोटे गणों का युग बीत गया, और बड़ा गण या संघ कायम करना सपना मात्र है, इसीलिए मैं समय की आवश्यकता को उचित कहता हूँ। किन्तु यह बतला अब क्या पश्चिम की तैयारी है ?"

"हाँ, पहले पार्शवों के देश को, फिर हो सका तो देखना चाहता हूँ, यवनों (यूनानियों) को भी। हमारी तरह उनके भी गण हैं; किन्तु देखना है, कैसे उन्होंने महान् दारयोश् तथा उनके वंशजों को अपने मनसूबे में सफल नहीं होने दिया। इसे मैं अपनी आँखों देखना चाहता हूँ।"

"और मैं भी चल रहा हूँ मित्र ! प्राची को देखें मगध में सारे जम्बूद्वीप को एक करने की शक्ति है या नहीं। चलो हम लोग पढ़ाई समाप्त कर धन–अर्जन, परिवार–पोषण की जगह यहाँ काम करें। लेकिन मित्र ! तूने जो साथ ही साथ वैद्य की विद्या पढ़ी; अच्छा किया, मैं पछताता हूँ, यात्रा करने वालों के लिए यह बड़े लाभ की विद्या है।"

"किन्तु, तू उससे भी लाभ की विद्या ज्योतिष और सामुद्रिक यंत्र–मंत्र जानता है।"

"तू जानता है, मित्र ! यह झूठी विद्याएँ हैं।"

"लेकिन विष्णुगुप्त चाणक्य को झूठी–सच्ची विद्याओं से वास्ता? उसके लिए तो जो आवश्यक है, वह उचित है।"

बचपन से साथ खेलते, साथ पढ़ते तक्षशिला के नागदत्त काप्य और विष्णुगुप्त चाणक्य के विद्यार्थी जीवन की यह अंतिम भेट थी। एक से अधिक बार पार्शवों के हाथ में चली गयी तक्षशिला की स्वतंत्रता को बचाने के लिए दोनों अपने –अपने विचार के अनुसार कोई रास्ता ढूँढ़ रहे थे।"

2.

चारों ओर छोटे–छोटे नंगे वृक्ष–वनस्पति–शून्य पहाड़ थे, वहाँ हरियाली देखने को ऑखें तरस रही थीं। पहाड़ों के बीच में विस्तृत उपत्यका जिसमें भी जल और वनस्पति का चिह्न शायद ही कहीं दिखाई पडता हो। इसी उपत्यका के किनारे –किनारे कारवाँ का रास्ता था, जिस पर सदा लोग आते–जाते रहते थे, और कारवाँ और उनके पशुओं के आराम के लिए पांथशालाएँ (सरायें) बनी हुई थीं। आस–पास से भूखंड के देखने से आशा नहीं होती, कि इन पांथशालाओं में हर तरह का आराम है। न जाने कहाँ से इतनी चीजें इस मरुभूमि में प्रकट हो जाती थीं।

पड़ावों में पांथशालायें एक से अधिक थीं, जिनमें कुछ साधारण राज–कर्मचारियों और सैनिकों के लिए थीं; कुछ व्यापारियों के लिए

और कम से कम एक तो राजा का पथ–प्रासाद होता था, जिसमें शाह और उसके क्षत्रप विश्राम करते थे। आज इस पड़ाव के पांथ–प्रासाद में कोई ठहरा हुआ था, उसके अस्तबल में घोड़े बँधे थे, आँगन में बहुत दास–कर्मचर दिखलाई पड़ते थे; किन्तु सबके चेहरे पर उदासी थी। इतने आदमियों के होने पर भी पांथ–प्रासाद में गजब की नीरवता छाई हुई थी। इसी समय फाटक से उद्विग्नमुख तीन राजकर्मचारी निकले और वह साधारण पांथशालाओं में घुस गये। उनके बहुमूल्य वस्त्रों, रोबीले मुख को देखते ही लोग भय और सम्मान के साथ एक ओर खड़े हो जाते। वह पूछ रहे थे, कि वहाँ कोई वैद्य है। अंत में साधारण जनों की पांथशाला में पता लगा, कि उसमें एक हिन्दू वैद्य ठहरा हुआ है। वर्षा उस भूमि में बहुत कम होती है, और उसकी ऋतु कब की बीत चुकी थी। सेब, अंगूर, खरबूजा जैसे फल अपने सस्तेपन के कारण इस पांथशाला में बिक रहे थे। राजकर्मचारी जब वैद्य के सामने पहुँचा, तो वह एक बड़े से खरबूजे (सर्दै) को काटकर खा रहा था, उसके आस–पास उसी की तरह के भिखमंगों जैसे भेष में कितने ही और ईरानी बैठे थे, जिनके सामने भी वैसे ही खरबूजे रखे हुए थे।

राजकर्मचारी को देखते ही, भिखमंगे भयभीत हो इधर–उधर भाग खड़े हुए। एक आदमी ने वहाँ खड़े आदमी की ओर इशारा करके कहा–"स्वामी ! यह हिन्दू वैद्य है।"

वैद्य के मलिन कपड़ों की ओर देखकर राजकर्मचारी का मुँह पहले बिगड़ सा गया। फिर उसने चेहरे की ओर देखा। वह उन कपड़ों के लायक न था, वहाँ भय, दीनता का नाम न था। राजकर्मचारी पर उन नीली आँखो से निकलती किरणों ने कुछ प्रभाव डाला, उसके ललाट की सिकुड़न चली गई, और कुछ शिष्ट–स्वर में उसने कहा–

"तुम वैद्य हो।"

"हाँ !"

"कहाँ के ?"

"तक्षशिला का।"

तक्षशिला का नाम सुनकर राजकर्मचारी और नम्र हो गया, और बोला–

"हमारे क्षत्रप–वक्षु सोग्द के क्षत्रप की स्त्री शाहंशाह की बहिन बीमार हैं, क्या तुम उनकी चिकित्सा कर सकते हो ?"

"क्यों नहीं, मैं वैद्य जो हूँ।"

"किन्तु, यह तुम्हारे कपड़े।"

"कपड़े नहीं चिकित्सा करेंगे, मैं चिकित्सा करूँगा।"

"किन्तु, यह ज्यादा मैले हैं।"

"आज इन्हें बदलने ही वाला था। एक क्षण के लिए ठहरें"–कह वैद्य ने एक धुले ऊनी चोंगे–जो पहले से थोड़ा ही अधिक साफ था–को पहना और हाथ में दवाओं की पोटलियों से भरी एक चमड़े की थैली ले राजकर्मचारी के साथ चल पड़ा।"

कहने को यह पांथशाला थी, किन्तु इसके आँगन में गदहों की न वह लीद थी, न भिखमंगों की गुड़ियों के जुएँ। यहाँ सभी जगह सफाई थी। ऊपर चढ़ने की सीढ़ी पर रंग–बिरंगे काम वाले कालीन बिछे हुए थे, सीढ़ी की बाहों में सुन्दर कारुकार्य थे। घरों में भी उसी तरह नीचे महार्घ कालीन थे, दरवाजों पर सूक्ष्म दुकूल के पर्दे लटक रहे थे, जिनके पास संगमर्मर की मूर्ति की भाँति नीरव सुन्दरियाँ खड़ी थीं। एक द्वार पर जाकर कर्मचारी ने वैद्य को खड़ा रहने का इशारा किया, और एक सुन्दरी के कानों में कुछ कहा। उसने बहुत धीरे से द्वार को खोला। भीतर के पर्दे के कारण वहाँ कुछ दिखलाई न पड़ता था। कुछ क्षण में ही सुन्दरी लौट आई और

उसने वैद्य को अपने साथ चलने को कहा।

भीतर घुसते ही वैद्य ने मधुर सुगन्ध से सारे कमरे को वासित पाया, फिर जल्दी में आसपास नजर दौड़ाई। उस कमरे के सजाने में कमाल किया गया था। कालीन, पर्दे, मसनद, दीपदान, चित्र, मूर्तियाँ सभी ऐसी थीं जिन्हें वैद्य ने अभी तक न देखा था। सामने एक कोमल गद्दी थी, जिस पर दीवार के पास दो–तीन मसनदें रखी थीं, जिनमें से एक के सहारे एक अधेड़ उम्र का स्थूलकाय पुरुष बैठा था। उसकी कान तक फैली बड़ी–बड़ी मूछों के भूरे बालों में कुछ सफेद हो चले थे। उसकी बड़ी पीली आँखों पर अति जागरण और तीव्र चिन्ता की छाप थी। उसकी बगल में एक अनुपम सुन्दरी बैठी थी, जिसका वर्ण ही श्वेत मक्खन–सा नहीं था, बल्कि मालूम होता था, वह उससे अधिक कोमल है, उसके श्वेत कपोलों पर हल्कीसी लाली थी, जो अब धूमिल हो गई थी। उसके पतले ओठों की चमकती जाली की शुक–चंचु से उपमा नहीं दी जा सकती। उसकी पतली धनुषाकार भौंहों में मृदु पीत रोम थे, और नीचे कानों के पास तक चले गये दीर्घ पक्ष्म वाले नील नेत्र, जो सूजे और आरक्त से थे। उसके सिर पर मानों सुवर्ण के सूक्ष्म तन्तुओं को बलित करके सजाया गया था। उसके शरीर में एक पूरे बाँह की हरित दुकूल की कंचुकी, और नीचे लाल दुकूल का सुत्थन था। उस सौंदर्यमय कोमल शरीर पर मणिमुक्ता के आभूषण केवल भार मालूम होते थे। इन दोनों के अतिरिक्त कमरे में कितनी ही और सुन्दरियाँ खड़ी थीं, जिनके चेहरे और विनीत भाव को देखने से वैद्य को समझने में देर नहीं हुई कि यह क्षत्रप के अन्तःपुर की परिचारिकाएँ हैं।

पुरुष–जो कि क्षत्रप ही था—ने वैद्य को एक बार सिर से पैर तक निहारा, किन्तु उसकी दृष्टि को उसके नीले नेत्रों ने अपनी ओर खींच लिया। उसे यह समझने में देर न लगी कि यदि मैं अपने कपड़ों को इसी समय पहना दें, तो यह पर्शुपुरी (पर्सेपोलोस) के सुन्दरतम तरुणों में गिना जायेगा। क्षत्रप ने विनीत स्वर में कहा–

"आप तक्षशिला के वैद्य हैं ?

"हाँ, महाक्षत्रप!"

"मेरी स्त्री बहुत बीमार है। कल से उसकी अवस्था बहुत खराब हो गई है। मेरे अपने दो वैद्यों की दवाओं का कोई प्रभाव नहीं पड़ रहा है।"

"मैं महाक्षत्रप की पत्नी को देखने के बाद आपके वैद्यों से बात करना चाहूँगा।"

"वह यहाँ हाजिर रहेंगे। अच्छा तो भीतर चलें।"

श्वेत भीतर से जैसे ही श्वेत पर्दे को हटाया गया, वहाँ भीतर जाने का द्वार था। क्षत्रप ओर षोडशी आगे–आगे चलीं, उनके पीछे–पीछे वैद्य था। भीतर हाथी दाँत के पावों का एक पलँग बिछा था, जिस पर फेन–सदृश श्वेत कोमल शय्या पर रोगिणी सोई हुई थी, उनका शरीर श्वेत कदलीमृग (समूर) चर्म के प्रावरण से ढंका था, और सिर्फ चिबुक के ऊपर का भाग भर खुला था। क्षत्रप को आते देख परिचारिकाएँ अलग खड़ी हो गई। वैद्य ने नजदीक से जाकर देखा, क्षत्रपानी का चेहरा उस षोड्शी से हूबहू मिलता था, किन्तु उसके तरुण–सौंदर्य की जगह यहाँ प्रौढ़ावस्था का प्रभाव और उस पर चिररोग के झंझावात का असर था। वह लाल ओठ अब पीले थे, उसके मांसल कपोल सूखकर नीचे बँस गये थे। आँखे बंद तथा कोटर नील थीं; पीली भौंहों की कमान अभी भी तनी हुई थीं। ललाट की स्निग्ध श्वेतिमा रूखी और निस्तेज हो गई थी।

क्षत्रप ने मुँह नजदीक ले जाकर कहा–"अपशा!"

रोगिणी ने जरा–सी आँखें खोलीं, फिर बंद कर लिया।

वैद्य ने कहा–"मूर्च्छा, आंशिक मूर्च्छा।" फिर उसने हाथों को निकालकर नाड़ी देखी। मुश्किल से उसका पता लग रहा था, शरीर करीब–करीब ठंडा था। क्षत्रप ने वैद्य के चेहरे को गम्भीर होते देखा। जरा–सा सोचकर वैद्य ने कहा–

"थोड़ी–सी द्राक्षी सुरा, पुरानी जितनी मिल सके।"

क्षत्रप के पास उसकी कमी न थी, इस यात्रा में भी। एक कांच की श्वेत सुराही रुधिर जैसी लाल द्राक्षी सुरा से भरी और एक मणि–जटित सुवर्ण–चषक आया। वैद्य ने एक पोटली खोली और दाहिने हाथ की कानी अँगुली के बड़े नख से एक रत्ती कोई दवा निकाल रोगिणी का मुँह खोलने के लिए कहा। क्षत्रप को मुँह खोलने में कोई दिक्कत नहीं हुई। उसने दवा मुँह में डाल एक घूँट सुरा मुँह में डाल दी, रोगिणी को घोंटते देख वैद्य को संतोष हो गया। उसने क्षत्रप से कहा–

"अब मैं बाहर महाक्षत्रप के वैद्य से मिलना चाहता हूँ, थोड़ी देर में महाक्षत्रपानी आँख खोलेंगी, उस उक्त मेरे आने की जरूरत होगी। दूसरे कमरे में जाकर वैद्य ने पार्शव वैद्यों से मंत्रणा की। उन्होंने, सोग्द से चलने के समय जो साधारण ज्वर आया था, तब से लेकर आज तक की अवस्था का सारा वर्णन किया; इसी वक्त परिचारिका ने आकर सूचना दी ; कि स्वामिनी महाक्षत्रप को बुलाती हैं। महाक्षत्रप के चेहरे पर नया प्रकाश–सा दौड़ गया, वह वैद्य को लेकर भीतर गया। क्षत्रपानी की आँखें पूरी तौर से खुली हुई थीं। उसके चेहरे में कुछ जीवन का चिह्न दिखलाई दे रहा था। क्षत्रपानी ने धीरे से, किन्तु संयत स्वर में कहा– "मैं जान रही हूँ, तुम बहुत खिन्न हो, मैंने यही कहने के लिए बुलाया कि मैं अच्छी हो जाऊँगी, मैं अनुभव कर रही हूँ, मुझमें शक्ति आ रही है।

क्षत्रप ने कहा–"यही बात मुझसे यह हिन्दू वैद्य भी कह रहे थे।"

चेहरे को और उज्ज्वल करते हुए क्षत्रपानी ने कहा–'हिन्दू वैद्य जानते हैं, मेरी बीमारी को; मेरी बीमारी खतम हो चुकी है, क्यों वैद्य ?"

"हाँ, बीमारी खतम हो गई, किन्तु महाक्षत्रपानी को थोड़ा–सा विश्राम करना पड़ेगा। मैं यही सोच रहा हूँ, कि कितनी जल्दी आपको पर्शुपुरी जाने लायक कर दिया जाय। मेरे पास अद्भुत रसायन है, हिन्दुओं के रसायन को मैं दे रहा हूँ। थोड़ा–थोड़ा द्राक्षा और दाड़िम का रस पीना होगा।"

"वैद्य ! तुम रोग को पहचानते हो. दूसरे तो गदहे हैं, गदहे। तुम जैसा कहोगे, वैसा ही करूँगी। रोशना !"

षोड्शी सामने खड़ी बोली–"माँ ?"

"बेटी ! तेरी आँखें गीली हैं, वे वैद्य मुझे मार डालते, किन्तु अब चिन्ता नहीं। हिन्दू वैद्य को अहुरमज्दा ने भेजा है, इन्हें तकलीफ न होने देना। मुझे जो खाने–पीने को वैद्य कहें, तू अपने हाथ से देना। वैद्य रोशना को कुछ बातें बतलाकर बाहर निकला। क्षत्रप का चेहरा खिला हुआ था। वैद्य ने कुछ दवाओं को भोजपत्र के टुकड़ों में बाँधकर, क्षत्रप के हवाले कर जब अपनी पांथशाला में जाना चाहा, तो क्षत्रप ने कहा–

"तुमको हमारे साथ रहना चाहिए।"

"किन्तु मैं दरबार में रहने का तरीका नहीं जानता।"

"तो भी मनुष्य के रहने का तरीका तुम अच्छी तरह जानते हो। तरीका जाति–जाति का अलग होता है !"

"मेरी रहन–सहन से आपके परिचायकों को कष्ट होगा।" ।

"मैं एक बिल्कुल अलग कमरा, पास ही दे रहा हूँ। तुम्हारे पास रहने से हमें संतोष रहेगा।"

"महाक्षत्रपानी की अब कोई चिन्ता न करें। वैद्यों ने बीमारी को ठीक से पहचाना नहीं था। मैं दो घण्टा और न आया होता, तो फिर आशा न थी। किन्तु अब उनकी बीमारी चली गई समझें।"

क्षत्रप के आग्रह पर वैद्य ने वहीं एक कमरे में रहना स्वीकार किया।

क्षत्रपानी चौथे दिन से बैठने लगीं और उनके चेहरे की सिकुड़ने बड़ी तेजी से घटने लगीं। सबसे ज्यादा प्रसन्न थी रोशना। दूसरे ही दिन उसने क्षत्रप के दिये महार्घ दुशाले के चोंगे को लाकर अपने हाथों वैद्य को प्रदान किया। उस चोंगे, उस सुनहले कमरबन्द, उस स्वर्ण–खचित जूतों के साथ अब वह भिखमंगों में बैठे खरबूजा खाने वाला आदमी न था।

क्षत्रपानी अब हल्का आहार ग्रहण करने लगी थीं। छठे दिन शाम को उन्होंने वैद्य को बुला भेजा। वैद्य उन्हें बिल्कुल नया पुरुष मालूम होता था, जान पड़ा उनके भतीजों में से कोई आ रहा है। पास आने पर बैठने के लिए कहा, और बैठ जाने पर बोलीं–

"वैद्य ! मैं तुम्हारी बड़ी कृतज्ञ हूँ। इस निर्जन बयाबान में मज्दा ने तुम्हें मुझे बचाने के लिए भेजा। तुम्हारा जन्म–नगर क्या है?"

"तक्षशिला।"

"तक्षशिला ! बहुत प्रसिद्ध नगर है, विद्या के लिए प्रख्यात है। तुम उसके रत्न हो।"

"नहीं, मैं उसका एक अति साधारण नया वैद्य हूँ।"

"तुम तरुण हो निस्सन्देह, किन्तु तरुणाई और गुण से बैर नहीं है। तुम्हारा नाम क्या है, वैद्यराज ?"

"नागदत्त काष्य।"

"पूरा नाम बोलना मेरे लिए मुश्किल होगा, नाग कहना काफी होगा?"

"काफी होगा, महाक्षत्रपानी !"

"तुम कहाँ जा रहे हो ?"

"अभी तो पर्शुपुरी (पर्सेपोलीस)"

"फिर?"

"चलने, यात्रा करने की इच्छा से ही मैंने घर छोड़ा है।"

"हम भी पर्शुपुरी जा रहे हैं, तुम हमारे साथ चलो। हम तुम्हारा हर तरह से ख्याल रखेंगे। रोशना ! तू वैद्यराज के आराम का खुद ख्याल किया कर। दास बेपरवाही करेंगे।"

"नहीं, माँ ! मैं खुद देखती रहती हूँ, मैंने सोफिया को इस काम में लगा दिया है।"

"सोफिया यवनी (यूनानी) जिसे मेरे भाई ने यहाँ मेरे लिए भेजा था?"

"हाँ, माँ ! तुम्हारा तो कोई काम न था, और लड़की बहुत होशियार मालूम होती है, इसलिए मैंने उसे ही लगा दिया है।"

"तो वैद्यराज ! हमारे साथ पर्युपुरी चलना होगा। मैं तुम्हारी इच्छा के प्रतिकूल कुछ न करूंगी, किन्तु मैं चाहूँ तुम हमारे परिवार के वैद्य रहो।"

नागदत्त कुछ देर बैठ कर अपने कमरे में चला गया।

3.

संसार के इतने विशाल राज्य की राजधानी इन नंगे, वृक्ष–वनस्पतिहीन पहाड़ों में, इतनी प्राकृतिक दरिद्रता के साथ होगी, नागदत्त को इसका ख्याल भी न था। पर्शुपुरी महानगरी थी। राजप्रासाद के विशाल चमकते पाषाण स्तम्भों, उसके गगनचुम्बी शिखरों को बाहर से देखने पर ही शाहंशाही वैभव का पता लगता था, नगर की समृद्धि भी उसी के अनुरूप थी, किन्तु यह सब मनुष्य के हाथों का निर्माण था। प्रकृति ने अपनी ओर से सचमुच ही उसे अत्यन्त दरिद्र बनाया था।

पर्शुपुरी और शाहंशाह के वैभव को देखने के लिए शाहंशाह की बहिन अफ़शा के आश्रय से बढ़कर अच्छा अवसर नहीं मिल सकता था। क्षत्रपानी ने पर्शुपुरी पहुँचकर नागदत्त के आराम का बहुत ध्यान रखा, और जब उसने दक्षिणा के लिए जोर दिया, तो वैद्य ने सोफिया को माँग लिया। जब सोफिया की टूटी-फूटी पारसी को समझना मुश्किल हो रहा था, उस वक्त भी नागदत्त को इतना पता लग गया था, कि उन चमकीले नेत्रों के भीतर तीक्ष्ण प्रतिभा छिपी हुई है। जब वह उसकी हो गई-हाँ, दासी के तौर पर, तो नागदत्त ने उसे कभी स्वीकार नहीं किया, और धीरे-धीरे भाषा का परिचय भी और अधिक बढ़ने लगा। नागदत्त ने स्वयं यवनानी (यूनानी) लिपि सीखी, और सोफिया उसे बड़े परिश्रम से एथेन्स की भाषा सिखाने लगी। साल बीतते -बीतते वह उसमें निपुण हो गया। एक दिन सोफिया ने तरुण वैद्य के प्रति कृतज्ञता प्रकट करते हुए कहा-

"भाग्य या संयोग भी कैसी चीज है, मुझे कभी आशा नहीं हुई थी, कि मैं तुम्हारे जैसे कोमल स्वभाव के स्वामी की दासी बनूंगी।"

"नहीं, सोफिया ! तुम यदि क्षत्रपानी के साथ रहतीं, तो तुम्हें शायद ज्यादा आराम होता। लेकिन सोफी ! मुझे स्वामी न कहो। दासप्रथा का नाम सुनकर मुझे ज्वर आता है।

"किन्तु मैं तुम्हारी दासी हूँ ?"

"तुम दासी नहीं हो, मैंने क्षत्रप-दम्पति को सूचित कर दिया है, कि सोफिया को मैंने दासता से मुक्त कर दिया।"

"तो मैं अब दासी नहीं हूँ ?"

"नहीं, अब तुम मेरी ही तरह स्वतन्त्र हो और जहाँ चाहो, मैं कोशिश करूंगा, तुम्हें वहाँ पहुँचाने की।"

"किन्तु, यदि मैं तुम्हारे पास और रहना चाहूँ, तो बाहर तो नहीं करोगे।"

"यह बिल्कुल तुम्हारी इच्छा पर है।"

"दासता मनुष्य को कितना दबा देती है ? पिता के घर में मैंने अपने दासों को देखा था, वह हँसते थे, आमोद-प्रमोद करते थे! मैंने कभी नहीं समझा था कि उस हँसी के भीतर इतनी व्यथा छिपी हुई है। जब मैं स्वयं दासी हुई , तब मुझे अनुभव हुआ कि दासता कैसा नर्क है।"

"तुम कैसे दासी हुई, सोफी ! यदि कष्ट न हो तो बताओ।"

"मेरे पिता एथेन्स नगरी के एक प्रमुख नागरिक थे जब मकदूनिया के राजा फिलिप् ने हमारी नगरी का विजय किया, तो पिता परिवार के व्यक्तियों को ले नाव से एशिया भाग आये। हमने समझा था, यहाँ हमें शरण मिलेगी, किन्तु जिस नगरी में हम उतरे, चन्द महीने बाद ही पार्शवों ने उस पर आक्रमण कर दिया। नगर का पतन हुआ, और उस भगदड़ में कोई कहीं गया, कोई कहीं, कितने नागरिकों को पार्शवों ने बन्दी बनाया मैं भी उन्हीं बन्दियों में थी , और अच्छे रूप और तरुणाई के कारण मुझे सेनापति के पास भेजा गया, सेनापति से शाह के पास। शाह के पास मेरी जैसी सैकड़ों यवन -तरुणियाँ थीं, उसने अपनी बहिन को आते सुन, मुझे उसके पास भेज दिया। यद्यपि मैं दासी थी, किन्तु अपने रूप के कारण खास स्थान रखने वाली दासी थी , इसलिए मेरा अनुभव साधारण दासियों का नहीं हो सकता, तो मैं ही जानती हूँ इस यातना को। मुझे जान पड़ता था, मैं मानवी नहीं हूँ।"

"तो सोफी ! तुम्हारी पिता से फिर भेंट नहीं हो सकी ?"

"मुझे विश्वास नहीं कि वह जिन्दा बचे होंगे। अब तो हम हवा में उड़ते सूखे पत्ते हैं। प्यारी एथेन्स बर्बाद हो गई। अब जीवित होने पर भी मिलने का ठाँव कहाँ रहा ?"

"एथेन्स महानगरी है सोफिया ?"

"थी कभी स्वामी !"-

"स्वामी नहीं, नाग कहो, सोफी !"

"थी कभी नाग ! किन्तु अब तो वह उजड़ चुकी है ; हमारा गण जिसने महान् दारयोश् के दाँत खट्टे किये , उसे क्षुद्र फिलिप ने आनतशिर कर दिया।"

"क्यों ऐसा हुआ, सोफी ?"

"पार्शवों के अनेक आक्रमण का प्रतिकार करके भी एथेन्स के कितने ही विचारकों के दिमाग में यह ख्याल बैठ गया , कि जब तक पार्शवों के मुकाबले में हम भी एक बड़ा राज्य नहीं कायम कर लेते , तब तक निस्तार नहीं। फिलिप कभी सफल न होता, यदि एथेन्स से उसे सहायता न मिली होती।"

"आह, तक्षशिला ! तूने भी विष्णुगुप्त को पैदा किया !"

"तक्षशिला, विष्णुगुप्त क्या है नाग !"

"अभिमानिनी तक्षशिला, मेरी जन्मभूमि, पूर्व की एथेन्स। हमारे गण ने भी महान् दारयोश् और उसके उत्तराधिकारियों को कई बार मार भगाया, किन्तु मेरा सहपाठी विष्णुगुप्त अब वही बात कह रहा है, जिसे फिलिप् को सहायता पहुँचाने वाले एथेन्स के नागरिकों ने कहा था।"

"क्या तक्षशिला भी हमारे एथेन्स की भाँति ही गण है ?"

"हाँ गण है। और हमारी तक्षशिला में कोई दास नहीं, उसकी भूमि पर पैर रखते ही दास अदास हो जाते हैं।"

"आह, करुणामयी तक्षशिला ! तभी, नाग मैंने पहले दिन से ही देखा, दासों के साथ बरतने का तुम्हें ढंग नहीं मालूम है।"

"और मैं कभी मालूम नहीं होने दूँगा। मैंने विष्णुगुप्त को कहा, यदि तुम मागधों को लाओगे, तो तक्षशिला की पवित्र भूमि पर दासता का कलंक लगे बिना नहीं रहेगा।"

"मागध कौन हैं नाग !"

"हिन्द के फिलिप्, तक्षशिला से पूर्व एक विशाल हिन्दू-राज्य। पार्शवों के आक्रमण से हम तंग आ गये हैं, जीतते-जीतते भी हम निर्बल और हारे से हो गये हैं। वस्तुतः अकेली तक्षशिला पार्शव शहंशाह से मुकाबला नहीं कर सकती , किन्तु मैं इसकी दवा अपने अनेक गणों के संघ को बतलाता हूँ।"

"किन्तु, नाग ! हमारे देश में यह भी करके देख लिया गया। हमारी हेल्ला जाति के कितने ही गणों ने संघ बाँध कर पार्शवों का मुकाबला किया, किन्तु वह संघ स्थायी नहीं हो सका। गणों में अपने-अपने गण की स्वतंत्रता का इतना ख्याल होता है कि वह संघ को यह स्थान देने के लिए तैयार नहीं होता।"

"तो क्या मैं गलत साबित होऊँगा और विष्णुगुप्त ही सही।"

"क्या, विष्णुगुप्त संघ में सफलता नहीं देखता ?"

"हाँ, वह कहता है, हमारा शत्रु जितना मजबूत है, उसका मुकाबला गणों के संघ से नहीं हो सकता। अनेक गणों की सीमा मिटाकर यदि एक महान् गण बनाया जा सके, तो शायद संभव हो, किन्तु गण इसे नहीं मानेंगे।"

"शायद नाग ! तुम्हारा मित्र ठीक कहता है, किन्तु हमने अन्त तक एथेन्स की स्वतंत्रता को खुशी से देने का ख्याल मन में नहीं आने दिया।"

"तो सोफी ! गण होते हुए एथेन्स ने इस दासता को क्यों स्वीकार किया?"

"अपने पतन को जल्दी बुलाने के लिए। धनिकों के लोभ ने दासता को जारी किया , और धीरे-धीरे दास स्वामियों से भी संख्या में बढ़ गये।"

"तुम्हें यहाँ पार्शवों में सब से बुरी बातें क्या मालूम हूई ?"

"दासता जो कि हमारे यहाँ भी थी। फिर शाहंशाहों और धनिकों का रनिवास।"

"तुम्हारे यहाँ ऐसा नहीं होता ?"

"हमारे यहाँ मक्दूनिया का राजा फिलिप् भी एक से अधिक ब्याह नहीं कर सकता। यहाँ तो छोटे-छोटे राजकर्मचारी तक कई-कई शादियाँ करते हैं।"

"हमारे यहाँ कभी-कभी एक से अधिक ब्याह देखे जाते हैं, यद्यपि उनकी संख्या कम है; किन्तु मैं अनुभव करता था कि यह स्त्रियों की दासता की निशानी है। एथेन्स ने यदि दासता रखी , तो तक्षशिला ने अनेक स्त्री के साथ विवाह को जारी रखकर उसे कायम रखा।"

"और धन का थोड़े ही घरों में जमा होना।"

"मैंने विष्णुगुप्त को कहा था, गण में कितना ही धन सिक्का क्यों न बढे, किन्तु वह राजाओं की भाँति पानी की तरह नहीं बहाया जा सकता। यहाँ तुम देख ही रही हो सोफी ! महार्घ मृगचर्म, दूकूल, मणि, मुक्ता आदि वस्तुओं के साथ किस तरह का व्यवहार किया जाता है। ये गुलाबी गाल, ये प्रवाली अधर ख्याल भी नहीं करते, कि इन वस्तुओं को पैदा करने के लिए कितने करोड़ -करोड़ आदमी भूखे मर रहे हैं।"

"हमारे घरों पर गिरे पानी को छीनकर समुद्र को महान् जलराशि मिली है।"

"मिट्टी से सोना पैदा करने वाले भूखे-नंगे रहते हैं और सोने को मिट्टी करने वाले मौज उड़ाते हैं। मैं तीन बार शाहंशाह के सामने गया, हर बार लौटते वक्त मेरे सिरे में दर्द होने लगा। मैंने उसके सारे वैभव से जाड़ों में ठिठुरकर , गर्मियों में जलकर मरने वाले कमकरों की आह निकलती देखी, उसकी लाल मदिरा मुझे सताई गई प्रजा के खून के रूप में दिखलाई पड़ी। मैं पर्शुपुरी से तंग आ गया हूँ, और जल्दी निकल भागना चाहता हूँ।"

"कहाँ जाना चाहते हो नाग ?"

"पहले तुम्हारे बारे में जानना चाहता हूँ।"

"मैं कहाँ बतला सकती हूँ।"

"यवन लोक (यूनान)"

"पसन्द होगा।"

"तो उधर ही चलेंगे।"

"किन्तु रास्ते में मुझे फिर कोई छीन लेगा, और अबकी बार नाग जैसा त्राता नहीं प्राप्त कर सकूँगी !"-सोफिया का स्वर असाधारण कोमल हो गया था, उसके सुन्दर आयत नयन कातर से दीख पड़ रहे थे। नागदत्त ने उसके कान के ऊपर से लटकते सुनहले बालों को छूते हुए कहा-"उसके लिए उपाय सोच रखा है, किन्तु उसमें तुम्हारी सम्मति की भी जरूरत है।"

"क्या ?"

"क्षत्रप, क्षत्रपानी और शाहंशाह से अपने बारे में पत्र ले लूंगा, कि यह शाहंशाह से सम्मानित हिन्दू वैद्य है।"

"तो तुमको कोई नहीं छेड़ेगा।"

"और तुम दुनिया को दिखलाने के लिए वैद्य की स्त्री यदि बनना चाहो; तो पत्र में तुम्हारा नाम भी लिखवा दूँगा।"

सोफिया की आँखों में आँसू छल-छल उतर आये थे। उसने नागदत्त के हाथ को अपने हाथों में लेकर कहा-

"नाग ! तुम कितने उदार हो, और साथ ही तुम उसे जानने की कोशिश भी नहीं करना चाहते ! तुम कितने सुन्दर हो, किन्तु कभी तुमने यहाँ अपनी ओर झाँकता पुष्पराग और नीलम की आँखों को नहीं देखा। नाग ! रोशना ने कितनी ही बार मेरे सामने तुम्हारे लिए

प्रेम प्रकट किया था। उसका एक कोई मरियल-सा भाई है, माँ-बाप चाहते हैं, उसी से ब्याह कर देना; किन्तु वह तुमको चाहती है।"

"अच्छा हुआ, जो मैंने नहीं जाना, नहीं तो इन्कार ही करना पड़ता। सोफिया ! मैं इन प्रासाद-पोषिताओं के लिए नहीं हूँ। मैं शायद किसी के लिए नहीं हैं, क्योंकि मुझसे प्रेम करने वाली को कभी सुख की नींद सोने को नहीं मिलेगी। किन्तु , यदि तुम चाहो, तो शाहंशाह के पत्र में-पत्र भर के लिए अपनी स्त्री लिखवा लूँ! शायद यवन देश में तुम्हारा कोई प्रिय मिल जाय, कि तुम अपना रास्ता लेना।"

4.

वैद्य नागदत्त की हर जगह आवभगत होती थी, वह हिन्दू वैद्य था, पार्शव शाहंशाह दारयोश् का वैद्य रह चुका था, साथ ही चिकित्सा में उसका अद्भुत अधिकार था। पर्शुपुरी में रहते ही वह यवन भाषा सीख गया था , फिर सोफिया उसकी सहचरी थी ! उसने मकदूनिया देखी, फिलिप् के पुत्र अलिकसुंदर (सिकन्दर) के गुरु अरस्तू को देखा। नागदत्त स्वयं भी दार्शनिक था, किन्तु भारतीय ढंग का। अरस्तू की शाहंशाह-पसदी से उसका मतभेद था, तो भी वह अरस्तू के लिए भारी सम्मान लेकर मकदूनिया से विदा हुआ। अरस्तू की सबसे बड़ी बात जो उसे पसंद आई वह थी , सत्य की कसौटी-दिमाग नहीं, जगत् के पदार्थ, प्रकृति है। अरस्तू प्रयोग-तजुर्बे को बहुत ऊँचा स्थान देता था। नागदत्त को अफसोस होता था कि भारतीय दार्शनिक सत्य को मन से उत्पन्न करना चाहते हैं। नागदत्त ने अरस्तू के मनस्वी शिष्य की प्रशंसा उसके गुरु के मुँह से सुनी थी , और खुद भी कई बार उससे बातचीत की थी। उस तरुण में असाधारण शौर्य ही नहीं, बल्कि असाधारण परख भी थी।

नागदत्त ने अरस्तू से एथेन्स जाकर लौट आने के लिए छुट्टी ली थी , किन्तु उसे क्या मालूम था कि यही उसकी यवन दार्शनिक से अंतिम भेंट होगी।

वीरों की जननी गणतंत्र की विजय-ध्वजा-धारिणी एथेन्स नगरी के भीतर वह उतने ही श्रद्धा और प्रेम के साथ प्रविष्ट हुआ जितना कि तक्षशिला के लिए करता। नगर फिर से आबाद हो गया था , किन्तु सोफिया ने बतलाया कि अब वह एथेन्स नहीं रहा। वेनस् , ज्युपितर के मंदिर अब भी अमर कलाकारों की सुंदर कृतियों से अलंकृत थे , किन्तु एथेन्स के नागरिकों में वह उत्साह, वह जीवन नहीं था, जिसे कि सोफिया ने देखा था।

सोफिया के पिता का घर—नहीं उसकी भूमि पर बने घर का स्वामी कोई मकदूनियन व्यापारी था। उस घर को देखकर वह इतनी उद्विग्न हुई कि एक दिन-रात उसकी चेष्टाएँ उसकी स्वाभाविक गम्भीरता के विरुद्ध होती थीं, किन्तु वह बोलती कम थी। कभी उसके नेत्रों से आँसुओं के बूंद झरते थे , और कभी वह संगमरमर की मूर्ति-सी निश्चल हो जाती। नागदत्त समझ गया कि अपने बाल्य के प्रिय स्थान को ऐसी अवस्था में देखकर उसकी यह हालत हुई है। किन्तु, बड़ी मुश्किल यह थी, कि समझाने का वहाँ अवसर न था और अंत में सोफिया के इस मर्मान्तिक शोक का असर नागदत्त पर भी पड़ा।

जब सोफिया फिर प्रकृतिस्थ हुई, तो वह बिल्कुल बदली हुई थी। अपने शरीर को सजाने का उसे कभी ख्याल न होता था , किन्तु अब वह गणतांत्रिक एथेन्स की तरुणियों की भाँति अपने केशों को ताजे फूलों की माला की मेखला से बाँधती थी। बदन पर यवन -

सुन्दरियों का पैर तक लटकता अनेक चुनावों वाला सुन्दर कंचुक होता है और पैरों में अनेक बद्धियों की चप्पल। उसके सुन्दर श्वेत ललाट, गुलाबी कपोलों, अरिरिक्त ओठों में तारुण्य, सौन्दर्य और स्वास्थ्य का अद्भुत सम्मिश्रण था। और प्रसन्नता, मुस्कान तो उसके चेहरे, ओठों पर, हर वक्त नाचती रहती थी।

नागदत्त को यह देखकर आश्चर्य नहीं, अपार हर्ष हुआ। उसके पूछने पर सोफिया ने कहा–

"प्रिय नाग! मैंने जीवन को अब तक एक मात्र शोक और चिन्ता की वस्तु समझ रखा था, किन्तु मुझे वह दृष्टि गलत मालूम हो रही है। जीवन पर इस तरह की एकांगी दृष्टि जीवन के मूल्य को कम कर देती है, और उसके कार्य करने की क्षमता को निर्बल कर देती है। आखिर तुम भी नाग ! तक्षशिला के भविष्य के लिए कम चिन्ता नहीं रखते , किन्तु तुम चित्त को शीतल रख उपाय सोचने में सारी शक्ति लगाते हो।"

"मुझे बड़ी प्रसन्नता है सोफी ! तुम्हें इतना आनन्दित देखकर।"

"मुझे आनन्द क्यों न होगा, मैंने एथेन्स में लौटकर अपने प्रिय को पा लिया।"

नागदत्त ने हर्षोल्लास से पुलकित होकर कहा–"यह और भी आनन्द की बात है कि तुमने अपने प्रिय को इतने दिनों बाद पा लिया।"

"मैं देखती हूँ, नाग ! तुम मनुष्य नहीं हो; देवताओं से भी ऊपर हो; तुममें ईर्ष्या छू तक नहीं गई है।"

"ईर्ष्या ! ईर्ष्या का यहाँ क्या काम ? मैंने सोफी ! क्या जिम्मा नहीं लिया था, तुम्हें यवन–देश में पहुँचाने का ? मैंने क्या तुम से कहा नहीं था कि तुम वहाँ अपने प्रिय को ढूंढ़ लेना ?"

"हाँ, कहा था।"

"तुम्हारे इस असाधारण हर्ष को देखकर मुझे ख्याल होने लगा था, कि तुम्हें कोई असाधारण प्रिय वस्तु प्राप्त हुई है।"

"तुम्हारा ख्याल ठीक निकला, नाग।"

"अच्छा तो मुझे आज्ञा दो तुम्हारे प्रियतम को यहाँ निमन्त्रित करने की, या यदि वह अभी यहाँ न आ सकता हो तो उसे देखने की।"

"किन्तु तुम इतने उतावले क्यों हो रहे हो ?"

"सचमुच ही मैं उतावला हो रहा हूँ ? तुम गलत नहीं कह रही हो। नागदत्त ने अपने को रोकने की कोशिश की।"

सोफिया को भय मालूम होने लगा, कि वह अपने आँसुओं को रोक न सकेगी। उसने एक ओर मुँह फेरकर कहा–

"देख सकते हो, किन्तु तुम्हें एथेन्स के तरुण का भेष धारण करना होगा, इससे कुछ अच्छा।"

"वह नया होगा, नया चप्पल जो तुम कल खरीद लाई, मैं उसे पहने लेता हूँ।"

"जाओ, पहन आओ, तब तक मैं अपने प्रियतम के लिए माला ले लूँ, लिदिया उसे गूंथ रही है।"

"अच्छा" कह नागदत्त दूसरे कमरे में चला गया। सोफिया बैठक के बड़े दर्पण के सामने खड़ी हुई। उसने अपने वस्त्रों और फूल के आभूषणों पर एक बार फिर हाथ फेरा, फिर एक माला को दर्पण के पीछे रख, चुपके से कमरे के द्वार पर जाकर बोली–

"नाग ! बहुत देर हो रही है, कहीं मेरा प्रियतम किसी प्रमोदशाला में न चला जाये।"

"जल्दी कर रहा हूँ, सोफी ! यह तुमने कैसा तोगा ला दिया है, इसकी चुन्दन ठीक नहीं बैठ रही है !"

"मैं सहायता कर दूँ ?"

"बड़ी कृपा होगी !"

उलझी चुन्दन का सुलझाना आसान था। फिर नागदत्त ने नये चप्पल को पहना। नागदत्त के खिले मुँह की ओर देखने का सोफी को साहस नहीं हुआ। उसने हाथ को पकड़ कर कहा–"पहले चलो दर्पण में अपनी नई पोशाक देख तो लो।"

"तुमने देख लिया सोफी ! यही बहुत है। विनीत भेष होना चाहिए।"

"हाँ, मैं तो समझती हूँ, विनीत है, किन्तु एक बार देख लेना बुरा नहीं है।"

सोफी ने नागदत्त को दर्पण के सामने खड़ा कर दिया, वह अपने वस्त्र को देखने लगा। उसी वक्त उसने माला निकालकर कहा–

"यह माला मैंने प्रियतम के लिए बनाई है।"

"बहुत अच्छी माला है, सोफी !"

"किन्तु मालूम नहीं उसे कैसी लगेगी।"

"क्यों, बहुत अच्छी लगेगी।"

"उसके पीले केश, और यह माला अतिरिक्त गुलाबों की है।

"सुन्दर मालूम होगी।"

"जरा तुम्हारे सिर पर रखकर देख लूँ।"

"तुम्हारी मर्जी। मेरे भी केश पीले हैं।"

"इसलिए तो निश्चय कर लेना चाहती हूँ।" माला को सिर पर रखकर सामने से देख फिर दर्पण से मुँह दूसरी ओर घुमाने के लिए कहा–"तो तुम आज मेरे प्रियतम को देखोगे नाग ! अभी ! यह देखो।"

नाग ने मुँह घुमाया, सोफिया की अँगुली दर्पण की ओर, नागदत्त के प्रतिबिम्ब की ओर थी। उसने आनन्दाश्रुपूर्ण नेत्रों से कहा–"यह है मेरा प्रियतम !" और फिर दूसरे ही क्षण उसने अपनी भुजाओं में नागदत्त को बाँध, उसके ओठों पर अपने ओठों को रख दिया। नागदत्त कितनी देर तक चुप रहा, फिर सोफी ने ओठों को हटा अपने कपोल से उसके कपोल को लगाकर कहा–

"मेरा प्रियतम ! कितना अच्छा है, नाग?"

"सोफी ! मैं अपने को तुम्हारे योग्य नहीं समझता।"

"मैं अपने को समझती हूँ। मेरे नाग! अब मृत्यु तक हम साथ रहेंगे।"

नागदत्त के आँसुओं का बाँध अब टूटा, उसने कहा–"मृत्यु तक !"

5.

नागदत्त की बड़ी इच्छा थी, सलामी की खाड़ी देखने की, जहाँ कि यवन नौसेना ने पार्शवों को जबर्दस्त पराजय दी थी। दोनों स्थल के रास्ते चले जा रहे थे। नागदत्त अपने में नया उत्साह पा रहा था, और उसको ख्याल रह–रहकर तक्षशिला की ओर जाता था। दोनों रास्ते में एक वृक्ष के नीचे विश्राम कर रहे थे, उस वक्त सोफिया ने कहा– "सुना न नाग ! फिलिप् मर गया, अलिकसुन्दर मकदूनिया का राजा बना है और वह बड़ी जबर्दस्त सेना तैयार कर रहा है।"

"हाँ, वह सारे यवन (भूमध्य सागर के तट पर अधिकार करना चाहता है। किन्तु इसका पूर्वी और दक्षिणी (मिस्र) का तट तो पार्शवों के हाथ में है।"

"जिसका अर्थ है, वह पार्शवों से युद्ध करना चाहता है।"

"और इस प्रकार गणतंत्री यवनों से अपने राज्य की स्थापना में सहायता लेना चाहता है। एक ढेले से दो चिड़ियाँ मारना चाहता है, सोफी ! शाहंशाह को यवन सागर से हटाना–यदि और आगे न बढ़ सका तो और अभिमानी यवन गणों की राजभक्ति को प्राप्त करना।"

"अरस्तू ने उसको शिक्षा दी, अरस्तू ने उसके साहस को बढ़ाया।"

"दार्शनिक अरस्तू ने?"

"हाँ, और उसके गुरु अफलातूं ने एक आदर्श गण की कल्पना की थी , किन्तु उसने भी साधारण जनता को हरवाहा–चरवाहा ही रखना चाहा। अरस्तू ने आदर्श गण की जगह आदर्श राजा चकवर्ती की कल्पना की। क्या जाने , यह यवन–चकवर्ती पार्शव शाहंशाह को हराकर कहाँ तक जाये।"

"एक बार पैर बढ़ा देने पर उसे रोकना अपने हाथ में नहीं रहता सोफी ! और मेरा सहपाठी विष्णुगुप्त चाणक्य भी मगध में चक्रवर्ती खोजने गया था।"

"क्या यवन और हिन्दू चक्रवर्तियों का सिन्धु–तट पर मिलन तो न होगा ?"

"पहली पीढ़ी में नहीं तो दूसरी पीढ़ी में सोफी ! किन्तु तब पृथ्वी कितनी छोटी हो जायेगी।"

समुद्र–तट से वह नाव पर सलामी के लिए रवाना हुए। समुद्र शान्त था, हवा बिल्कुल रुकी हुई थी। सोफी और नागदत्त दो शताब्दी पहले के इस समुद्र को बड़े कृतज्ञतापूर्ण हृदय से देख रहे थे , इसने ही पार्शवों की नौवाहिनी को ध्वंस करने में सहायता प्रदान की थी।

समुद्र में काफी दूर चले जाने पर एक भारी तूफान आया। दोनों अभी इस ख्याल में थे, कि यह सौ साल पहले वाला तूफान है। उसी वक्त उनकी दृष्टि नौकारोहियों के भयभीत चेहरों पर पड़ी , और फिर देखा कि पाल टूट गया, और नाव करवट लेने लगी। स्थिति स्पष्ट थी। सोफी ने इसी वक्त नागदत्त को अपनी भुजाओं में बाँध छाती से लगा लिया , उसके चेहरे पर मुस्कुराहट थी जब उसने कहा–"मृत्यु तक।"

"हाँ, मृत्यु तक"–कह नागदत्त ने सोफिया के ओठों पर अपने ओंठों को रख दिया, फिर दोनों चार भुजपाशों में बँध गये।

दूसरे क्षण नाव उलट गई, दोनों सचमुच मृत्यु तक साथी रहे।

प्रभा (५० ईसवीं)

काल : ५० ईसवीं

साकेत (अयोध्या) कभी किसी राजा की प्रधान राजधानी नहीं बना। बुद्ध के समकालीन कोसलराज प्रसेनजित् का यहाँ एक राजमहल जरूर था; किन्तु राजधानी थी श्रावस्ती (सहेटमहेट), वहाँ से छै योजन दूर । प्रसेनजित् के दामाद अजातशत्रु ने कोसल की स्वतंत्रता का अपहरण किया, उसी वक्त श्रावस्ती का भी सौभाग्य लुट गया। सरयू-तट पर बसा साकेत पहले भी नौ-व्यापार का ही नहीं, बल्कि पूरब (प्राची) से उत्तरापथ (पंजाब) के सार्थ-पथ पर बसा रहने से स्थल-व्यापार का भी भारी केन्द्र था। यह पद उसे बहुत समय तक प्राप्त रहा। विष्णुगुप्त चाणक्य के शिष्य चन्द्रगुप्त मौर्य ने मगध के राज्य को पहले तक्षशिला तक , फिर यवनराज शैलाक्ष (सेल्यूकस) को पराजित कर हिन्दुकुश पर्वतमाला (अफगानिस्तान) से बहुत पश्चिम हिरात और आमू दरिया तक फैलाया। चन्द्रगुप्त और उसके मौर्य वंश के शासन में भी साकेत व्यापार- केन्द्र से ऊपर नहीं उठ सका। मौर्य-वंश ध्वंसक सेनापति पुष्यमित्र ने पहले-पहल साकेत को राजधानी का पद प्रदान किया; किन्तु शायद पाटलिपुत्र की प्रधानता को नष्ट करके नहीं । वाल्मीकि ने अयोध्या नाम का प्रचार किया; जब उन्होंने अपनी रामायण को पुष्यमित्र या उसके शुंग वंश के शासन -काल में लिखा। इसमें तो शक ही नहीं कि अश्वघोष ने वाल्मीकि के मधुर काव्य का रसास्वादन किया था। कोई ताज्जुब नहीं , यदि वाल्मीकि शुंग वंश के आश्रित कवि रहे हों, जैसे कालिदास चन्द्रगुप्त विक्रमादित्य के और शुंग वंश की राजधानी की महिमा को बढ़ाने ही के लिए उन्होंने जातकों के दशरथ की राजधानी वाराणसी से बदलकर साकेत या अयोध्या कर दी और राम के रूप में शुंग सम्राट् पुष्यमित्र या अग्निमित्र की प्रशंसा की-वैसे ही, जैसे कालिदास ने 'रघुवंश' के रघु और 'कुमारसम्भव' के कुमार के नाम से पिता-पुत्र चन्द्रगुप्त विक्रमादित्य और कुमारगुप्त की। सेनापति पुष्यमित्र अपने स्वामी का वध कर सारे मौर्य साम्राज्य को नहीं ले सका। पंजाब सारा यवन राजा मिनान्दर के हाथ में चला गया; और एक बार तो उसने साकेत पर भी घेरा डाल दिया था; जैसा कि पुष्यमित्र के पुरोहित ब्राह्मण पतंजलि ने लिखा है। इससे यह भी पता लगता है कि पुष्यमित्र के शासन -काल के आरम्भिक दिनों में भी साकेत का खास महत्त्व था; यह भी कि पतंजलि और पुष्यमित्र के समय अयोध्या नहीं, साकेत ही इस नगर का नाम था।

पुष्यमित्र, पतंजलि और मिनान्दर के समय से हम दो सौ साल और पीछे आते हैं। इस समय भी साकेत में बड़े -बड़े श्रेष्ठी (सेठ) बसते थे। लक्ष्मी का निवास होने से सरस्वती की भी थोड़ी -बहुत कद्र होना जरूरी था और फिर धर्म तथा ब्राह्मणों का गुड़चींटे की तरह आ मौजूद होना भी स्वाभाविक था। इन्हीं ब्राह्मणों में एक धन -विद्या-सम्पन्न कुल था, जिसके स्वामी का नाम काल ने भुला दिया; किन्तु स्वामिनी का नाम उसके पुत्र ने अमर कर दिया। ब्राह्मणी का नाम था सुवर्णाक्षी , उसके नेत्र सुवर्ण जैसे पीले थे। उस वक्त पीले-नीले नेत्र ब्राह्मणों और क्षत्रियों के आम तौर पर पाये जाते थे , और पीली आँखों का होना दोष नहीं समझा जाता था। ब्राह्मणी सुवर्णाक्षी का एक पुत्र उसी की भाँति सुवर्णाक्ष, उसी की भाँति पिंगल केश और उसी की भाँति सुगौर था।

2.

वसन्त का समय था। आम की मंजरी चारों ओर अपनी सुगन्धि को फैला रही थी। वृक्ष पुराने पत्तों को छोड़ नये पत्तों का परिधान धारण किये हुए थे। आज चैत्र शुक्ला नवमी तिथि थी। साकेत के नर-नारी सरयू के तट पर जमा हो रहे थे-तैराकी के लिए। तैराकी

द्वारा ही साकेत–वासी वसन्तोत्सव मनाया करते थे। तैराकी में तरुण –तरुणी दोनों भाग लेते थे और नंगे बदन एक घाट पर। तरुणियों में कितनी ही कर्पूर–श्वेते यवनियाँ (यूनानी स्त्रियाँ) थीं, जिनका सुन्दर शरीर यवन चित्रकार–निर्मित अनुपम मर्मर–मूर्ति जैसा था, जिसके ऊपर उनके पिंगल या पाण्डुर केश बड़े सुन्दर मालूम होते थे। कितनी ही नील या पीतकेशधारिणी सुवर्णाक्षी ब्राह्मण–कुमारियाँ थीं, जो सौन्दर्य में यवनियों से पीछे न थीं। कितनी ही घनकृष्णकेशी गोधूमवर्णा वैश्य –तरुणियाँ थीं, जिनका अचिरस्थायी मादक तारुण्य कम आकर्षक न था। आज सरयू तट पर साकेत के कोने–कोने की कौमार्य रूपराशि एकत्रित हुई थी ! तरुणियों की भाँति नाना कुलों के तरुण भी वस्त्रों को उतार नदी में कूदने के लिए तैयार थे। उनके व्यायाम – पुष्ट परिमंडल सुन्दर शरीर कपूर से गोधूम तक के वर्ण वाले थे। उनके केश, मुख, नाक पर खास–खास कुलों की छाप थी। आज के तैराकी के महोत्सव से बढ़कर अच्छा अवसर किसी तरुण–तरुणी को सौन्दर्य परखने का नहीं मिल सकता था। हर साल इस अवसर पर कितने ही स्वयंवर सम्पन्न होते थे। माँ–बाप तरुणों को इसके लिए उत्साहित करते थे। उस वक्त का यह शिष्टाचार था।

नाव पर सरयू–पार जा तैराक तरुण–तरुणियाँ जल में कूद पड़े। सरयू के नीले जल में कोई अपने सवर्ण, पाण्डु, रजत या रक्त दीर्घ कचों को प्रदर्शित करते और कोई अपने नीले–काले केशों को नील जल में एक करते दोनों भुजाओं से जल को फाड़ते आगे बढ़ रहे थे। उनके पास कितनी ही क्षुद्र नौकाएँ चल रही थीं, जिनके आरोही तरुण–तरुणियों को प्रोत्साहन देते तथा थक जाने पर उठा लेते थे–हजारों प्रतिस्पर्खियों में कुछ का हार स्वीकार करना सम्भव था। सभी तैराक शीघ्र आगे बढ़ने के लिए पूरी चेष्टा कर रहे थे। जब तट एक–तिहाई दूर रह गया, तो बहुत से तैराक शिथिल पड़ने लगे। उस वक्त पीछे से लपकते हुए केशों में एक पिंगल था और दूसरा पाण्डुश्वेत । तट के समीप आने के साथ उनकी गति और तीव्र हो रही थी , नाव पर चलने वाले साँस रोककर देखने लगे। उन्होंने देखा कि दो पिंगल और पाण्डुश्वेत केश सबसे आगे बढ़कर एक पाँती में जा रहे हैं। तट और नजदीक आ गया। लोग आशा रखते थे कि उनमें से एक आगे निकल जायेगा; किन्तु देखा, दोनों एक ही पाँती में चल रहे हैं ! शायद नौका–रोहियों में से किसी ने उन्हें एक–दूसरे को आगे जाने के लिए जोर देते सुना भी।

दोनों साथ ही तीर पर पहुँचे। उनमें एक तरुण था और दूसरी तरुणी। लोगों ने हर्ष –ध्वनि की। दोनों ने कपडे पहने। खुली शिविकाओं पर उनकी सवारी निकाली गई। दर्शकों ने फूलों की वर्षा की। तरुण–तरुणी एक–दूसरे को नजदीक से देख रहे थे। लोग उनके तैरने के कौशल ही को नहीं, सौन्दर्य की भी प्रशंसा कर रहे थे। किसी ने पूछा –"कुमारी को तो मैं जानता हूँ; किन्तु तरुण कौन है, सौम्य ?"

"सुवर्णाक्षी–पुत्र अश्वघोष का नाम नहीं सुना ?"

"नहीं, मैं अपने पुरोहित के ही कुल को जानता हूँ। हम व्यापारी इतना जानने की फुर्सत कहाँ रखते हैं।"

तीसरे ने कहा–"अरे अश्वघोष की विद्या की ख्याति साकेत से दूर–दूर तक पहुँच गई है। यह सारे वेदों और सारी विद्याओं में पारंगत है।"

पहला–"लेकिन इसकी उम्र तो चौबीस से अधिक की न होगी।"

तीसरा–"हाँ, इसी उम्र में। और इसकी कविताएँ लोग झूम–झूम कर पढ़ते–गाते हैं।"

दूसरा–"अरे, यही कवि अश्वघोष है, जिसके प्रेमगीत हमारे तरुण–तरुणियों की जीभ पर रहते हैं !"

तीसरा–"हाँ, यह वही अश्वघोष है! और कुमारी का क्या नाम है, सौम्य?"

पहला–'साकेत में हमारे यवन–कुल के प्रमुख तथा कोसल के विख्यात सार्थ–वाह दत्तमित्र की पुत्री प्रभा।"

दूसरा–"तभी तो ! ऐसी सुन्दरता दूसरों में बहुत कम पाई जाती है। देखने में शरीर कितना कोमल मालूम होता है ; किन्तु तैरने में कितना दृढ़ !"
पहला–"इसके माँ–बाप दोनों बड़े स्वस्थ–बलिष्ठ हैं।"

नागरोद्यान में जो विशेष सम्मान प्रकट करते हुए लोगों को दोनों तैराकों का परिचय दिया गया, और उन दोनों ने भी लज्जावनत सिर से एक–दूसरे का परिचय किया।

3.

साकेत का पुष्पोद्यान सेनापति पुष्यमित्र के शासन का स्मारक था। सेनापति ने इसके निर्माण में बहुत धन और श्रम लगाया था और यद्यपि अब न पुष्यमित्र के वंश का राज्य रहा, न साकेत कोई दूसरी श्रेणी की भी राजधानी तो भी नैगम (नगर–सभा) ने उसे साकेत का गौरव समझ उसी तरह सुरक्षित रखा, जैसा कि वह दो सौ वर्ष पूर्व पुष्यमित्र के शासन –काल में था। बाग के बीच में एक सुन्दर पुष्करिणी थी, जिसके नील विशुद्ध जल में पद्म सरोज, पुण्डरीक आदि नाना वर्णों के कमल खिले तथा हंस–मिथुन तैर रहे थे। चारों ओर श्वेत पाषाण के घाट थे, जिनके सोपान स्फटिक की भाँति चमकते थे। सरोवर के किनारे पर हरी दूब की काफी चौड़ी मगजी लगी थी। फिर कहीं गुलाब; जूही, बेला, आदि फूलों की क्यारियाँ थीं और कहीं तमाल –बकल–अशोक–पंक्तियों की छाया। कहीं लता–गुल्मों से घिरे पाषाण –तल वाले छोटे–बड़े लतागृह थे और कहीं कुमार –कुमारियों के कन्दुक–क्षेत्र। उद्यान में कई पाषाण, मृत्तिका और हरित वनस्पति से आच्छादित रम्य क्रीड़ा–पर्वत थे। कहीं–कहीं जलयंत्र (फव्वारे) जल–शीकर छोड़ वर्षा का अभिनय कर रहे थे।

अपराह्न में अक्सर एक लतागृह के पास साकेत के तरुण–तरुणियों की भीड़ देखी जाती। यह भीड़ उनकी होती, जो भीतर स्थान न पा सके होते। आज भी वहाँ भीड़ थी ; किन्तु चारों ओर की नीरवता के साथ। सभी के कान लतागृह की ओर लगे हुए थे। और भीतर? शिलाच्छादित फर्श पर वह तरुण है, जिसने एक मास पहले तैराकी में विजय प्राप्त करने से इन्कार कर दिया था। उसके शरीर पर मसृण (चिकने) सूक्ष्म दुकूल का कंचुक है। उसके दीर्घ पिंगल केश सिर के ऊपर जूट की तरह बँधे हुए हैं। उसके हाथ में मुखर वीणा है, जिस पर तरुण की अँगुलियाँ अप्रयास थिरकती मन–माना स्वर निकाल रही हैं। तरुण अर्द्धमुद्रित नेत्रों के साथ लय में लीन कुछ गा रहा है–दूसरे के नहीं, अपने ही बनाये गीत । उसने अभी "वसन्त–कोकिला" का गीत संस्कृत में समाप्त किया। संस्कृत के बाद प्राकृत गीत गाना जरूरी था, क्योंकि गायक कवि जानता है, उसके श्रोताओं में प्राकृत–प्रेमी ज्यादा हैं। कवि ने अपनी नवनिर्मित रचना 'उर्वशी–वियोग" सुनाई– उर्वशी लुप्त हो गई और पुरुरवा अप्सरा (पानी में चलने वाला) कहकर उर्वशी को सम्बोधित करते पर्वत, सरिता, सरोवर, वन गुल्म आदि में ढूँढ़ता–फिरता है। वह अप्सरा का दर्शन नहीं कर पाता; किन्तु उसके शब्द उसे वायु में सुनाई देते हैं। पुरुरवा के आँसुओं के बारे में गाते वक्त गायक के नेत्रों से आँसू गिरने लगे; और सारी श्रोतृ–मण्डली ने उसका साथ दिया।

संगीत–समाप्ति के बाद लोग एक–एक करके चलने लगे। अश्वघोष जब बाहर निकला, तो कुछ तरुण–तरुणी उसे घेर कर खड़े हो गये। उनमें सजे आरक्त नयनों के साथ प्रभा भी थी। एक तरुण ने आगे बढ़कर कहा– "महाकवि !"

"महाकवि ! मैं कवि भी नहीं हैं, सौम्य !"
"मुझे अपनी श्रद्धा के अनुसार कहने दो, कवि ! साकेत के हम यवनों की एक छोटी–सी नाट्यशाला है।"
"नृत्य के लिए ? मुझे भी नृत्य का शौक है।"
"नृत्य के लिए ही नहीं, उसमें हम अभिनय भी किया करते हैं।"
"अभिनय !"
"हाँ, यवन–रीति का अभिनय एक विशेष प्रकार का होता है, कवि ! जिसमें भिन्न–भिन्न काल तथा स्थान के परिचायक बड़े–बड़े चित्रपट रहते हैं और सभी घटनाओं को वास्तविक रूप में दिखलाने की कोशिश की जाती है।"
"मुझे कितना अफसोस है, सौम्य ! साकेत में जन्म लेकर भी मैंने ऐसे अभिनय को नहीं देखा।"
"हमारे अभिनयों के दर्शक यहाँ के यवन – परिवारों तथा कुछ इष्टमित्रों तक ही सीमित हैं, इसलिए बहुत–से साकेतवासी यवन–अभिनय..."
"नाटक कहना चाहिए, सौम्य ?"
"हाँ, यवन नाटक को। आज हम लोग एक नाटक करने वाले हैं। हम चाहते हैं कि तुम भी हमारे नाटक को देखो।"
"खुशी से। यह आप मित्रों का बहुत अनुग्रह है।"

अश्वघोष उनके साथ चल पड़ा। नाट्यशाला में रंग के पास उसे स्थान दिया गया। अभिनय किसी यवन (यूनानी) दुःखान्त नाटक का था और प्राकृत भाषा में किया गया था। यवन कुलपुत्रों और कुलपुत्रियों ने हर एक पात्र का अभिनय किया था। अभिनेताओं तथा अभिनेत्रियों की पोशाक यवन–देशीयों जैसी थी। भिन्न–भिन्न दृश्यों के चित्रपट भी यवन–रीति से बने थे। नायिका बनी थी प्रभा, अश्वघोष की परिचिता। उसके अभिनय–कौशल को देखकर वह मुग्ध हो गया। नाटक के बीच में एक उचित अवसर देखकर पूर्व–परिचित यवन तरुण ने 'उर्वशी–वियोग' गाने की प्रार्थना की। अश्वघोष बिना किसी हिचक के वीणा उठा रंगमंच पर पहुँच गया। फिर उसने अपने गाने से स्वयं रो, दूसरों को लाया। उस वक्त एक बार उसकी दृष्टि प्रभा के कातर नेत्रों पर पड़ी थी।

नाटक समाप्त हो जाने पर नेपथ्य में सारे अभिनेता कुमार–कुमारियों का कवि से परिचय कराया गया। अश्वघोष ने कहा–'साकेत में रहते हुए भी मैं इस अनुपम कला से बिल्कुल अनभिज्ञ रहा। आप मित्रों का मैं बहुत कृतज्ञ हैं, कि आपने मुझे एक अज्ञात प्रभालोक का दर्शन कराया !"
"प्रभालोक" कहते समय कुछ तरुणियों ने प्रभा की ओर देखकर मुस्करा दिया। अश्वघोष ने फिर कहा –"मेरे मन में एक विचार आया है। तुमने जैसे यवन नाटक के प्राकृत– रूपान्तर का आज अभिनय किया, मैं समझता हूँ, उसी ढंग के अनुसार हम अपने देशों की कथाओं' को ले अच्छे नाटक तैयार कर सकते हैं।"
"हमें भी पूरा विश्वास है, यदि कवि ! तुम करना चाहो, तुम मूल यवन नाटक से भी अच्छी नाटक तैयार कर सकते हो।"
"इतना मत कहो, सौम्य ! यवन–नाटककार का मैं शिष्य–भर ही होने लायक हूँ। अच्छा, यदि मैं उर्वशी–वियोग पर एक नाटक लिखूँ?"
"हम उसका अभिनय करने के लिए तैयार हैं; लेकिन साथ ही पुरुरवा का पार्ट तुम्हें लेना होगा।"
"मुझे उज्र न होगा, और मैं समझता हूँ, थोड़ा– सा अभ्यास कर लेने पर मैं उसे बुरा न करूँगा।"
"हम चित्रपट भी तैयार करा लेंगे।"

"चित्रपट पर हमें पुरुरवा के देश के दृश्य अंकित करने होंगे। मैं भी चित्र कुछ खींच लेता हूँ। अवसर मिलने पर उसमें मैं कुछ मदद करूंगा।"

"तुम्हारे आदेश के अनुसार दृश्यों का अंकित होना अच्छा होगा। पात्रों की वेश–भूषा का निर्देश भी, सौम्य, तुम्हें ही देना होगा ! और पात्र ?"

"पात्र तो, सौम्य सभी अभी नहीं बतलाए जा सकते। हाँ, उनकी संख्या कम रखनी होगी।"

"कितनी रखनी चाहिए?"

"सोलह से बीस तक को हम आसानी से तैयार कर सकते है।

"मैं सोलह तक ही रखने की कोशिश करूंगा।"

"पुरुरवा, तो सौम्य ! तुम्हें बनना होगा और उर्वशी के लिए हमारी प्रभा कैसी रहेगी ? आज तुमने देखा उसके अभिनय को।"

"मेरी अनभ्यस्त आँखों को तो वह निर्दोष मालूम हुआ।"

"तो प्रभा को ही उर्वशी बनना होगा। हमारी मण्डली में जो काम जिसको दिया जाता है, वह उससे इन्कार नहीं कर सकता।"

प्रभा के नेत्र कुछ संकुचित होने लगे थे, किन्तु प्रमुख तरुण के "क्यों प्रभा !" कहने पर उसने जरा रुक कर "हाँ" कर दिया।

4.

अश्वघोष ने प्रमुख यवन तरुण–बुद्धप्रिय–के साथ कुछ यवन–नाटकों के प्राकृत– रूपान्तरों को पढ़ा और उनके स्थान आदि के संकेत के बारे में बातचीत की। नाटक के चित्रपटों का नामकरण उसने यवन (यूनानी) कला के स्मरण के रूप में यवनिका रखा। नाटक को संस्कृत–प्राकृत, गद्य–पद्य दोनों में लिखा। उस समय की प्राकृत संस्कृत के इतना समीप थी कि सम्भ्रान्त परिवारों में उसे आसानी से समझा जाता था। यही 'उर्वशी वियोग' प्रथम भारतीय नाटक था, और अश्वघोष था प्रथम नाटककार । कवि का यह पहला प्रयास था, तो भी वह उसके 'राष्ट्रपाल' 'सारिपुत्र' आदि नाटकों से कम सुन्दर नहीं था।

रंग की तैयारी तथा अभिनय के अभ्यास में तरुण–कवि को खाना पीना तक याद नहीं रहता था। इसे वह अपने जीवन की सुन्दरतम् घड़ियाँ समझता था। रोज घण्टों वह और प्रभा साथ तैयारी करते थे। तैराकी के दिन उनके हृदयों में पड़ा प्रेम – बीज अब अंकुरित होने लगा था। यवन तरुण–तरुणी अश्वघोष को आत्मीय के तौर कर देखना चाहते थे , इसलिए वह इसके सहायक होना अपने सौभाग्य की बात समझते थे। एक दिन घड़ियों के तूलिका –संचालन के बाद अश्वघोष नाट्यशाला के बाहर क्षुद्रोद्यान में रखी आसन्दिका पर जा बैठा। उसी समय प्रभा भी वहाँ आ गई। प्रभा ने अपने स्वाभाविक मधुर स्वर में कहा –"कवि, तुमने उर्वशी–वियोग गीत बनाते वक्त अपने सामने क्या रखा था ?"

"उर्वशी और पुरुरवा के कथानक को।"

"कथानक तो मैं भी जानती हूँ। उर्वशी को अप्सरा करके तुमने बार–बार संबोधित किया था।"

"उर्वशी थी ही अप्सरा।"

"फिर उसमें पुरुरवा को उर्वशी के वियोग में सरिता, सरोवर, पर्वत, वन सब में ढूँढने में विहल चित्रित किया था।"

"पुरुरवा की उस अवस्था में यह स्वाभाविक था।"

"फिर उर्वशी–वियोग के गायक ने लतागृह में अश्रुधारा को वीणा की भाँति गीत का संगी बना दिया था।

"गायक और अभिनेता को तन्मय हो जाना चाहिए, प्रभा !"

"नहीं, तुम मुझे साफ बतलाना नहीं चाहते।"

"तुम क्या समझती हो ?"

"मैं समझती हूँ तुमने किसी पुरानी उर्वशी के वियोग का गान नहीं गाया था।"

"और फिर?"

"तुम्हारी उर्वशी–उर–वसी (हृदय में बसी)–थी, वह अप्सरा अप–सरयू के जल में, सरा=तैरने वाली थी।"

"और फिर ?"

"इस उर्वशी का पुरुरवा किसी हिमालय–जैसे पर्वत, वनखंड, सरिता, सरोवर और गुल्म में नहीं, बल्कि साकेत की सरयू, पुष्पोद्यान के सरोवर, क्रीड़ा- पर्वत, वन और गुल्म को ढूँढ़ता फिरता था।"

"और फिर ?"

"उसके आँसू किसी पुराने पुरुरवा की सहानुभूति में नहीं, बल्कि अपनी ही आग को बुझाने के लिए निकले थे।"

"और एक बात मैं कहूँ, प्रभा !"

"कहो, अब तक मैंने ही अधिक कहा।"

"और उस दिन लतागृह से निकलते वक्त मैंने तुम्हारे इन मनहर नीले नयनों को आरक्त और अधिक सूजे देखा था।"

"तुमने अपने गान से रुलाया था।"

"तुमने अपने वियोग से वह गीत प्रदान किया था।"

"किन्तु तुम्हारे गीत की उर्वशी कोई पाषाणी थी, कवि ! कम से कम तुमने उसे वैसा ही चित्रित किया था।"

"क्योंकि मैं व्याकुल और निराश था।"

"क्या समझकर ?"

"मैं उस अचिर प्रभा (बिजली) के दर्शन का सौभाग्य न प्राप्त कर सकूँगा ! वह कब की मुझे भूल गई होगी।"

"तुम इतने अकिंचन थे, कवि ?"

"जब तक आत्म–विश्वास का कोई कारण न हो, तब तक आदमी अकिंचन छोड़ अपने को और क्या समझ सकता है।"

"तुम साकेत ही नहीं, हमारे इस विस्तृत भूखंड के महिमा–प्राप्त कवि हो। तुम साकेत के सरिता–तरुण के विजेता हो। तुम्हारी विद्या की प्रशंसा हर साकेतवासी की जिह्वा पर है। और नारी की दृष्टि से देखो , तो साकेत की सुन्दरियाँ तुम्हें अपनी आँखों का तारा बनाकर रखने को तैयार हैं।"

किन्तु इससे क्या ? मेरे लिए तो अपनी उर्वशी सब–कुछ थी। मैंने जब दो सप्ताह उसे नहीं देखा, तो जीवन निस्सार मालूम होने लगा। सच कहता हूँ, प्रभा ! मैंने अपने चित्त को कभी इतना निर्बल नहीं पाया था । यदि एक सप्ताह और न तुम्हें देख पाया होता, तो न जाने क्या कर डालता।"

"कवि ! तुम इतने स्वार्थी न बनो। तुम अपने देश के शाश्वत गायक हो। तुमसे अभी वह क्या –क्या आशा रखता है। तुम्हारे इस 'उर्वशी–वियोग' नाटक का जानते हो, कितना बखान हो रहा है ?"

"मैंने नहीं सुना"

"पिछले सप्ताह मेरे बन्धु एक यवन व्यापारी भरुकच्छ (भड़ौच) से यहाँ आये थे। भरुकच्छ में यवन नागरों की भारी संख्या रहती है। हमारे साकेत के यवन (यूनानी) तो हिन्दू हो गये हैं, किन्तु भरुकच्छ वाले अपनी भाषा को भूले नहीं हैं। भरुकच्छ में यवन देश से

व्यापारी और विद्वान् आया करते हैं। हमारे यह बन्धु यवन साहित्य के बड़े मर्मज्ञ हैं। उन्होंने तुम्हारे नाटके की उपमा एम्पीदोकल और युरीपिद्–श्रेष्ठ यवन नाटककारों की कृतियों से दी। वह इसे उतरवाकर ले गये हैं। कहते थे –मिस्र का राजा तुरमाय (तालिमी) बड़ा नाट्य– प्रेमी है, उसके पास यवन भाषान्तर कर इसे भेजेंगे। भरुकच्छ से मिस्र को बराबर जलपोत आया –जाया करते हैं। जिस वक्त मैं उनके वार्तालाप को सुन रही थी, उस वक्त मेरा हृदय अभिमान से फूल उठा था।"

"मेरे लिए तुम्हारे हृदय का अभिमान ही सब–कुछ है, प्रभा !"

"कवि ! तुम अपना मूल्य नहीं जानते।"

"मेरे मूल्य की कसौटी तुम थीं, प्रभा ! अब मैं उसे जानता हूँ।"

"नहीं, तुम्हें ऐसा नहीं करना चाहिए ! तुम्हें प्रभा के प्रेमी अश्वघोष और युग के महान् कवि अश्वघोष को अलग–अलग रखना होगा। प्रभा के प्रेमी अश्वघोष को चाहे जो कुछ कहो–करो; किन्तु महान् कवि को उससे ऊपर, सारी वसुन्धरा का समझना होगा।"

"तुम जैसा कहोगी, इस बात में मैं तुम्हारा अनुसरण करूँगा।"

"मैंने अपने को इतनी सौभाग्यशालिनी होने की कभी आशा ने की थी।"

"क्यों ?'

"सोचती थी, तुम मुझे भूल चुके होगे।"

"तुम इतनी साधारण थीं ।"

"तुम्हारे सामने थी और अब भी हूँ।"

"तुमसे मुझे कविता का नया वर मिला है। मैं अपनी कविताओं में अब नई प्रेरणा, नई स्फूर्ति पाता हूँ। 'उर्वशी–वियोग' गीत तुम्हारी प्रेरणा से प्रकट हुआ और यह नाटक भी। नाटक को मैं देश की अपनी चीज बना रहा हूँ, प्रभा ! किन्तु तुमने कैसे समझा कि मैं तुम्हें भूल जाऊँगा?"

"कहीं से भी मैं अपने को तुम्हारे पास पहुँचने लायक नहीं पाती थी। एक –एक कर जब मैं तुम्हारे गुणों से पूर्णतया परिचित हो गई, तो उससे निराश ही होती गई। साकेत की एक–से–एक सुन्दरियों को मैंने तुम्हारे नाम पर बावली होते देखा, इससे भी आशा नहीं हो सकती थी। फिर सुना, तुम उच्च कुल के ब्राह्मण हो। यद्यपि मैं ब्राह्मणों के बाद उच्च स्थान रखने वाले राजपुत्र यवन की कन्या हूँ, तो भी कुलीन ब्राह्मण–जो माता–पिता की सात पीढ़ियों तक की छान –बीन किये बिना ब्याह नहीं करता –कैसे मेरे प्रेम का स्वागत करेगा ?"

"मुझे खेद है, प्रभा ! जो अश्वघोष ने तुम्हारे चित्त को इस तरह दुखाया।"

"तो तुम–"प्रभा कहते – कहते वह रुक गई।

"अश्वघोष ने प्रभा के बाष्पपूर्ण नेत्रों को चूम कण्ठ से लगाकर कहा–"प्रभा, अश्वघोष सदा तुम्हारा रहेगा। काल भी तुम्हें उससे पराई नहीं बना सकता।"

प्रभा के नेत्रों से छलछल ऑसू बह रहे थे और अश्वघोष कण्ठ से लगाये उसके आँसुओं को पोंछ रहा था।

'उर्वशी–वियोग' बहुत अच्छा खेला गया और एक से अधिक बार ।साकेत के सभी सम्भ्रान्त नागरिकों ने उसे देखा। उन्हें कभी ख्याल भी न था कि अभिनय की कला इतनी पूर्ण, इतनी उच्च हो सकती है। अश्वघोष ने अन्तिम यवनिकापात के समय कई बार दोहराया था कि मैंने सब कुछ यवन –रंगमंच से लिया है; किन्तु उसके नाटक इतने स्वभूमिज थे कि कोई उन पर किसी प्रकार के विदेशी प्रभाव की गन्ध भी नहीं पाता था।

जिस तरह अश्वघोष के संस्कृत–प्राकृत गीत और कविताएँ साकेत और कोसल की सीमा पार कर गए थे, उसके नाटक उससे भी दूर तक फैल गए। उज्जयिनी, दशपुर सुप्पारक, भरुकच्छ, शाकला (स्यालकोट). तक्षशिला, पाटलिपुत्र जैसे महानगरों में–जहाँ कि यवनों की काफी संख्या और उनकी नाट्यशालाएँ थीं–उसके नाटक रंग–मंच पर बहुत जल्द पहुँचे; और फिर सारे ही सामन्तों और व्यापारियों में वह बहुत प्रिय हुए।

5.

अश्वघोष का रंगमंच पर अभिनय और यवन–कन्या से प्रेम उसके माता–पिता से छिपा नहीं रह सकता था। इसे सुनकर पिता खास तौर से चिन्तित हुए। ब्राह्मण ने सुवर्णाक्षी को पहले समझाने के लिए कहा। माता ने जब कहा कि हमारे ब्राह्मण –कुल के लिए ऐसा सम्बन्ध अधर्म है, तब ब्राह्मणों के सारे वेद–शास्त्रों के ज्ञाता अश्वघोष ने माँ को पुराने ऋषियों के आचरणों के सैकड़ों प्रमाण दिए (जिनमें से कुछ को पीछे उसने अपनी 'वज्रच्छेदिका' में जमा किया, जो आज भी 'वजच्छेदिकोपनिषद्' के नाम से उपनिषद्–गुटका में सम्मिलित है)। किन्तु माँ ने कहा–"यह तो सब ठीक है, बेटा, किन्तु आज के ब्राह्मण उस पुराने आचरण को नहीं मानते।"
"तो ब्राह्मणों के लिए मैं एक नया सदाचार उपस्थित करूँगा।"
माँ अश्वघोष की युक्तियों से सन्तुष्ट नहीं हो सकती थी; किन्तु जब उसने कहा कि प्रभा और मेरे प्राण अलग नहीं रह सकते, तो वह पुत्र के पक्ष में हो गई और बोली–"पुत्र, मेरे लिए तू ही सब कुछ है।" अश्वघोष ने एक दिन प्रभा को माँ के पास भेजा। माँ ने रूप के समान ही गुण और स्वभाव में भी आगरी इस कन्या को देख आशीर्वाद दिया। किन्तु ब्राह्मण इसे मान नहीं सकता था। उसने एक दिन अश्वघोष से सीधे कहा–"पुत्र ! हमारा श्रोत्रियों का श्रेष्ठ ब्राह्मण –कुल है। हमारी पचासों पीढ़ियों से सिर्फ कुलीन – ब्राह्मण–कन्याएँ ही हमारे घर में आया करती हैं। आज यदि इस सम्बन्ध को तुम स्वीकार करते हो, तो हम और हमारी आगे आने वाली सन्तान सदा के लिए जाति भ्रष्ट हो जायेंगे; हमारी सारी मान– मर्यादा जाती रहेगी।"

अश्वघोष के लिए प्रभा का त्याग अचिन्तनीय था।

ब्राह्मण ने फिर प्रभा के माता–पिता से अनुनय–विनय की; किन्तु वह असमर्थ थे। अन्त में उसने प्रभा के सामने पगड़ी रखी। प्रभा ने इतना ही कहा कि मैं अश्वघोष से आपकी बात कहूँगी।

6.

प्रभा और अश्वघोष अभिन्न सहचर थे। चाहे सरयू–तीर हो चाहे पुष्पोद्यान, यात्रोत्सव, नृत्यशाला, नाट्यशाला या दूसरी जगह, एक के होने पर दूसरे का वहाँ रहना जरूरी था। प्रभा सूर्य –प्रभा की भाँति अश्वघोष के हृदय –पद्म को विकसित रखती थी। दूध–सी छिटकी चाँदनी के प्रकाश में दोनों अकसर सरयू की रेत में जाते और प्रणय –लीला में ही अपना समय नहीं बिताते, बल्कि वहाँ कितनी ही बार जीवन की दूसरी गम्भीर बातें भी छिड़ जातीं । एक दिन उस चाँदनी में सरयू की काली धारा के पास श्वेत– सिकता पर बैठी प्रभा के रूप का चित्र वह अपने मन में खींचने लगा। एकाएक उसके मुँह से उद्गार निकल आया–

"प्रभा, तुम मेरो कविता हो। तुम्हारी ही प्रेरणा को पाकर मैंने 'उर्वशी–वियोग' लिखा। तुम्हारी यह रूपराशि मुझसे कितने ही काव्य–सौन्दर्य की रचना करायेगी। कविता भीतर की अभिव्यक्ति बाहर नहीं है, बल्कि वह बाहर की अभिव्यक्ति भीतर है, इस तथ्य को मुझे तुमने समझाया, प्रिये !"

प्रभा अश्वघोष की बात को सुनते –सुनते शीतल सिकतातल पर लेट रही। उसके दीर्घ अम्लान केशों को बालू पर फैलते देख अश्वघोष ने उसके सिर को अपनी गोद में ले लिया। नेत्रों को ऊपर की ओर करके प्रभा अश्वघोष के मुख की रूपरेखा देख रही थी। अश्वघोष की बात की समाप्ति पर पहुँचते देख प्रभा ने कहा–

"मैं तुम्हारी सभी बातें मानने के लिए तैयार हूँ। काव्य वस्तुतः साकार सौन्दर्य से प्रेरित हुए बिना पूर्ण नहीं होता। मैं भी तुम्हारा काव्यमय चित्रण करती, और मूक चित्रण मैं करती भी हैं, किन्तु कविता मेरे बस की बात नहीं है। मैंने उस दिन कहा था कि तुम्हें अपने भीतर दो अश्वघोषों को देखना चाहिए, जिनमें युग के महान् कवि शाश्वत अश्वघोष को ही ख्याल मुख्य होना चाहिए, क्योंकि वह एक व्यक्ति का नहीं, बल्कि विश्व की महानिधि है। कालकाराम के उस विद्वान् भिक्षु की बात याद है न , जिसे हम परसों देखने गए थे ?"

"वह अद्भुत मेधावी मालूम होता है।"

"हाँ, और बहुत दूर–दूर तक घूमा भी। उसका जन्म मिस्र की अलसन्दा (सिकन्दरिया) नगरी का है।"

"हाँ, मैंने सुना है, एक बात मुझे समझ में नहीं आती, प्रिये ! यवन सारे ही बौद्ध धर्म को क्यों मानते हैं ?"

"क्योंकि वह उनकी मनोवृत्ति और स्वतंत्र प्रकृति के अनुकूल मालूम होता है।"

"लेकिन बौद्ध सब को विरागी, तपस्वी और भिक्षु बनाना चाहते हैं ?"

"बौद्धों में गृहस्थों की अपेक्षा भिक्षु बहुत कम होते हैं और बौद्ध गृहस्थ जीवन का रस लेने में किसी से पीछे नहीं रहते।"

"इस देश में और भी कितने ही धर्म हैं, आखिर यवनों का बौद्धधर्म पर इतना पक्षपात क्यों ? यह फिर भी समझ में नहीं आता।"

"यहाँ बौद्ध ही सबसे उदार धर्म है। जब हमारे पूर्वज भारत में आए तो सब म्लेच्छ कहकर हमसे घृणा करते थे। आक्रमणकारी यवनों की बात मैं नहीं करती हैं; यहाँ बस जाने वाले अथवा व्यापार आदि के सम्बन्ध से आने वाले यवनों के साथ भी यही बर्ताव था किन्तु बौद्ध उनसे कोई घृणा नहीं करते थे। यवन वस्तुतः अपने देशों में भी बौद्धधर्म से परिचित हो गए थे !"

"अपने देश में भी ?"

"हाँ, चन्द्रगुप्त मौर्य के पौत्र अशोक के समय कितने ही बौद्ध–भिक्षु यवन लोक (यूनानी लोकों) में पहुँचे थे। हमारे धर्मरक्षित इस देश में आकर भिक्षु नहीं बने। वह मिस्र में अलसन्दा (सिकन्दरिया) के विहार में भिक्षु हुए थे।"

"मैं उनसे फिर मिलना चाहता हूँ, प्रभा !"

"जरूर मिलना चाहिए। वह तुम्हें और गंभीर बातें बतलाएँगे– बौद्धधर्म के बारे में ही नहीं, यवन–दर्शन के बारे में भी।"

"यवन भी दार्शनिक हुए हैं ?"

"अनेक महान् दार्शनिक, जिनके बारे में भदन्त धर्मरक्षित तुम्हें बतलाएँगे। किन्तु प्रिय, कहीं बौद्ध–दर्शन सुन प्रभा से वैराग्य न कर लेना ।" –कह प्रभा ने अपनी बाँहों में अश्वघोष को बाँध लिया, मानों उसे कोई छीने लिये जा रहा हो।

"कुछ बातें तो कालकाराम की मुझे भी बहुत आकर्षक मालूम हुई। ख्याल आता था , यदि हमारा सारा देश कालकाराम– जैसा होता।"

प्रभा ने बैठकर कहा–"नहीं, प्रिय ! कहीं तुम मुझे छोड़कर कालकाराम में न चले जाना।"

"तुम्हें छोड़ जाना जीते–जी ! असम्भव, प्रिये ! मैं कह रहा था वहाँ की भेद–भाव शून्यता के बारे में । देखो, वहाँ यवन धर्मरक्षित,

पार्शव (पर्सियन) सुमन जैसे देश–देशान्तर के विद्वान् भिक्षु रहते हैं और साथ ही हमारे देश के ब्राह्मण से चण्डाल तक सारे कुलों के भिक्षु एक साथ रहते, एक साथ खाते – पीते और एक साथ ज्ञान अर्जन करते हैं। कालकाराम के उन बूढ़े काले–काले भिक्षु का क्या नाम है?"

"महास्थविर धर्मसेन। वह साकेत के सभी विहारों के भिक्षुओं के प्रधान हैं।"

"सुना है, उनका जन्म–कुल चण्डाल है। और उनके सामने मेरे अपने चचा भिक्षु शुभगुप्त उकडूँ बैठ प्रणाम करते हैं। ख्याल करो , कहाँ शुभगुप्त एक समृद्ध श्रोत्रिय ब्राह्मण–कुल के विद्वान् पुत्र और कहाँ चाण्डाल–पुत्र धर्मसेन !"

"किन्तु महास्थविर धर्मसेन भी बड़े विद्वान् हैं।"

"मैं ब्राह्मणों के धर्म की दृष्टि से कहता हूँ, प्रभा ! क्या उनका बस चलता, तो धर्मसेन मनुष्य भी बन सकते थे, देवता बनकर पूजित होने की तो बात ही और ?"

"बुद्ध ने अपने भिक्षु– संघ को समुद्र कहा है। उस संघ में जो भी जाता है, वह नदियों की भाँति नाम–रूप छोड़ समुद्र बन जाता है।"

"और बौद्ध गृहस्थ भी, प्रिये ! वैसा ही क्यों नहीं करते ?"

"बौद्ध गृहस्थ देश के दूसरे गृहस्थों से छिन्न–भिन्न होकर रह नहीं सकते। आखिर उनके ऊपर परिवार का बोझ होता है।"

"मैं तो बहुत अच्छा समझता, यदि कालकाराम के भिक्षुओं की भाँति सारे पुर और जनपद (देहात) के लोग भेद–शून्य हो जाते—न कोई जाति का भेद होता, न कोई वर्ण का।"

"एक बात मैंने तुमसे नहीं कही, प्रिय ! तुम्हारे पिता ने एक दिन मेरे सामने पगड़ी रख दी, और कहने लगे कि प्रभा ! अश्वघोष को तू मुक्त कर दे।"

"गोया तुम्हारे मुक्त करने पर वह अपने पुत्र को पा सकेंगे ! तुमने क्या कहा, प्रभा ?"

"मैंने कहा, आपकी बात मैं अश्वघोष से कहूँगी।"

"और तुमने कह दिया। मुझे ब्राह्मणों के पाखण्डों से अपार घृणा है। घृणा से सारा गात्र जलता है। एक ओर वह कहते हैं कि हम अपने वेद–शास्त्र को मानते हैं। मैंने बड़े परिश्रम और श्रद्धा से उनकी सारी विद्याएँ पढ़ीं ; किन्तु वह क्या मानते हैं, मुझे तो कुछ समझ में नहीं आता। शायद वह केवल अपने स्वार्थ को मानते हैं। जब किसी को उनके पुराने ऋषियों के वचनों से निकाल कर दिखलाया, तो कहते हैं–इसका आजकल रिवाज नहीं है। रिवाज को ही मानो या ऋषि–वाक्यों को ही। यदि पुरानी वेद–मर्यादा को किसी ने तोड़ा, तभी न नया रिवाज चला ? कायर, डरपोक, स्वार्थी ऐसों को ही कहते हैं। बस , इन्हें मोटे बछड़ों का माँस और अपनी भूयसी दक्षिणा चाहिए; यह कोई भी ऐसा काम करने के लिए तैयार हैं, जिसमें इनके आश्रयदाता राजा और सामन्त प्रसन्न हों ।"

"गरीबों और जिनको यह नीच जातियाँ कहते हैं, वह सभी गरीब हैं–उनके लिए इनके धर्म में कोई स्थान नहीं है।"

"हाँ, यवन, शक, आभीर दूसरे देशों से आई जातियों को इन्होंने क्षत्रिय , राजपुत्र मान लिया; क्योंकि उनके पास प्रभुता थी , धन था। उनसे इन्हें मोटी–मोटी दक्षिणा मिल सकती थी। किन्तु अपने यहाँ के शूद्रों , चण्डालों, दासों को इन्होंने हमेशा के लिए वहीं रखा। जिस धर्म से आदमी का हृदय ऊपर नहीं उठता, जिस धर्म में आदमी का स्थान उसकी थैली या डंडे के अनुसार होता है, मैं उसे मनुष्य के लिए भारी कलंक समझता हूँ। संसार बदलता है; मैंने ब्राह्मणों के पुराने से आज तक के ग्रन्थों में आचार–व्यवहारों को पढ़कर वहाँ साफ परिवर्तन देखा है, किन्तु आज इनसे बात करो, तो वह सारी बातों को सनातन, स्थिर मनवाना चाहते हैं। यह केवल जड़ता है, प्रिये !"

"मैं तो कारण नहीं हो रही हूँ इन उद्गारों के लिए, मेरे घोष !"

"कारण होना प्रशंसा की बात है, मेरी प्रभा ! तुमने मेरी कविता में नया प्राण, नई प्रेरणा दी है। तुम मेरी अन्तर्दृष्टि में भी नया प्राण,

नई प्रेरणा दे मेरा भारी हित कर रही हो। किसी वक्त समझता था कि मैं ज्ञान के छोर पर पहुँच गया। ब्राह्मण इस झूठे अभिमान के बहुत आसानी से शिकार हो जाते हैं, किन्तु अब जानता हूँ कि ज्ञान ब्राह्मणों की श्रुतियों, उनकी ताल तथा भुर्जपत्र की पोथियों तक ही सीमित नहीं है; वह उनसे कहीं विशाल है।"

"मैं एक स्त्री–मात्र हूँ।"

"और जो स्त्री – मात्र होने से किसी को नीच कहता है, उसे मैं घृणा की दृष्टि से देखता हूँ।"

"यवनों में स्त्रियों का सम्मान तब भी दूसरे से ज्यादा है। उनमें आज भी चाहे निस्सन्तान मर जाय; किन्तु एक स्त्री के रहते दूसरे से ब्याह नहीं हो सकता।"

"और यह ब्राह्मण सौ–सौ ब्याह कराते फिरते हैं, सिर्फ दक्षिणा के लिए, छिः! मैं खुश हैं, जो कोई यवन ब्राह्मण–धर्म को नहीं मानता।"

"बौद्ध होने पर भी पूजा–पाठ के लिए हमारे यहाँ ब्राह्मण आते हैं।"

"जब उन्होंने अपने स्वार्थ के लिए यवनों को क्षत्रिय स्वीकार कर लिया है, तो उतना क्यों नहीं करेंगे–दक्षिणा की जो बात ठहरी।"

"तो क्या मैं तुम्हारे ब्राह्मणत्व के अभिमान को दूर करने में कारण तो नहीं बनी ?"

"बुरा नहीं हुआ। यदि ब्राह्मण–अभिमाने मुझमें और तुममें भेद डालना चाहता है, तो वह मेरे लिए तुच्छ, घृणास्पद वस्तु है।"

"यह जानकर मुझे कितनी खुशी है कि तुम मुझे प्रेम करते हो, घोष !"

"अन्तस्तम से प्रिये ! तुम्हारे प्रेम से वंचित अश्वघोष निष्प्राण जड़ रह जायेगा।"

"तो मेरे प्रेम का पुरस्कार, वरदान भी देना चाहते हो ?"

"उसी एक प्रेम को छोड़ कर सब कुछ ।"

"मेरा प्रेम यदि मेरे शाश्वत अश्वघोष, युग के महान् कवि अश्वघोष को जरा भी हानि पहुँचा सका, तो उसे धिक्कार है।"

"साफ कह, प्रिये !"

"प्रेम में मैं बाधा नहीं डालना चाहती; किन्तु मैं उसे तुम्हारे शाश्वत निर्माण में सहायक देखना चाहती हूँ। और यदि मैं न रही–"

अश्वघोष ने विक्षिप्त की भाँति खड़े हो प्रभा को उठाकर जब दृढ़तापूर्वक अपनी छाती और गले से लगाया , तो प्रभा ने देखा, उसके गाल भीगे हुए हैं। वह अश्वघोष को बार–बार चूमती और बार–बार दुलराती रही–"मेरे घोष !" फिर थोड़ा शान्त होने पर प्रभा ने कहा–"सुनो प्यारे, मेरा प्रेम तुमसे कुछ बड़ी चीज माँगना चाहता है, उसे तुम्हें देना चाहिए।"

"तुम्हारे लिए कुछ भी अदेय नहीं है, प्रिये !"

"फिर तुमने मुझे बात भी समाप्त नहीं करने दी ?"

"किन्तु तुम तो वज्र–अक्षर अपने मुंह से निकालना चाहती थीं।"

"लेकिन उस वज्र–अक्षर को शाश्वत अश्वघोष के हित के लिए कहना जरूरी है। मेरा प्रेम चाहता है महान् कवि अश्वघोष अपने शाश्वत कवि–रूप की भाँति प्रभा के प्रेम को शाश्वत समझे, उसे सामने बैठी प्रभा के शरीर से न नापे । शाश्वत अश्वघोष की प्रभा शाश्वत तरुणी, शाश्वत सुन्दरी है। मैं बस इतना ही तुम्हारे मन से मनवाना चाहती हूँ।"

"तो वास्तविक प्रभा की जगह तुम काल्पनिक प्रभा को मेरे सामने रखना चाहती हो ?"

"मैं दोनों को वास्तविक समझती हूँ, मेरे घोष ! फर्क इतना ही है कि उनमें से एक सिर्फ सौ या पचास वर्ष रहने वाली है , दूसरी शाश्वत। तुम्हारी प्रभा तुम्हारे 'उर्वशी–वियोग' में अमर रहेगी। मेरे प्रेम को अमर रखने के लिए तुम्हें अमर अश्वघोष की ओर ध्यान रखना होगा। और अब रात बहुत बीत गई, सरयू का तीर भी सोया मालूम होता है, हमें भी घर चलना चाहिए !"

"और मैंने अमर प्रभा का एक चित्र अपने मन पर अंकित किया है।"

"प्रियतम ! बस, यही चाहती हूँ।"–कहकर अश्वघोष के कपोलों पर अपने रेशम–जैसे कोमल केशों को लगा वह नीरव खड़ी रही।

7.

एक बड़ा आँगन है, जिसके चारों और बरामदा और पीछे तितल्ले मकान की कोठरियाँ हैं। बरामदों में अरगनों पर पीले वस्त्र सूख रहे हैं। आँगन के एक कोने में एक कुआँ तथा पास ही एक स्नान –कोष्ठक है। आँगन की दूसरी जगहों में कितने ही वृक्ष हैं , जिनमें एक पीपल का है। पीपल के गिर्द वेदी है और फिर हटकर पत्थर का कटघरा: जिस पर हजारों दीपकों के रखने के लिए स्थान बने हुए हैं। प्रभा ने घुटने टेक उस सुन्दर वृक्ष की वन्दना करके कहा–"प्रिये ! इसी जाति का वह वृक्ष था, जिसके नीचे बैठकर सिद्धार्थ गौतम ने अपने प्रयत्न, अपने चिन्तन द्वारा मन की भ्रान्तियों को हटा बोध प्राप्त किया , और तब से वह बुद्ध के नाम से प्रख्यात हुए। सिर्फ उसी मधुर स्मृति के लिए हम इस जाति के वृक्षों के सामने सिर झुकाते हैं।"

"अपने प्रयत्न, अपने चिन्तन द्वारा मन की भ्रान्तियों को हटा बोध प्राप्त करने का प्रतीक ! ऐसे प्रतीक की पूजा होनी चाहिए, प्रिये ! ऐसे प्रतीक की पूजा अपने प्रयत्न–आत्म–विजय–की पूजा है । फिर दोनों भदन्त धर्मरक्षित के पास गये। वह उस वक्त आँगन के एक बकुल वृक्ष के नीचे बैठे थे, जहाँ वनपुष्पित फूलों की मधुर सुगन्धि फैल रही थी। प्रभा ने बौद्ध उपासिका की भाँति पंच–प्रतिष्ठित से (पैर के दोनों पंजों, घुटनों, हाथ की दोनों हथेलियों और ललाट को धरती पर रखकर) वन्दना की। अश्वघोष ने खड़े ही खड़े सम्मान–प्रदर्शन किया। फिर दोनों जमीन पर पड़े चर्म–खंडों को लेकर बैठ गये। भदन्त के शिष्य अश्वघोष को बातचीत करने के लिए आया समझ वहाँ से हट गये।

साधारण शिष्टाचार की बातों के बाद अश्वघोष ने दर्शन की बात छेड़ी। धर्मरक्षित ने कहा –'ब्राह्मण–कुमार ! दर्शन को भी बुद्धों–ज्ञानियों के धर्म में बन्धन और भारी बन्धन (दृष्टि–संयोजन) कहा गया है।"

"तो भदन्त ! क्या बुद्ध के धर्म में दर्शन का स्थान नहीं है ?"

"स्थान क्यों नहीं, बुद्ध का धर्म दर्शनमय है; किन्तु बुद्ध उसे बेड़े की भाँति पार उतरने के लिए बतलाते हैं, सिर पर उठा कर ढोने के लिए नहीं।"

"क्या कहा, बेड़े की भॉति ?"

"हाँ, बिना नाव वाली नदी में लोग बेड़ा बाँधकर उससे पार उतर जाते हैं ; किन्तु पार उतरकर बेड़े की उन लकड़ियों को उपकारी समझ सिर पर ढोते नहीं फिरते ।"

"अपने धर्म के लिए भी जिस पुरुष को इतना कहने की हिम्मत थी, उसने जरूर सत्य और उसके बल को देखा होगा। भदन्त ! बुद्ध के दर्शन की कोई ऐसी बात बतलाएँ, जिसके जानने से हमें अपने मन से भी बहुत–सा समझ जाने में सुभीता हो !"

"अनात्मवाद है, कुमार ! ब्राह्मण आत्मा को नित्य, ध्रुव, शाश्वत तत्त्व मानते हैं, बुद्ध जगत् के भीतर–बाहर किसी ऐसे नित्य, ध्रुव, शाश्वत तत्त्व को नहीं मानते। इसीलिए उनके दर्शन को अनात्मवाद–अनित्यता, क्षण–क्षण उत्पत्ति–विनाश–का दर्शन कहते हैं!"

"मेरे लिए यह एक बात ही काफी है, भदन्त ! बेड़े की भाँति धर्म तथा अनात्मवाद की घोषणा करने वाले बुद्ध को अश्वघोष शतशः प्रणाम करता है। अश्वघोष जिसको हूँढ़ता था, उसे उसने पा लिया। मैं अपने भीतर अनुभव कर रहा था कुछ ऐसी ही लहरों को ; किन्तु मैं उसे नाम नहीं दे पाता था। आज बुद्ध की शिक्षा को लोक ने ठीक से माना होता, तो दुनिया दूसरी ही होती ।"

"ठीक कहा, कुमार ! हमारे यवन देश में भी महान् दार्शनिक पैदा हुए हैं, जिनमें पिथागोर, हेराक्लितु तो भगवान् के समय जीवित थे, सुक्रात, देमोक्रितु, अफलातूं, अरस्तु उनसे थोड़ा बाद में हुए। इन यवन दार्शनिकों ने; गम्भीर चिन्तन किया, किन्तु हेराक्लितु को छोड़ सभी शाश्वतवाद–नित्यवाद–से ऊपर नहीं उठ सके। वर्तमान का उन्हें हद से ज्यादा मोह था। यही करण था कि वह भविष्य को भी उससे बाँध रखना चाहते थे। हेराक्लितु अवश्य बुद्ध की भाँति जग को किसी दो क्षण भी वैसा ही नहीं मानता था ; किन्तु इसमें उसका एक वैयक्तिक स्वार्थ था।"

"दर्शन–विचार में वैयक्तिक स्वार्थ !"

"पेट सभी के पास होता है, कुमार ! उस वक्त हमारे एथेन्स नगर में गण–बिना राजा का राज्य था। पहले हेराक्लितु के परिवार की तरह के बड़े–बड़े सामन्त गण शासन के सूत्रधार थे, पीछे उनको हटाकर व्यापारियों–सेठोंने शासन–सूत्र अपने हाथ में लिया। इस अवस्था से हेराल्कितु असन्तुष्ट था। वह परिवर्तन चाहता था; किन्तु आगे जाने के लिए नहीं, बल्कि पीछे की ओर लौटने के लिए ।"

"हमें परिवर्तन चाहिए, किन्तु आगे बढ़ने के लिए, पीछे लौटने के लिए नहीं । मैं समझता हूँ, भदन्त ! अतीत मुर्दा है।"

"बिल्कुल ठीक कहा, कुमार ! बुद्ध परिवर्तन चाहते थे और बेहतर जगत् को लाने के लिए। भिक्षु –संघ को उन्होंने उसी भविष्य के जगत् के लिए एक नमूने के तौर पर पेश किया।"

"जहाँ जात–पाँत नहीं, जहाँ ऊँच–नीच नहीं।"

"जहाँ सबके लिए भोग समान है, जहाँ सबके लिए सेवा करना समान है। तुमने हमारे महास्थविर धर्मसेन को बाहर झाड़ू लगाते देखा होगा ?"

"वह काले–काले?"

"हाँ, वह हममें सबसे श्रेष्ठ हैं। हम रोज पंच–प्रतिष्ठित से उनकी वन्दना करते हैं। सारे कोसल–देश के भिक्षु–संघ के वह नायक हैं।"

"सुना है, वह चण्डाल–कुल के हैं?"

"भिक्षु–संघ कुल नहीं देखता कुमार ! वह गुण देखता है। वह अपनी विद्या और अपने गुणों से हमारे नायक हैं, हमारे पिता हैं। उनके भिक्षापात्र में यदि पात्र–चुपड़ने भर की भी कोई चीज मिल जाती है, तो वह बिना साथियों को दिये नहीं खाते। यही बुद्ध की शिक्षा है। पहनने के तीन कपड़ों, मिट्टी के भिक्षा–पात्र, सुई, जलछक्का, अस्तुरा और कमरबन्द के सिवाय हमारी सारी चीजें संघ के हैं। यह घर, बाग, पंच, पीठ आदि सब संघ के हैं। हमारे किसी–किसी विहार में खेत भी हैं, वह भी संघ के हैं। संघ देखकर एक आदमी को भिक्षु बनाता है, किन्तु जो संघ में प्रविष्ट हो गया–भिक्षु बन गया–वह सब के समान है।"

"इस तरह का संघ यदि सारे देश के लिए बनता ?"

"यह कैसे हो सकता है, कुमार ? राजा और धनी कब दूसरों को बराबर होने देंगे ? भिक्षुओं ने एक दास को संघ में दाखिल कर लिया था। संघ में दाखिल होते ही अब अदास–सब के समान था; किन्तु जिसका वह दास था, उसने हल्ला मचाना शुरू किया। दूसरे दास–स्वामी भी उसके साथ शामिल हो गए। राजा स्वयं हजारों दासों के स्वामी होते हैं। वह भी अपनी संपत्ति पर इस तरह का प्रहार कैसे सह सकते ? बुद्ध क्या करते, उन्होंने वचन दिया कि आगे से संघ दास को अपने भीतर नहीं लेगा। हमारा संघ विषमतापूर्ण समुद्र में एक छोटा–सा द्वीप है, इसलिए वह सुरक्षित नहीं है, जब तक कि संसार में इस तरह की गरीबी, इस तरह की दासता है।"

शरत की पूनो थी। शाम से ही चन्द्रमा का थाल पूर्व क्षितिज पर उग आया था ; और जैसे-जैसे क्षितिज पर फैली सूर्य की अन्तिम लाल किरणें आकश छोड़ रही थीं, वैसे ही वैसे चन्द्रमा की शीतल श्वेत किरणें प्रसारित हो रही थीं । अश्वघोष अब अधिकतर प्रभा के घर पर रहा करता था। दोनों छत पर बैठे थे , उसी समय प्रभा ने कहा-"प्रियतम ! मुझे सरयू की लहरें बुला रही हैं -वह लहरें, जिन्होंने सब से पहले तुम्हारा स्पर्श मेरे पास पहुँचाया था, जिन्होंने हमें प्रेम-सूत्र में बाँधा था। तब से दो वर्ष हो गए. किन्तु वह दिन आज ही बीता मालूम होता है। हमने कितनी चाँदनी रातें सरयू की रेत पर बिताई। वह कितनी मधुर होती हैं। आज फिर मधु - चाँदनी है ! प्रिय चलो चलें सरयू के तीर ।"

दोनों चल पड़े। धारा नगर से दूर थी। चाँदनी में चमकते सफेद बालू पर वह देर तक चलते गए। प्रभा ने अपने चप्पलों को हाथ में ले लिया था। उसे पैरों के नीचे दबती सिकता का स्पर्श सुखद लगता था। उसने अश्वघोष की कटि को अपने दोनों हाथों से लपेट कर कहा-"प्रिय ! इस सरयू की सिकता का स्पर्श कितना आह्लादक है ?"

"पैरों में गुदगुदी लगती है।"

"जिससे हर्षातिरेक हो रोमांच हो उठता है। प्यारी सरयू सरिता !"

"मैं कई बार सोचता था; प्रिये ! कि हम दोनों भाग चलें । भाग चलें उस देश में, जहाँ हमारे प्रेम की कोई ईर्ष्या करने वाला न हो। जहाँ तुम प्रेरणा दो, मैं गीत बनाऊँ और फिर वीणा पर हम दोनों गावें । यहाँ सिकता पर इस रात्रि में मैं अपनी वीणा नहीं ला सकता। लोग आ पहुँचेंगे, उनमें से कितनों की आँखें ईर्ष्या-कलुषित होंगी।"

"प्रिय ! बुरा न मानना। मैं कभी-कभी सोचती हूँ, जब मैं न रही-"

अश्वघोष ने बाँहों में कसकर प्रभा को छाती से लगा लिया और कहा-"नहीं प्रिये ! कदापि नहीं । हम इसी तरह रहेंगे।"

"मैं दूसरे अभिप्राय से कह रही हूँ, प्रिय ! मान लो, तुम न रहे, मैं अकेली रह गयी। दुनिया में ऐसा होता है कि नहीं ?"

"होता है।"

"अपनी बार तुम नहीं तिलमिलाये, घोष ! तुम्हारे न रहने पर शोक का पहाड़ केवल मेरे ऊपर टूटेगा इसीलिए न ?"

"तुम मेरे साथ कितनी निष्ठुरता दिखला रही हो, प्रभा !"

प्रभा ने ओठों को चूमकर अश्वघोष को हर्षोत्फुल्ल करते हुए कहा-"जीवन की कई दिशाएँ होती हैं। सदा पूर्णिमा ही नहीं, अमावस्या भी आती है। मैं यही कह रही थी कि एक के अभाव में दूसरे को क्या करना चाहिए। तुम्हारे न रहने पर , जानते हो, मैं क्या, करूंगी ?"

मुँह गिराकर लम्बी साँस ले अश्वघोष ने कहा-"कहो ।"

"मैं अपने जीवन का हर्गिज अन्त न करूंगी। भगवान् बुद्ध ने आत्म-हत्या को मूर्खतापूर्ण निन्दीय कर्म कहा है। तुमने देखा न , मैंने इधर वीणा में बहुत सफलता प्राप्त की है।"

"बहुत, प्रभा ! कितनी ही बार तुम्हें वीणा देकर मैं निश्चिंत हो गाता हूँ।"

"हाँ, तो उस वक्त मेरा अशाश्वत अश्वघोष मुझसे छिन जायेगा ; किन्तु मैं शाश्वत अश्वघोष-युग-युग के कवि-की आराधना करूंगी। तुम्हारी वीणा पर तुम्हारे गानों को गाऊँगी, सारे जम्बूद्वीप में और उससे बाहर भी, जीवन-भर जब तक कि हमारा जीवन-प्रवाह किसी दूसरे देश-काल में साकार हो फिर न सम्मिलित हो जायेगा। और मेरे न रहने पर तुम क्या करोगे, प्रियतम ?"

इन शब्दों को सुनकर अश्वघोष का अन्तस्तल से लेकर सारा शरीर काँप गया , जिसे प्रभा ने अनुभव किया। अश्वघोष बोलने का प्रयत्न कर रहा था, किन्तु उसका कंठ सूख गया था और उसकी आँखें बरसना चाहती थीं। कुछ क्षण के प्रयत्न के बाद उसने क्षीण-स्वर में कहा-"बड़ी निष्ठुरा होगी वह घड़ी ! किन्तु प्रभो ! मैं भी आत्महत्या न करूंगा। तुम्हारे प्रेम की प्रेरणा जो-जो गीत मेरे

उर में पैदा करेगी, उन्हें मैं गाऊँगा। जीवन के अन्त तक। मैं तुम्हारे शाश्वत अश्वघोष ..." अश्वघोष का कंठ रुद्ध हो गया।
"सरयू की धार सो रही है, प्रिय ! चलो. हम भी चलें ।"

9.

ग्रीष्म ऋतु थी। माता सुवर्णाक्षी बीमार हो गई। अश्वघोष दिन–रात माँ के पास रहता था। प्रभा भी दिन–भर वहीं रहती। चिकित्सा का कोई असर न हुआ, और सुवर्णाक्षी की अवस्था बिगड़ती ही गई। पूनो आई, दूध–सी चाँदनी छिटकी। सुवर्णाक्षी ने आज चाँदनी में ऊपर ले चलने को कहा। छत पर उनकी चारपाई पहुँचाई गई। उनका शरीर सिर्फ हड्डियों का कंकाल रह गया था। रह –रहकर अश्वघोष के हृदय में टीस लगती। माँ ने धीमे स्वर, किन्तु स्पष्ट अक्षरों में कहा–"पुत्र ! यह चाँदनी कितनी सुन्दर है !"
उसी वक्त अश्वघोष के कानों में प्रभा के शब्द गूंजने लगे–"मुझे सरयू की लहरें बुला रही हैं।" उसका कलेजा सिहर उठा। माँ ने फिर कहा–"प्रभा कहाँ है, पुत्र !"
"पिता के घर गई हैं, माँ ! शाम तक तो यहीं थी।"
"प्रभो ! मेरी बेटी ! अच्छा पुत्र, उसे कभी न भूलना ..."
शब्द समाप्त भी न होने पाये थे कि एक खाँसी आई, और दो हिचकियों के बाद सुवर्णाक्षी का शरीर निश्चल हो गया।
सुवर्णाक्षी गई। सुवर्णाक्षी– पुत्र का हृदय फटने लगा। वह रात–भर रोता रहा।

दूसरे दिन मध्याह्न तक वह माँ के दाहकर्म में लगा रहा। फिर उसे प्रभा याद आई। वह दत्तमित्र –भवन गया। माँ–बाप समझते थे, प्रभा अश्वघोष के पास होगी। अश्वघोष का हृदय रात के प्रहार से जर्जर हो रहा था , अब और चिन्तित हो उठा। वह प्रभा के शयनकक्ष में गया। वहाँ सभी चीजें सँभालकर रखी हुई थी। उसने पंलग पर फैलाई सफेद चादर को हटाया। वहाँ उसने अपने चित्र को देखा । प्रभा ने उसे एक आगन्तुक वनन चित्रकार से तैयार करवाया था, और इसके लिए अनिच्छावश अश्वघोष को कितने ही घण्टों बैठना पड़ा था। चित्र पर एक म्लान जूही की माला पड़ी थी। चित्र के नीचे प्रभा की मुद्रा से अंकित लपेटा तालपत्र –लेख था। अश्वघोष ने उसे उठा लिया। रस्सी के बन्धन पर मुहर लगी काली मिट्टी अभी सूखी न थी। अश्वघोष ने रस्सी को काटकर प्रभा की मुहर लगी मिट्टी को रख लिया। लम्बे पत्ते को फैलाने पर प्रभा के सुन्दर अक्षरों में वहाँ पाँच पंक्तियाँ थीं–
"प्रियतम ! प्रभा विदाई ले रही है। मझे सरय की लहरों ने बलाया है। मैं जा रही हूँ। तुमने मेरे प्रेम के लिए कोई वचन दिया है, याद है ? मै प्रभा के चिर–तारुण्य, उसके सदा एक–से रहने वाले सौंदर्य को दिये जा रही हूँ। अब तुम्हारी आँखों को पके बालों, टूटे दाँतों, बलित कटिवाली प्रभा कभी नहीं देखने को मिलेगी। मेरा प्रेम, यह शाश्वत यौवन तुम्हें प्रेरणा देगा। तुम उस प्रेरणा की अवहेलना न करना। प्रियतम ! यह न ख्याल करना कि मैं तुम्हारे कुटुम्ब की कलह का ख्याल कर आत्महत्या कर रही हूँ –सिर्फ तुम्हें काव्य–प्रेरणा देने के लिए मैं अपने अक्षुण्ण यौवन को प्रदान कर रही हूँ। प्रियतम ! प्रभा तुम्हारा अंतिम मानस आलिंगन और चुम्बन कर रही है।"
कई बार आँखों से आँसुओं को पोंछकर अश्वघोष ने पत्र को समाप्त किया। उसके बाद पत्र उसके हाथ से गिर गया। वह खुद चारपाई पर बैठ गया। उसका हृदय सुन्न हो रहा था। हृदय की गति के रुकने की वह तन्मय हो प्रतीक्षा कर रहा था। वह मिट्टी की मूर्ति की भाँति शून्य आँखों से ताकता रहा। कितनी ही देर तक इन्तजार करने के बाद प्रभा के पिता माता आए। उसकी उस अवस्था को देख वह बहुत शंकित हो गए। फिर पास में पड़े पत्र को उन्होंने पढ़ा। माँ के मुँह से चीत्कार निकली और वह धरती पर गिर पड़ी। दत्तमित्र नीरव अश्रुधारा बहाने लगे। अश्वघोष वैसी ही टकटकी लगाये देखता रहा। प्रभा के माँ –बाप देर तक उसकी यह अवस्था

देख चुपचाप चले गए। शाम हुई; रात आई, किन्तु वह वैसे ही बैठा रहा। उसके आँसू सूख गये और हृदय को काठ मार गया था। बड़ी रात गये वह वैसे ही बैठे–बैठे ऊँघकर लेट गया।

सवेरे जब प्रभा की माँ आई तो देखा कि अश्वघोष प्रकृतिस्थ हो किसी चिन्ता में बैठा है। माँ ने पूछा– "मन कैसा है ?"

"माँ ? अब मैं बिल्कुल ठीक हूँ। प्रभा ने जो काम मुझे सौंपा है, अब मैं वही करूँगा। मैंने नहीं समझा था; किन्तु प्रभा जानती थी। वह मेरे कर्त्तव्य को बतला गई है। आत्म–हत्या नहीं, प्रभा ने आत्म–दान दिया। हाँ, उस आत्म–दान को आत्महत्या में बदलना मेरे हाथ में है; किन्तु मैं ऐसा कृतघ्न नहीं हो सकता।"

"माँ ने अश्वघोष के भाव को समझा । अश्वघोष उठ खड़ा हुआ। माँ ने देखकर पूछा– "कहाँ चले, बेटा ?"

"भदन्त धर्मरक्षित से मिलना चाहता हूँ और सरयू को देखना भी।"

"भदन्त धर्मरक्षित नीचे बैठे हैं, और सरयू देखने मैं भी चलूँगी।" कहते – कहते उसका गला भर आया।

अश्वघोष ने नीचे जा भदन्त धर्मरक्षित को पंच–प्रतिष्ठित से वन्दना करके कहा– "भन्ते ! मुझे अब संघ में शामिल कीजिए।"

"वत्स ! तुम्हारा शोक दारुण है।"

"दारुण है; किन्तु मैं उसके कारण नहीं कह रहा हूँ। प्रभा ने मुझको इसके लिए तैयार किया है। मैं जल्दी नहीं कर रहा हूँ।"

"तो भी तुम्हें कुछ दिन ठहरना होगा, संघ इतनी जल्दी नहीं करेगा।"

"मैं प्रतीक्षा करूंगा, भन्ते ! किन्तु संघ की शरण में रहकर ।"

"पहले तुम्हें अपने पिता से आज्ञा लेनी होगी। माता पिता की आज्ञा के बिना संघ किसी को भिक्षु नहीं बनाता।"

"तो मैं आज्ञा लेकर आऊँगा।"

अश्वघोष घर से निकला। माँ उसके स्वस्थ–मस्तिष्क से ऐसे वचन सुनकर भी शंकित–हृदया थी, इसलिए वह भी पीछे–पीछे चली। सरयू पर नाव कर दोनों ने दिन भर नीचे की ओर धार को ढूँढ़ा; किन्तु कुछ पता नहीं मिला। अगले दिन और नीचे गये; किन्तु कहीं कुछ न था।

अश्वघोष ने घर जा पिता से भिक्षु होने के लिए आज्ञा माँगी ; किन्तु इकलौते बेटे को वह क्यों आज्ञा देने लगा ? फिर उसने कहा– "मैं माँ और प्रभा के शोक से पीड़ित हो ऐसा नहीं कर रहा हूँ, तात ! मैंने अपने जीवन के लिए जो कार्य चुना है, उसका यही रास्ता है। तुम देख रहे हो मेरे स्वर, मेरी चेष्टा में किसी प्रकार से चित्त–विकार की छाप नहीं है। मुझे इतना ही कहना है–यदि मुझे जीवित रखना चाहते हो, तो आज्ञा दे दो, तात !"

"अच्छा तो कल शाम तक सोचने का अवसर दो।"

"मैं सात दिन तक इन्तजार कर सकता हूँ, तात !"

दूसरे दिन शाम को पिता ने आँखों में आँसू भरकर उसे भिक्षु बनने की आज्ञा दे दी।

साकेत के आर्य सर्वास्तिवाद संघ ने अश्वघोष को भिक्षु बनाया। महास्थविर धर्मसेन उनके उपाध्याय और भदन्त धर्मरक्षित आचार्य बने । भदन्त धर्मरक्षित उसी समय नाव से पाटलिपुत्र (पटना) जाने वाले थे। उनके साथ ही अश्वघोष ने भी साकेत छोड़ा।

भिक्षु अश्वघोष को पाटलिपुत्र के अशोकाराम (मठ) में रहते दस साल हो गए थे। उन्होंने बौद्धधर्म के साथ बौद्ध-दर्शन तथा यवन-दर्शन का गम्भीर अध्ययन किया। मगध के महासंघ के विद्वानों में अश्वघोष का बहुत ऊँचा स्थान था। इसी समय पश्चिम से शक सम्राट कनिष्क पूर्व की विजय करते पाटलिपत्र पहुँचा। पाटलिपुत्र और मगध इस वक्त बौद्धधर्म के प्रधान केन्द्र थे। कनिष्क की बौद्धधर्म में भारी श्रद्धा थी। उसने भिक्षु संघ से गन्धार ले जाने के लिए एक योग्य विद्वान् माँगा। संघ ने अश्वघोष को प्रदान किया।

राजधानी पुरुषपुर (पेशावर) में जाकर अश्वघोष ने अपने को एक ऐसे स्थान में पाया जहाँ शक, यवन, तुरुष्क (तुर्क). पारसी तथा भारतीय संस्कृतियों का समागम होता था। यवन -नाट्यकला को अश्वघोष पहले ही भारतीय साहित्य में स्थान दिला चुके थे। यवन-दर्शन के गम्भीर विवेचन के बाद उन्होंने उसकी कितनी ही विशेषताओं, विश्लेषण-शैली तथा अनुकूल तत्त्वों को ले भारतीय दर्शन-विशेषकर बौद्ध-दर्शन-को यवन-दर्शन की देन से समृद्ध किया; अश्वघोष ने बौद्धों के लिए यवन-दर्शन से लेने का रास्ता खोल दिया। फिर तो दूसरे भारतीय विचारक भी मजबूर हुए, और वैशेषिक तथा न्याय इस रास्ते में सबसे आगे बढ़े -परमाणु, सामान्य, द्रव्य गुण, अवयवी आदि तत्त्व उन्होंने यवन-दर्शन से लिये।

प्रभा ने हृदय को विशाल कर दिया था, इसलिए भदन्त अश्वघोष को निज-परक विचार नहीं था। प्रभा की प्रेरणा से उन्होंने अनेक काव्य, नाटक, कथानक लिखे, जिनमें कितने तो लुप्त हो गए। फिर भी प्रकृति उनसे विशेष प्रसन्न मालूम होती है, तभी तो मध्य-एशिया की महावालुका राशि (गोबी) ने उन्नीस सौ वर्ष बाद उनके 'सारिपुत्र-प्रकरण' (नाटक) को प्रदान किया। उनके 'बुद्धचरित' और 'सौन्दरानंद अमर काव्य हैं। उन्होंने प्रभा के दिए वचन को अच्छी तरह निबाहा, और प्रभा के अम्लान सौन्दर्य ने उनके काव्य को सुन्दरतम बनाया, जन्मभूमि साकेत और माता सुवर्णाक्षी को उन्होंने कभी विस्मृत नहीं होने दिया और अपनी कृतियों में सदा अपने लिए 'साकेतक आर्यसुवर्णाक्षी-पुत्र अश्वघोष' लिखा।

सुपर्ण यौधेय (४२० ईसवीं)

काल : ४२० ई०

1.

मेरा भी भाग्यचक्र कैसा हैं। कभी एक जगह पैर जम नहीं सका। संसार के थपेड़ों ने मुझे सदा चंचल और विहल रखा। जीवन में मिठास के दिन भी आये, यद्यपि कटुता के दिनों से कम। और परिवर्तन तो जैसे वर्षान्त के बादलों की भाँति जरा दूर पर पानी, जरा दूर पर धूप। जान नहीं पड़ता यह परिवर्तन–चक्र क्यों घुमाया जा रहा है। पश्चिमी उत्तरापथ गन्धार में अब भी मधुपर्क में वत्समांस दिया जाता है, किन्तु मध्यप्रदेश (युक्तप्रान्त–बिहार) में गोमांस का नाम लेना भी पाप है—वहाँ गो–ब्राह्मण रक्षा सर्वश्रेष्ठ धर्म है। मुझे समझ में नहीं आता, आखिर धर्म में इतनी धूप–छाँह क्यों ? क्या एक जगह का अधर्म दूसरी जगह धर्म होकर चलता रहेगा, अथवा एक जगह परिवर्तन पहले आया है, दूसरी जगह उसी का अनुकरण किया जायेगा।

मैं अवन्ती (मालवा) के एक गाँव में क्षिप्रा के तट पर पैदा हुआ। मेरे कुलवाले अपने को मुसाफिर की तरह समझते थे , यद्यपि वहाँ उनके अपने खेत थे, अपने घर थे, जिन्हें वह अपने कन्धे पर उठाकर नहीं ले जा सकते थे ! मेरे कुलवालों के डीलडौल, रंगरूप में गाँव के और लोगों से कुछ अन्तर था—वह ज्यादा लम्बे–चौड़े, ज्यादा गौर, साथ ही दूसरों की शान न सहने वाले थे। मेरी माँ गाँव की सुन्दरतम् स्त्री थीं, उनके गौर मुखमंडल पर भूरे बाल बडे सुन्दर लगते थे। हमारे परिवार के लोग अपने को ब्राह्मण कहते थे , किन्तु मैं देखता था, गाँव वालों को इस पर सन्देह था। सन्देह की चीज भी थी। वहाँ के ब्राह्मणों में सुरा पीना महापाप था, किन्तु मेरे घर में वह बार–बार बनती और पी जाती थी। और उच्चकुलों में स्त्री–पुरुष का सम्मिलित नाच सुना भी नहीं जाता था, किन्तु मेरे कुल के सात परिवार जो कि एक से ही बढ़े थे–शाम से ही अखाड़े में जुट जाते थे। अत्यन्त बचपन में मैंने समझा, सभी जगह ऐसा ही होता होगा, किन्तु जब मैं गाँव के और लड़कों के साथ खेलते उनके व्यंग्य वचनों को समझने लगा तो मालूम हुआ कि वह हमें अद्भुत तरह के आदमी समझते हैं, और हमारी कुलीनता को मानते हुए भी हमारे ब्राह्मण होने में सन्देह करते हैं। हमारा गाँव एक बड़ा गाँव था, जिसमें दूकानें और बनियों के घर भी थे। वहाँ कुछ नागर परिवार थे, इन्हें लोग बनियाँ कहते, किन्तु वह स्वयं हमारी भाँति अपने को ब्राह्मण कहते। कई नागर कन्याएँ हमारे कुल में आई थी, यह भी एक कारण था, कि गाँव वाले हमें ब्राह्मण मानने के लिए तैयार न थे। उनके ख्याल में हम ब्राह्मणों के खान–पान, शादी–ब्याह के नियमों की अवहेलना करके कैसे ब्राह्मण हो सकते हैं ? मेरे साथी लड़के जब कभी नाराज हो जाते तो मुझे "जुझवा" कहकर चिढ़ाते। मैं माँ से बराबर पूछता, किन्तु वह टाल देती।

अब मैं कुछ सयाना हो गया था, दस साल की उम्र थी, और गाँव में एक ब्राह्मण गुरु की पाठशाला में पढ़ने जाता था। मेरे सहपाठी प्रायः सभी ब्राह्मण थे–लोगों के कहने के अनुसार सभी पक्के ब्राह्मण , और मैं तथा दो नागर विद्यार्थी थे जिन्हें हमारे साथी कच्चे ब्राह्मण, कहते थे। मैं गुरुजी का तेज विद्यार्थी था और उनका मुझपर, विशेष स्नेह रहता था। हमारे कुलवालों का स्वभाव मुझमें भी था, और किसी की बात को न सहकर मैं झगड़ पड़ता था। उस दिन मेरे किसी साथी ने ताना मारा – "ब्राह्मण बना है, जुझवा कहीं का।" मेरे चाचा के सरपुत (साले के पुत्र) ने मेरा पक्ष लेना चाहा, उसे भी कहा–"यवन कहीं का नागर ब्राह्मण बना है !" बचपन से छोटे बच्चों को भी ताना मारते सुनता था ; किन्तु, उस वक्त वह न उतना चुभता था, न उसके भीतर इतनी कल्पना उठने लगती

थी। पाठशाला में हम तीनों को छोड़ बाकी तीस विद्यार्थी थे। चार कन्याएँ भी थीं। जिनका रंग हम लोगों जैसा गोरा; शरीर हम जैसा लम्बा न था, तो भी हम देखते उनके सामने तीनों लोग झुकने के लिए तैयार थे।

उस दिन घर लौटते वक्त मेरा चेहरा बहुत उदास था। माँ ने मेरे सूखे ओंठों को देख मुँह चूमकर कहा–
"बेटा ! आज इतना उदास क्यों है?"
मैंने पहले टालना चाहा, किन्तु, बहुत आग्रह करने पर कहा– "माँ हमारे कुल के बारे में कोई बात है, जिसके कारण लोग हमें ब्राह्मण नहीं मानना चाहते !'
"हम परदेशी ब्राह्मण हैं, बेटा इसीलिए वह ऐसा ख्याल करते हैं।"
"ब्राह्मण ही नहीं अब्रह्मण भी माँ ! हमारे ब्राह्मण होने पर सन्देह प्रकट करते हैं।"
"इन्हीं ब्राह्मणों के कहने पर।"
"हमारे यजमान भी नहीं हैं। दूसरे ब्राह्मण पुरोहिती करते हैं। ब्रह्मभोज में जाते हैं, हमारे कुल में वह भी नहीं देखा जाता। और तो और ब्राह्मण हमें एक पंक्ति में खिलाते भी नहीं । माँ जानती हो तो बतलाओ।"
माँ ने बहुत समझाया, किन्तु मुझे सन्तोष नहीं हुआ। मेरा चित्त जब इस प्रकार चंचल रहता, उस वक्त मेरे नागर सहपाठियों और सम्बन्धियों की सहानुभूति मेरे साथ रहती थी, अथवा हम सभी एक–दूसरे के प्रति सहानुभूति प्रदर्शित कर लिया करते थे।

2.

समय और बीता; मैं तेरह वर्ष का हो गया और पाठशाला की पढ़ाई समाप्त होने वाली थी–मैंने अपने वेद , ऋग्वेद, ऐतरेय ब्राह्मण, व्याकरण, निरुक्त तथा कुछ काव्य पढे । गुरुजी का स्नेह मुझपर बढ़ता ही गया था। उनकी कन्या विद्या मुझसे चार वर्ष छोटी थी , पाठ याद करने में मैं उसकी सहायता करता था। और गुरुजी तथा गुरु –पत्नी के व्यवहार को देखकर विद्या भी मुझे बहुत मानती, मुझे भैया सुपर्ण कहती। मुझे गुरु–परिवार से कभी कोई शिकायत नहीं हो सकती थी, क्योंकि गुरु–पत्नी का स्नेह मेरे लिए माँ के समान था।

इसी वक्त फिर किसी सहपाठी ने मुझे 'जुझवा' का ताना मारा; और अकारण, क्योंकि अब मैं हर तरह से बचकर रहता था। कारण इसके सिवाय और कोई न था, कि पढ़ने–लिखने में बहुत तेज होने से मेरे सहपाठियों को मुझसे ईर्ष्या रहती थी। अब मेरी प्रकृति गम्भीर होती जा रही थी। मन उत्तेजित न होता हो यह बात न थी, किन्तु मैंने धीरे–धीरे अपने पर नियंत्रण करना सीखा था। मेरे दादा की आयु सत्तर वर्ष से ज्यादा थी, कितनी ही बार उनसे देश–विदेश, युद्ध–शान्ति की बातें सुनी थीं। मैं यह भी सुन चुका था कि इस ग्राम्य में पहले वही अपने भाइयों के साथ आये थे। मैंने आज दादा से अपने कुल के बारे में असली बात जानने का निश्चय कर लिया। गाँव से पूरब की ओर हमारा आमों का एक बाग था। आम खूब फले हुए थे, यद्यपि उनके पकने में देर थी; किन्तु अभी से सोना दासी ने वहाँ अपनी झोपड़ी लगा ली थी। मैंने सुन रखा था कि जब मेरे दादा गाँव में आये, उसी वक्त उन्होंने सोना को चालीस रौप्य मुद्रा (रुपये) में किसी दक्खिनी व्यापारी से खरीदा था –उस वक्त दक्खिन से दास–दासियों को बेचने के लिए कितने ही व्यापारी आया करते थे। सोना उस वक्त युवती थी, नहीं, तो दासियाँ उतनी महँगी न थीं। काली–कलूटी सोना के चमड़े अब झूल गये थे, उसके चेहरे पर चम्बल, बेतवा के टेढ़े–मेढ़े नाले खिंचे हुए थे, किन्तु कहा जाता है, जवानी में वह सुन्दर थी। दादा के वह

मुँह लगी रहती, खासकर जब वही दोनों रहते ! घनिष्ठता का लोग और–और अर्थ भी लगाते थे–एक विधुर स्वस्थ प्रौढ़ व्यक्ति के ऊपर वैसा सन्देह स्वाभाविक था।

शाम को दादा बाग जाया करते; एक दिन मै भी उनके साथ हो लिया ! दादा अपने मेधावी पोते पर बहुत स्नेह रखते थे। और बातें करते–करते मैंने कहा– "दादा ! मैं अपने कुल के बारे में तुमसे सच्ची बातें जानना चाहता हूँ। क्यों लोग हमें पक्का ब्राह्मण नहीं समझते, "जुझवा" कहकर चिढ़ाते हैं ? माँ से मैंने कई बार पूछा, किन्तु वह मुझे ठीक से बतलाना नहीं चाहती।"
"इसके पूछने की क्या जरूरत है, बच्चा ?"
"बहुत जरूरत है दादा ! यदि मैं असली बात को ठीक से जानता रहूँगा , तो अपने कुल पर होने वाले आक्षेपों का प्रतिकार कर सकँगा। मैं अब ब्राह्मणों के बारे में काफी पढ़ चुका हूँ दादा ! मुझमें इतना विद्याबल है, कि मैं अपने कुल में सम्मान को कायम रख सकूँ।"
"सो तो मुझे विश्वास है, किन्तु बच्चा ! तुम्हारी माँ बेचारी खुद हमारे कुल के बारे में नहीं जानती, इसलिए वह बतलाना नहीं चाहती है यह बात न समझो। जहाँ लोक में हमारे कुल की स्थिति का सम्बन्ध है, वह तो अब नागरों के सम्बन्ध ने तय कर दिया है। हमारी ब्याह–शादी उनके साथ होती है। अवन्ती और लाट (गुजरात) में उनकी संख्या भी बहुत है, इसलिए हमें तो उनके साथ डूबना–उतराना है, तुम्हारी पीढ़ी वस्तुतः यौधेय की अपेक्षा नागर ज्यादा है।"
"यौधेय क्या दादा ?"
"हमारे कुल का नाम है बच्चा ! इसी को लेकर लोग हमें 'जुझवा' कहते हैं।"
"यौधेय ब्राह्मण थे, दादा ?"
"ब्राह्मणों से अधिक शुद्ध आर्य ।"
"लेकिन ब्राह्मण नहीं ।"
"इसका उत्तर, 'हाँ' या 'नहीं' के एक शब्द में कहने की जगह अच्छा होगा कि मैं यौधेयों का परिचय ही तुम्हें दे दें। यौधेय शतद् (सतलज) और यमुना के बीच हिमालय से मरुभूमि के पास तरु के निवासी और स्वामी थे,सारे यौधेय स्वामी थे।"
"सारे यौधेय।"
"हाँ, उनमें कोई एक राजा न था, उनके राज्य को गण–राज्य कहा जाता था। गण या पंचायत सारा राजकाज चलाती थी। वह एक आदमी राजा के–राज्य के बड़े विरोधी थे।"
"ऐसा राज्य होना तो मैंने कभी नहीं सुना, दादा !"
"लेकिन ऐसा होता था बच्चा ! मेरे पास यौधेय गण के तीन रुपये हैं, मेरे पिता से वह मुझे मिले। देश से भागते वक्त उनके पास जो रुपये थे; उन्हीं में से यह हैं।"
"तो दादा ! तुम यौधेयों के देश में नहीं पैदा हुए !"
"मैं दस वर्ष का था जब मेरे पिता–माती को देश छोड़ना पड़ा, मेरे दो बड़े भाई थे, जिनके वंशजों को तुम यहाँ देखते हो।"
"देश क्यों छोड़ना पड़ा, दादा ?"
"पुरातन काल से वह यौधेयों की अपनी भूमि थी ! बड़े–बड़े प्रतापी राजा चक्रवर्ती–मौर्य, यवन, शक–भारतभूमि पर पैदा हुए. किन्तु किसी ने थोड़ा–सा कर ले लेने के सिवाय हमारे गण को नहीं छेड़ा। यही गुप्त, हाँ, इसी चन्द्रगुप्त–जो अपने को विक्रमादित्य कहता है, और जिसका दरबार कभी–कभी उज्जयिनी में भी लगा करता है–का वंश चक्रवर्ती बना; तो उसने यौधेयों का उच्छेद कर दिया।

यौधेय सबल चक्रवर्ती को कुछ भेट दे दिया करते थे, किन्तु गुप्त राजा इससे राजी नहीं हुआ। उसने कहा.–हम यहाँ अपना उपरिक (गवर्नर) नियुक्त करेंगे, यहाँ हमारे कुमारामात्य (कमिश्नर) रहेंगे; जिस तरह हम अपने सारे राज्य का शासन करते हैं, वैसा ही यहाँ भी करेंगे। हमारे गणनायकों ने बहुत समझाया, कि यौधेय अनादि काल से गण छोड़ दूसरे प्रकार के शासन को जानते नहीं हैं। किन्तु राजमत्त वह इसे क्यों मानने लगा ? आखिर यौधेयों ने अपनी इष्ट गणदेवी के सामने शपथ ले तलवार उठाई। उन्होंने बहुत बार गुप्तों की सेना को मार भगाया और यदि वह चौगुनी पँचगुनी तक ही रहती तो वह उनके सामने न टिकती। किन्तु लौहित्य (ब्रह्मपुत्र) से मरुभूमि तक फैले उसके महान् राज्य की सारी सेना के मुकाबिले में यौधेय कहाँ तक अपने को बचा पाते । यौधेय जीतते –जीतते हार गये, जन–हानि इतनी अधिक हुई ! गुप्तों ने हमारे नगर, गाँव सभी बर्बाद कर दिये, नर–नारियों का भीषण संहार किया। हमारे लोग तीस साल तक लड़ते रहे वह अधिक कर देने के लिए तैयार थे , किन्तु चाहते थे कि उनके देश की गण –शासन–प्रणाली अक्षुण्ण रहे।"

"कैसा रहा होगा वह गण–शासन दादा ?"

"उसमें हर एक यौधेय सिर ऊँचा करके चलता था, किसी के सामने दीनता दिखलाना वह जानता न था। युद्ध उनके लिए खेल था, इसीलिए उसके वंश का नाम यौधेय पड़ा था।"

"तो हमारी तरह और भी यौधेय होंगे न दादा ?"

"होंगे बच्चा ! किन्तु, वह तो सूखे पत्तों की भाँति हवा में बिखेर दिये गये हैं और हमारी तरह किसी नागर वंश में मिलकर आत्म –विस्मृत बन जाने वाले हैं ?"

"हम अपने को ब्राह्मण क्यों कहते हैं, दादा ?"

"यह और पुरानी कहानी है बच्चा ! पहले सब जगह राजा नहीं, गण ही का राज्य था । उस वक्त ब्राह्मण, क्षत्रिय का फर्क नहीं था !"

"ब्राह्म–क्षत्र एक ही वर्ण था, दादा ?"

"हाँ, जब जरूरत होती तो आदमी पूजा–पाठ करता, जब जरूरत होती खड्ग उठाता । किन्तु, पीछे विश्वामित्र, वशिष्ठ ने आकर वर्ण बाँटना शुरू किया।"

"तभी तो एक पिता के दो पुत्रों में कोई रन्तिदेव की भाँति क्षत्रिय, कोई गौरिवीति की भाँति ब्राह्मण ऋषि होने लगा।"

"ऐसा लिखा है, बच्चा ?"

"हाँ दादा ! वेद और इतिहास में ऐसा मिलता है कि संकृति ऋषि के ये दोनों पुत्र थे। यही नहीं , और भी कितनी ही विचित्रताएँ इन पुराने ग्रन्थों में मिलती हैं, जिन्हें आजकल के लोग विश्वास नहीं करेंगे, चर्मण्वती (चम्बल) के किनारे दशपुर को देखा है, दादा ?"

"हाँ, बच्चा ! कई बार। अवन्ती (मालवा) में ही तो है। मैं कितनी ही बार बारात गया हूँ। वहाँ नागरों के बहुत से घर हैं, जिनमें कितने ही भारी व्यापारी सार्थवाह हैं।"

"यही दशपुर रन्तिदेव की राजधानी थी। और चर्मण्वती नाम क्यों पड़ा, यह तो और अचरज की बात है।"

"क्या बच्चा ?"

"ब्राह्मण संकृति के पुत्र, किन्तु स्वतः क्षत्रिय राजा रन्तिदेव अपनी अतिथि –सेवा के लिए बहुत प्रसिद्ध हैं, वह सतयुग के सोलह महान् राजाओं में हैं। रन्तिदेव के भोजनालय में प्रतिदिन दो हजार गायें मारी जाती थीं। उनका गीला चमड़ा , रसोई में रखा जाता था, उसी का टपका हुआ जल जो बहा, वही एक नदी बन गया। चर्म से निकलने के कारण उसका नाम चर्मण्वती पड़ा।"

"क्या सच ही यह पुराने ग्रन्थों में लिखा है. बच्चा ?"

"हाँ, दादा ! महाभारत[1] में साफ लिखा है।"

(१. "राज्ञो महान् से पूर्व रन्तिदेवस्य वै द्विज !
अहन्यहनि वध्येते द्वे सहस्रे गवां तथा।"
"समांसं ददतो ह्यन्नं रन्तिदेवस्य नित्यशः।
अतुला कीर्तिरभन्नृवपस्य द्विजसत्तम !"–वनपर्व, २०८ ८–१०
"महानदी चर्मराशेरुक्लेदात् संसृजे यतः।
ततश्चर्मण्वतीत्येवं विख्याता सा महानदी ।" – शान्तिपर्व, २६–१२३)

"महाभारत में, पाँचवें वेद में ? गोमांस–भक्षण !"

"रन्तिदेव के यहाँ अतिथियों के खाने के लिए इस गोमांस के पकाने वाले दो हजार रसोइये थे दादा ! और जिस पर भी ब्राह्मण अतिथि इतने बढ़ जाते कि रसोइयों को मांस की कमी के कारण सूप ज्यादा ग्रहण करने की प्रार्थना करनी पड़ती थी।"

"ब्राह्मण गोमांस खाते थे, क्या कहते हो, बच्चा ?"

"महाभारत[2] , पाँचवाँ वेद झूठ कह सकता है, दादा ?"

(२. "सांकृति रन्तिदेवं च मृतं सञ्जय ! शुश्रुम।
आसन् द्विशत्साहस्रा तस्य सूदा महात्मनः ।।
गृहानभ्यागतान् विप्रान् अतिथीन् परिवेषकाः ।'–द्रोणपर्व, ६७ ॥१–२
"तत्र स्म सूदाः क्रोशान्ति सुमृष्टमणिकुण्डलाः ।।
सूपं भूयिष्टमश्नीध्वं नाद्य मांसं यथा पुरा।" द्रोणपर्व, ६६ ॥१५–१६
"सूपं भूमिष्टमश्नीध्वं नाद्य भोज्यं यथा पुरा ।।'–शान्तिपर्व, २७–२८)

"क्या दुनियाँ इतनी उलट–पलट गई है?"

"उलटी–पुलटी जाती है, दादा ! तो भी अपने को पक्का ब्राह्मण कहने वाले यह दिवान्ध सबकी आँखें मुँदवाना चाहते हैं। मुझे विश्वास हो गया कि हमारे पूर्वज यौधेय लोग ब्राह्मणों के छलछंद फैलने से पहले के रीति–रिवाज, धर्म–कर्म पर चलते थे।"

"हाँ, और वह ब्राह्मणों को कभी अपने से ऊँचा नहीं मानते थे।"

"यहाँ आकर दादा ! तुमने अपने लड़कों–भतीजों की शादी आवन्तक (मालवीय) ब्राह्मणों को छोड़ नागरों में क्यों की ?"

"दो कारण थे: एक तो ये ब्राह्मण हमारे कुल के बारे में संदेह कर रहे थे , किन्तु उससे कुछ नहीं होता, चाहते तो हम खास ब्राह्मण कन्याओं से ब्याह कर लेते । हमने नागरों से ब्याह–शादी इसीलिए करनी शुरू की, कि वह भी हमारी भाँति ज्यादा गौर होते हैं, और हमारी ही भाँति ब्राह्मणों के न मानने पर भी अपने को ब्राह्मण कहते हैं।"

"नागर कौन हैं, दादा ?"

"ब्राह्मण, सिर्फ ब्राह्मण कहने से तो नहीं मानते, वह तो पूछते हैं कहाँ के ब्राह्मण, कौन गोत्र ! ये हमारे सम्बन्धी लोग नगरों में बसते थे, इसलिए इन्होंने अपने को नागर ब्राह्मणप कहना शुरू किया, जैसे कि हम अपने को यौधेय ब्राह्मण कहते हैं।"

"लेकिन वह वस्तुतः हैं कौन, दादा ?"

"समुद, तीर के यवन हैं, बच्चा। उनमें बहुत से ब्राह्मण नहीं; बौद्ध धर्म को मानते हैं। उज्जयिनी में जाने पर मालूम होगा। अभी तो

ऐसे भी बहुत से हैं, जो अपने को साफ यवन कहते हैं। ब्राह्मण इन्हें क्षत्रिय मानने के लिए बहुत कह रहे हैं।"
"तो वर्ण और जातियाँ इस मानने-मनवाने पर चल रही हैं, दादा ?"
"देखने में तो ऐसा ही आ रहा हे, बच्चा !"

3.

मैं अब बीस साल का बलिष्ठ सुन्दर तरुण था और अपने गाँव में पढ़ना समाप्त कर उज्जयिनी के बड़े-बड़े विद्वानों का विद्यार्थी था। मेरी माँ के ननिहाल के लोग उज्जयिनी के धनाढय नागरों में से थे, और उन्होंने आग्रह करके मुझे अपने पास रखा था। मेरे जैसे गाँव के विद्यार्थी के लिए उज्जयिनी विस्तृत संसार को देखने के लिए गवाक्षसी थी। कालिदास का नाम और उनकी कुछ कविताओं को मैं पहले पढ़ चुका था, किन्तु यहाँ कुछ दिन उस महान् कवि के पास पढ़ने का सौभाग्य प्राप्त हुआ। कवि का चन्द्रगुप्त विक्रमादित्य के दरबार में बहुत मान था, इसलिए वह बहुत समय उज्जयिनी से अनुपस्थित रहते थे। मुझे अपने कविगुरु का अभिमान था ; किन्तु कालिदास के राजा के सम्बन्ध की दास-मनोवृत्ति बहुत बुरी लगती थी। उस समय कवि "कुमारसम्भव" लिख रहे थे, मुझे उन्होंने बतलाया था, कि विक्रमादित्य के पुत्र कुमारगुप्त को ही मैं यहाँ शंकरपुत्र कुमार कार्तिकेय के नाम से अमरता प्रदान करना चाहता हूँ। मेरे निस्संकोच कटाक्ष से उसके कड़वा होते भी कवि नाराज न होते थे। मैंने एक दिन कहा-
"आचार्य ! आपकी काव्य-प्रतिभा का राज्य अनन्त काल के लिए है, और चन्द्रगुप्त, कुमारगुप्त का राज्य सिर्फ उनके जीवन भर के लिए, फिर अपने को क्यों राजाओं के सामने इतना अकिंचन बनाते हैं ?"
"विक्रमादित्य वस्तुतः धर्म का संस्थापक है, सुपर्ण ! उसने देखो, हूणों से भारतभूमि को मुक्त किया।"
"किन्तु, उत्तरापथ (पंजाब) और कश्मीर में अब भी हूण हैं, आचार्य !"
"बहुत भाग से उन्हें निकाला।"
"राजा इस तरह एक-दूसरे को निकाला ही करते हैं, और दूसरे की जगह अपने राज्य को स्थापित करते हैं।"
'किन्तु, गुप्त-वंश गो-ब्राह्मण-रक्षक है।"
"आचार्य ! मूढ़ों को भरमाने वाली ऐसी बातों के सुनने की आशा मैं आपसे नहीं रखता। आप जानते हैं , हमारे पूर्वज ऋषि गोरक्षा करते थे, किन्तु गोभक्षण के लिए 'मेघदूत[3]' में आप ही ने चर्मण्वती (चम्बल) को गाय मारने से उत्पन्न रन्तिदेव की कीर्ति लिखा है।"
"तुम धृष्ट हो सुपर्ण ! मेरे प्रिय शिष्य !"
(३. "व्यालम्बेथाः सुरभितनयालम्भजां मानविष्यन् ।
स्त्रोतोमूर्त्या भूविपरिणतां रन्तिदेवस्य कीर्तिम् ।"-मेघदूत १४५)
"यह मैं सुनने के लिए तैयार हैं, लेकिन मैं यह सहने के लिए तैयार नहीं हूँ कि मेरा अनन्त काल का चक्रवर्ती इन धर्मध्वंसक गुप्त राजाओं के सामने घुटने टेके ।"
"तुम उनको धर्मध्वंसक कहते हो सुपर्ण ?"
"हाँ, जरूर। नन्दों, मौर्यो, यवनों, शकों और हूणों ने भी जो पाप नहीं किया, वह इन गुप्तों ने किया। भारतमही से इन्होंने गण-राज्यों का नाम मिटा दिया।"
"गण-राज्य इस युग के अनुकूल न थे सुपर्ण ! यदि समुद्रगुप्त ने इन गुणों को कायम रखा होता, तो उन्होंने हूणों तथा दूसरे शत्रुओं को परास्त करने में सफलता न पाई होती।"

"सफलता अपना राज्य स्थापित करने की , दूसरे चन्द्रगुप्त मौर्य बनने की ! लेकिन चाणक्य की अप्रतिम बुद्धि की सहायता से स्थापित और व्यवस्थापित मौर्य साम्राज्य भी बहुत दिनों नहीं चला। विक्रमादित्य और कुमारगुप्त के वंशज भी यावच्चन्द्र दिवाकर शासन नहीं करेंगे; फिर इन्होंने प्रजा के शासन के चिन्हों तक को जो मिटा दिया, यह किस धर्म-काम के लिए ? क्या अनादि काल से चले आते गणों में प्रजा-शासन का उच्छेद करना महान् अधर्म नहीं है ?"

"लेकिन, राजा विष्णु का अंश है।"

"कुमारगुप्त भी अपने साथ मोर का चित्र खिंचवाएगा, और कल को कोई कवि उसे कुमार का अवतार कहेगा। यह धोखा, यह पाखंड किसलिए ? गंधशालि का भात और मधुर मांस-सूप के लिए, राष्ट्र की सारी सुन्दरियों को रनिवास में भरने के लिए , कृषि और शिल्प के काम में मरने वाली प्रजा की गाढ़ी कमाई को मौज करने में करने पानी की तरह बहाने के लिए ! और इसके लिए आप गुप्तों को धर्म-संस्थापक राजा कहते हैं। विष्णु ? हाँ, गुप्त वैष्णव कहलाने का बड़ा ढोंग रच रहे हैं. ब्राह्मण उन्हें विष्णु का अंश बना रहे हैं, उनके सिक्के पर लक्ष्मी की मूर्ति अंकित की जा रही है। विष्णु की मूर्तियों और देवालयों पर प्रजा को भूखा मारकर , लूट कर खूब रुपये खर्च किये जा रहे हैं, इस आशा पर कि गुप्त-वंश का राज्य प्रलय-काल तक कायम रहे।"

"लेकिन, क्या कह रहे हो सुपर्ण! तुम राजा के विरुद्ध इतनी कड़ी बात कह रहे हो।"

"अभी आचार्य ! सिर्फ तुम्हारे सामने कह रहा हूँ, फिर किसी समय परमभट्टारक महाराजाधिराज कुमारगुप्त के सामने भी कहूँगा। मेरे लिए इस ढोंग को जीते जी बर्दाश्त करना मुश्किल है। किन्तु, वह आगे और शायद दूर की बात है, मैं तो चाहता हूँ कि आप भी अश्वघोष के चरणों पर चलते ।"

"किन्तु प्रिय ! मैं सिर्फ कवि हूँ, अश्वघोष महापुरुष और कवि दोनों थे। उनके लिए संसार के भोग कोई मूल्य न रखते थे, मेरे लिए विक्रमादित्य के रनिवास जैसी सुन्दरियाँ चाहिए, जदम्बरवर्ण (लाल) द्राक्षी सुरा चाहिए, प्रासाद और परिचारक चाहिए। मैं कैसे अश्वघोष बन सकता हूँ ? मैंने 'रघुवंश' के बहाने गुप्तों के रघुवंशित्व की प्रशंसा की जिससे प्रसन्न हो विक्रमादित्य ने यह प्रासाद दिया, कांचनमाला जैसी यवन-सुन्दरी प्रदान की, जो पन्द्रह साल से मेरे पास रहने पर भी अपने पिंगल-केशों में मुझे बाँधे फिरती है। मैंने यह 'कुमारसम्भव' की नींव रखी है, देख यह भी क्या मेरे पास लाता है।"

"मैं नहीं समझता आचार्य ! यदि आप 'बुद्धचरित' और 'सौंदरानन्द' ही लिखते, तो भूखों मरते, या भोग से सर्वधा वंचित होते, पर आपको भ्रम है, कि बिना राजाओं की चापलूसी के आपका जीवन बिल्कुल नीरस होता। आपने आने वाले कवियों के लिए बुरा उदाहरण रखा, सभी कालिदास के अनुकरण के नाम पर अपने दोषों को छिपायेंगे।"

"मैं उस तरह के भी काव्य लिखूँगा।"

'किन्तु ऐसा कुछ भी नहीं लिखेंगे जिसमें गुप्तों के पापघट पर प्रहार होगा !"

"वह हमसे नहीं होगा, सुपर्ण ! हम इतने सुकुमार हो गये हैं।"

"और राजाओं के हर पाप के लिए धर्म की दोहाई भी देंगे ?"

"उसकी तो जरूरत है, बिना उसके राजशक्ति दृढ़ नहीं हो सकती। वशिष्ठ, और विश्वामित्र ने भी ऐसा करना जरूरी समझा।"

"वशिष्ठ और विश्वामित्र भी कवि कालिदास ही की भाँति प्रासाद और सुन्दरी के लिए यह सब पाप करने पर उतारू थे।"

"सुपर्ण ! पुस्तक की विद्या के अतिरिक्त सुना है, तुम युद्ध-विद्या भी सीख रहे हो। यदि तुम्हारी सम्मति हो, तो परमभट्टारक से कहूँ, तुम्हें कुमारामात्य या सेनानायक के पद पर देखकर मुझे बहुत खुशी होगी, महाराज भी पसन्द करेंगे।"

"मैं किसी को अपना शरीर न बेचूँगा, आचार्य !"

"अच्छा राज-पुरोहितों में स्थाने कैसा रहेगा ?"

"ब्राह्मणों के स्वार्थीपन से मुझे बहुत चिढ़ है।"
"तो क्या करोगे ?"
"अभी विद्या और पढ़ने को है।

4.

उज्जयिनी में रहते मैंने अपनी विद्या की पिपासा को तृप्त करने का ही मौका नहीं पाया , बल्कि जैसा कि मैंने कहा, मुझे विस्तृत संसार को जानने का भी मौका मिला। वहाँ मैंने नजदीक से देखा, किस तरह ब्राह्मणों ने अपने को राजाओं के हाथों में पूर्णतया बेच डाला है। कोई समय था, जबकि दूसरों के न स्वीकार करने पर भी मुझे ब्राह्मण होने का भारी अभिमान था, गाँव छोड़ने से पहले ही यह अभिमान जाता रहा था। गाँव से नगर में आने पर मैंने असली यवनों को देखा, जोकि भरुकच्छ (भड़ोच) से अक्सर उज्जयिनी आते थे, और वहाँ उनकी कितनी ही बड़ी–बड़ी पण्यशालाएँ थी; मैं कितने ही शक–आभीर परिवारों में गया, जिनके पूर्वज शताब्दी ही पहले उज्जयिनी, लाट (गुजरात) और सौराष्ट्र (काठियावाड़) के शासक महाक्षत्रप थे। मैंने पक्के नारंग–स्पर्धा गाले, रोमहीन मुख, गोल–गोल आँखों वाले हूणों को भी देखा। युद्ध में वह निपुण हो सकते थे, किन्तु वैसे उन्हें प्रतिभा का धनी नहीं पाया। इस तरह के पुरुषों के देखने के सबके अच्छे स्थान बौद्धों के विहार (मठ) थे, जो एक से अधिक संख्या में उज्जयिनी के बाहर मौजूद थे। मेरे मातुल–कुल के लोग बौद्ध थे, और कितने ही नागर भिक्षु भी इन मठों में रहते थे, इसलिए मुझे अक्सर वहाँ जाना पड़ता था।

पुस्तक की पढ़ाई समाप्त कर मैंने देशाटन द्वारा अपने ज्ञान को बढ़ाना चाहा , उसी वक्त मुझे पता लगा कि विदर्भ में अचिन्त्य (अजन्ता) विहार नाम का एक बहुत प्रसिद्ध विहार है, जहाँ संसार के सभी देशों के बौद्ध भिक्षु रहते हैं। मैं वहाँ गया।

अब तक मैं जहाँ गया था पास में काफी संबल, तथा सहायक साथियों के साथ गया था, अब की बार यह पहला समय था कि मैं निस्सहाय निस्संबल निकला था। रास्ते में चोरों का डर न था, गुप्तों के इस प्रबंध की प्रशंसा करनी होगी। किन्तु क्या गुप्त–शासन ने देश के प्रत्येक परिवार को इतनी समृद्ध कर दिया है, जिससे कि बटमारी–राजनी उठ गई ? नहीं, गुप्त राजाओं ने कर उगाहने में अपने पहले के सारे शासकों को मात कर दिया, राज–प्रासादों के बनाने पर कभी इतना धन नहीं खर्च किया गया होगा और उनके सजाने में तो और भी ह्द की गई। पहाड़ों, नदियों, पुष्करिणियों, समुद्रों को सशरीर उठाकर उन्होंने अपने रम्य प्रासादों के पास रखने के कोशिश की। उनके क्रीड़ा–वन वस्तुतः वन से मालूम होते हैं– जिनमें पिंजड़ों में हिंस–पशु रहते, और बाहर मृग गवय घूमते। क्रीड़ा–पर्वत में स्वाभाविक शैल–पार्वत्य, वन, जल–प्रपात बनाये जाते। सरोवरों को पतली नहरों से मिला सेतु और नावें दिखलाई जातीं। प्रासाद के भीतर के सामान में हाथी, सोना, रूपा, नाना रत्न, चीनाशुक (रेशमी वस्त्र), महार्घ कालीन आदि प्रचुर परिमाण में होते। प्रासादों को सजाने में चित्रकार अपनी तूलिका का चमत्कार दिखलाते, मूर्तिकार पाषाण या धातु की सुन्दर मूर्तियों का यथास्थान विन्यास करते। विदेशी यात्रियों और राजदूतों के मुख से इन चित्रों और मूर्तियों की मैंने भूरि –भूरि प्रशंसा सुनी है, जिससे मेरा सिर गर्वोन्नत जरूर हुआ; किन्तु जब मैं क्षुद्र गाँवों के गरीब घरों की अवस्था देखता तो उज्जयिनी के उन प्रासादों पर जल–भुन जाता– मानो, पास के गढ़े–गड़हियाँ जैसे गाँव में उनी दीवारों और टीलों के कारण होती हैं, उसी तरह यह दरिद्रता उन्हीं प्रासादों के कारण है।

नगरों, निगमों (कस्बों) ही नहीं गाँवों में भी चतुर शिल्पी नाना भाँति की वस्तुएँ बनाते –कातने वाली सूक्ष्म तन्तुओं, तन्तुवाय सूक्ष्म वस्त्रों को तैयार करते, स्वर्णकार, लौहकार, चर्मकार कपनी–अपनी वस्तुओं के बनाने में कौशल दिखलाते, राजप्रासादों की कलापूर्ण वस्तुओं के तैयार करने वाले हाथ इन्हीं हाथों के सगे सम्बन्धी हैं, किन्तु जब मैं उनके शरीरों, उनके घरों को देखता हूँ तो पता लगता कि अनके हाथ के निर्मित सारे पदार्थ उनके लिए सिर्फ सपने की माया हैं। वह गाँवों से सिमिट –सिमिट कर नगरों, निगमों के सौधों, प्रासादों या पण्यागारों में चले जाते; फिर वहाँ से भी उनका बहुत–सा भाग पश्चिमी समुद्र के भरुकच्छ आदि तीर्थों से पारस्य (ईरान) या मिस्र का रास्ता लेता या पूर्वी समुद्र के ताम्रलिप्त (तमलुक) से यवद्वीप (जावा). सुवर्णद्वीप (सुमात्रा) पहुँच जाता। भारत का सामुद्रिक वाणिज्य इतना प्रबल कभी नहीं हुआ, और अपने पण्यों के लिए समुद्र पार की लक्ष्मी कभी भारत में इतनी मात्रा में नहीं आई होगी, किन्तु उससे लाभ किसको ? सबसे अधिक गुप्त राजाओं को, जो हर पण्य पर भारी कर लेते हैं, फिर सामन्तों को, जो बड़े–बड़े राजपदों या जागीरों के स्वामी हैं, और शिल्पियों और बनियों दोनों से लाभ उठाते हैं। सार्थवाहों तथा बनियों का नाम अन्त में आने पर भी वह इस लूट के छोटे हिस्सेदार नहीं हैं। इस सबके देखने से मुझे साफ हो गया कि गाँव के कृषक और शिल्पी क्यों इतने गरीब हैं, और मार्गों और राजपथों को सुरक्षित रखने के लिए गुप्त राजा क्यों इतने तत्पर मालूम होते हैं।

गाँवों में दरिद्रता है, किन्तु, एक दिल दहलाने वाला दृश्य वहाँ कम दिखलाई पड़ता। वहाँ, पशुओं की भाँति बिकने वाले दास–दासियों का हाट न लगता, न उनके नंगे शरीरों पर कोड़े पड़ने के दृश्य दिखलाई देते। मेरे गुरु कालिदास ने एक प्रसंग में कहा था, दास–दासी पुरुविले कर्म से होते हैं। जिस दिन मैंने उनके मुँह से यह बात सुनी, उसी दिन पुरुविले जन्म से मेरा विश्वास उठ गया। गुप्तों ने जिस तरह धर्म को सैकड़ों तरह से अपनी सत्ता दृढ़ करने के लिए इस्तेमाल करने में उतावलापन दिखलाया, उससे इस समय यह ख्याल हर समझदार के मन में आना स्वाभाविक था। किन्तु जब मैं साधारण प्रजा को देखता तो वह इस तरफ से बिल्कुल उदास थी। क्यों ? शायद वह अपने को बेबस पाती थी। ग्रामवासी सिर्फ अपने गाँव भर की दुनिया की खोज–खबर लेते थे, गाँव की अंगुल भर भूमि के लिए वह उसे तरह लड़ सकते थे, जिस तरह कि शायद कुमारगुप्त भी अपनी किसी भुक्ति (प्रान्त, सूस) के लिए न लड़ता। किन्तु देखें, गाँव की सीमा के बाहर कुछ भी होता हो, उसकी उन्हें पर्वाह नहीं। मुझे एक गाँव की घटना याद है, एस गाँव में चालीस के करीब घर थे, सभी फूस की छतों वाले । गर्मी में चूल्हे से एक घर में आग लग गई। सारे गाँव के लोग पानी ले–लेकर उस घर की ओर दौड़ गये, किन्तु, एक घर के दम्पति घड़ों में पानी भर अपने घर के पास बैठे रहे। सौभाग्य से उस गाँव में ऐसा घर एक ही था। नहीं तो गाँव का एक घर भी भी न बचता। इस वक्त मुझे यौधेयी का गण याद आया, जहाँ एक राष्ट्र के सभी घर अपने सारे राष्ट्र के लिए मरने –जीने को तैयार थे। वैसे तो समुद्रगुप्त, चन्द्रगुप्त, कुमारगुप्त की दिग्विजियों के लिए भी लाखों ने प्राण दिये, किन्तु दासों की भाँति दूसरे के लाभ के लिए, स्वतंत्र मानव की भाँति अपने और अपनों के हित के लिए नहीं। मेरा रोआँ काँप उठता, जबकि प्रजा पर सिर्फ एक सौ वर्ष के इस गुप्त शासन के प्रभाव को ख्याल करता। मैं सोचता यदि ऐसा शासन शताब्दियों तक चलता रहा, तो यह देश सिर्फ दासों का देश रह जायेगा, जो सिर्फ अपने राजाओं के लिए लड़ना–मरना भर जानेंगे, उनके मन से यह ख्याल ही दूर हो जायेगा, कि मानव के भी कुछ अधिकार हैं।

अचिन्त्य विहार बड़ा ही रमणीय विहार था। एक हरितवसना पर्वत–स्थली को एक अर्धचन्द्राकार प्रवाह वाली नदी काट रही थी, इसी क्षुद्र किन्तु, सदानीरा सरिता के बायें तट पर अवस्थित शैल को काट कर शिल्पियों ने कितने ही गुहामय सुन्दर प्रतिमागेह, निवास–स्थान तथा सदा–भवन बनाये हैं। इन गुहाओं को भी प्रासादों की भाँति चित्रों, मूर्तियों से सजाया गया है, यद्यति वह कई

पीढ़ियों में और शायद सैकड़ों पीढ़ियों के लिए। अचिन्त्य विहार के भित्ति –चित्र सुन्दर हैं, पाषाण–शिल्प सुन्दर हैं; किन्तु वह गुप्त राजप्रासादों का मुकाबिला नहीं कर सकते, इसलिए वह मेरे लिए उतने आकर्षक नहीं थे। हाँ, मेरे लिए आकर्षक थी यहाँ की भिक्षु–मंडली, जिनमें देशान्तरों के व्यक्ति बड़े प्रेमाभाव से एक साथ एक परिवार की तरह रहते। वहाँ मैंने सुदूर चीन के भिक्षु को देखा , पारसीक और यवन भिक्षुओं को देखा, सिंहल, यव, सुवर्ण, द्वीप वाले भी वहाँ मौजूद थे; चम्पा द्वीप, कम्बोज–द्वीप के नाम और सजीव मूर्तियाँ वहीं सुनने और देखने में आई। कपिशा , उद्यान, तुषार, कूचा के सर्वपिंगल पुरुष भिक्षुओं के कषाय को पहने वहीं मिले।

मुझे बाहर के देशों के बारे में जानने की बड़ी लालसा थी , और यदि यह विदेशी भिक्षु एक–एक करके मिले होते, तो मैं उनके पास एक–एक साल बिता देता, किन्तु यहाँ इकट्ठे इतनी संख्या में मिल जाने के कारण दरिद्र की निधि की भाँति मैं आपको सँभालने में असमर्थ समझने लगा।

दिङ्नाग का नाम मैंने अपने गुरु के मुख से सुना था। कालिदास गुप्तराज , राजतंत्र तथा उसके परम –सहायक ब्राह्मण धर्म के जबरदस्त समर्थक थे; और किसी अभिप्राय से यह मैं पहले बतला चुका हूँ। वह दिङ्नाग को इस काम में जबरदस्त बाधक समझते थे। वह कहते थे, इस द्रविड़ नास्तिक के सामने विष्णु क्या, तैंतीस कोटि देवताओं का सिंहासन हिलता है। धर्म के नाम पर राजा और ब्राह्मणों के स्वार्थ के लिए हम जो कुछ कूट मंत्रणा कर रहे हैं, उसका रहस्य इससे छिपा नहीं है। मुश्किल यह थी, कि उसे बूढ़ा वसुबन्धु जैसा गुरु मिल गया था। वसुबन्धु को कालिदास ज्ञान –वारिधि कहते थे। भदन्त वसुबन्धु चन्द्रगुप्त विक्रमादित्य द्वितीय की राजधानी अयोध्या में दरबारी के तौर पर नहीं, बल्कि स्वतंत्र सम्मनित गुरु के तौर पर कई साल रहे, और पीछे गुप्तों की नीच भावना से निराश हो अपनी जन्म–भूमि पुरुषपुर (पेशावर) चले गये। दिङ्नाग ने लोहे के तीर या खड्ग को नहीं , बल्कि उससे भी तीक्ष्ण ज्ञान और तर्क के शस्त्र को वितरण करने का व्रत लिया है। उनसे आधा घण्टा बात कर लेने ही में ब्राह्मणों का सारा मायाजाल काई की भाँति बँट जाता है। मैं छैः मास अचिन्त्य विहार में रहा , और प्रतिदिन दिङ्नाग के मुख से चारों ओर प्रकाश के फैलाने वाले उनके उपदेशों को सुनता था , मुझे इस बात का अभिमान है, कि मुझे दिङ्नाग जैसा गुरु मिला। उनका ज्ञान अत्यन्त गम्भीर है , उनके वचन आग के दहकते अंगारों की भाँति थे। मेरी ही भाँति वह संसार के पाखंड, माया–जाल को देख क्रोधोन्मत्त हो जाते। एक दिन वह कह रहे थे–

"सुपर्ण ! प्रजा के ही बल पर हम कुछ कर सकते थे, किन्तु प्रजा दूर तक बहक चुकी है। तथागत (बुद्ध) ने जाति–वर्ण के भेद को उठा डालने के लिए भारी प्रयास किया था। उसमें कुछ अंश में उन्हें सफलता भी हुई। देश के बाहर से यवन , शक, गुर्जर, आभीर, जो लोग आये, उन्हें ब्राह्मण म्लेच्छ कहकर घृणा करते थे; किन्तु तथागत के संघ ने उन्हें मानवता के समान अधिकार को प्रदान किया। कुछ सदियों तक जान पड़ा कि भारत से सारे भेद–भाव मिट जायेंगे, किन्तु भारत के दुर्भाग्य से इसी वक्त ब्राह्मणों के हाथ में गुप्त राजसत्ता आ गई। गुप्त स्वयं जब पहले आये थे, तो ब्राह्मण उन्हें म्लेच्छ कहते थे, किन्तु कालिदास ने उनके गौरव को बढ़ाने के लिए 'रघुवंश' और कुमारसंभव' लिखा है। गुप्त अपने राजवंश को प्रलय तक कायम रखने की चिन्ता में पागल हैं, ब्राह्मण उन्हें इसका विश्वास दिला रहे हैं। हमारे भदन्त वसुबन्धु ऐसा विश्वास नहीं दिला सकते थे , वह खुद लिच्छिवियों के गणतंत्र के आधार पर निर्मित भिक्षु संघ के सच्चे अनुयायी थे। बौद्धों को ब्राह्मण जबरदस्त प्रतिद्वन्दी समझते हैं, वह जानते हैं कि सारे देशों के बौद्ध गोमांस खाते है, जिसे वह नहीं छोड़ेंगे, इसलिए इन्होंने भारत में धर्म के नाम पर गोमांस वर्जन –गो–ब्राह्मण– रक्षा का प्रचार शुरू किया है। बौद्ध जाति वर्ण–भेद को उठाना चाहते हैं। ब्राह्मणों ने अब वर्ण–बहिष्कृत यवन, शक आदि को ऊँचे–ऊँचे वर्ण देने शुरू किये हैं। यह

जबरदस्त फन्दा है, जिसमें कितने ही बौद्ध गृहस्थ भी फँसते जा रहे हैं। यह फूट से प्रजा की शक्ति को छिन्न-भिन्न कर वह राजशक्ति और ब्राह्मण-शक्ति को दृढ़ करना चाहते हैं, किन्तु इसका परिणाम घातक होगा, सुपर्ण। देश के लिए, क्योंकि दासों की शक्ति के बल पर कोई राष्ट्र शक्तिशाली नहीं हो सकता।"

मैंने अपने यौधेयों के आत्मोत्सर्ग की कहानी कही, तो आचार्य का हृदय पिघल गया। जब मैंने यौधेयगण के पुनरुज्जीवन की अपनी लालसा को उनके सामने प्रकट किया, तो उन्होंने कहा-"मेरी सदिच्छा और आशीर्वाद तुम्हारे साथ है। उद्योगी पुरुष सिंह को विघ्न-बाधाओं से नहीं डरना चाहिए।

उनके आशीर्वाद को लेकर मैं जा रहा हूँ यौधेयों की भूमि की ओर, चाहे तो उस मृत भूमि का फिर से उत्थान करूँगा, या रेत के पद-चिह्न की भाँति मिट जाऊँगा।

दुर्मुख (६३० ईसवीं)

काल : ६३० ई०

1.

मेरा नाम हर्षवर्धन है। शीलादित्य या सदाचार का सूर्य मेरी उपाधि है। चन्द्रगुप्त द्वितीय ने अपने लिए विक्रमादित्य (पराक्रम का सूर्य) उपाधि पसन्द की और मैंने यह कोमल उपाधि स्वीकार की। विक्रम में दूसरे को बचाने, दूसरे को सताने की भावना होती है, किन्तु शील (सदाचार) में किसी को दबाने–तपाने की भावना नहीं है। गुप्तों ने अपने लिए परम वैष्णव कहा –मेरे ज्येष्ठ भ्राता राज्यवर्धन–जिनको गौड़ शशांक ने विश्वासघात से तरुणाई में ही मार डाला और जिसका स्मरण करके आज भी मेरा दिल अधीर हो जाता है–परम सौगत (परम बौद्ध) थे; सुगत (बुद्ध) की भाँति वह क्षमा–मूर्ति थे। सदा उनका चरण –सेवी मानते हुए मैंने अपने लिए परम माहेश्वर (परम शैव) होना पसंद किया; किन्तु शैव होने पर भी मेरे हृदय में बुद्ध की भक्ति कितनी है , इसे भारत ही नहीं भारत के बाहर की दुनिया भी जानती है। मैंने अपने राज्य के सारे धर्मों का सम्मान किया है– प्रजा–रंजन के ही लिए नहीं, बल्कि अपने शील (सदाचार) के संरक्षण के लिए भी। हर पाँचवें साल राजकोष के बचे धन को प्रयाग में त्रिवेणी के तीर ब्राह्मणों और श्रमणों (बौद्ध भिक्षुओं)में बाँटता था। इससे भी सिद्ध होगा , कि मैं सभी धर्मों की समान अभिवृद्धि चाहता रहा। हाँ , मैंने समुद्रगुप्त की भाँति दिग्विजय के लिए यात्रा की थी, लेकिन वह शीलादित्य नाम धारण करने से पहले। यह आप न ख्याल करें कि यदि दक्षिणापथ के राजा पुलकेशी के सम्मुख असफल न हुआ होता, तो विक्रमादित्य की तरह ही कोई पदवी मैं भी धारण करता। मैं सारे भारत का चक्रवर्ती होकर भी चन्द्रगुप्त नहीं, अशोक के कलिंग विजय की भाँति पश्चाताप कर शील द्वारा मनुष्य की विजय करता–मेरा स्वभाव ऐसा ही कोमल है।

राज्य स्वीकार करने से मैं इन्कार करता रहा , क्योंकि स्थाण्वीश्वरपति महाराज प्रभाकरवर्धन का पुत्र , कान्यकुब्जाधिपति परमभट्टारक महाराजाधिराज राज्यवर्धन का अनुज हो, मैंने राज्य–भोगों को देखकर नहीं, भोग कर असार–सा समझ लिया था। भ्राता के मारे जाने के बाद कितने ही समय तक मैं राजसिंहासन पर बैठने से इन्कार करता रहा। यदि भाई के हत्यारे से प्रतिशोध का क्षत्रियोचित विचार मन में न उठ आया होता, तो शायद मैं कान्यकुब्ज के सिंहासन पर बैठता ही नहीं, और वह मेरी बहन राज्यश्री के पति कुल –मौखरि–कुल– में चला जाता, जो कि वस्तुतः हमारे भाई से पहले वहाँ के गुप्तों के चले जाने पर राज्य का शासन करता था। यह सब मैं इसलिए कहता हूँ कि मेरे बाद आने वाले समझे कि हर्ष ने स्वार्थ की दृष्टि से अपने सिर पर राजमुकुट नहीं रखा। मुझे अफसोस है, मेरे दरबारी चापलूसों ने–राजा चापलूसों से पिंड छुड़ा नहीं सकते, यही बड़ी मुश्किल है–मुझे भी समुद्रगुप्त और चन्द्रगुप्त विक्रमादित्य के रंग में रँगना चाहा, किन्तु उनकी यह बातें मेरे साथ न्याय नहीं; अन्याय के लिए हैं।

मैंने राज्य स्वीकार किया, सिर्फ शील (सदाचार), धर्म पालने के लिए सारे प्राणियों के हित के लिए। मैंने विद्यादान को भारी दान समझा, इसीलिए गुप्तों के वक्त से बढ़ती चली आती नालन्दा की समृद्धि को और भी बढ़ाया, जिसमें कि वहाँ दस सहस्त्र देशी–विदेशी विद्वानों और विद्यार्थियों को आराम के साथ विद्याध्ययन करने का सुभीता हो। विद्वानों का सम्मान करना मेरे लिए सबसे खुशी की

बात थी, इसीलिए मैंने चीन के विद्वान् भिक्षु–वेन चांग का दिल खोलकर सम्मान किया। वाण की अद्भुत काव्य–प्रतिभा को देखकर मैंने उसे भुजंगता (लम्पटता) से हटाकर अच्छे रास्ते पर लगाना चाहा–यद्यपि वह बहुत ऊपर नहीं उठ सका और कालिदास के कदमों पर चल सिर्फ खुशामदी कवि ही बना रहा। किन्तु मगध के एक छोटे से गाँव से निकालकर उसे विश्व के सामने रखने का प्रयास मेरे विद्या–प्रेम का ही द्योतक था।

मैं चाहता था, सभी अपने–अपने धर्म का पालन करें। अपने धर्म पर चलना ही ठीक है। इसी से संसार में शान्ति और समृद्धि रहती है, और परलोक बनता है। सभी वर्ण वाले अपने वर्ण –धर्म का पालन करें, सभी आश्रम वाले अपने आश्रम का पालन करें, सभी धर्ममत अपने श्रद्धा–विश्वास के अनुसार पूजा–पाठ करें–इसके लिए मैं सदा प्रयत्नशील रहा।

कामरूप (आसाम) से सौराष्ट्र (काठियावाड़) और विन्ध्य से हिमालय तक अपने विस्तृत राज्य में न्याय का राज्य स्थापित किया। मेरे अधिकारी (अफसर) जुल्म न करने पायें, इसके लिए समय–समय पर मैं स्वयं दौरा करता था। मैं इसी तरह के एक दौरे पर था, जबकि ब्राह्मण बाण मेरे बुलाने पर मेरे पास आया था । अपने जाने उसने मेरी कीर्ति बढ़ानी चाही, किन्तु मैं समझता हूँ, यात्रा में भी जिस तरह के मेरे राजसी ठाट–बाट का वर्णन उसने किया है, वह मेरा नहीं, किसी विक्रमादित्य के दरबार का हो सकता है। मेरी जीवनी (हर्ष–चरित) वह चुपके–चुपके लिख रहा था। मुझे एक दिन पता लगा, तो मैंने पूछा। उसने लिखित अंश मुझे दिखाया। मैंने उसे बहुत नापसंद किया और डाँटा भी, जिसका एक परिणाम तो जरूर हुआ कि वह उतने उत्साह से आगे न लिख सका। उसकी 'कादम्बरी' को मैंने अधिक पसंद किया–यद्यपि उसमें राजदरबार, रनिवास, परिचारक–परिचारिकाः प्रासाद, आराम आदि का ऐसा वर्णन किया गया है, जिससे लोगों को खामखाह भ्रम होगा कि यह सारा वर्णन मेरे ही राज –दरबार का है। मुझे अपनी पारसीक रानी से बहुत प्रेम रहा है। वह नौशेरवाँ की पोती ही नहीं है , बल्कि अपने गुणों और रूप से किसी भी पुरुष को मोह सकती है। बाण ने उसी का महाश्वेता के नाम से वर्णन किया। मेरी सौराष्ट्री रानी कुछ उमर ढलने पर आई थी। उसके दिल को सन्तुष्ट करने , उसके निवास को सजाने के लिए मैंने कुछ विशेष आयोजन किया था। बाण ने उसे ही कादम्बरी और उसके निवास के रूप में अंकित कर दिया है। बाण की रचना में इन दो बातों को छोड़ बाकी किसी वर्णन को मेरा नहीं समझना चाहिए, या बहुत अतिशयोक्तिपूर्ण समझना चाहिए।

मैं अपने अन्तिम दिनों में अनुभव कर रहा हूँ, कि बाण मेरा हितैषी साबित नहीं होगा। बाण के 'हर्षचरित' ही में नहीं, 'कादम्बरी' में भी जो कुछ राजा और उनके ऐश्वर्य के बारे में वर्णन किया गया है; उसे लोग मेरा ही वर्णन कहेंगे। और फिर 'नागानन्द', 'रत्नावली' और 'प्रियदर्शिका' नाटकों को उसने मेरे नाम से लिखकर तो और भी अनर्थ किया है। लोग कहेंगे, कीर्त्ति का भूखा होकर हर्ष ने पैसे दे दूसरे के ग्रन्थों को अपने नाम पर मोल खरीदा। मैं सच कहता हूँ, मुझे इस बात का पता बहुत पीछे लगा, जबकि हजारों विद्यार्थी मेरे नाम से इन ग्रन्थों को पढ़ चुके थे और कितनी ही बार वे खेले भी जा चुके थे।

मैं अपनी प्रजा को सुखी देखना चाहता था। मैंने उसे देखा। मैं अपने राज्य को शान्त और निरापद देखना चाहता था। अन्त में यह साध भी पूरी होकर रही और लोग उसमें सोना उछालते हुए एक जगह से दूसरी जगह जा सकते थे।

मेरे कुल के बारे में अभी ही पीठ –पीछे लोग कहने लगे हैं कि वह बनियों का कुल है। यह बिल्कुल गलत है। हम वैश्य क्षत्रिय हैं ,

बनिये नहीं। किसी समय हमारे शातवाहन –कुल में सारे भारत का राज्य था। शातवाहन राज्य के ध्वंस के बाद हमारे पूर्वज गोदावरी–तीर के प्रतिष्ठानपुर (पैठन) को छोड़ स्थाण्वीश्वर (थानेसर) चले आये। शातवाहन (शालिवाहन) वंश कभी बनिया नहीं था, यह सारी दुनिया जानती है; यद्यपि उसका शक क्षत्रियों के साथ शादी–ब्याह होता था; जो राजाओं के लिए उचित ही है। मेरी भी प्रिया महाश्वेता पारसीक राजवंश की है।

2.

बाण मेरा नाम है। मैंने कितने ही काव्य–नाटक लिखे हैं, जिनकी कसौटी पर ही लोग मुझे कसना चाहेंगे, इसीलिए मुझे यह लेख लिखकर छोड़ना पड़ रहा है। मुझे निश्चय है कि वर्तमान राजवंश के समय तक यह लेख नहीं प्रकट होगा। मैंने इसके रखने का इन्तजाम किया है। आने वाले लोग मेरे बारे में गलत धारणा रखने से बच जायेंगे, यदि मेरी प्रसिद्ध पुस्तकें पढ़ने के पहले इस लेख को पढ़ लेंगे।

राजा हर्ष ने भरी सभा में मुझे भुजंग (लम्पट) कहा था, जिससे लोगों को भ्रम हो सकता है। मैं धनी पिता का लाड़ला पुत्र था। भास, कालिदास की कृतियों को पढ़कर मेरी तबियत रंगीन हो गई थी, इसमें सन्देह नहीं। मेरे पास रूप और यौवन था। मुझे देशाटन का शौक था। मैंने यौवन का आनन्द लेना चाहा, और चाहता तो अपने पिता की भाँति घर पर ही वह ले सकता था , किन्तु मुझे वह भारी पाखंड जँचा– भीतर से काम–स्वेच्छाचारी होते हुए भी बाहर से अपने को जितेन्द्रिय , संयमी, पुजारी, महात्मा प्रकट करना मुझे बहुत बुरा लगता । मैंने जीवन –भर इसे पसन्द नहीं किया। जो कुछ किया, प्रत्यक्ष किया। पिता ने अपने असवर्ण पुत्र को स्वीकार कर सिर्फ एक ही बार हिम्मत दिखलाई थी; किन्तु, वह तरुणाई का 'पाप' गिना जा सकता था। मैंने देखा, जवानी के जिस आनन्द को मैं लेना चाहता हूँ, उसे अपनी जन्मभूमि में नहीं ले सकता। वहाँ सारे जाति–कुल वाले बिगड़ जायेंगे, फिर धन–वित्त से भी हाथ धोना पड़ेगा। मुझे एक अच्छा ढंग याद आया। मैंने अपनी एक नाटक–मंडली बनाई—हाँ, मगध से बाहर जाकर । फिर मेरे तरुण मित्र वहीं थे, जो गुणी और कला–कुशल थे। धूर्त, खुशामदी, मूर्ख बनाने वाले मित्रों को मैं कभी पसन्द नहीं करता था। मैंने अपनी मंडली में कितनी ही सुन्दर तरुणियों को भी शामिल किया, जिनमें सभी वार–वनिताएँ (वेश्याएँ) नहीं थीं। इसी यात्रा में मैंने अभिनय करने के लिए 'रत्नावलि', प्रियदर्शिका' आदि नाटक–नाटिकाएँ लिखीं। मैंने तरुणाई के आनन्द के साथ कला को भी मिला दिया, और इसमें कला की जो सेवा हुई उसे देखते हुए सहृदय पुरुष मेरी प्रशंसा ही करेंगे। मैंने जीवन का आनन्द लिया , साथ ही आपको 'रत्नावलि', 'प्रियदर्शिका' आदि प्रदान की। दूसरे भोगी हैं, जो सिर्फ अपने आनन्द–भर को ही सब कुछ समझते हैं।

लोग कहेंगे, मैंने राजा हर्ष को प्रसन्न करने के लिए अपने नाटकों को उसके नाम से प्रकट कर दिया। उन्हें यह मालूम नहीं कि जिस वक्त प्रवास में ये नाटक लिखे गये थे, उस वक्त मैं हर्ष का सिर्फ नाम–भर जानता था। उस वक्त मुझे यह भी पता न था कि कभी हर्ष मुझे बुलाकर अपना दरबारी कवि बनायेंगे। मैंने इन नाटकों का कर्ता हर्ष को सिर्फ अपने को छिपाने के लिए प्रकट किया। इन नाटकों के पढ़ने वाले उनके मूल्यों को जानते हैं। वह बिल्कल नये थे। मेरे दर्शकों में गुणी जनों की संख्या भी होती थी। पंडित , राजा, कलाविद् खास तौर से उन्हें देखने आते थे। यदि उनको पता लग जाता तो मैं नाटक–मंडली का सूत्रधार न रह पाता। लोग महाकवि बाण के पीछे पड़ जाते। मैंने हर्ष को छोड़ कामरूप (आसाम) से सिन्धु और हिमालय से सिंहल के अनुराधपुर तक के राजदरबारों को अपने नाटक दिखलाये थे। ख्याल कीजिये, यदि कामरूपेश्वर, सिंहलेश्वर तथा कुन्तलेश्वर को पता लग जाता कि नाटकों का

महाकवि यही बाणभट्ट है, तो फिर मेरे पर्यटन, मेरे आनन्दानुभव को , क्या होता ? मैं दरबारी कवि नहीं बनना चाहता था। यदि हर्ष के राज्य में बसता न होता, तो उसका भी दरबारी कवि न बनता। मेरे पास पिता की काफी सम्पत्ति थी।

आपको ख्याल हो सकता है, हर्ष के कहने के अनुसार मैं निरा भुजंग –वेश्या, लम्पट–था। मेरी मंडली में वार–वनिताएँ बहुत कम आई । जो आई, उन्हें मैंने नृत्य–संगीत–अभिनय–कला के ख्याल से लिया। मेरे नाट्य –गगन की तारिकाएँ दूसरी ही तरह आती थीं। आगे क्या होगा, नहीं जानता; किन्तु इस वक्त देश की सारी तरुणियाँ राजाओं और उनके सामन्तों की सम्पत्ति समझी जाती हैं–चाहे वे ब्राह्मण की कन्याएँ हों या क्षत्रिय की। मेरी बुआ को मगध के एक मौखरि सामन्त ने जबरदस्ती रख लिया था। वह मर गया, और बुआ की आयु भी गिर गई. तो वह हमारे घर रहा करती थीं। मेरे ऊपर उनका परम स्नेह था। मैंने उनके उस सामन्त – सम्बन्ध की ओर कभी ख्याल नहीं किया। आखिर उस अबला का दोष क्या था ? सुन्दर तरुणियाँ कम होती हैं, किन्तु, जब उनके प्रथम अधिकारी कुछ थोड़े–से सामन्त हों, तो एक–एक सामन्त पर उनकी कितनी संख्या पड़ेगी, इसे आप खुद समझ सकते हैं। सामन्तों और राजाओं ने इन तरुणियों के स्वीकार के कई तरीके निकाले थे। कोई –कोई पति के पास जाने से पहली रात को उन्हें अपनी समझते थे। इसे लोग धर्म–मर्यादा समझने लगे थे और अपनी बेटियों, बहओं तथा बहनों को डोलियों पर बैठाकर अन्तःपुर में एक रात के लिए पहुँचाते थे। डोला न भेजने का मतलब था सर्वनाश। पसन्द आने पर वह रनिवास में रख ली जाती थी –रानी के तौर पर नहीं, परिचारिका के तौर पर। रानी बनने का सौभाग्य तो सिर्फ राजकुमारियों और सामन्त–कुमारियों को ही हो सकता था। अंतःपुर (रनिवास) की इन हजारों–हजार तरुणियों में अधिकांश ऐसी थीं, जिन्हें एक दिन से अधिक राजा या सामन्त का समागम नहीं प्राप्त हुआ। बतलाइए, उनकी तरुणाई उनसे क्या माँगती होगी ? मेरी अभिनेत्रियाँ अधिकतर इन्हीं रनिवासों से आती थीं, और चोरी से भागकर नहीं। इसे बुरा समझिये या भला , मैं राजाओं और सामन्तों को बात की बात में अपनी ओर खींचने में सिद्धहस्त था–राजनीति में नहीं, उससे मेरा कोई मतलब न था। इसकी साक्ष्य दे रहे वे सैकड़ों पत्र , जो राजाओं और राज–सामन्तों की ओर से मेरी प्रशंसा में मिले थे। जब वह कला की तारीफ करते , तो मैं कलाविद् का रोना , रोना शुरू करता–क्या करें देव, कलाकार तरुणियाँ होने पर भी मिलती ही नहीं।

"होने पर भी नहीं मिलतीं ?"

"एक दिन के चुम्बन, एक दिन के आलिंगन या एक दिन की सहशरया के बाद जहाँ लाखों तरुणियाँ अंतःपुरों में बन्द करके रख दी जायँ, वहाँ कलाकार स्त्रियाँ कहाँ से मिलें ?"

"ठीक कहते हो, आचार्य ! मैं इसे अनुभव करता हैं, किन्तु एक बार अन्तःपुर में रख लेने पर हम उन्हें निकालें कैसे ?"

"इस पर मैं उन्हें ढंग बतलाता। गाना–नाचना, आज हमारी राज–कन्याओं, सामन्त–कन्याओं और राजान्तः पुरिकाओं के लिए अनिवार्य है। यह मानो उनके लिए जल और आहार के तौर पर है। मैं अपनी चतुर नारियों को भेजता । राजा अपनी उन अन्तःपुरिकाओं को कला सीखने के लिए उनके पास जाने को कहता। जिसे हमें लेना होता, उसे अन्तःपुर के कष्ट और कलाविद् के जीवन का आनन्द बतलाते; साथ ही यह भी कि जैसे यहाँ राजा ने हमारी मंडली की एक निपुण नटी को रनिवास में ऊँचा स्थान दिया है, वैसे ही हो सकता है, तुम्हें भी आगे मौका मिले। इतना कहने पर अनेक तरुणियों का राजी होना स्वाभाविक था–यद्यपि हम उनमें से योग्यतम को ही लेते । राजा लोगों ने जीवन में एक बार के समागम के लिए जहाँ हजारों तरुणियों का अवरोध कर रखा हो , वहाँ अन्तःपुर में पुरुष प्रवेश के कड़े, निषेध से भी कुछ बनता–बिगड़ता नहीं। बूढ़े कंचुकी , ब्राह्मण उनको तरुणाई के आनन्द से रोक नहीं सकते।

मैंने जब विधवा के सती होने का विरोध किया तो पाखंडियों ने –ब्राह्मणों और राजाओं से बढ़कर दुनिया में कोई पाखंडी नहीं हो सकता–बड़ा ही हल्ला मचाया। कहने लगे , वह गर्भ–हत्या और विधवा–विवाह फैलाना चाहता है। गर्भ –हत्या मैं बिल्कुल नहीं चाहता, किन्तु वहाँ पर यह स्वीकार करने में कोई उज्र नहीं, कि मैं विधवा–विवाह पसन्द करता हूँ। गुप्तों के शासन से हमारा पुराना धर्म कुछ से कुछ हो गया। जहाँ हमारे श्रोत्रिय बिना वत्सतरी माँस के किसी आतिथ्य को स्वीकार करने के लिए तैयार नहीं थे, वहाँ अब गोमांस–भक्षण को धर्म–विरुद्ध समझा जाता है। जहाँ हमारे ऋषि विधवाओं के लिए देवर –दूसरा वर–बिल्कुल उचित समझते और कोई तरुण विधवा ब्राह्मणी, क्षत्रियाँ छः महीने–बरस दिन से ज्यादा पति–विधुरा नहीं रह सकती थीं, वहाँ अब उसे धर्म–विरुद्ध समझा जाने लगा। स्वयं इन सारी खुराफातों–इस नये (हिन्दू) धर्म–की जड़ गुप्त राजवंश में ही रामगुप्त की विधवा नहीं सधवा स्त्री को चन्द्रगुप्त विक्रमादित्य ने अपनी पटरानी बनाया था। तरुण स्त्री को विधवा रखने में ब्रह्मा –विष्णु–महेश्वर भी नहीं रोक सकते, और किस मुँह से रोकेंगे, जबकि अपनी–अपनी पत्नियों के रहते वह खुद पराई स्त्रियों के पीछे दौड़ने से बाज नहीं आये। तरुण –विधवा रखने का आवश्यक परिणाम है गर्भपात, क्योंकि बच्चा उत्पन्न कर पालन करने का मतलब है विधवा–विवाह स्वीकार करना, जिससे कि वह बचना चाहते हैं। इसी डर से अब ब्राह्मणों और सामन्तों ने कुलीनता सिद्ध करने का नया ढंग निकाला है। वह है विधवाओं का जिन्दा जलाना । स्त्री को इस तरह जिन्दा जलाने को वे लोग महापाप नहीं , महापुण्य समझते हैं। हर साल लाखों लाख तरुणियों को बलात् अग्निशात् करते देख जिन देवताओं का हृदय नहीं पसीजता वह या तो वस्तुतः ही पत्थर के हैं अथवा हैं ही नहीं। कहते हैं, स्त्री सती अपने मन से होती है ! धूर्त ! पाखंडी ! नराधम ! इतना झूठ क्यों बोलते हो ? इन राजाओं के अन्तःपुरों की एक बार की स्पर्ष्य सैकड़ों स्त्रियों में–जिन्हें तुम आग में भूनकर सती बना रहे हो–कितनी हैं, जिनका उस नर–पशु के साथ जरा भी प्रेम है, जिसने उन्हें जीवन भर के लिए बन्दिनी बनाया। उसके लिए प्रेम ! और वियोग में पागल हो आग में कूदने को जो एकाध दृष्टांत मिलता है, उसके पागलपन को भी दो–चार दिनों में ठंडा किया जा सकता है। आत्म –हत्या धर्म ! सत्यानाश हो तुम पाखंडी पुरोहितों और राजाओं का प्रयाग के उस बरगद–अक्षयवट–से जमुना में कूदकर मरने को इन्होंने धर्म बतलाया, जिसके कारण हर साल हजारों पागल मरकर 'स्वर्ग' पहुँच रहे हैं ! केदारखंड के सत्पथ में जा बर्फ में गलने को इन्होंने धर्म कहा , जिसके कारण हर साल सैकड़ों सत्पथ के रास्ते स्वर्ग सिधारते हैं।

मैं सारी आत्म–हत्याओं के खिलाफ आवाज नहीं उठा सकता था , क्योंकि मुझे ब्राह्मणों में राजा के आश्रित रहना था। राजा के आश्रित रह रहा हूँ किन्तु यह आश्रय लेना जान–बूझकर न था। मेरी अपनी सम्पत्ति इतनी थी कि मैं एक संयत भोगपूर्ण जीवन बिता सकता था। अपने समय के धर्मध्वजी राजाओं और ब्राह्मणों से मैं बहुत अधिक संयम रख सकता था। हर्ष और दूसरे राजर्षियों की भाँति मैं लाख–चुम्बी (लाख सुन्दरियों को भोगने वाला) बनने की होड़ रखने वाला था। ज्यादा –से–ज्यादा सौ सुन्दरियाँ होंगी, जिनके साथ मेरा किसी–न–किसी समय प्रेम रहा होगा। किन्तु मेरा घर, संपत्ति, सब कुछ हर्ष के राज्य में था। जब उसका दूत पर दूत आ रहा हो, फिर मैं कैसे राज–दरबार में जाने से इन्कार करता ? हाँ, यदि. मैं भी अश्वघोष होता, घर–द्वार की फिक्र न होती, तो हर्ष की परवाह न करता।

हर्ष के बारे में यदि आप मेरी गुप्त सम्मति पूछेगे , तो मैं कहूँगा कि अपने समय का वह बुरा मनुष्य या बुरा राजा न था। अपने भाई राज्यवर्धन के साथ उसका बहुत प्रेम था, और यदि भाई के लिए सती होने का भी हमारे धर्मनायकों ने विधान किया होता , या संकेत भी कर रखा होता, तो वह उसे कर बैठता। लेकिन साथ ही उसमें दोष भी थे, और सबसे बड़ा दोष था दिखावा–प्रशंसा की इच्छा रखते हुए भी अपने को निस्पृह दिखलाना; सुन्दरियों की कामना रखते हुए अपने को कामना–रहित जतलाना;कीर्ति की वांछा

रखते हुए कीर्ति से कोसों दूर बतलाने की चेष्टा दर्शाना। मैंने हर्ष को बिना पूछे अपने नाटकों को 'हर्ष निपुण कवि' के नाम से क्यों प्रसिद्ध किया, इसके बारे में कह चुका हूँ। किन्तु परिचय, तथा रात–दिन की संगति होने के बाद उसने कभी नहीं कहा–'बाण, अब इन नाटकों को अपने नाम से प्रसिद्ध होने दो।' यह बिल्कुल आसान था। सिर्फ एक बार उसके अधीन सामन्त–दरबारों में 'श्री हर्षो निपुणःकविः' की जगह 'श्री बाणो निपुणः कविः' के साथ नाटक के अभिनय करा देने भर की जरूरत थी।

मुझे जगत् जैसा है, उसे वैसा ही चित्रित करने की बड़ी लालसा थी। यदि मैंने पर्यटन में अपने बारह वर्ष न बिताये होते , तो शायद यह लालसा न उत्पन्न होती, अथवा उत्पन्न भी होती, तो मैं उसका निर्वाह नहीं कर सकता। मैंने जहाँ आच्छोदसरोवर का वर्णन किया, वह हिमालय की तराई की एक सुन्दर भूमि मेरे सामने थी। कादम्बरी –भवन का वर्णन करने में हिमालय का कोई दृश्य था। विन्ध्याटवी में अपनी एक देखी जगह में जरद् (बूढ़े) द्रविड़ धार्मिक को मैंने बैठाया। लेकिन इतने ही चित्रण से मैं अपनी तूलिका को विश्राम नहीं देना चाहता था। मैंने हर्ष तथा दूसरे अपने सुपरिचित राजाओं के प्रासादों , अन्तःपुरों और उनकी लक्ष्मी का चित्रण अपने ग्रन्थों में किया; किन्तु, मैं उन कुटियों और उनके वेदनापूर्ण जीवन को नहीं चित्रित कर सका , जिनकी वह अवस्था इन्हीं प्रासादों और रनिवासों के कारण है। यदि चित्रित करता तो इन सारे राज –प्रासादों तथा राज–भोगों पर इतनी जबरदस्त कालिमा पुतती कि हर पाँचवें साल प्रयाग में राजकोष–गलत है, अतिरिक्त कोष–उड़ाने वाला हर्ष फिर मुझे भुजंग की पदवी देकर भी संतुष्ट न होता।

3.

मुझे लोग दुर्मुख कहते हैं, क्योंकि कटु सत्य बोलने की मुझे आदत है। हमारे समय में और भी कटु सत्य बोलने वाले जब–तब मिलते हैं; किन्तु वह पागलों के बहाने वैसा करते हैं , जिसके कारण कितने ही सचमुच पागल समझते हैं और कितने ही श्रीपर्वत से आया कोई अद्भुत सिद्ध। मैं भी इस श्रीपर्वत के युग में एक अच्छा–खासा सिद्ध बन सकता था, किन्तु उस वक्त मेरा नाम दुर्मुख नहीं होता। किन्तु यह लोक–वंचना मुझे पसन्द नहीं। लोक–वंचना के ही ख्याल से मैंने नालन्दा छोड़ा , कोई नहीं तो मैं भी वहाँ के पंडितों , महापंडितों में होता। वहाँ मैंने एक आदमी को अन्धकार–राशि में अंगार फेंकते देखा था; किन्तु यह भी देखा कि किस तरह अपने–पराये उसके पीछे पड़े हैं। आपको जिज्ञासा होगी उस आदमी के बारे में। वह था तार्किकश्रेष्ठ , हजारों पुरुष–भेड़ों में एक ही पुरुष–सिंह धर्मकीर्ति । नालन्दा में बैठे हुए उसने डंके की चोट से कहा –'बुद्धि के भी ऊपर पोथी को रखना , संसार के कर्ता ईश्वर को मानना, स्नान करने के धर्म होने की इच्छा, जन्म–जाति का अभिमान, पाप नाश करने के लिए शरीर को सन्तप्त करना अक्ल मारे हुओं की जड़ता के ये पाँच लक्षण हैं। [१]

(१: वेदप्रामाण्यं कस्यचित्कर्तृवादः स्नाने धर्मेच्छा जातिवादावलेपः ।
सन्तपारंभः पापहानाय चेति ध्वस्तप्रज्ञानां पचलिंगानि जाड्ये।।
––प्रमाणवार्तिका)

मैंने धर्मकीर्ति से कहा–"आचार्य, तुम्हारा हथियारे तीक्ष्ण है; किन्तु इतना सूक्ष्म हो गया है कि यह लोगों को नजर ही नहीं पड़ेगा।" धर्मकीर्ति ने कहा–"मैं भी अपने हथियार की कमजोरी को समझता हूँ। जिसको मैं ध्वंस करना चाहता हूँ, उसके लिए मुझे कवचहीन हो सबको दिखला देने वाले प्रचण्ड हथियारों को हाथ में लेना चाहिये। नालन्दा के स्थविर –महास्थविर (सन्त महन्त) अभी से मुझसे नाराज हैं। क्या तुम समझते हो, मैं एक भी विद्यार्थी पा सकेंगा, यदि मैं कहना शुरू करूं–'नालंदा एक तमाशा है, जिससे ऐसे

विद्यार्थी आते हैं, जो कभी विस्तृत लोक को आलोकित नहीं कर सकते , वह अपने ज्ञान–तेज से अज्ञों–अल्पज्ञों की आँखों में चकाचौंध–भर पैदा कर सकते हैं।' जिनको शीलादित्य के दिये गाँव से सुगन्धित चावल , तेमन, घी खजूर आदि मिलते हैं, वह शीलादित्य भोग का शिकार बना प्रजा को कैसे विद्रोही बनने का संदेश दे सकता है?"

"तो आचार्य ! आपको इस अन्धरात्रि से निकलने का कोई रास्ता सूझता है ?"

"रास्ता! हर एक रोग की दवा होती है, हर एक विपत् से निकलने का कोई मार्ग होता है; किन्तु इस अन्धरात्रि से निकलने का रास्ता पा इस वैतरणी का सेतु एक पीढ़ी में नहीं बन सकता , मित्र ! क्योंकि इसके बनाने वाले हाथ इतने कम हैं और उधर अंधकार का बल जबरदस्त है।"

"तो हताश हो बैठ जाना चाहिए ?"

"बैठ जाना लोक–वंचना से कहीं अच्छा है। देखते नहीं ; जिन्हें मार्गदर्शक होना चाहिए, वह कितने लोक–वंचक हैं ? और यह अवस्था सिर्फ एक देश की नहीं, सारे विश्व की मालूम हो रही है। सिंहल, सुवर्णद्वीप, यवद्वीप, कम्बोजद्वीप, चम्पाद्वीप, चीन, तुषार, पारस्य–कहाँ के विद्वान् विद्यार्थी हमारे नालन्दा में नहीं हैं। उनसे बात करने से मालूम होता है कि लोक अंधा बना दिया गया है–'धिग् व्यापकं तमः' ।"

धर्मकीर्ति ने सहस्राब्दियों तक जलते रहने वाले शब्दांगारों को फेंक इस निशान्धकार को दूर करने की कोशिश की ; किन्तु तत्काल तो उसका मुझे कोई असर होता दिखलाई नहीं देता। मैंने तय किया, जलती हुई दीपयष्टियों (मशालों) को फेंकने का । इसका एक फल तो यह हुआ कि मैं दुर्मुख बन गया। यहाँ यह साफ कर देना चाहता हूँ कि अपनी जीभ को इस्तेमाल करने में मुझे भी राजसत्ता पर सीधे प्रहार न करने का ख्याल रखना पड़ता है, नहीं तो दुर्मुख का मुख दस दिनों में बन्द कर दिया जाय। फिर भी आँख बचाकर कभी–कभी मैं दूर तक चला जाता हूँ।

आखिर इसका क्या अर्थ है, तुम मरने के बाद मुक्ति और निर्वाण दिलाने की बात करते हो , और यह जो लाखों दास पशुओं की भाँति बँधे बिक रहे हैं, उन्हें मुक्त करने की कोशिश क्यों नहीं करते ? मैंने एक बार प्रयाग के मेले पर राजा शीलादित्य से यही सवाल किया था–"महाराज । तुम जो बड़े–बड़े धनी विहारों और ब्राह्मणों में पाँचवें साल इतना धन बाँट रहे हो, इसे दास–दासियों को मुक्त कराने में लगाते, तो क्या वह कम पुण्य का काम होता ?"

शीलादित्य ने दूसरे समय बाते करने की बात कहकर टालना चाहा किन्तु मैंने दूसरा समय भी निकाल लिया , और निकालने का मौका राजा की बहन भिक्षुणी राज्यश्री ने जबरदस्ती दिलाया। मैंने राज्यश्री के सामने दास –दासियों की नरक–यातना का चित्र खींचा। उसका दिल पिघल गया। फिर जब मैंने कहा कि धन देकर इन सनातन–पीढ़ी–दर–पीढ़ी के बन्दी मानवों को मुक्ति प्रदान करना सबसे पुण्य की बात है, तो यह उसके मन में बैठ गया। बेचारी सरल हृदया स्त्री दासता के भीतर छिपे बड़े –बड़े स्वार्थों की बात क्या जाने ? उसे क्या मालूम था कि जिस दिन भूमि को स्वर्ग में परिणत कर दिया जायेगा , उसी दिन आकाश का स्वर्ग ढह पड़ेगा। आकाश–पाताल के स्वर्ग–नरक को कायम रखने के लिए, उसके नाम पर बाजार चलाने के लिए जरूरत है भूमि के स्वर्ग–नरक की, राजा–रंक की, दास–स्वामी की।

राजा ने अकेले में बात की उसने पहले तो कहा–"मैं एक बार बहुत–सा कोष खर्च कर मुक्त तो कर सकता हैं, किन्तु फिर गरीबी के

कारण वह बिक जायेंगे।"

"आगे के लिए मनुष्य का क्रय–विक्रय दण्डनीय कर दें।"

फिर वह चुपचाप सोचने लगा। मैंने उसके सामने 'नागानंद' के नाग का दृष्टांत दिया, जिसने दूसरे के प्राण को बचाने के लिए अपना प्राण देना चाहा। 'नागानंद' हर्ष राजा का बनाया नाटक कहा जाता है , क्या जवाब देता ? आखिर में यही पता लगा कि दास–दासियों को मुक्त करने में उसको उतनी कीर्ति मिलने की आशा नहीं, जितनी कि श्रमण–ब्राह्मणों की झोली भरने या बड़े–बड़े मठ–मन्दिरों के बनाने में। मुझे उसी दिन पता लग गया कि वह शीलादित्य नहीं, शीलान्धकार है।

बेचारे शीलादित्य को ही मैं क्यों दोष दूँ ? आजकल कुलीन, नागरिक होने का यह लक्षण है कि सब एक–दूसरे की वंचना करें। पुराने बौद्ध–ग्रंथों में बुद्धकालीन रीति–रिवाजों को पढ़कर मैं जानता हूँ कि पहले मद्य पीना वैसा ही था , जैसा कि पानी पीना। न पीने को उस वक्त उपवास–व्रत मानते थे। आजकल ब्राह्मण मद्यपान को निषिद्ध मानते हैं, और खुलकर पीना आफत मोल लेना है। किन्तु इसका परिणाम क्या है ? देवता के नाम पर सिद्धि–साधना के नाम पर छिपकर भैरवीचक्र चल रहे। हैं। ब्रह्मचर्य का भारी हल्ला मचा हुआ है; किन्तु परिणाम ? भैरवीचक्र में अपनी–पराई सभी स्त्रियाँ जायज हैं। यही नहीं, देवता के वरदान के नाम पर वहाँ माँ, बहन बेटी तक को जायज कर दिया गया है। और परिव्राजकों , भिक्षुओं के अखाड़े तो अप्राकृतिक व्यभिचार के अड्डे बन गये हैं। यदि सचमुच इस दुनिया को देखने–सुनने वाला कोई होता, तो इस वंचना, इस अन्धेर को वह एक क्षण के लिए भी बर्दाश्त न करता।

एक बार मैं कामरूप गया था। वहाँ के राजा नालंदा के प्रेमी और महायान पर भारी श्रद्धा रखते थे। मैंने कहा –"महायानी बोधिसत्व के व्रत को मानते हैं, जिस व्रत में कहा गया है कि जब तक एक भी प्राणी बन्धन में हैं , तब तक मुझे निर्वाण नहीं चाहिए। आपके राज्य में महाराज ! इतने चण्डाल है जो नगर में आते हैं, तो हाथ से डंडा पटकते आते हैं, जिससे लोग सजग हो जायँ और उनको छूकर अपवित्र न बनें। वह अपने हाथों में बर्तन लेकर चलते हैं , जिसमें उनका अपवित्र थूक नगर की पवित्र धरती में न पड़ जाय। कुत्ते के छूने से आदमी अपवित्र नहीं होता और न उसकी विष्ठा ही नगर को चिर –दूषित करती है, फिर क्या चण्डाल कुत्ते से भी बदतर हैं?"

"कुत्ते से बदतर नहीं हैं। उनमें भी वह अंकुर, जीवन–प्रवाह मौजूद है, जो कभी विकसित हो बुद्ध बन सकता है।"

"फिर क्यों नहीं राज्य में डुग्गी पिटवा देते कि आज से किसी चण्डाल को नगर में डंडा या थूक का बर्तन लाने की जरूरत नहीं ।"

"यह मेरी शक्ति से बाहर की चीज है।"

"शक्ति से बाहर !"

"हाँ, धर्म–व्यवस्था ऐसी ही बँधी हुई है।"

"बोधिसत्वों के धर्म की––महायान की यही व्यवस्था है ?"

"लेकिन यहाँ की सारी प्रजा महायान पर तो नहीं चलती।"

"मैं गाँव, पुर, सर्वत्र त्रिरत्न की जयदुन्दुभी बजते देखता हूँ।"

"हाँ, कहने के लिए। जिस दिन मैं यह घोषित करूँगा, उसी दिन मेरे प्रतिद्वन्दी भड़काकर तूफान खड़ा करेंगे कि यह तो सनातन से चले आये सेतु को तोड़ रहा है।"

"क्या बोधिसत्व जीवन की महिमा के बारे में अहर्निश जो उपदेश हो। रहे हैं, उनका किसी पर कुछ भी प्रभाव नहीं पड़ रहा है ? मैं समझता हूँ, महाराज ! कुछ पर असर जरूर पड़ा है, और यदि बोधिसत्व की भाँति आप अपना सब कुछ अर्पण करने के लिए तैयार

हो जायँ, तो आपके पीछे चलने वाले बहुत से मिल जायेंगे।"

"राज्य के भीतर का सवाल ही नहीं, हमारे परमभट्टारक देव भी नाराज हो जायेंगे।"

"शीलादित्य हर्ष ! जिन्होंने 'नागानंद' नाटक में बोधिसत्व–जीवन का भव्य चित्र चित्रित किया है।"

"हाँ, चला आया सेतु तोड़ना किसी के बस की बात नहीं है।"

"यही बात यदि तथागत समझते ? यही बात यदि आर्य अश्वघोष समझते ? यही बात यदि आर्य नागार्जुन समझते ?"

"उनको साहस था, तो भी सेतु तोड़ने में वह भी दूर तक नहीं जा सके।"

"दूर तक नहीं, नजदीक तक ही बढ़िए, महाराज ! कुछ आप बढ़ेंगे, कुछ आगे आने वाले बढ़ेंगे।"

"क्या मुझे आप अपने मुँह से कायर कहलाकर ही छोड़ेंगे ?"

"कायर नहीं, किन्तु यह जरूर कि धर्म हमारे लिए ढोंग है।"

"मेरे दिल से पूछिए तो मैं 'हाँ' कहूँगा, किन्तु यदि जीभ से पूछिए, तो वह या तो साफ 'नहीं' कहेगी, अथवा गूँगी बन जायेगी।"

ब्राह्मणों के धर्म से मुझे नफरत है। वस्तुतः कामरूप –नृपति जैसे कितने ही दिल के भले लोगों को कायर बनाने का दोष इसी ब्राह्मण–धर्म को है। जिस दिन यह धर्म इस देश से उठ जायेगा, उस दिन पृथ्वी का एक भारी कलंक उठ जायेगा। नालंदा में आये विदेशी भिक्षुओं से सुना कि उनके देश में ब्राह्मण –जैसी कोई सर्वशक्तिमान् धर्मनायक जाति नहीं है। उनके इस तरह कहने से मुझे यह भी समझ में आ गया कि क्यों उन देशों में डंडे और पुरवे लेकर चलने वाले चण्डालों का पता नहीं । ब्राह्मणों ने हमारे देश के मनुष्यों को छोटी–बड़ी जातियों में इस तरह बाँट दिया है कि कोई अपने से नीचे वाले को अपने से मिलने देने के लिए तैयार नहीं । इनका धर्म और ज्ञान साफ राहु–केतु की छाया है।

नालंदा में देश–देशान्तरों की विचित्र खबरें बहुत मिला करती थीं, इसीलिए मैं एक–दो वर्ष पर्यटन कर फिर छै महीने के लिए नालंदा चला जाता हैं। एक बार एक पारसीक भिक्षु ने बतलाया कि उनके देश में मज्दक नाम का एक विद्वान् कुछ ही समय पहले हुआ था, जिसने एक प्रकार के संघवाद का प्रचार किया था। बुद्ध ने भी भिक्षुणियों के लिए एक तरह के संघवाद का—जहाँ तक सम्पत्ति का सवाल है––उपदेश किया, किन्तु वह संघवाद अब सिर्फ विनयपिटक में पढ़ने के लिए है। आज तो बड़ी –बड़ी वैयक्तिक (पौद्गलिक) सम्पति रखने वाले भिक्षु हैं। आचार्य मज्दक ब्रह्मचर्य और भिक्षुवाद को नहीं मानता था। वह मानव के प्रकृत जीवन –प्रेमी–प्रेमिका, पुत्र–पौत्र के जीवन–को ही मानता था, किन्तु कहता था कि सारी बुराइयों की जड़ 'मैं' और 'मेरापन' है। उसने कहा–'सम्पत्ति अलग नहीं होनी चाहिए; सब मिलकर कमाएँ, सब मिलकर खाएँ। पति–पत्नी अलग नहीं होने चाहिए, प्रेम स्वेच्छा पर रहे और संतान सबकी सम्मिलित मानी जाय, वह प्राणी–दया और संयम की भी शिक्षा देता था। मुझे उसके विचार सुन्दर मालूम हुए। जब मैंने सुना कि मज्दक और उसके लाखों अनुयायियों को मार कर एक पारसीक राजा—नौशेरवाँ—ने न्यायमूर्ति की उपाधि धारण की है, तो मुझे मालूम हो गया कि जब तक राजा रहेंगे, तब तक धर्म और उसके दान–पुण्य से जीने वाले श्रमण–ब्राह्मण रहेंगे, तब तक पृथ्वी स्वर्ग नहीं बन पायेगी।

चक्रपाणि (१२०० ईसवीं)

काल : १२०० ई०

उस वक्त कन्नौज भारत का सबसे बड़ा और समृद्ध नगर था। उसकेहाट–बाट, चौरास्ते बहुत ही रौनक थे। मिठाइयाँ, सुगन्धि, तेल, पान, आभूषण और कितनी ही दूसरी चीजों के लिए वह सारे भारत में मशहूर था। छै सौ सालों से मौखरि , बैस, प्रतिहार, गहडवार जैसे भारत के अपने समय के सबसे बड़े राजवंशों की राजधानी होने के कारण उसके प्रति एक दूसरी ही तरह की श्रद्धा लोगों में हो आई थी। यही नहीं, जातियों ने उसके नाम पर अपनी शाखाओं के नामकरण कर डाले थे। इसीलिए आज ब्राह्मण , अहीर, कॉंदू आदि बहुत–सी जातियों में कान्यकुब्ज ब्राह्मण, कान्यकुब्ज अहीर आदि हैं। कान्यकुब्ज (कन्नौज) के नाम पर लोगों को उसी तरह का ख्याल पैदा हो जाता था, जैसा कि हिंदू धर्म के नाम पर । हर्षवर्द्धन के समय से अब तक दुनिया में बहुत परिवर्तन हो गया था , किन्तु तबसे अब भारतीय दिमाग में भारी कूपमंडूकता आ गई थी।

हर्षवर्द्धन के काल में अरब में एक नया धर्म –इस्लाम–पैदा हुआ था, जिसको उस समय देखकर कौन कह सकता था कि उसके संस्थापक की मृत्यु (६२२ ई०) के सौ साल के भीतर ही वह सिन्ध से स्पेन तक फैल जायेगा। जातियों और राजाओं के नाम पर देश–विजय ही अब तक सुनने में आती थी, अब धर्म के नाम पर देशों की विजय–यात्रा पहले–पहल सुनने में आई । उसने अपने शिकारों को सजग होने का मौका नहीं दिया, और इन्हें एकाएक धर दबाया। सासानियों (ईरानियों) का जबरदस्त साम्राज्य देखते–देखते अरबों के स्पर्श के साथ कागज की नाव की भाँति गल गया, और इस्लाम–संस्थापक की मृत्यु के बाद दो शताब्दियाँ बीतते–बीतते इस्लामी राज्य की ध्वजा पामीर के ऊपर फहराने लगी।

इस्लाम ने पहले सारी दुनिया को अपने अरबी कबीलों का विस्तृत रूप देना चाहा और उसी के साथ कबीलों की सादगी , समानता और भ्रातृभाव को अपने अनुयायियों के भीतर भरना चाहा। इस अवस्था से वैदिक आर्यों के पूर्वज तबसे तीन हजार वर्ष पहले ही गुजर चुके थे। गुजरा युग फिर लौटना असम्भव है। इसलिए जैसे ही इस्लाम कबीलों से आगे की सीढ़ी पर रहने वाले सामन्तशाही मुल्कों के सम्पर्क में आया, वैसे ही उसकी तलवार के सामने इनकी राजनीतिक स्वतंत्रता विलीन हो गई, उसी तरह उनके सम्पर्क में आते ही इस्लामी समाज के कबीलेपन का स्वरूप खत्म हो गया। इस्लाम का प्रधान शासक कितने ही समय तक केवल उसके संस्थापक का खलीफा–उत्तराधिकारी कहा जाता था, चाहे वह वस्तुतः सुल्तान–निरंकुश राजा होता। किन्तु अब तो नाम से भी सुल्तान कहलाने वाले अनेक आ मौजूद हुए, जिन्हें इस्लाम के पवित्र कबीले, उसकी सादगी, समानता, भ्रातृभाव से कोई मतलब न था। लेकिन नए मुल्कों के जीतने में तलवार चलाने वाले सिपाहियों की जरूरत थी और यह तलवार अब अरबी नहीं , गैर–अरबी थी। इन सिपाहियों को सुल्तान के नाम पर लड़ने के लिए उतना उत्साहित नहीं किया जा सकता था, इसीलिए स्वर्ग की न्यामतों के प्रलोभन के साथ पृथ्वी की न्यामतों में उन्हें हिस्सेदार बनाया गया। लूट के माल तथा बन्दियों में उनका हक था, नई जीती भूमि पर बसने का उनका स्वत्व था, अपने पुराने पीड़कों और स्वामियों से मुक्त होने तथा उनका अस्तित्व तक मिटा देने का उनका हक था। पराजितों में से विजेताओं के झंडों को अपना बनाकर आगे बढ़ने वाले इतने सैनिक कभी किसी को नहीं मिले थे। ऐसी सेना से –जो हमारे भीतर से ही अपने लिए लड़ने वाली सेना तैयार कर सके–मुकाबला करना आसान काम न था।

हर्ष को मरे सौ वर्ष भी नहीं गुजरे थे कि सिन्ध इस्लाम के शासन में चला गया। बनारस और सोमनाथ (गुजरात) तक के भारत को इस्लामी तलवार का तजुर्बा हो चुका था। इस नए खतरे से बचने के लिए नए तरीके की जरूरत थी; किन्तु हिन्दू अपने पुराने ढर्रे को छोड़ने के लिए तैयार न थे। सारे देश के लड़ने के लिए तैयार होने की जगह वही मुट्ठी भर राजपूत (पुराने क्षत्रिय तथा शादी-ब्याह करके इनमें शामिल हो जाने वाले शक यवन , गुर्जर आदि) भारत के सैनिक थे, जिन्हें भीतरी दुश्मनों से ही फुर्सत न थी और राजवंशों की नई- पुरानी शत्रुताओं के कारण आखिर तक भी वह आपस में मिलने के लिए तैयार न थे।

1.

"महाराज, चिन्ता न करें। सिद्धगुरु ने ऐसी साधना शुरू की है, जिससे कि तुर्क-सेना हवा में सूखे पत्तों की भाँति उड़ जायेगी।"
"गुरु मित्रपाद (जगन्मित्रानन्द) की मुझ पर कितनी कृपा है ? जब-जब मुझ पर, मेरे परिवार पर, कोई संकट आया, गुरु महाराज ने अपने दिव्य बल से बचाया।"
"महाराज ! सिद्धगुरु ने हिमालय के उस पार भोट देश से कान्यकुब्ज के संकट को देखा। इन्होंने इसीलिए मुझे आपके पास भेजा है।"
"कितनी कृपा है !"
"कहा है, तारिणी (तारादेवी) महाराज की सहायता करेंगी। तुर्कों की चिन्ता न करें ।"
"तारामाई पर मुझे पूरा भरोसा है। तारिणी ? आपच्छरण्ये ! माँ, म्लेच्छों से रक्षा कर।"

वृद्ध महाराज जयचन्द्र अपने इन्द्र - भवन के समान राज-प्रासाद में एक कर्पूर-श्वेत कोमल गद्दे पर बैठे हुए थे। उनकी बगल में चार अति सुन्दरी तरुणी रानियाँ बैठी थीं, जिनके गौर मुख पर भ्रमर-से काले केश पीछे की ओर द्वितीय सिर बनाते हुए जूड़े के रूप में बँधे थे। चूड़ामणि, कर्णफूल, अंगद, कंकण, हार, चन्द्रहार, मुक्ताहार, कटिकिंकिणी, नूपुर आदि नाना स्वर्ण-रत्नमय आभूषण उनके शरीर से भी भारी थे। उनके शरीर पर सूक्ष्म साड़ी और कंचुकी थी; किन्तु जान पड़ता था, वे शरीर के गोपन के लिए नहीं, बल्कि सुप्रकाशन के लिए थीं। कंचुकी स्तनों के उभार और अरुणिमा को सुन्दर रीति से दिखलाती थीं। इससे नीचे सारा उदर नाभि तक अनाच्छादित था। सारी उरु और पेंडुली की आकृति और वर्ण को झलकती थीं। उनके केशों के सुगन्धित तैल और नवपुष्पित यूथिका (जूही) स्रज् के कारण सारी शाला गम-गम कर रही थी। रानियों के अतिरिक्त पचास से अधिक तरुणी परिचारिकाएँ थीं , जिनमें कोई चँवर, मोर्छल या व्यजन (पंखे) झल रही थीं; कोई पीकदान लिये, कोई दर्पण और कंघी लिये; कोई सुगन्धित जल की झारी लिये, कोई काँच के सुराभांड और कनक-चषक लिये, कोई साँप के केंचुली की तरह शुभ्र निर्मल अंगपोंछन लिये खड़ी थीं। कितनी ही मृदंग, मुरज, वीणा, वेणु आदि नाना वाद्यों को लिए बैठी थीं और कुछ जहाँ-तहाँ स्वर्ण-दण्ड लिए खड़ी या टहल रही थीं। सिवाय आगन्तुक मित्रपाद के शिष्य शुभाकर भिक्षु और राजा जयचन्द्र के वहाँ सभी रानियाँ थीं, सभी तरुण-वयस्क सुन्दरियाँ थीं ।

भिक्षु ने महाराज से विदाई ली। रानियाँ और राजा ने खड़े होकर अभिवादन किया। अब यहाँ नारीमय जगत् था। जयचन्द्र वृद्ध थे ; किन्तु उनके अर्द्धश्वेत लम्बे -लम्बे केश बीच में माँग निकाल पीछे की ओर जिस प्रकार बाँधे हुए (द्विफालबद्ध) थे, बड़ी-बड़ी मूंछे जिस प्रकार सँवारी हुई थीं, उनके शरीर के आभूषणों और वस्त्रों की जिस प्रकार सज्जा थी , उससे पता चलता था कि वह यौवन

को अनवसित (असमाप्त) समझते थे। उनके इशारे पर चषक को एक परिचारिका ने झुककर महाराज के सामने किया और रानी ने ले, भरे प्याले को महाराज के सामने पहुँचाया। उन्होंने उसे रानी के ओंठ से लगाकर कहा–"राजल्ल (राजलक्ष्मी), मेरी तारा, तुम्हारे उच्छिष्ट किए बिना मैं कैसे इसे पान कर सकता हूँ ?"

रानी ने ओंठों और जीभ की नोक को भिगो लिया। राजा ने उस प्रसाद को पान किया। फिर उनकी एक–एक ताराओं ने उन्हें प्रसाद प्रदान दिया। आँखों में लाली आई । तुरुक (तुर्क)–चिंता चेहरे से दूर हो मुस्कराहट आने लगी। राजा का स्थूल शरीर मसनद के सहारे ओठंग गया, और उसने किसी रानी को एक बगल में किसी को दूसरी बगल में दबाया, किसी की गोद में सिर को रखा और किसी के वक्षस्थल पर भुजाओं को। सुरा के प्याले बीच–बीच में चल रहे थे। रानियों के साथ कामोत्तेजक परिहास हो रहे थे। राजा ने इसी समय नाचने की आज्ञा दी। घाघरा पहने, घुंघरू बाँधे, विल्वस्तनी, अनुदरा, विकट नितम्बा सुंदरियाँ नाचने के लिए खड़ी हुईं। वीणा और मृदंग ध्वनित होने लगे। काकली गान के साथ नृत्य शुरू हुआ। एक गान के बाद राजा को वह फीका लगने लगा। उसने सुन्दरियों को नग्न हो नाचने की आज्ञा दी। नर्तकियों ने सारे वस्त्र और सारे आभूषण उतार दिये। सिर्फ पादकिंकिणी भर रखी। पार्श्व में बैठी रानियों और तरुणी परिचारिकाओं के साथ आलिंगन, चुम्बन और परिहास चलता रहा। बीच–बीच में नग्न नर्तन होता रहा। जिसका नग्न शरीर, महाराज को आकर्षित करता, वह उनके पास आ जाती और फिर दूसरी नग्न हो उसका स्थान ग्रहण करती। महाराज की आँखें और लाल हो गई थीं। उनके कंठ और स्वर पर भी सुरा ने प्रभाव डाला था–'ध–धत्–त्–ते –रेतु–तुर्–र्–कों ––क–म् – मे– रेइ–इन्–न्द्र–पु–में–कौ – वौ–न–सा–J–ला– आ–ा––ता–है। स् – सब्–न्–नंगी ना–ा– चे ।'

शाला की सारी रानियों ने अपने –अपने कपड़ों और आभूषणों को उतार दिया। उनके तरुण सुन्दर और गौर शरीर पर घनस्थूल कबरी (जूड़ा) से भारी हुआ सिर राजा को पसन्द नहीं आया। उसने कबरी को खोल देने को कहा , और सभी सिरों से काली नागिनों की भाँति दीर्घ वेणियाँ नितम्बों पर लटकने लगीं। महाराज को स्वयं कंचुक उतारते देख तरुणियों ने उनके वस्त्रों और आभूषणों को भी उतारा। उनके माँस लटके चिबुक , अतिफुल्ल कपोल, गंगाजमुनी मूंछे, प्रसूता की तरह के लम्बित स्तनों , महाकुम्भ– सा उदर, पृथुल कोमल माँस–मेदपूर्ण उरू तथा पेंडुली, रोमस स्थूल बाहुओं को देखकर साधारण तरुणी भी अवज्ञा किये बिना नहीं रहती; किन्तु यहाँ उनका शरीर– प्राण इस बूढ़े के हाथ था। कोई उनके दन्त रहित ओंठों में अपने ओंठों को दे रही थी, कोई उनके पार्श्वो से अपने स्तनों को पीड़ित कर रही थी, कोई उनकी रोमश भुजाओं को अपने कन्धों और कपोलों से लगा रही थी। कामोत्तेजक गीत के साथ नृत्य शुरू हुआ। रानियों और परिचारिकाओं के बीच अपनी उछलती तोंद लिए महाराज भी नाचने लगे।

2.

"आइये कवि चक्रवर्ती !" कह राजा ने अधेड़ पुरुष के लिए आसन की ओर संकेत किया, और बैठ जाने पर पान के दो बीड़े बड़े सम्मान के साथ प्रदान किये। कवि चक्रवर्ती की आयु पचास से ऊपर थी। उनके गौर भव्य चेहरे पर तब भी उजड़े वसन्त की छाप थी। उनकी मूंछे अब भी काली थीं। उनके शरीर पर सफेद धोती और सफेद चादर के अतिरिक्त रुद्राक्ष की एक सुन्दर माला तथा सिर पर भस्म का चंद्राकार त्रिपुण्ड था।

कवि ने सुवासित सुवर्णपत्र–वेष्टित पान मुंह में रखते हुए कहा– "देव ! यात्रा क्षेम से तो हुई ? शरीर स्वस्थ तो था ? रातें सुख की नींद तो लाती हैं न?"

"अब पौरुष थकता जा रहा है, कवि– पुंगव !"

"महाराज ! आप अपने कवि श्रीहर्ष का खूब उपहास करते हैं।"

"पुंगव उपहास नही, प्रशंसा का शब्द है।"

"पुंगव बैल को कहते हैं, देव।"

"जानता हूँ, साथ ही श्रेष्ठ को भी कहते हैं।"

"मैं तो इसे बैल के अर्थ में ही लेता हूँ।"

"और मैं श्रेष्ठ के अर्थ में। फिर कवि मित्र ! तुम्हारे जैसे नर्म सचिव (लंगोटिया यार से) उपहास–परिहास नहीं किया जाय, तो किससे किया जाय ?"

"दरबार में तो नहीं, महाराज ! श्री हर्ष ने धीरे से कहा।"

जयचन्द्र कवि का हाथ पकड़ आस्थानशाला (दरबार हाल) से निकल क्रीड़ोद्यान की ओर चल पड़े। ग्रीष्म का प्रारम्भ था। हरे–हरे वृक्षों को धीरे–धीरे कंपित करने वाला समीर बड़ा सुहावना मालूम हो रहा था। राजा ने दीर्घिका (पुष्करिणी) के सोपान के ऊपर रखे शुभ्र मर्मरशिलासन पर बैठ बगल के आसन– पर कवि को बैठने के लिए कहा और फिर बात शुरू की–

"तुम रात की क्या पूछते हो, कवि ! अब तो मैं अनुभव करने लगा हूँ कि मैं दरअसल बूढ़ा हूँ।"

"कैसे ?"

"नग्न सुन्दरियाँ भी मेरे काम को नहीं जा सकतीं ।"

"तब तो महाराज ! आप पूरे योगी हैं।"

"इस योगी के पास की यह सोलह हजार सुन्दरियाँ क्या करेंगी ?"

"बाँट दें, महाराज ! बहुत से लेने वाले मिल जायेंगे, या ब्राह्मणों को गंगातट पर जलकुश ले दान दें, "सर्वेषामेव दानानां भार्यादानं विशिष्यते।"

"वही करना पड़ेगा। वैद्यराज चक्रपाणि का बाजीकरण–रस तो निष्फल ही गया। अब सिर्फ तुम्हारे काव्यरस की एकमात्र आशा है।"

"नग्न सौन्दर्य–रस जहाँ कुंठित हो, वहाँ काव्य–रस क्या करेगा ? और अब फिर महाराज ! आप साठ साल के ऊपर के हो गए हैं!"

"साठा तो पाठा होता है, कवि !"

"कौन ? क्या सोलह सहस्र कलोरियों का चिरविहारी वृषभ !"

"तुम काशी (बनारस) में दिखलाई नहीं दिए, मुझे कन्नौज से आये दो मास बीत गये।"

"महाराज ! मैं चैत्र नवरात्र में भगवती विन्ध्यवासिनी के चरणों में गया था।"

"मेरी नाव विन्ध्यवासिनी के धाम से ही गुजरी । जानता तो बुला लेता।"

"या वहीं उतर कर कुमारी–पूजा में व्यस्त हो जाते ।"

"तो कवि ! कुमारी–पूजा के ही लिए तो तुम वहाँ नहीं गए थे।

"हम भगवती के उपासक शाक्त हैं, महाराज !"

"लेकिन तुम राम–सीता की वन्दना करते हो, तो मालूम होता है कि पक्के वैष्णव हो ?"

"अन्तः शाक्ता बहिश्शैवाः सभामध्ये च वैष्णवाः।"

"सभामध्ये वैष्णव हो ?"

"होना ही पड़ता है, महाराज ! हम आपकी तरह दूसरे की जीभ थोड़े ही खिंचवा सकते हैं ?"

"धन्य हो नाना रूपधर !"

"महाराज ! इतना ही नहीं, मैने सुगत (बुद्ध) को भी अपनी आराधना में शामिल कर लिया है।"

"सुगत, भगवान् तथागत को भी ?"

"भगवान् !"

"हाँ, छिः नाम आने पर इस स्थान में मेरी आँखों में भी जरा लज्जा आने लगती है।"

"वज्रयान ने महाराज ! हम शाक्तों के लिए सुगत की पूजा सरल कर दी है।"

"ठीक कहा, मित्र ! इसीलिए तो उसे सहजयान कहते हैं।"

"इन सहजयानी सिद्धों के दोहों और गीतों में मुझे कोई कवित्व तो नहीं दिखलाई पड़ता ; किन्तु पंचमकार (मद्य, माँस, मीन, मुद्रा, मैथुन) का प्रचार कर जितना लोक–कल्याण इन्होंने किया है, उसके लिए मैं बहुत कृतज्ञ हूँ।"

"किन्तु, अब मेरे लिए, जान पड़ता है, अखंड पंचमकार की उपासना दुष्कर होगी।"

"वज्रयान के साथ नागार्जुन का माध्यमिक दर्शन क्या सोने में सुगन्धि है।"

"तुम्हारे काव्य का रस तो मैं चख लेता हूँ, यद्यपि कहीं–कहीं उसमें भी माथा चकराता है, किन्तु यह दर्शन तो पत्थर की तरह मेरे सिर पर बोझा बन जाता है।"

"तो भी महाराज ! नागार्जुन का दर्शन बड़े काम का है। वह बहुत–सी मिथ्या धारणाओं को दूर कर देता है।"

"लेकिन तुम तो वेदान्ती प्रसिद्ध हो, कवि !"

"मैंने अपने ग्रन्थ को वेदान्त कहकर ही प्रसिद्ध किया है, महाराज! किन्तु, 'खंडन–खंड–खाद्य' में नागार्जुन की चरण–धूलि को ही सर्वत्र वितरित किया है।"

"याद तो रहने का नहीं, फिर भी बतलाओ, नागार्जुन में क्या खास बात है?"

"सिद्धराज मित्रपाद नागार्जुन के ही दर्शन को मानते हैं।"

"मेरे दीक्षा गुरू ?"

"हाँ, नागार्जुन कहते हैं–पाप–पुण्य, आचार–दुराचार सभी कल्पनाएँ हैं। जगत् की सत्ता –असत्ता कुछ भी नहीं की जा सकती , स्वर्ग–नरक और बन्धन–मोक्ष बालकों के भ्रम हैं। पूजा –उपासना पामरों की वंचना के लिए हैं। देव –देवी की लोकोत्तर कल्पना मिथ्या है।" ।

"जीवन तो मैंने भी इसी दर्शन में बिताया है, कवि !"

"सभी बिताते हैं, महाराज ! नकद छोड़ उधार के पीछे मूर्ख दौड़ते हैं। लेकिन अब तो नकद को सामने रखकर टुकुर–टुकुर ताकना है, मित्र ! पर तुम तो अभी घिसते नहीं मालूम होते।"

"मैं आठ वर्ष छोटा भी तो हूँ, महाराज ! फिर मैंने एक ब्राह्मणी से ज्यादा ब्याह नहीं किये।"

"ब्याह करने से क्या होता है ? इतने ब्याह करने पर तो भरों का ही आदमी थककर मर जाय।"

"मेरे घर में एक ही ब्राह्मणी है, महाराज !"

"और दुनिया विश्वास कर लेगी कि कवि श्रीहर्ष उसी दँतटुट्टी बुढ़िया पर सती हो रहा है !"

"विश्वास करेगी, और कर ही रही है, महाराज ! मैंने अपने ग्रन्थों में अपनी समाधि लगा ब्रह्म–साक्षात्कार की बात भी लिख दी है।"

"तुम्हारे माध्यमिक दर्शन में ब्रह्मा और उसके साक्षात्कार की भी गुंजाइश है, कवि !"

"महाराज, वहाँ क्या–क्या गुंजाइश नहीं है।"

"प्रजा की अन्धी आँखें मौजूद रहनी चाहिए, उन्हें सबका साक्षात्कार कराया जा सकता है।"

"तो महाराज, आपका धर्म पर से विश्वास उठ गया है ।"

"इसे मैं नहीं जानता, कवि ! मुझे मालूम ही नहीं पड़ता, किस वक्त विश्वास आता है और किस वक्त चला जाता है। तुम्हारे धर्मात्मा ब्राह्मणों के उपदेशों –आचरणों को सुन–देखकर मेरे लिए कुछ तय करना मुश्किल है। मैं तो यही जानता हूँ कि दान –पुण्य, देवालय–सुगतालय का निर्माण आदि जो कुछ धर्म कहता हो, करो; किन्तु नकद जीवन को हाथ से न जाने दो।"

प्रेम और धर्म से चलकर उनकी बात राज–काज पर आई। श्रीहर्ष ने कहा–"क्या सचमुच महाराज ने पृथ्वीराज का साथ देने से इन्कार कर दिया है ?"

"मुझे क्या जरूरत है उसका साथ देने की ? उसने खुद तूफान से झगड़ा मोल लिया, खुद भुगतेगा।"

"मेरी भी सम्मति यही है, महाराज ! चक्रपाणि झूठमूठ परेशान करता है।"

"उसका काम चिकित्सा करना है, सो उसमें तो कुछ नहीं बन पड़ता। तीन बार बाजीकरण –चिकित्सा की, किन्तु सब निष्फल ! और अब चला राज–काज में सलाह देने ।"

"नहीं महाराज ! वह मूर्ख है। व्यर्थ ही युवराज ने उसे सिर पर चढ़ा रखा है।"

3.

"ठीक कहा वैद्यराज! श्रीहर्ष गहडवारों की जड़ में घुन बनकर लगा है। इसने पिताजी को कामुक और अन्धा बना रखा है।"

"कुमार ! मैं बीस वर्ष से कान्यकुब्जेश्वर का राजवैद्य हूँ मेरी औषधियों का कुछ गुण है।"

"गुण सारी दुनिया जानती है, वैद्यराज।"

"किन्तु महाराज बाजीकरण के सम्बन्ध में नाराज हैं। अतिकामुक पुरुषों की तरुणाई को कितनी देर तक बढ़ाया जा सकता है, कुमार ! इसीलिए आहार–विहार में संयम करने के लिए लिखा गया है। मैं तो कहता हूँ, मुझे मल्लग्राम (मलाँव) में बैठ जाने दीजिए ! लेकिन उसको भी वे नहीं मानते।"

"किन्तु, पिता के दोषों के कारण हमें न छोड़ जाइये, वैद्यराज ! गहडवारों को अब बस आप से ही आशा है।"

"मुझसे नहीं, कुमार हरिश्चन्द्र से । किन्तु अच्छा हुआ होता, यदि गहडवार–वंश में जयचन्द्र की जगह हरिश्चन्द्र होते ! चन्द्रदेव के सिंहासन को हरिश्चन्द्र की जरूरत थी।"

"या श्रीहर्ष की जगह वैद्यराज चक्रपाणि जयचन्द्र के नर्म सचिव होते। किन्तु वैद्यराज ! आपको गहडवार–सूर्य के अस्त होते समय तक हमारे साथ रहना चाहिए।"

"अस्त के साथ अस्त होने के लिए भी मैं तैयार हूँ, कुमार ! पर गहडवारों का सूर्यास्त नहीं होगा, बल्कि हिन्दुओं का सूर्यास्त होगा। हम मल्लगामी ब्राह्मण सिर्फ युवा और प्रोक्षणी के ही धनी नहीं, बल्कि तलवार के भी धनी हैं। इसीलिए हम भी तुर्कों से युद्ध करना चाहते हैं, कुमार !"

"और मेरे पिता खुद अपने जामाता को सहायता देने के लिए तैयार नहीं। पृथ्वीराज मेरा अपना बहनोई है , वैद्यराज ! संयुक्ता का

उससे प्रेम था, वह उसके साथ अपनी खुशी से गई। इसमें पिता को नाराज होने की क्या जरूरत?"

"पृथ्वीराज वीर है, कुमार !"

"इसमें कोई सन्देह नहीं, वैद्यराज ! वीरता के ही कारण वह तुर्क सुल्तान से लोहा ले रहा है , नहीं तो हमारे कान्यकुब्ज राज्य के सामने उसका राज्य है ही कितना ? वह सुल्तान को यदि रास्ता भर दे देता, तो सुल्तान उसे पुरस्कृत करता। सुल्तान की आँख दिल्ली पर नहीं, कान्यकुब्ज पर है। छै सौ साल से कन्नौज भारत के सबसे बड़े राज्य पर शासन कर रहा है। किन्तु उन्हें समझाये कौन ? पिता समझने की ताकत खो बैठे हैं।"

"यदि इस वक्त वह शासन-भार युवराज के ही हाथों में दे देते।"

"मुझे एक बार ख्याल आया था, वैद्यराज ! कि पिता को सिंहासन से हटा दें: किन्तु आपकी शिक्षा याद आ गई। बीस वर्षों में आपकी प्रत्येक शिक्षा को मैंने हितकर पाया, इसलिए मैं उसके विरुद्ध नहीं जा सकता।"

"कान्यकुब्ज को सिंहासन जर्जर हो गया है, कुमार ! जरा-सा भी गलत कदम रखने पर सारी इमारत ढह पड़ेगी। यह समय पिता-पुत्र के कलह का नहीं है।"

"क्या किया जाय वैद्यराज ! हमारे सेनापति तथा सेनानायक कायर और अयोग्य हैं। तरुण सेनानायकों में कुछ योग्य और बहादुर हैं; किन्तु उनके रास्तों को बूढ़े रोके हुए हैं। यही हालत मंत्रियों की है, जो चापलूसी करना भर अपना कर्तव्य समझते हैं।"

"रनिवास में अपनी बहन-बेटी भेजकर जो पद पाते हैं, उनकी यही हालत है। लेकिन बीते की नहीं , हमें आगे की चिन्ता करनी चाहिए।"

"आज मेरे हाथ में होता, तो सारे हिन्दू तरुणों को खड्गधारी बना देता।"

"किन्तु यह पीढ़ियों का दोष है, कुमार ! जिसने सिर्फ राजपुत्रों को ही युद्ध की जिम्मेदारी दे रखी है। द्रोण और कृप जैसे ब्राह्मण महाभारत में लड़े थे; किन्तु पीछे सिर्फ एक जाति को.........."

"मैं समझता हूँ, यह जात-पाँत भी हमारे रास्ते में एक बहुत बड़ी : रुकावट है।"

"रुकावट, कुमार ! यह सबसे बड़ी रुकावट है। पूर्वजों के अच्छे कार्यों का अभिमान दूसरी चीज है, किन्तु हिन्दुओं को हजारों टुकड़ों में सदा के लिए बाँट देना महापाप है।"

"आज इसका फल भोगना पड़ रहा है। काबुल अब हिन्दुओं का न रहा, लाहौर गया और अब दिल्ली की बारी है।"

"आज भी यदि हम पिथौरा के साथ मिलकर लड़ सकते।"

"ओह, कितनी कुफ्त है, वैद्यराज !"

"एक कुफ्त है ? हमारी नाव कुफ्तों के बोझ से डूबी जा रही है ; किन्तु हम मोह के मारे एक चीज को भी फेंककर नाव को हल्की करना नहीं चाहते ।"

"धर्म का अर्जीर्ण है, वैद्यराज !"

"धर्म का क्षयरोग ! हमने कितना अत्याचार किया है ? हर साल करोड़ों विधवाओं को आग में जलाया है, स्त्री-पुरुषों को पशुओं की भाँति खरीद-बेच की है, देवालयों और विहारों में सोना-चाँदी तथा हीरा-मोती के ढेर लगाकर म्लेच्छ लुटेरों को निमंत्रण दिया है और शत्रु से मिलकर मुकाबले के समय फूट में पड़े हैं। अपनी इन्द्रिय -लम्पटता के लिए प्रजा की पसीने की कमाई को बेदर्दी से बरबाद करते हैं।"

"लम्पटता नहीं, पागलपन, वैद्यराज ! अपनी इच्छा की एक सहृदया स्त्री भी काम-सुख के लिए पर्याप्त है और इन्द्रिय के पागलपन के लिए पचास हजार भी कछ नहीं। वहाँ प्रेम हर्गिज नहीं हो सकता। मेरे पिता ने जब पिछली संक्रान्ति के दिन अपने रनिवास की

स्त्रियों में से बहुतों को ब्राह्मणों को दान दिया, तो वे रोती नहीं थीं, भीतर से बहुत खुश थीं। मेरी भामा यह कह रही थी।"

"दान लेने वाले ब्राह्मण के घर ज्यादा से ज्यादा एक या दो सौतिनें होंगी, कुमार ! वहाँ सोलह सहस्र की भीड़ तो न होगी। और मैं तो इसे भी दासता समझता हूँ। स्त्री क्या सम्पत्ति है कि इसकी दान दिया जाय ?"

"हमें भी कोशिश करनी चाहिए कि हम मिलकर तुर्को का मुकाबला करें।"

"यह तो महाराज के हाथ में है। पाखंडी श्रीहर्ष उनके कान में लगा हुआ है।"

4.

अष्टमी की रात थी। चाँद अभी–अभी पूरब के क्षितिज पर उगने लगा था। अभी सारी भूमि को प्रकाशित होने में देर थी। चारों ओर सन्नाटा छाया हुआ था, जिसमें बहुत दूर कहीं उल्लू की डरावनी आवाज सुनाई दे रही थी। इस नीरवता में दो आदमी ऊपर से आकर यमुना की अँगनाई में तेजी से उतर गए। उन्होंने अँगुलियों को मुंह में डाल तीन बार सीटी बजाई । यमुना की परली ओर से एक नाव आती दिखलाई पड़ी। नीरव चलती नदी में धीरे–धीरे थापी चलाती एक मझोली नाव किनारे पर आ लगी। दोनों आदमी धीरे से नाव पर कूद गये। भीतर से किसी ने पूछा–"सेनानायक माधव !"

"हाँ आचार्य ! और आल्हण भी मेरे साथ आया है। कुमार कैसे हैं?"

"हाँ, अभी तक तो होश नहीं आया है; किन्तु इसके लिए मैंने थोड़ी–सी दवा भी दे दी है; कहीं कुमार रणक्षेत्र की ओर लौट पड़ते तो?"

"लेकिन आचार्य ! वह आपकी आज्ञा का कभी उल्लंघन नहीं कर सकते।"

"सो तो मुझे विश्वास है; किन्तु फिर भी यह अच्छा ही है। इससे घाव का दर्द भी कम हो जायेगा।"

"घाव खतरनाक तो नहीं है, आचार्य ?"

"नहीं सेनानायक ! घाव को मैंने सी दिया और रक्तस्राव भी बन्द हो गया है। निर्बलता जरूर है; किन्तु और कोई डर नहीं । अच्छा बताओ, तुम क्या कर आए ? महाराज के शव को रनिवास में भेज दिया ?"

"हाँ।"

"तो अब राजान्तःपुर की स्त्रियाँ महाराज को लेकर सती होंगी ?"

"जिनको होना होगा, होंगी।"

"और सेनापति ?"

"बुढा सेनापति तो आखिर में मरते वक्त जाग उठा था। कितने ही सेनानायक पाँसा पलटते देख भाग चले थे; किन्तु उनमें भागने का भी कौशल न था। मुझे आशा नहीं कि उनमें से कोई बचा हो।"

"यही बात यदि तीन वर्ष पहले हुई होती और हरिश्चन्द्र हमारे महाराज तथा माधव तुम कान्यकुब्ज के सेनापति हुए होते!"

लम्बी साँस लेकर माधव ने कहा–"आचार्य ! आपकी एक–एक बात आइने की भाँति झलकती थी। आपने महाराज को बहुत समझाया कि राय पिथौरा से मिलकर तुर्को से मुकाबला किया जाय; किन्तु सब अरण्य–रोदन ही साबित हुआ।"

"अब अफसोस करने से कोई फायदा न होगा। बतलाओ और क्या व्यवस्था की ?"

"पाँच सौ नावें पचास–पचास के गिरोह में सैनिकों से भरी अभी आ रही हैं। गागा , मोगे, सलखू के नायकत्वे में मैंने सेनाओं को बाँटकर आदेश दिया है कि चंदावर (इटावा) से पूरब हटकर तुर्को से लड़े–सीधे कम, छापा मारकर ज्यादा–और परिस्थिति को

प्रतिकूल होते देख पूरब की ओर हटते जायें।"
"कन्नौज के राज-प्रसाद......?"
"मैंने वहाँ से जितनी चीजें हटाई जा सकती थीं, हटा दी हैं। गंगा में ही बहुत सी नावें दो दिन पहले ही निकल चुकीं।"
"मैंने इसीलिए, माधव ! तुम्हें सेनापति की छाया से बचाया था। उसने अपने से पहले ही तुम्हें मरवा दिया होता। तुमको और कुमार को बचा देखकर मुझे सन्तोष है। अभी हिन्दुओं के लिए कुछ आशा है। कुछ भी हो, अन्तिम समय तक हमें अपनी शक्ति में से एक-एक रत्ती को सोच-समझ कर व्यय करना होगा।"
"दूसरी नावें आती मालूम होती हैं, आचार्य।"
"सेनानायक आल्हण ! उनके आते ही सब नावों को यहाँ से चलने का आदेश कर देना।"
"बहुत अच्छा, आचार्य !"-आल्हण ने नम्र स्वर में कहा।
"अच्छा चलो माधव ! नीचे कोठरी में चलो। किन्तु वहाँ अँधेरा है ? मैंने जान-बूझकर वहाँ से दीपक बुझा दिये।" कुछ आगे बढ़कर-"जरा ठहरो। राधे !"
"बाबा !" -एक तरुण स्त्री-कंठ से आवाज आई।"
"चकमक से दीपक जलाओ। लोहा यत्न से रखा है न ?"
"अच्छा।"
"फिर माधव की ओर फिरकर वे बोले-"भाई ! कोई वैद्यराज कहे कोई आचार्य, कोई बाबा ! यह सब याद रखना मेरे लिए मुश्किल होगा।....... तुम सब मेरे बचपन के नाम 'चक्कू से मुझे पुकारा करो।"
"नहीं, स्त्रियों की आदत बदलनी मुश्किल है, इसलिए हम सब आपको बाबा चक्रपाणि पांडेय की जगह बाबा कहेंगे।"
"अच्छा, चलो। दीपक जल गया।"

दोनों सीढ़ियों से नीचे उतरे। नाव का दो-तिहाई भाग पटा हुआ था, जिसके नीचे एक के पीछे एक दो छोटी कोठरियाँ थीं। एक ओर नाव में खाली जगह थी। दोनों एक कोठरी के भीतर घुसे। वहाँ दीपक की पीली रोशनी में एक चारपाई दिखलाई पड़ती थी, जिसके ऊपर कंठ तक सफेद दुशाले से ढंका कोई सो रहा था। चारपाई की बगल में रखी एक मचिया से कोई तन्वी उठी। चक्रपाणि ने कहा-"भाभी ! कुमार हिले-डुले तो नहीं ?"
"नहीं बाबा ! उनका श्वास वैसे ही एक-सा चल रहा है।"
"घबरा तो नहीं रही हो, बेटी ?"
"चक्रपाणि की छत्र-छाया में घबराना ? कहीं गहडवार-वंश ने पहले पहचाना होता अपने गुरु द्रोण को !"
"यह हमारे सेनापति परम सहायक महाराजाधिराज हरिश्चन्द्र के सेनापति माधव आ गए।"
"महादेवी भामा, आपका सेवक माधव सेवा में उपस्थित है।" -कह, माधव ने अभिवादन किया।
"मैं अपने माधव से अपरिचित नहीं हूँ। कुमार के साथ पांसु-क्रीड़ा करने वाले क्या कभी मुझे भूल सकते हैं ?"
"और जिसकी भुजाएँ, भामा गहडवार-वंश की धूलि-कुंठित लक्ष्मी को, फिर से उठा लाने के लिए शक्ति रखती हैं ?"
"बाबा ! तुम्हारे मुँह से भामा कहलांना कितना प्रिय लगता है !"
"पिता याद आते होंगे, पुत्री !"
"नहीं बाबा ! हमें राजकुल में दूसरी ही हवा बहानी होगी। ओह, कितनी बनावट, कितनी ढोंग है यहाँ ? हमें मनुष्य में सीधा-सादा

सम्बन्ध स्थापित करना चाहिए। पुराने राजकुल को पिता (श्वसुर) भट्टारक के साथ जाने देना चाहिए।"

"गया पुत्री ! वह तो बहुत देर से गया। क्या तुमने कुमार के अन्तःपुर को देखा है ?"

आँखों से आँसुओं को पोंछते हुए भामा ने कहा–"बाबा ! आपने हमें फिर मनुष्य बना दिया।"

"नहीं पुत्री ! यदि कुमार हरिश्चन्द्र की जगह कोई दूसरा होता, तो मैं सिर्फ पानी पीटता रहता। यह सब कुछ कुमार हरिश्चन्द्र ...."

"बाबा !"

"सबने कुमार की अधखुली आँखों को देखा। भामा उनके पास दौड़ गई और बोली– "मेरे चन्द्र ! राह के मुँह से निकले चन्द्र!"

"हाँ, मेरी भामा ! लेकिन मैं तो अभी बाबा की आवाज सुन रहा था।"

"बाबा !"

"वह बाबा नहीं जिसने गहडवारों के सूर्य को डुबाया; इस बाबा को, जिसे तुम बाबा कहती हो और जिसे मैं भी बाबा कहूँगा।"

चक्रपाणि ने दीपक की रोशनी में कुमार के पीले तरुण चेहरे को देख ललाट पर हाथ फेरते हुए कहा–"कुमार ! तबियत कैसी है ?"

"तबियत ऐसी है; मालूम होता है जैसे मैं युद्धक्षेत्र से घायल होकर नहीं लौटा हूँ।"

"धाव बुरा था, कुमार !"

"होगा, किन्तु मेरा पीयूषपाणि बाबा जो पास था।"

"थोड़ा कम बोलो, कुमार !"

"हरिश्चन्द्र के लिए बाबा चक्रपाणि के मुँह से निकला एक–एक अक्षर ब्रह्मवाक्य है।"

"लेकिन ऐसा हरिश्चन्द्र चक्रपाणि के किसी काम का न होगा !"

"बाबा ! यह हरिश्चन्द्र की श्रद्धा की बात है, और जहाँ मेधा की बात है, वहाँ हरिश्चन्द्र ब्रह्मा के वाक्य को भी बिना कसौटी पर कसे नहीं मान सकता।"

"कुमार ! तुम्हें पाकर गहडवार–वंश नहीं, हिन्दू–देश धन्य है।"

"बाबा चक्रपाणि को पाकर–जरा पानी।"

भामा ने तुरन्त गिलास में पानी भरकर देया। बाबा ने नाव को चलते जानकर कहा – "हम बनारस चल रहे हैं, कुमार !– द्वितीय राजधानी को। सेनापति माधव ने सेना के लिए आदेश दे दिया है। सेना इधर तुर्कों को रोकेगी ; उधर हम बनारस में गहडवार–राजलक्ष्मी के लिए सैनिक तैयार करेंगे।"

"नहीं बाबा ! जैसा आप दूसरे समय कहा करते थे, उसी हिन्दू–राजलक्ष्मी को लौटाने की तैयारी करें। अब यह लौटी राजलक्ष्मी हिन्दू–राजलक्ष्मी होगी। इसे हिन्दू भुज–बल से जीतकर लौटाना होगा।"

"चण्डाल और ब्राह्मण को भेद मिटाकर ।"

"हाँ मेरे गुरुद्रोण !"

बाबा नूरदीन् (१३०० ईसवीं)

काल : १३०० ई०

1.

"वह समय खतम हो गया, जब हम हिन्द को दुधार गाय से बढ़कर नहीं समझते थे और किसानों, कारीगरों, बनियों और राजाओं से ज्यादा–से–ज्यादा धन जमाकर गोर भेजते या खुद मौज उड़ाते। अब हम गोर के गुलाम नहीं, हिन्द के स्वतंत्र खिलजी शासक हैं।" एक छरहरे जवान ने अपनी काली दाढ़ी के ऊपरी पूँछ की पतली स्याही पर अँगुलियाँ चलाते हुए कहा , उसके सामने एक सफेद लम्बी दाढ़ी, बड़ा अमामा (पगड़ी), सफेद अचकन पहने कोई शान्त, संभ्रान्त चेहरे का आदमी घुटने टेके बैठा था।

बूढ़े ने कहा–"लेकिन जहाँपनाह ! यदि पटेलों, मुखियों, इलाके – दारों को छेड़ा जायेगा, तो वह बिगड़ जायेंगे और सल्तनत के गाँव–गाँव में हम अपनी पल्टने मालगुजारी वसूल करने के लिए भेज नहीं सकते।

"पहले इस बात को आप तय कर डालिए, कि आप हिन्दी बनकर हिन्द के शासक रहना चाहते हैं , या हीरा–मोती से ऊँटों और खच्चरों को भरकर ले जाने वाले गजनी गोर के लुटेरे ?"

"अब हमें हिन्द में रहना है जहाँपनाह !"

"हाँ, गुलामों की तरह हमारी जड़ गोर में नहीं, दिल्ली में है। यदि कोई विद्रोह, कोई अशान्ति होगी तो न हमें अरब, अफगानिस्तान से सेना मिलने वाली है और न ही भागकर वहाँ टिकने का ठौर है।"

"यह मानता हूँ जहाँपनाह !"

"तो अब हमें इस घर में रहना है, इसीलिए इसे ठीक करना होगा, जिसमें यहाँ के लोग सुखी और शान्त रहें। यहाँ की प्रजा में कितने मुसलमान हैं ? सौ वर्ष में दिल्ली के आस–पास को भी हम मुसलमान नहीं बना सके। कहिए मुल्ला अबू मुहम्मद ! आप कितने दिनों में आशा करते हैं, सारी दिल्ली और इस दयार को मुसलमान बना देखने की ?"

सामने बैठे तीसरे वृद्ध ने दाँतों के बिना भीतर घुसे ओंठों के नीचे नाभि तक लटकती सफेद दाढ़ी के बालों को ठीक करते हुए कहा–"मैं निराश नहीं हूँ, सुल्ताने–जमाना ! किन्तु इस अस्सी वर्ष के बूढ़े का तजरबा है कि यदि हम जबरदस्ती मुसलमान बनाना चाहेंगे, तो मुझे कभी उम्मीद नहीं कि हम उसमें पूरी तौर पर सफल होंगे।"

"इसलिए, हम हिन्द में बस जाने वाले मुसलमान उस दिन तक के लिए इन्तजार नहीं कर सकते ; जब सारा हिन्दू मुसलमान हो जायगा। हमने एक सदी यों ही गँवा दी और अपनी प्रजा का कुछ भी ख्याल न कर सिर्फ अपने भूमिकर, चुंगी, महसूल को ज्यादा से ज्यादा वसूल करना चाहा। परिणाम देखा। शाही खजाने में एक रुपया आता है, तो पाँच चले जाते हैं तहसील करने वालों के पेट में। दुनिया के किसी मुल्क में देखा है कि गाँव के मुखिया , पटेल घोड़ों पर सवार हो निकलें, रेशमी लिबास पहनें, ईरान की बनी कमान से तीर चलाएँ। नहीं, वजीरुल्मुल्क ! मेरी सल्तनत में अब इस तरह की लूट बंद करनी होगी।"

"लेकिन हुजूरेवाला ! कितने ही हिन्दू इस लालच से भी मुसलमान होते थे ! अब यह भी रास्ता बंद हो जायेगा।" – मुल्ला ने कहा।

"इस्लाम इस तरह की लूट और रिश्वत अगर क़बूल करता है, तो सरकारी खजाने और सरकारी माल की भी खैरियत नहीं ; और जिस हुकूमत के ऐसे खिदमतगार हों, उसके लिए क्या उम्मीद की जा सकती है।"

"ऐसों से सल्तनत के पाये मजबूत नहीं हो सकते –जहाँपनाह ! यह मानना पड़ेगा। मुझे ख्याल था सिर्फ बद्–अमनी का" वजीर ने

कहा।

"गाँव के अमले चाहेंगे वैसा करना यदि उनका बस चलेगा। किन्तु गाँव में अमले ज्यादा होते हैं या किसान ?"

"किसान ! सौ पर एक कोई अमला पड़ता होगा।"

"उन्हीं सौ किसानों का खून चूसकर वह घोड़े पर सवार हो सकता है, रेशमी लिबास पहन सकता है और ईरानी कमान से तीर चला सकता है। इस तरह की खून–चुसाई बन्द करा हम किसानों की हालत बेहतर बनायेंगे। उन्हें हुकूमत का वफादार बनायेंगे। क्या एक के नाराज करने से सौ को खुश करना और खुशहाल देखना अच्छा नहीं है ?"

"जरूर है, हुजूरेवाला ! मुझे भी अब शक नहीं रहा। यद्यपि हिन्दुस्तान के मुसलमानों, सुल्तानों में आप एक नई बात करने जा रहे हैं, किन्तु कामयाबी होगी। इससे सिर्फ गाँवों के ऊपरी श्रेणी के कुछ लोगों को हम नाराज कर लेंगे।"

"गाँवों और शहरों को ऊँची श्रेणी के कुछ लोगों के नाराज होने की परवाह नहीं। अब थोड़े दिनों के लिए बनी झोपड़ी की जगह हमें शासन की मजबूत इमारत की बुनियाद रखनी होगी।"

मुल्ला कुछ सोच रहा था। उसने दाढ़ी पर हाथ करते हुए फिर कहा –"हुजूरेवाला ! अब मैं भी समझता हूँ कि गाँव के आमिलों की जगह गाँवों के सारे किसानों की बेहतरी का ख्याल करना हुकूमत के लिए ज्यादा लाभदायक साबित होगा। हमने गाँवों –कस्बों के कपड़े के कारीगरों की ओर थोड़ी निगाह की; उनकी पंचायतों के मजबूत करने में सहायता दी, जिससे वे बनिये महाजनों की लूट से बचें। बेगार में हर एक अमला उनसे कपड़े बनवाता, रुई धुनवाता था, इसे रोका, और आज इसका यह परिणाम देख रहे हैं कि रुई धुनने वाले, कपड़ा बुनने–सीने वाले मुश्किल से कोई होंगे, जो इस्लाम की साया में न आ गये हों ।"

"अब आपने देखा, मुल्ला साहिब ! जो बात सल्तनत के लिए भली है, वह इस्लाम के लिए भी भली है।"

"लेकिन एक बात की अर्ज है, जहाँपनाह ! आप अमीरुल्मोमिनीन (मुसलमानों के नायक) हैं..."

"साथ ही मैं हिन्दुओं का सुल्तान हूँ। हिन्द में मुसलमानों की संख्या बहुत कम है, शायद हजार में एक ।"

"हिन्दू इस्लाम की तौहीन करते फिरते हैं। आगे उनका हौसला और बढ़ सकता है। तौहीन बन्द होनी चाहिए !"

"तौहीन ? क्या कुरान–पाक को पैरों तले रौंदते हैं ?"

"इतनी हिम्मत कहाँ हो सकती है ?"

"क्या मस्जिदों को नापाक करते हैं ?"

"यह भी नहीं हो सकता।"

"क्या रसूल–खुदा को सरे– बाजार गालियाँ सुनाते हैं ?"

"नहीं जहाँपनाह ! बल्कि, जो हमारे सूफियों के संसर्ग में आये हैं, वे तो रसूल–खुदा को भी ऋषि मानते हैं। लेकिन, वे हमारे सामने कुफ्र की रस्में अदा करते हैं।"

"जब उन्हें आप काफिर मानते हैं, तो कुफ्र की रस्म के लिए शिकायत क्यों ? मेरे चचा सुल्तान जलालुद्दीन मेरी तरह तय नहीं कर पाये थे कि उन्हें अपने को स्थायी हिन्द –शासक समझना चाहिए, या जब तक सारा हिन्द मुसलमान न हो जाय तब तक के लिए अस्थायी। किन्तु उन्होंने एक बार आपकी तरह के प्रश्नकर्ता को क्या जवाब दिया था, मालूम है ?"

"नहीं हुजूरेवाला !"

"कहा था–'बेवकूफ, तू देखता नहीं कि हिन्दू रोजाना मेरे महल के सामने शंख बजाते और ढोल पीटते हुए यमुना किनारे अपनी मूर्तियों को पूजने जाते हैं। वे मेरी आँखों के सामने अपनी कुफ्र की रस्में मनाते हैं। मेरी और मेरे शाही रौब की हतक करते हैं। मेरे दीन के दुश्मन (हिन्दू) हैं, जो मेरी राजधानी में मेरी आँखों के सामने ऐशो –इशरत और शान–शौकत से जिन्दगी बसर कर रहे हैं,

और दौलत और खुशहाली के कारण मुसलमानों के साथ अपनी शान और घमंड को जाहिर करते हैं। शर्म है मेरे लिए मैं उनको उनकी ऐशो –इशरत और फख्र–व–गरूर में छोड़े हुए हूँ। और थोड़े से तिनकों पर सब्र किये हूँ जो कि वे खैरात के तौर पर मुझे दे देते हैं।' समझता हूँ, मैं इससे बेहतर जवाब मैं भी नहीं दे सकता।"

"लेकिन सुल्ताने–जमाँ ! सुल्तान को इस्लामी फर्ज भी है।"

"जिसने ऐसा कसूर किया है, जिसकी सजा मौत है, उसे इस्लाम की शरण में आने पर मैं जीने की इजाजत दे सकता हूँ। जो गुलाम है और इस्लाम लाता है, उसे गुलामी से मुक्त होने का हुक्म दे सकता हूँ, लेकिन खरीद की कीमत शाही खजाने से देकर; नहीं तो इस मुल्क में करोड़ों–करोड़ रुपये गुलामों पर लगे हैं और सभी गुलामों की आजादी के लिए तो आप कह भी नहीं सकते ?"

"नहीं जहाँपनाह ! गुलाम रखना तो अल्लाहताला ने भी जायज फर्माया है।"

"नहीं, यदि आप कहें तो तख्त को खतरे में डाल मैं मुस्लिम, गैर–मुस्लिम सभी दास–दासियों को आजाद करने का फर्मान निकाल देता हूँ।"

"नहीं! यह शरीअत के खिलाफ होगा।"

"शरीअत के खिलाफ होने की बात को छोड़ें, मुल्ला साहब ! इस वक्त आपका ध्यान होगा किसी अमीना दासी पर। सबसे ज्यादा गुलाम तो हैं मुसलमानों के घरों में।"

"और अल्लाहताला ने मोमिनों के लिए उन्हें जायज ठहराया है।"

"लेकिन यदि दास–दासियाँ भी मोमिन हैं ? फिर तो हुआ न कि आप उन्हें इस दुनिया की आजाद हवा में साँस लेने देना नहीं चाहते और सिर्फ बहिश्त की उम्मीद पर रखना चाहते हैं !"

"मुझे और कहना नहीं है। इस्लामी सल्तनत में इस्लामी शरीअत का शासन होना चाहिये, बस मैं इतना ही कहना चाहता हूँ।"

"लेकिन यह चाहना थोड़ा नहीं है। इसके लिए इस्लामी सल्तनत की अधिकांश प्रजा को मुसलमान होना चाहिए। आप लोगों के सामने–वजीर साहब ! आप भी सुनें– मैं अपने विचारों को साफ रख देना चाहता हूँ। सुल्तान महमूद जैसा एक विदेशी सुल्तान अपनी जबरदस्त विदेशी सेना के साथ शान्तिपूर्ण शहरों को लूट , लूट के माल को ऊँटों, खच्चरों पर लाद भले ही ले जा सकता था, लेकिन वही बात बाल–बच्चों के साथ दिल्ली में बस जाने वाले मेरे जैसे आदमी के बूते की नहीं है। हमारी हुकूमत कायम है हिन्दू–प्रजा की लगान पर, हिन्दू सिपाहियों और सेनानायकों पर–मेरा सेनापति मलिक हिन्दू है, चित्तौड़ का राजा मेरे लिए पाँच हजार सेना का सेनानायक है।"

"लेकिन जहाँपनाह ! गुलाम सुल्तान भी तो दिल्ली ही में रहते थे।"

"आप हिचकिचाएँ मत, मुझे चंचल और गुस्सैल कहा जाता है। किन्तु यह सब विरोधी विचारों को सुनने से मुझे रोक नहीं सकते। गुलामों की हुकूमत चिड़ियाँ रैन बसेरा थी । मंगोलों के तूफान से हिन्दुस्तान की इस्लामिक सल्तनत बाल–बाल बची है। हिन्दुओं को पता न था कि मंगोलों जैसा दुश्मन मुसलमानों ने कभी देखा नहीं , नहीं तो जरा भी उन्होंने मंगोलों को शह दी होती , तो हिन्द की सरज़मीन में नया लगा इस्लाम का पौधा ठहर नहीं सकता था। जानते हैं न चंगेज का खानदान दुनिया की सबसे बड़ी सल्तनत चीन पर हुकूमत कर रहा है?"

"जानता हूँ, हुजूरेवाला !" मुल्ला ने कहा।

"और वह खानदान समनिया मजहब को मानता है।"

"समनिया ! उनके बहुत से मठों–मन्दिरों के जला देने, बर्बाद कर देने पर भी, अभी यह मजहब, कुफ्र का साकार स्वरूप हिन्द की सरजमीन से उठा नहीं।"

"कुफ्र का साकार स्वरूप वही क्यों ?"
"जहाँपनाह ! हिन्दुओं–ब्राह्मणों–के मजहब में, तो सिरजनहार अल्लाह का ख्याल भी है, किन्तु समनिया तो उससे बिल्कुल इन्कार करते हैं।"
"चंगेज का खानदान आज नहीं उसके पोते कुबले खान के जमाने से ही अपने को समानों का मुरीद मानता है। यही नहीं खुद चंगेज की फौज के मंगोलों में बहुत से समनी सिपहसालार तथा सैनिक थे। बुखारा, समरकंद, बलख आदि इस्लामी दुनिया के शहरों को मुसलमानों की सभ्यता के समस्त केन्द्रों को उन्होंने चुन –चुनकर तबाह कर डाला। उन्होंने हमारी औरतों को बिना ऊँचे –नीचे घराने का ख्याल किये आम तौर से दासी बनाया। बच्चों को बेदर्दी से कत्ल किया। इन सब जुल्मों के प्रोत्साहन देने वाले वही समनी मंगोल थे। वह कहते थे, अरबों ने हमारे विहारों को बर्बाद किया, हमारे नगरों को जलाया, हमारे बच्चों को मारा; हमें उसका बदला लेना है। ख्याल कीजिए, यदि मंगोल कहीं हिन्दी समनियों (बौद्धों) से मिलकर हिन्दुओं को अपनी ओर खींचने में सफल होते, तो इस्लाम की क्या हालत हुई होती ?"
"बर्बादी होती, जहाँपनाह !"
"इसलिए हमें बालू की रेत पर अपने राज्य की नींव नहीं रखनी है, हम गुलामों की नकल नहीं कर सकते।"
वजीर अब तक चुप था, अब उसने मुँह खोला–"लेकिन सरकार आली ! गाँव के अमलों की ताकत कमजोर होने पर सल्तनत कैसे वहाँ तक पहुँचेगी ?"
"जब रेशम पहनने वाले, घोड़ों पर चलने वाले अमले थे, तब कैसे काम चलता था—आपको मालूम है ?"
"मैंने इसकी खोज नहीं की।"
"मैंने खोज की है। जब शासकों ने अपने को लुटेरों –जैसा समझा तब उन्होंने लूटने वाले अमले नियुक्त किये। ऐसा सब समय सब जगह होता है। उससे पहले हर गाँव में पंचायत होती थी, जो गाँव की सिंचाई लड़ाई–झगड़े से लेकर सरकार को लगान देने तक का सारा प्रबन्ध स्वयं करती थी। राजा को गाँव के किसी एक व्यक्ति से कोई काम न था। वह सिर्फ पंचायत से वास्ता रखता था। समझता था कि लगान देने वाले किसान और उसके बीच संबंध स्थापित करने के लिए यही पंचायतें हैं।"
"तो जहाँपनाह ! सौ बरस से मरी इन पंचायतों को फिर से हमें जिलाना होगा।"
"और दूसरा चारा नहीं। यदि इस्लामी सल्तनत को इस देश में मजबूत करना चाहते हैं, तो प्रजा को सुखी और संतुष्ट रखने की हर प्रकार से कोशिश करनी होगी ! उसके लिए हमें अपनी हिन्दू–प्रजा के रीति–रिवाज, कानून – कायदे का ख्याल रखना होगा, दिल्ली की सल्तनत में इस्लामी शरीअत (कानून) नहीं, सुल्तानी शरीअत बर्ती जायेगी। इस्लाम का प्रचार मुल्लों का काम है, उन्हें हम वजीफे दे सकते हैं। सूफियों का काम है और वह बहुत अच्छी तरह कर रहे हैं, उनकी खानकाहों (मठों) को हम नकद या सरकारी लगान (माफी) दे सकते हैं।"

2.

वर्षा बीत चुकी थी; किन्तु अभी भी ताल–तलैयों में पानी भरा हुआ था। बड़ी–बड़ी मेंड़ों से घिरे धान के खेतों में पानी भरा हुआ था, जिसमें धान के हरे–हरे पूँजे लहरा रहे थे। चारों ओर दूर तक फैली मगध की हरी –हरी क्यारियों के बीच हिल्सा (पटना) का बड़ा गाँव था; जिसमें कुछ व्यापारियों के ईंटें के पक्के मकान थे, बाकी किसानों और कारीगरों के फूस या खपड़ैल के। इनके अतिरिक्त कुछ ब्राह्मणों के घर थे, जो उनसे कुछ बेहतर अवस्था में थे। हिल्सा के मन्दिरों को सौ वर्ष पहले मुहम्मद बिन बख्तियार

खिलजी की सेना ने ही ध्वस्त कर डाला था , और उसके बाद उनके खंडहरों में ही हिन्दू जहाँ –तहाँ पूजा कर लेते थे। गाँव के पश्चिमी छोर पर बौद्धों का मठ था; जिसका प्रतिमागृह तो टूट–फूट गया था, किन्तु घर अब भी आबाद थे। मठ के भीतर घुसकर उसके निवासियों को देखकर कोई नहीं कह सकता था, कि बौद्ध–भिक्षु उसे छोड़कर चले गये हैं।

उस दिन शाम के वक्त मठ के बाहर के पत्थर के छोटे चबूतरे पर एक अधेड़ पुरुष बैठा था। उसके शरीर पर पीला काषाय था। उसका सिर और भौंहें घुटी हुई थीं। पूँछ–दाड़ी के बाल बहुत छोटे हफ्ते भर की बनी हुई थी। उसके हाथ में काठ की माला थी। आश्विन की पूर्णिमा का दिन था, गाँव के नर–नारी खाना, कपड़ा तथा दूसरी चीजें लाकर काषायधारी पुरुष के सामने रख (चढ़ा) कर हाथ जोड़ रहे थे। पुरुष हाथ उठा स्मित मुख से उन्हें आशीर्वाद दे रहा था।

यह क्या है ? हिल्सा का पुराना बौद्ध मठ तो नष्ट हो गया ? हाँ, किन्तु श्रद्धा मठों से बाहर भक्तों के दिलों में हुआ करती है। आज हिल्सा के काषायधारी बाबा को देख क्या बौद्ध –भिक्षु छोड़ और कुछ कह सकते हैं ? वह अविवाहित है, यही नहीं, उसके चार पहले के गुरु भी अविवाहित काषायधारी थे। हिन्दू –या बौद्ध–से मुसलमान बने दस– पाँच कारीगर घरों में इसे खानकाह कहकर पुकारा जाता है, ब्राह्मण और कुछ बनिये भी इसे मठ नहीं कहते; किन्तु बाकी गाँव के लिए यह अब भी यह विचार–मठ–है। उसके बाबा की पहले भी जात –पाँत न होती थी और इन नये बाबों की भी जात नहीं है। उन्हीं की भाँति यह भी काषाय पहनते , अविवाहित रहते हैं; और बीमार होने पर यही लोगों के भूतों को झाड़ते हैं , मरण और शोक के समय यही अलख निरंजन–निर्वाण का उपदेश दे सान्त्वना प्रदान करते हैं। । इसीलिए आज शरत् पूनों की प्रावारणा के दिन लोग पहले की भाँति इन मुस्लिम भिक्षुओं को भी पूजा चढ़ा रहे हैं। और कारीगर मुसलमान जैसे पहले उन बौद्ध भिक्षुओं को अपना पूज्य गुरु मानते थे , उसी तरह अब अपने बाबा और उनके काषायधारी चेलों को मानते हैं।

खानकाह के पुराने महन्तों (पीरों) की समाधियों (कब्रों) की वन्दना कर गाँव वाले धीरे–धीरे चले गये। रात के बीतने के साथ दूध–सी चाँदनी चारों ओर छिटक गई। उसी वक्त कारीगर –घरों की ओट से दो आदमियों के साथ कोई आँगन की ओर आता दिखाई पड़ा। नजदीक आने पर बाबा ने मौलवी अबुल–अलाई को पहचाना। उनके सिर पर सफेद अमामा, शरीर पर लम्बा चोगा, पैरों में जूतों से ऊपर पायजामा था। उनकी काली दाढी हवा के हलके झोंके से हिल रही थी। बाबा ने खड़े हो दोनों हाथों को बढ़ाते हुए मधुर स्वर में कहा–

"आइये मौलाना अबुल–अलाई । अस्सलाम–अलैक ।"

बाबा मौलाना के सिकुड़ते हाथों को अपने हाथों में ले उनके बगलगीर हुए। मौलाना ने भी बेमन से 'वालेकुम–स्सलाम' किया। बाबा ने नंगे चबूतरे के पास जाकर कहा– "हमारा तख्त यही नंगा पत्थर है. तशरीफ रखिये।"

मौलाना के बैठ जाने पर बाबा भी बैठ गये। बात पहले मौलाना ने ही शुरू की !

"शाह साहेब ! जब यहाँ काफिरों की भीड़ लगी थी, तो मैंने ठहर कर देखा था, इस तमाशे को ।"

"तमाशा भले ही कहें, मौलाना ! किन्तु काफिर न कहें, नूर के कलेजे में इससे तीर लगता है।"

"यह हिन्दू काफिर नहीं तो और कौन हैं?"

"सभी में वही नूर समाया हुआ है, नूर और कुफ्र, रोशनी और अँधेरी की तरह एक जगह नहीं रह सकते।"

"तुम्हारा यह सारा तसव्वुफ (वेदान्त) इस्लाम नहीं, गुमराहियत है।"

"हम आप के ख्यालों को गुमराहियत नहीं कहते, हम 'नदिया एक, घाट बहुतेरे' के मानने वाले हैं। अच्छा आप सभी इन्सानों को खुदा के बच्चे मानते हैं या नहीं ?"

"हाँ मानता हूँ।"

"और यह भी कि वह मालिक सर्व–शक्तिमान् है।"

"हाँ।"

"मौलाना ! मेरे उन सर्व–शाक्तिमान् मालिक के हुक्म के बिना जब पत्ता भी नहीं हिल सकता, तो हम और आप अल्लाह के इन सारे बच्चों को काफिर कहने वाले कौन ? अल्लाह चाहता तो सबको एक रास्ते पर चलाता। नहीं चाहता है, इसका मतलब है, सभी रास्ते उसे पसन्द हैं।"

"शाह साहब ! मुझे न सुनाइये तसव्वुफ की झूठों को ।"

"लेकिन मौलाना ! यह तो मैंने इस्लाम के ही दृष्टिकोण से कहा। हम सूफी तो अल्लाह और बन्दे में फर्क नहीं मानते। हमारा कल्मा (महामंत्र) तो है 'अन–ल–हक्' (मैं सत्यदेव हूँ). हम–ओ–स्त (सब वही ब्रह्म है) ।"

"यह कुफ्र है।"

"आप ऐसा ख्याल करते हैं, पहले भी कितने ही लोगों ने ऐसा ख्याल किया था ; किन्तु सूफियों ने अपनी शहादत –खून–से इस सत्य पर मुहर लगाई और आगे भी जरूरत पड़ने पर हम मुहर लगायेंगे।"

"आप लोगों की वजह से इस्लाम यहाँ फैलने नहीं पाता।"

"हमने तुम्हारी आग और तलवार को दिल से बुरा जरूर समझा; किन्तु, हाथ से नहीं रोका, फिर आपने कितनी सफलता पाई ?"

"आप लोग उनके धर्म को सत्य बतलाते हैं।"

"हाँ, क्योंकि महान् सत्य को कुल्हिया में बन्द करने की ताकत हम अपने में नहीं पाते। यदि इस्लाम अपने शहीदों के कारण सच्चा है, यदि तसव्वुफ अपने शम्सो–मंसूरों की शहादत से सच्चा है, तो हिन्दुओं ने भी तुम्हारी तलवारों के नीचे हँसते–हँसते गर्दन रख हिन्दू–मार्ग को सच्चा साबित किया है।"

"हिन्दू–मार्ग और सच्चा ! हिन्दू का मार्ग पूरब का, हमारा पच्छिम का, बिल्कुल उलटा।"

"इतना उलटा होता तो क्यों आज शाम को गाँव के इन किसानों ने मुसलमान मठ की पूजा की ? आप मुसलमानों में हिन्दूपन की गंधमात्र नहीं देखना चाहते, मौलाना ?"

"हाँ, नहीं रखना होगा।"

"तो हमारी सधवा मुसलमानिनों का सिन्दूर तो जाकर धुलवाइये।"

"धुलवायेंगे।"

बाबा ने हँसकर कहा–"सिन्दूर धुलवायेंगे जीते जी। जुम्मन ! बताओ बेटा ! क्या तुम्हारी सलीमा मान लेगी इसे ।"

"नहीं बाबा ! मौलवी साहब को मालूम नहीं है। सिन्दूर विधवा का धोया जाता है।" पास ही खड़े जुम्मन ने कहा।

बाबा ने अपनी बात को जारी रखते हुए कहा–"क्षमा करना मौलवी अबुल–अलाई ! हम सूफी न किसी सुल्तान के टुकडों पर यहाँ आकर बसे, न किसी अमीर के दान पर। हम कफ़नी और लँगोटी पहनकर आये। किसी हिन्दू ने हमारे ऊपर तलवार नहीं उठाई। इसी खानकाह को ले लीजिये, यह पहले समनियों का विहार था। मेरे पाँचवें दादा गुरु समनी (बौद्ध) फकीरों के चेले थे। बनावटी नहीं, वह बुखारा से आये थे और उनके तसव्वुफ़ से खिंचकर चेला बने थे। तसव्वुफ़ सब जगह एक है, बाहरी चोले से उसका झगड़ा नहीं, वह चोला समनी का भी हो सकता है, हिन्दू का भी, मुसलमान को भी। हमारे उन गुरु के बाद यह खानकाह मुसलमान नाम

रखने वाले फकीरों की है। हमने चोला बदलने पर जोर नहीं दिया , हमने प्रेम सिखलाया, जिसका फल देख रहे हैं, गाँव–गाँव में हमसे घृणा रखने वालों की कमी । पंडितों ने जड़ता दिखाई , वह प्रेम के पंथ को नहीं पहचान सके, जैसे आप लोग नहीं पहचान सके, उसी से जुम्मन के बाप–दादों को हिन्दू नहीं, मुसलमान नाम रखना पड़ा, और अब उनके यहाँ आप की भी खातिर होती है।"

3.

चैत का मास बीत चुका था। जिन वृक्षों में नये–नये पत्ते लगने वाले थे, लग चुके थे। आम अबकी साल अच्छा आया था; इसलिए उसके पुराने ही पत्ते रह गये थे। उनके नीचे खलिहान लगे हुए थे , जहाँ दोपहर की गर्मी और हवा में भी किसान दँवरी कर रहे थे। उसी वक्त कोई मुसाफिर थका और धूप से पसीने –पसीने उन्हीं खलिहानों में एक वृक्ष के नीचे आ बैठा। मंगल चौधरी ने उसकी शक्ल–सूरत से परदेशी मुसाफिर समझ, पास आकर कहा– "राम–राम भाई ! इस धूप में चलना बड़ी हिम्मत का काम है।"

"राम–राम भाई । लेकिन जिसको चलना होता है, उसे धूप–ठंडा थोड़े ही देखना पड़ता है।"

"पानी पियो भाई ! मुँह सूखा मालूम होता है। घड़े में ठंडा पानी रखा है।"

"कौन बिरादरी हो ?"

"अहीर, मंगल चौधरी मेरा नाम है।"

"चौधरी ! लोटा–डोरी मेरे पास है। मैं ब्राह्मण हूँ। कुआँ बता दो।"

"कहो तो अपने लौंडे से मँगवा हूँ, पंडितजी ।

"थका हुआ हूँ, मँगवा दो चौधरी।"

"बेटा घीसा ! इधर आइयो तो।" बुला, मंगल चौधरी ने दँवरी रुकवा बेटे को गुड़ की डली के साथ कुएँ से ताजा पानी भर लाने के लिए कहा।

मुसाफिर ने पूछकर मालूम किया–दिल्ली अभी बीस कोस है, इसलिए आज नहीं पहुँच सकता ।

मंगल चौधरी हँसने–हँसाने वाले जीव थे ! चुप रहना उनके लिए सबसे मुश्किल काम था।

चौधरी ने कहा–"हमारे यहाँ इस साल तो भगवान् की कृपा से फसल बहुत अच्छी हुई। बैसाख में खलिहान उठाना मुश्किल होगा। पंडितजी ! तुम्हारे यहाँ फसल का कैसा डौल है?"

"फसल बुरी नहीं है, चौधरी !"

"राजा अच्छा होता है, तो देवता भी खुश होते हैं, पंडितजी ! जबसे नया सुल्तान तख्त पर बैठा है, तब से प्रजा बड़ी खुशहाल है।"

"क्या ऐसी बात देखते हो, चौधरी ?"

"अरे ! एक तो यही खलिहान के गंज देख रहे हो। दो वर्ष पहले आते तो देखते इनके चौथाई भी नहीं होते।"

"सुतर गया है, चौधरी।"

"सुतर गया है, किन्तु सुल्तान की नीयत की बरक्कत है, पंडितजी ! पहले हम किसान नंगे–भूखे डोलते थे और धीके.. रेशम–तंजेब पहन घोड़े पर चलते थे। गेहूँ बित्ते भर का भी नहीं होने पाता था कि उनके घोड़े हमारे खेतों में आ जमते थे। कौन बोलता ? हमारे गामड़ों के तो यही सुल्तान थे।"

इसी समय मंगल चौधरी की भाँति ही घुटनों तक की धोती , बदन पर एक मैली चौबन्दी, सिर पर चिकन टोपी पहने दूसरा चौधरी आ गया और बीच ही में बोल उठा–"और चौधरी ! अब देखते नहीं, सारी शान कहाँ चली गई ? अब बेटे दानों–दानों के मुहताज

फिर रहे हैं। मुझसे कह रहा था वह बाभनका–क्या, नाम है चौधरी ?"

"सिब्बा।"

"अब न सिब्बा कहते हो, उस वक्त तो पंडित शिवराम था। कह रहा था–चौधरी छेदाराम ? दो मन गेहूँ देना पैसा हाथ में आते ही दाम दे दूँगा। मुँह पर नहीं करना तो मुश्किल है – लेकिन मुझे याद है, जब वह बाभन का सीधी बात भी नहीं करता था। 'अबे छिद्दे' छोड़, कोई दूसरी बात उसके मुख से नहीं सुनी।"

और अब तुम हो चौधरी छेदाराम और मैं चौधरी मंगलराम। मंगल और छिद्दे से ढाई वर्षों में हम कहाँ से कहाँ पहुँच गये।"

"मैं कहूँगा चौधरी ! वह सुल्तान की दया है, नहीं तो हम सब छिद्दे और मंगे ही बने रहते ।"

"यही तो मैं कह रहा था, इन पंडितजी से।"

"न हमारी यह पंचायत लौटकर मिली होती, न हमारे दिन लौटते ।"

"चौधरी मंगलराम ! तुम हाथ से कलम नहीं पकड़ सकते; किन्तु तुम गाँव के सरपंच हो; कैसे सब काम चला लेते हो ? अमला तो अमला, ये बनिये एक रुपये में दो रुपये का अनाज उठा ले जाते थे। जेठ भी नहीं बीतता था और घर में चूहे डंड पेलने लगते थे।"

"हम तो यही कहते हैं, हमारा सुल्तान लाख बरस जीता रहे।"

यात्री ब्राह्मण इन उजड्ड अहीरों की तारीफ सुन–सुनकर कुढ़ रहा था और कुछ बोलने का मौका ढूंढ़ रहा था। गुड़ खा, पानी पी लेने के बाद वह और उतावला हो गया था वह चौधरियों की बात न खतम होते देख बीच ही में बोल उठा –"सुल्तान अलाउद्दीन ने पंचायत आप लोगों को दी.."

"हाँ पंडत ! तेरे मुँह में घी–शक्कर; लेकिन पंडत ! न जाने किसने हमारे सुल्तान का नाम अलाभदीन रख दिया। हम तो अपने गाँव में अब उसे लाभदीन कहते हैं।"

"चौधरी, तुम कोई नाम रक्खो। लेकिन, जानते हो, सुल्तान ने हिन्दुओं पर कितना जुल्म ढाया है?"

"हमारी अहीरियाँ तो चादर भी नहीं लेतीं, ऐसे ही छाती उतान कर खेत–हार में रात–दिन घूमती हैं। उन्हें तो कोई उड़ा नहीं ले जाता?"

"इज्जत वाले घरों की इज्जत बिगाड़ते हैं।"

"तो पंडत ! हम बेइज्जत वाले हैं, और कौन है सौरा इज्जत वाला ?"

"तुम तो गाली देते हो, चौधरी मंगलराम !"

"लेकिन पंडत ! तुम्हें मालूम होना चाहिए कि जबसे हमारी पंचायत लौटी, तब से हमारी इज्जत भी लौट आई। अब हम जानते हैं, आमिल–अमले कैसे इज्जतदार बने थे। हिन्दू–हिन्दू, मुसलमान–मुसलमान कहते हैं। जो भी आमिल–अमले हुए, सब एक ही रंग में रँगे थे और फिर वह होते थे ज्यादातर हिन्दू ।"

चौधरी छेदाराम ने कोई बात छूटती देखकर कहा–"और हम लोगों से कहते हैं, हिन्दू–मुसलमान–दोनों दो। देखा नहीं चौधरी ! अपने को हिन्दू ब्राह्मण कहने वाले यह अपनी स्त्रियों को सात पर्दे की बेगम बनाते जा रहे हैं।"

"हाँ, चौधरी ! मेरे दादा कहते थे, उन्होंने कन्नौज और दिल्ली की रानियों को नंगे मुँह घोड़े पर चढ़े देखा था।"

ब्राह्मण ने कहा–"लेकिन चौधरी ! उस वक्त कोई मुसलमान हमारी इज्जत लूटने वाला न था।"

"आज भी हमारी इज्जत हार–खेत में डोलती फिरती है, कोई उसे नहीं लूटता।"

"और लुटती भी थी, तो चौधरी मंगलराम ! जब इस ब्राह्मण की –सिब्बे की चली थी।"

"मुफ्त की खाने वाले एक–दूसरे की इज्जत लूटना छोड़ और क्या करेंगे ? यह हिन्दू–मुसलमानों का सवाल नहीं, पंडत ! यह मुफ्तखोरों का काम है। पक्के हिन्दू हम हैं, पंडत ! हमारी औरतें कभी सात पर्दे में नहीं रहेंगी।"

ब्राह्मण ने फिर एक बार साहस करके कहा–"अरे चौधरी ! तुम्हें पता नहीं, सुल्तान के सेनापति मलिक काफूर ने दक्खिन में जो हमारे मन्दर तोड़े, देव–मूर्तियों को पाँव–तले रौंदा।"

"हमने बहुत सुना है, पंडत ! एक बार नहीं, हजार बार–मुसलमानी राज में हिन्दू का धर्म नहीं। लेकिन, हम दिल्ली के बहुत नजदीक रहते हैं, पंडत ! नहीं तो हम भी विश्वास कर लेते। हमारे बीस कोस में न तो कोई मन्दर तोड़ा गया, न देवताओं को पाँव के नीचे दबाया गया।"

"चौधरी मंगलराम ! यह बिल्कुल झूठ है, तुम तो मुझसे भी ज्यादा दिल्ली आते–जाते रहे हो। मैं कितनी ही बार दशहरा देखने दिल्ली गया। हूँ। कितना भारी मेला होता है–आधी से ज्यादा औरतें होती हैं। हिन्दू का मेला, मेले वाले भी ज्यादातर हिन्दू देवताओं को सजाकर सुल्तान के झरोखे के नीचे से ले जाते हैं, सब शंख, नगाड़ा, नरसिंहा बजाते हैं।"

"हाँ, झूठ है, चौधरी छेदाराम ! सेठ निक्कामल महल के सौ गज पर ही एक बड़ा मन्दर बनवा रहे हैं। और न जाने कितने लाख लगेंगे, मैंने पिछली बार पत्थर गिरा देखा, अबकी बारी देखा तो दीवार कमर भर उठ आई है। यदि सुल्तान को तोड़ना होता, तो अपनी आँखों के सामने क्यों मन्दर खड़ा होने देता ?"

"हाँ, चौधरी ! राजाओं –राजाओं में लड़ाई होती हैं। लड़ाई में कौन किसको पूछता है। कुछ हो गया होगा, उसी को लेकर हल्ला करते हैं। सौ वर्ष पहले हमारे और पास में ऐसी बातें हुई थीं; लेकिन अब कहीं कुछ सुनने में आता है ?"

"याद है, हम कई गाँवों के आदमी जब हाकिम के पड़ाव पर गये थे, उसने कहा था–पहले के सुल्तान चिड़िया–रैन–बसेरा वाले थे, हमारा सुल्तान लाभदीन हमारे घर में, दुःख–सुख में साथ रहने वाला सुल्तान है; इसलिए वह प्रजा को लूटता नहीं, खुशहाल देखना चाहता है।"

"और अब चाहने की बात नहीं, लोग–बाग चारों ओर खुशहाल दीखते हैं।"

4.

दिल्ली के बाहर सुनसान कब्रस्तान था, जिसके पास कुछ नीम और इमली के दरख़्त थे। अगहन की रातें सर्द थीं। लकड़ी की आग के पास दो फकीर बैठे थे जिनमें एक हमारे परिचित बाबा नूरदीन थे। दूसरे फकीर ने अपनी सफेद दाढ़ी और मूंछों पर दोनों हाथों को फेरते हुए कहा–

"बाबा ! पाँच बरस में फिर हरियाने में दूध की नदियाँ बहने लगी हैं।"

"ठीक कहा, बाबा ज्ञानदीन ! अब किसानों के चेहरे हरे–भरे दिखलाई पड़ते हैं।"

"बाबा ! जब खेत हरे होते हैं, तभी चेहरे भी हरे होते हैं।"

"आमिल–अमले तो गये, ये बनिया–महाजन और मर जाते, तो चैन की बंशी बजती।"

"बहुत लूटते हैं। और, इनके ये बड़े–बड़े मठ, बड़े–बड़े मन्दर– सदाव्रत तो इसी लूट से चल रहे हैं।"

"कहते हैं, धनी नहीं रहने से धर्म नहीं चलेगा। मैं कहता हूँ जब तक धनी रहेंगे तब तक अधर्म का पलड़ा भारी रहेगा।"

"ज्ञानी–ध्यानी, पीर–पैगम्बर, ऋषि–मुनि से बढ़कर धर्म पर चलने वाला कौन होगा ? लेकिन, उनके पास एक कमली, एक कफनी से बेशी क्या था ?"

"इन्सान भाई–भाई नहीं बन सकते जब तक गरीबों की कमाई से पलने वाले अमीर हैं। और सुल्तान भी मित्र ज्ञानदीन ! आदमी–आदमी में फूट डालने वाले, यही इकट्ठी सिमटी माया है; किन्तु उसकी शान–शौकत भी तो नहीं चले, अगर कमेरों की कमाई न नोचे ?"

"उन दिनों की उम्मीद रखें, लिहाजा जब सभी गोरख–धन्धे मिट जायेंगे और पृथ्वी पर प्रेम का राज्य कायम होगा।"

सुरैया (१६०० ईसवीं)

काल : १६०० ई०

वर्षा के मटमैले पानी की धार चारों ओर फैली दिखलाई पड़ रही थी। पानी समतल भूमि पर धीरे -धीरे फैलता, ढलुआँ जमीन पर दौड़ता और नालों-नदियों में खेलती पहाड़ी नदियों के विस्तृत जल का रूप धारण कर रहा था। वृक्षों ने मानों वर्षा को अब भी रोक रक्खा था, उनसे बड़ी-बड़ी बूंदें अब भी टपाटप गिर रही थीं। वैसे वर्षा अब फुहारों की शकल में परिणत हो गई थी।

अकेले छोंकुरे (शमी) के दरख्त से कुछ हटकर श्वेतवसना तरुणी खड़ी थी। उसके सिर की सफेद चादर खिसक गई थी , जिससे भ्रमर से काले द्विधा-विभक्त केशों के बीच हिमालय की अरण्यानी से बहती गंगा की रुपहली धार खिंची हुई थी। उसके कानों के पास काले कुंचित काकुलों से अब भी एकाध बूंद गिर पड़ती थी। उसके हिम -श्वेत गंभीर मुख पर बड़ी-बड़ी काली आँखें किसी चीज का मानस प्रत्यक्ष कर रही थीं। उसके घुटनों तक लटकता रेशमी कुर्ता भींग कर वक्षस्थल से सट गया था , जिसके नीचे लाल अँगिया में बँधे उसके नारंगी से दोनों स्तनों का उभार बहुत सुन्दर मालूम होता था। कुर्ते के घिरावे में भूली कमर के नीचे पायजामा था, जिसके पतले सटे निम्न भाग में तरुणी की पेंडुली की चढ़ाव-उतार-आकृति साफ मालूम पड़ रही थी। मिट्टी से रँगे सफेद मोजे के ऊपर लाल जूतियाँ थीं जो भींगकर और नरम, और शायद चलने के अयोग्य हो गई थीं। तरुणी के पास एक तरुण आता दिखाई पड़ा। उसकी छज्जेदार पगड़ी, अचकन, पायजामा-जो सभी सफेद थे? भीगे हुए थे। नजदीक आ जाने पर भी उसने देखा, तरुणी उसकी ओर देख नहीं रही है। पैरों की आहट को रोक कर वह तरुणी की बगल में दो हाथ पर जा खड़ा हो गया। तरुणी एकटक थोड़ी दूर पर बहते नाले के मटमैले पानी को देख रही थी। तरुण सोच रहा था, उसकी सहचरी अब उसकी ओर देखेगी किन्तु युगों के बराबर के कितने ही मिनट बीत गये, तरुणी के अंग-नेत्र अब भी निश्चल थे; फुहारों से झरते जलकण को भी भौहों से पोंछने का उसे ख्याल न था। तरुण ने और प्रतीक्षा करने में अपने को असमर्थ देख तरुणी के कन्धे पर धीरे से हाथ रख दिया , तरुणी ने मुँह फेरा। उसकी दूर गई दृष्टि लौट आई, और उन बड़ी-बड़ी काली आँखों से किरणें फूट निकलीं। उसके प्रकृत लाल ओंठों पर मुस्कान थी, और भीतर से दिखलाती पतली दन्त-रेखा चमक रही थी। उसने तरुण के हाथ को अपने हाथ में लेकर कहा-

"कमल ! तुम देर से खड़े थे ?"

"जान पड़ता है युगों से, तब से जबकि स्रष्टा ने अभी -अभी पानी से पृथ्वी को बनाना शुरू किया था , अभी वह गीली थी, और इतनी दृढ़ न थी कि पर्वत, वृक्षों और प्राणियों के भार को सहन कर सकती।"

"जाने दो, कमल ! तुम तो हमेशा कविता करते हो !"

"काश, सुरैया ! तुम्हारी बात सच निकलती, लेकिन जान पड़ता है, कविता मेरे भाग्य में नहीं बदी है।"

"सुरैया किसी दूसरी नारी को अपने साथ रखना पसन्द नहीं करेगी।"

"यह हृदय भी कहता है। किन्तु, ध्यान-मग्न हो तुम क्या सोच रही थी, मेरी सुरैया ?"

"सोच रही थी, बहुत दूर-बहुत दूर-समुद्र कितना दूर है कमल !"

"सबसे नजदीक है सूरत में, और वह एक मास के रास्ते पर है।"

"और यह जल कहाँ जाता है ?"

"बंगाल की ओर वह तो और दूर है, शायद दो महीने के रास्ते पर ।"

"इस बेचारे मटमैले जल को इतना बड़ा सफ़र करना पड़ेगा। तुमने समुद्र को देखा है, कमल ?"

"पिताजी के साथ उड़ीसा गया था प्यारी ! उसी वक्त देखा था।"

"कैसा होता है ?"

"सामने आकाश तक छाई काली तरंगित घटा।"

"इस जल के भाग्य में वह समुद्र है। क्या वहाँ इसका मटमैला रंग रहेगा ?"

"नहीं प्यारी ! वहाँ सिर्फ एक रंग है घननील या काला।"

"किसी वक्त मैं भी समुद्र देखेंगी, यदि तुम दिखाना चाहोगे !"

"इस जल के साथ चलने को तैयार हूँ, प्यारी सुरैया ! तुम्हारी आज्ञा चाहिए।"

सुरैया ने कमल के गले में हाथ डाल दोनों भीगे कपोलों को मिला दिया, फिर कमल के उत्फुल्ल नेत्रों की ओर देखते हुए कहा– "हमें समुद्र में चलना होगा, किन्तु इस जल के साथ नहीं।"

"मटमैले जल के साथ नहीं, प्यारी ?'

"मटमैला न कहो, कमल ! मटमैला यह नहीं है। जब यह आकाश से गिरा, तब क्या मटमैला था ?"

"नहीं, उस वक्त इसकी निर्मलता सूरज और चाँद से भी बढ़कर थी। देखो, इन तुम्हारी सुन्दर अलकों को इसने कितना चमका दिया ? तुम्हारे चन्द्रश्वेत कपोलों को इसने कितना मनोरम बना दिया ? आकाश से सीधे जहाँ–जहाँ पड़ा, वहाँ–वहाँ इसने तुम्हारे सौन्दर्य को निखार दिया।"

"हाँ, तो इसका मटमैलापन अपना नहीं है, यह इसे उनके संघर्ष से बनना पड़ा है, जो कि इसे सागर–संगम से रोकते हैं। क्या सागर में सीधी गिरती बँदें ऐसी मटमैली होती हैं, कमल ?"

"नहीं प्यारी।"

"इसीलिए मैं इसके मटमैलेपन को दूषण नहीं, भूषण समझती हूँ। तुम्हारी राय क्या है, कमल ?"

"सुरैया ! तुम्हारे ओंठ मेरे ही हृदय के अक्षरों को प्रकट कर रहे हैं।"

2.

आसमान की नीलिमा की छाया, अतल, पुष्करिणी के जल को और नील बना रही है। उस नीलिमा के गिर्द अमल श्वेत संगमर्मर के घाट और भी श्वेत मालूम होते हैं। पुष्पकरिणी की ओर हरी दूब के फर्श के बीच शिखरदार हरित सरो देखने में बड़े सुन्दर मालूम होते हैं, खासकर इस वसन्त के मध्याह्न समय में । दूर–दूर तक वृक्षों की पाँती, लता–मंडप तथा चलते फ़ौवारों से उद्यान सजाया हुआ है। आज शाही बाग तरुण–तरुणियों के वसन्तोत्सव के लिए खुला हुआ है और इस उन्मुक्त संसार में स्वर्गीय प्राणियों की भाँति वह घूम रहे हैं।

बाग के किनारे, किन्तु पुष्करिणी से दूर एक लाल पत्थरों की बारादरी के बाहर चार आदमी खड़े हैं। सभी के सिर पर चङ–सी आगे

की ओर जरा-सी निकली पगड़ी एक-से, घुट्टी तक लटकते चुने घिरावेदार बगलबंदी जामे, एक-से सफेद कमरबन्द हैं। सभी के मुख पर एक-सी मूँछे हैं, जिनके अधिकांश बाल सफेद हो गए हैं। वह कुछ देर से बाग की ओर देख रहे थे, फिर जाकर चारों ओर से खुली बारादरी में बिछे गद्दे पर बैठ गये। चारों ओर नीरवता थी, इन वृद्धों के सिवा वहाँ और कोई न था।

नीरवता को भंग करते हुए किसी ने कहा-"बादशाह सलामत !-"

"क्या फ़ज़ल ! इस वक्त भी हम दरबार में बैठे हुए हैं ? क्या मनुष्य कहीं भी मनुष्य के तौर पर रहने लायक नहीं है ?"

"भूल जाता हूँ-"

"जलाल कहो या अकबर कहो-अथवा दोस्त कहो।"

"कितनी मुश्किल है, मित्र जलाल ! हम लोगों को दोहरी जिन्दगी रखनी पड़ती है।"

"दोहरी नहीं, चौहरी भाई फ़ज़लू !"

"भाई बीरू ! मैं तो तेरी तारीफ करूँगा, तू तो मालूम होता है, हर बात के लिए हर वक्त तैयार रहता है, हम तो एक दुनिया से जब दूसरी दुनिया में आते हैं, तो कितनी देर स्मृति ठीक करने में लग जाती है। क्यों टोंडू भाई ! ठीक कह रहा हूँ न ?"

"हाँ, मुझे ताअज्जुब होता है फ़ज़लू ! यह बीरू क्या करता है। इसका कितना बड़ा दिमाग है.."

"बीरबल ही को न सब लोग हिन्दुस्तान के एक-एक खेत पर लग्गी चलाने वाला मानते हैं ?

"लेकिन टोडरमल ने भी तो बीरू भाई ! हर जगह लग्गी नहीं घुमाई ।"

बीरबल-"घुमाई हो या न घुमाई हो, दुनिया यही जानती है। और इस दिमाग की दाद तो हमारा जल्लू भी देगा।"

अकबर-"जरूर, और यह उन किस्सों में नहीं है, जो बादशाह जलालुद्दीन अकबर से भेस बदलकर गाँव-गाँव में घूमने के बारे में मशहूर हैं।"

बीरबल-"यह अच्छी याद दिलाई जलुआ भाई ने। और मैं भी इसके साथ मारा जा रहा हूँ। बीरबल और अकबर के नाम से कोई भी किस्सा गढ़कर कह डालना आम बात हो गई है। मैंने ऐसे बहुत से किस्से जमा किये हैं। एक किस्से के लिए एक अशर्फी मुकर्रर कर रखी है।"

अकबर-"कहीं ऐसा न हो कि तुम्हारी अशर्फी के लिए किस्से दिमाग से सीधे तुम्हारे पास पहुँचते हों।"

बीरबल-"हो सकता है, किन्तु इससे कोई फर्क नहीं पड़ता; तब भी तो यह पता लगेगा कि क्या-क्या खुराफातें हम दोनों के नाम से रची जा रही हैं।"

बीरबल-"अबे फ़ज़ला ! जाने दे, मैं सेठ छदामीमल की तरह का मक्खीचूस नहीं हूँ।"

अबुल फ़ज्ल-"नहीं, बीरू ! मुझ पर नाहक नाराज न हो। और भाई ! तेरे किस्सों से मैं बहुत डरता हूँ।"

बीरबल-"हाँ, मैंने ही न आईने-अकबरी जैसा पोथा लिखकर रख दिया है।

अबुल फ़ज्ल-"आईने-अकबरी के पढ़ने वाले कितने मिलेंगे, भई टोडू ! तू ही ईमान-धरम से कह; और कितने होंगे बीरबल के किस्सों को दुहराने वाले?"

टोडरमल-"यह बीरू भी जानता है।"

अबुल फ़ज्ल-"अच्छा बीरू ! अपने अशर्फी वाले किसी किस्से को भी तो सुना।"

बीरबल-"लेकिन, तुम सबने तो पहले ही तय कर लिया है, कि यह किस्सा मेरी अशर्फ़ी का नहीं, बल्कि मेरे दिमाग का होगा।"

अकबर-"लेकिन, बिना बतलाये भी हम परख सकते हैं, कौन असली सिक्का है, कौन खोटा।"

बीरबल–"गोया मेरे हर किस्से पर ठप्पा लगा रहता है। अच्छा भाई ! तुम्हारी मौज, किस्सा तो सुना ही देता हैं, किन्तु संक्षेप में सिर्फ़ मतलब की बात। अकबर को एक बार बहुत शौक हुआ हिन्दू बनने का । उसने बीरबल से कहा। बीरबल बड़े संकट में पड़ा। बादशाह से नहीं भी नहीं कर सकता था, और हिन्दू बनाने का उसे क्या अधिकार था ? कई दिन गायब रहा। एक दिन शाम को बादशाह के महल की खिड़की के पास 'हिछ–छो–ो 'हिछ–छ–' की आवाज जोर–जोर से सुनाई दी। बादशाह को यहाँ और इस वक्त कभी कपड़ा धोने की आवाज नहीं सुनाई पड़ी थी। उसका कौतूहल बढ़ा। वह एक मजदूर का कपड़ा पहन जमुना के किनारे गया। कितना ही रूप क्यों न बदला हो; बादशाह बीरू को पहचानने में गलती नहीं कर सकता। और वहाँ कपड़ा पाटे पर नहीं पटका जाता था, बल्कि एक मोटे––ताजे गदहे को रेह और रीटे से मल –मल कर धोया जा रहा था। बादशाह ने अपनी मुस्कराहट को दबा, स्वर बदलकर पूछा––

"क्या कर रहे हो, चौधरी !

"अपना काम कर भाई ! तुझे क्या पड़ी है ?"

"बड़े बेवक्त जाड़े – पाले में ठिठुर रहे हो चौधरी !"

"मरना ही होगा, कल ही इसे घोड़ा बना बादशाह को देना है।"

"गदहे को घोड़ा बना !"

"क्या करना है, बादशाह का यही हुक्म ।

बादशाह ने हँसकर अपनी आवाज में कहा–"चलो, बीरबल ! मैं समझ गया, मुसलमान का हिन्दू होना गदहे से घोड़ा बनने के बराबर है !"

"भाई फ़ज्ल ! इस कहानी को सुनकर जान पड़ा, शरीर में साँप डँस गया।"

अकबर–"और यह कहानी हमें अपने जीवन की संध्या में सुनने को मिल रही है ! क्या हमारे सारे जीवन के प्रयत्न का यही परिणाम होगा।"

"अबुल् फ़ज्ल–जलाल ! हम अपनी एक ही पीढ़ी का जिम्मा ले सकते हैं। हमारे प्रयत्न को सफल –असफल बनाना बाग में वसन्तोत्सव मनाती इन सूरतों के हाथ में है।"

टोडरमल–"देखिए, भाई ! हमने मुसलमान को हिन्दू या हिन्दू को मुसलमान बनाना नहीं चाहा।"

अबुल् फ़ज्ल–"हमने तो दोनों को एक देखना चाहा, एक जात, एक बिरादरी बनाना चाहा।"

बीरबल–"लेकिन, मुल्ले और पंडित हमारी तरह नहीं सोचते । हम चाहते हैं, हिन्दुस्तान को मजबूत देखना। हिन्दुस्तान की तलवार में ताकत है, हिन्दुस्तान के मस्तिष्क में प्रतिभा है, हिन्दुस्तान के जवानों में हिम्मत है। किन्तु, हिन्दुस्तान का दोष, कमजोरी है, उसका बिखराव टुकड़े–टुकड़े बँटा होना। काश यदि हिन्दुस्तान की तलवारें इकट्ठा हो जातीं ?"

अकबर–"बस मेरी एक मात्र यही इच्छा थी मेरे प्यारे साथियों ! हमने इसके लिए इतने समय तक संघर्ष किया। जिस वक्त हमने काम शुरू किया था, उस वक्त चारों ओर अंधेरा था, किन्तु अब वही बात नहीं कह सकते । एक पीढ़ी जितना कर सकती थी , उतना हमने किया, किन्तु यह गदहे – घोड़े की बात मेरे दिल पर पत्थर की तरह बैठी रही है।"

अबुल फ़ज्ल–– "भाई जलाल ! हमें निराश नहीं होना चाहिए । मिलाओ, इसे खानखाना के समय से। उस वक्त क्या जोधाबाई तुम्हारी स्त्री बनकर महलेसरा में विष्णु की मूर्ति पूज सकतीं ?"

अकबर–"फ़र्क है फ़ज्ल ! किन्तु हमें मंजिल कितनी दूर चलनी है ? मैंने फिरंगी पादरियों से एक बार सुना, कि उनके मुल्क में बड़े

से बड़ा बादशाह भी एक से अधिक औरतों से ब्याह नहीं कर सकता। मुझे यह रिवाज कितना पसन्द आया, इसे टोडर ! तुमने उस वक्त मेरी बातों में सुना होगा। यदि यह कहीं मैं कर सकता ! किन्तु, बादशाह बुराइयों के करने की जितनी स्वतंत्रता रखते हैं, उतनी भलाइयों की नहीं; यह कैसी बिडम्बना है। यदि हो सकता तो मैं रनिवास में सलीम की माँ को छोड़ किसी को न रखता। आज यदि सलीम के लिए भी ऐसा कर पाया होता !"

बीरबल–"प्रेम तो जलाल ! सिर्फ एक से ही हो सकता है। जब मैं हंसों के मनोहर जोड़ों को देखता हूँ, मुझे मालूम होता है कि उनका जीवन कितना सुन्दर है। वह जिस तरह आनन्द के साथी होते हैं, उसी तरह बिपदा के भी साथी।"

अकबर–"मेरी आँखों में एक बार आँसू निकल आये थे, भाई बीरू ! मैं शेर के शिकार में गया था, गुजरात में। हाथी पर चढ़कर तुफंग (पलीते वाली बन्दूक) से शेर को मारना कोई बहादुरी नहीं है, इसे मैं मानता हूँ। तुम्हारे पास शेर–जैसे पंजे और जबड़े नहीं हैं, तुम भी ढाल तलवार लेकर उसके बराबर हो सकते हो, किन्तु इससे ज्यादा रखना वीरता के खिलाफ है। मैंने शेर को तुफंग से मारा। गोली उसके सिर में लगी। शेर कूदकर वहीं गिर गया। उसी वक्त मैंने देखा, झाड़ी में से छलाँग मारती शेरनी ने एक बार मेरी ओर घृणा की दृष्टि से देखा, फिर मेरी तरफ पीठकर वह शेर के गालों को चाटने लगी। मैंने तुरन्त शिकारियों को गोली रोकने का हुक्म दिया और हाथी वहाँ से लौटा लाया। उस वक्त मेरे मन पर ऐसी चोट लगी थी, कि यदि शेरनी मुझ पर हमला भी करती, तो मैं हाथ न छोड़ता। मैं कितने ही दिनों तक गमगीन रहा। उस वक्त मैंने समझा, यदि शेर की भी हजार पाँच सौ शेरनियाँ होतीं, तो क्या वह उस वक्त शेर के गाल को इस प्रकार चाटती?"

अबुल फ़ज़ल–"हमारे देश को कहाँ तक चलना है, और हमारी गति कितनी मन्द रही है ! फिर हमें यह भी मालूम नहीं कि जब चलने के लिए हमारे पैर नहीं रहेंगे, तो कोई हमारे भार को वहन करने वाला होगा भी।"

अकबर–"मैंने चाहा, तलवार चलाने वाली दोनों हिन्दू–मुस्लिम जातियों के खून का समागम हो, इसी समागम की ओर ध्यान कर मैंने प्रयाग की त्रिवेणी पर किला बनाया। गंगा–यमुना की धाराओं का वह संगम जिसने मेरे दिल में एक विराट संगम का विचार पैदा किया। लेकिन देखता हूँ, कि मैं उसमें कितना कम कामयाब रहा। वस्तुतः जो बात पीढ़ियों के प्रयत्न से हो सकती है, उसे एक पीढ़ी नहीं कर सकती। किन्तु मुझे इसका सदा अभिमान रहेगा, कि जैसे साथी मुझे मिले, वैसे साथी बहुत कम के भाग्य में बदे होंगे। मैं देखना चाहता था घर–घर में अकबर और जोधाबाई, मेहरुन्निसा और कौन जिसे मैं पा नहीं सका।"

टोडरमल–"हिन्दू इसमें ज्यादा नालायक साबित हुए।"

बीरबल–"और अब गदहे को धोकर घोड़ा बनाने की कथा गढ़ रहे हैं। लेकिन, यदि हिन्दू मुसलमानों में इतना फ़र्क है, तो घोड़ा गदहा कैसे हो जाता है ? क्या हजारों हिन्दू मुसलमान हुए नहीं देखे जाते?"

अकबर–"मेरी आँखें तरसती ही रह गईं, कि हिन्दू तरुण भी मुसलमान तरुणियों से ब्याह करें, बिना अपने नाम और धर्म को छोड़े।"

अबुल फ़ज़्ल–"यहाँ मैं एक खुशखबरी सुनाऊँ भाई जलाल ! मेरी सुरैया ने वह काम किया जो हम नहीं कर सके।"

सब उत्सुक हो अबुल फ़ज़्ल की ओर देखने लगे।

"तुम लोग उत्सुक हो आगे सुनने को। जरा–सा मुझे बाहर हो आने दो –" कह अबुल् फ़ज्ल ने बाहर कठघरे के किनारे खड़ा हो देखा, फिर आकर कहा–

"सुनाना नहीं, दिखाना अच्छा होगा, मेरे साथ चलो।"

सब उसी कठघरे के पास पहुँचे। अबुल् फ़ज्ल ने हरे अशोक के नीचे पत्थर की चौकी पर बैठी दो तरुण मूर्तियों की ओर अँगुली करके कहा–"वह देखो, मेरी सुरैया।"

टोडरमल–"और मेरा कमल ! दुनिया हमारे लिए अँधेर नहीं है, भाई फ़ज्ल ! कह टोडरमल ने अबुल् फ़ज्ल को दोनों हाथों में बाँध, गले लगा लिया।

दोनों मिलकर जब अलग हुए तो देखा चारों की आँखें गीली हैं।

अकबर ने मौन को भंग करते हुए कहा– "मैंने तरुणों का यह वसन्तोत्सव कितने वर्षों से कराया, किन्तु असली वसन्तोत्सव आज इतने दिनों के बाद हुआ। मेरा दिल कहता है, बुलाकर उन दोनों की पेशानी को चूमूँ। कितना अच्छा होता, यदि वह जानते कि हम उनके इस गंगा–यमुना–संगम को हृदय से पसंद करते हैं।"

अबुल फ़ज्ल–"सुरैया को यह मालूम नहीं है कि उसके माँ–बाप इस प्रणय को कितनी खुशी की बात समझते हैं।"

टोडरमल–"कमल को भी नहीं मालूम, मगर तुम बड़े खुशकिस्मत हो, फ़ज्ल ! जो कि सुरैया की माँ भी तुम्हारे साथ है। कमल की माँ और सुरैया की माँ दोनों पक्की सखियाँ हैं, तो भी कमल की माँ कुछ पुराने ढर्रे की है। कोई हर्ज नहीं, मैं कमल और सुरैया को आशीर्वाद दूँगा।"

अकबर–"सबसे पहले आशीर्वाद देने का हक़ मुझे मिलना चाहिए।"

बीरबल–"और मुझे जल्लू ! अपने साथ नहीं रखोगे?"

अकबर–"जरूर, ऐसा धोबी कहाँ मिलेगा ?"

बीरबल–"और ऐसा घोड़ा बनाने वाला गदहा भी कहाँ ?"

अकबर–"और आज की हमारी गोष्टी कितनी आनन्द की रही। कहीं इस तरह का आनंद महीने में एक दिन के लिए भी मिला करता!"

3.

छत पर चारों ओर किवाड़ लगा एक सजा हुआ कमरा है, जिसकी छत से लाल, हरे, सफेद झाड़ टंगे हुए हैं। दरवाजों पर दुहरे पर्दे हैं, जिनमें भीतरी पर्दे बुटेदार गुलाबी रेशम के हैं। फर्श पर सुन्दर ईरानी कालीन बिछा हुआ है। कमरे के बीच में सफेद गद्दी पर कितने ही गाव–तकिये लगे हुए हैं। गद्दी पर तरुणियाँ बैठी शतरंज खेल रही हैं, जिनमें एक वही हमारी परिचिता सुरैया है, और दूसरी लाल घाघरे, हरी चोली तथा पीली ओढ़नी वाली फूलमती–बीरबल की १३ वर्ष की लड़की।

वह दोनों चाल सोचने में इतनी तल्लीन थीं, कि उन्हें गद्दी पर बैठते पैरों की आहट नहीं मालूम हुई। "सुरैया!" की आवाज पर दोनों ने नजर ऊपर उठाई और फिर खड़ी हो गई। सुरैया ने "चाची !" कहा, और कमल की माँ ने गले से लगा उसके गालों को चूम लिया। सुरैया की माँ ने कहा–

"बेटी ! जा, कमल तेरे लिए लाल मछलियाँ लाया है, हौज में डालने के लिए; तब तक मैं मुन्नी से शतरंज खेलती हूँ।"

"मुन्नी बड़ी होशियार है, अम्मा ! मुझे दो बार मात कर चुकी है, इसे छोटी छोकरी न समझना"–कह सुरैया चादर को ठीक करती जल्दी से कमरे से बाहर निकल गई।

महल के पिछले बाग में हौज के पास कमल खड़ा था। उसके पास एक नई मिट्टी की हँडिया पड़ी हुई थी। सुरैया ने जाकर कमल के हाथ को अपने हाथों में लेकर कहा–

"लाल–पीली मछलियाँ लाये हो, कमल भाई !"

"हाँ, और सुनहरी भी।"

"देखें तो"–कह सुरैया, झुककर हँडिया में झाँकने लगी।

"मैं इन्हें हौज में डालता हूँ, उसमें देखने में ज्यादा सुन्दर मालूम होंगी, बिल्लौरी हौज की चमकती तह में उन्हें देखो, सुरैया ।"

सुरैया ओठों और आँखों में हँसी को विकसित करते हुए हौज के पास खड़ी हो गई। कमल ने हँडिया की मछलियों को हौज में उड़ेल दिया। सचमुच बिल्लौरी हौज में उनका लाल–गुलाबी–सुनहरा रंग बहुत साफ मालूम होता था।

कमल ने गम्भीरता से समझाते हुए कहा–"अभी छोटी हैं, सुरैया ! लेकिन बढ़ने पर भी छै अँगुल से छोटी ही रहेंगी!"

"अभी भी सुन्दर हैं, कमल।"

"यह देखो, सुरैया ! इसका कैसा रंग है?"

"गुलाबी।"

"जैसे तुम्हारे गाल, सुरैया ?"

"बचपन में भी तुम ऐसे ही कहा करते थे, कमल भाई !"

"बचपन में भी ऐसे ही थे, सुरैया!"

"बचपन में भी तुम मीठे लगते थे, कमल।"

"और अब ?"

"अब बहुत मीठे !'

"बहुत और कम क्यों ?" ।

"न जाने क्यों, जबसे तुम्हारा स्वर, बदला तबसे ओठों पर हल्की काली–सी रोमों की पाँती उठने लगी, तभी से, जान पड़ता है, प्रेम और भीतर तक प्रविष्ट कर गया।"

"और तभी से, कमल को तुमने दूर–दूर रखना शुरू किया।"

"दूर–दूर रखना !"

"क्यों नहीं ? पहले कैसे उछलकर मेरे कन्धे से लटकती, हाथों को तोड़ती.."

"सारी शिकायतों का खसरा मत पेश करो, कमल ! कहो, कोई नई खबर?"

"नई खबर है, सुरैया ! हमारा प्रेम प्रकट हो गया।"

"कहाँ?"

"हमारे दोनों घरों में और आला हजरत बादशाह सलामत तक।"

"बादशाह सलामत तक !"

"क्यों डर तो नहीं गई, सुरैया!"

"नहीं, प्रेम कभी न कभी प्रकट होने ही वाला था। लेकिन, अभी कैसे हुआ ?"

इतना विवरण तो मैं भी नहीं जानता, किन्तु पता लगा कि चाचा–चाची ने ही पहले स्वागत किया फिर पिता और बादशाह सलामत ने, और सबसे पीछे माँ ने ।"

"माँ ने ?"

"माँ से लोगों को डर था, जानती हो वह बड़े पुराने विचारों की स्त्री हैं।"

"लेकिन, अभी मेरे गालों से चाची के चुम्बन के दाग मिटे न होंगे ?"

"हाँ, ख्याल गलत निकला, जब उनसे पिताजी ने कहा तो वह बहुत खुश हुईं।"

"तो हमारे प्रेम का स्वागत हुआ है ?"

"जो हमारे हैं, उन सभी घरों में । किन्तु बाहरी दुनिया इसके लिए तैयार नहीं है।"

"इस बाहरी दुनिया की तुम परवाह करते हो, कमल ?"

"बिल्कुल नहीं, सुरैया ! हाँ, हम परवाह करते हैं आने वाली दुनिया की, जिसके लिए हम एक पथ–प्रदर्शन करने जा रहे हैं।"

"भाभी साहिबा को भी मालूम है, कमल ! मुझे अब साफ जान पड़ रहा है। रात में उनके घर गई थी, उन्होंने मजाक में कहा– "ननद! मैं, नन्दोई के लिए तरस रही थी, किन्तु सुरैया मेरी ननद ! अब मेरी साध पूरी होने जा रही है। उन्होंने तुम्हारा नाम नहीं लिया।"

"इसका मतलब है, भाई साहब ने भाभी को बतलाया, और दोनों को हमारा प्रेम पसन्द है।"

"तो तुम्हारी सारी ससुराल तुम्हारे कदमों में है, कमल !"

"और तुमने माँ को अपने पक्ष में करके कमाल किया !"

चाची की पूजा–पाठ का तुम लोग ख्याल करते हो, कमल ! यदि तुम्हें पता होता कि वह मुझे कितना प्यार करती हैं, तो शायद उन पर सन्देह भी न होता।"

"इसीलिए उन पर चलाने के लिए पिताजी ने अन्तिम हथियार तुम्हीं को रखा था। किन्तु, उस हथियार के पहले ही किला फतेह हो गया। अब हम लोगों का ब्याह होने जा रहा है।"

"कहाँ ?"

"न पंडित के पास न मुल्ला के पास।"

"हमारे अपने पैगम्बर के पास, जो हिन्द में नई त्रिवेणी का नया दुर्ग निर्माण कर रहा है।"

"जो गढ़े–गढ़हियों, नदी–नालों को निर्मल समुद्र बनाना चाहता है।"

"परसों ऐतवार को, सुरैया !"

"परसों !" कहते–कहते सुरैया की आँखों में, नर्गिस् में शबनम की तरह आँसू भर आये। कमल ने उसका अनुसरण कर उसकी आँखों को चूम लिया। दोनों को नहीं पता था, कि कहीं छिपी चार आँखें भी उन्हीं की भाँति आनन्दाश्रु बहा रही हैं।

4.

वसन्त की गुलाबी सर्दी, सन्ध्या की बेला, डूबते सूर्य की गिरती लाल किरणों से आग लगा सागर–देखने में कितना सुन्दर दृश्य था। समुद्र के बालू पर बैठे दो तरुण– हृदय इसका आनन्द ले रहे थे। ललाई, के चरम–सीमा पर पहुँच जाने पर एक ने कहा– "सागर ! हमारा इष्टदेव, कितना सुन्दर है !"

"हम सागर की सन्तानें हैं, अब इसमें कुछ सन्देह रहा, प्रिये ?"

"नहीं, मेरे कमल, जैसे कमल ! हमने क्या कभी ख्याल भी किया था, सागर ने अपने गर्भ में ऐसे स्वर्गलोक को छिपा रखा है ?"

"पूर्ण न हो, किन्तु वेनिस को आदमियों ने स्वर्ग बनाया है, प्रिये ! इसमें सन्देह नहीं ।"

"मैं साधुनी पर विश्वास नहीं करती थी, जब वह कहती थी हमारे देश में कुल–वधुएँ, कुल– कन्यायें ऐसे ही स्वच्छन्द, अवगुंठन–रहित घूमती हैं, जैसे पुरुष। और आज इस स्वर्ग में रहते हमें दो साल हो गये। मिलाओ, प्रिये ! वेनिस को दिल्ली से !"

"क्या हम कभी विश्वास करते. सुरैया ! यदि कोई कहता, कि बिना राजा के भी फलोरेन्स– जैसा समृद्ध राज्य चल सकता है।"

"और वेनिस जैसी नगरों की रानी हो सकती है ?"

"क्या सुरैया ! दिल्ली में हम इस तरह स्वच्छन्द विहार कर सकते हैं ?"

"बुर्के के बिना ! पालकी के भीतर मूँद–माँदकर जाना पड़ता; प्रिय कमल ! और यहाँ हमें हाथ में हाथ मिलाये चलते देखकर कोई नजर भी उठाकर नहीं देखता ।"

"किन्तु गुजरात में हमने देखा था अनावृत्तमुखी कुलांगनाओं को, सुना था, दक्षिण में भी पर्दा नहीं होता।"

"इससे जान पड़ता है, किसी समय हिन्द की ललनाएँ भी पर्दे से मुक्त थीं। क्या हमारा देश फिर वैसा हो सकेगा, कमल ?"

"हमारे पिताओं ने तो अपने जीवन–भर कोशिश की। यह छोटा–सा फ्लोरेन्स देश जिसे तीन दिन में आर–पार किया जा सकता है, जरा देखो, इसकी ओर सुरैया ! यहाँ के लोग कितने अभिमान के साथ सिर उन्नत किये चलते हैं। यह किसी के सामने सिज्दा , कोर्निश करना जानते ही नहीं । राजा का नाम सुनकर थूकते हैं, इनके लिए राजा शैतान या आग उगलने वाला नाग है।"

"लेकिन, कमल ! क्या इसमें कुछ सत्यता नहीं है? फ्लोरेन्स के किसानों से तुलना करो हिन्द के किसानों की । क्या यहाँ वह नंगे–सूखे हाड़ कहीं दिखलाई पड़ते हैं ?"

"नहीं, प्रिये ! और इसीलिए कि यहाँ शान–शौकत पर करोड़ों खर्च नहीं करना पड़ता।"

"वेनिस में धनकुबेर हैं, और कितने ही हमारे जगत्–सेठों को मात करते हैं।"

"हमारे जगत्–सेठ लाख पर लाख झंडियाँ गाड़ने वाले ! मैं सोचा करता था, यह चहबच्चे के रुपये और अशर्फियाँ अँधेरे में पड़ी–पड़ी क्या करती हैं ? इन्हें हवा खाना चाहिए. एक हाथ से दूसरे हाथ में जाना चाहिए। इनके बिना मिठाई अपनी जगह पड़ी –पड़ी सूखती है, फल अपनी जगह सड़ते हैं, कपड़ों को गोदामों में कीड़े खाते हैं। और इन्हें गाड़ कर हमारे सेठ लाल झंडियाँ गाड़ते हैं। लोग देखकर कहते हैं, सौ झंडियाँ हैं, सेठ करोड़ीमल हैं।"

सूर्य की लाली कब की खतम हो गयी थी अब चारों ओर अँधेरा छाया हुआ था। समुद्र की लहरों के किनारे के पत्थरों पर से टकराने की आवाज लगातार आ रही थी। तरुण–तरुणी अभी भी बालू पर से उठना नहीं चाहते थे। वह सागर को सचमुच अपना प्रिय संबंधी समझते थे। यद्यपि उन्हें स्वयं स्थल के रास्ते सफर करना पड़ा था , किन्तु उन्हें मालूम था कि उनके सामने के समुद्र का छोर हिन्द से लगा हुआ है, इसीलिए उनके मन में कभी–कभी ख्याल आता था, क्या इस पार से उस पार को मिलाया नहीं जा सकता।

कितनी ही रात गये दोनों लौट रहे थे। उस अँधियारी रात और अपने हृदय की अवस्था देखकर सुरैया ने कहा–

"हमारे बादशाह ने अपने राज्य में शान्ति स्थापित करने के लिए भारी प्रयत्न किया , और उसमें उन्हें बहुत कुछ सफलता भी प्राप्त हुई; किन्तु क्या वहाँ अँधेरी रात में हम इस प्रकार निःशंक घूम सकते। यह क्यों ?"

"यहाँ सब खुशहाल हैं। किसानों के खेत अंगूर, सेब, गेहूँ पैदा करते हैं।"

"हमारे भी खेत सोना बरसाते हैं ?"

"तो सोने के लूटने वाले हमारे यहाँ ज्यादा हैं, सुरैया !"

"और कमल ! देखते हो, यहाँ किसी के घर में जाने पर कैसी बेतकल्लुफी से गिलास और बोतल मेज पर आ जाती हैं।"

"हिन्द में पिताजी इसीलिए बदनाम थे, कि वह बादशाह के साथ पानी पी लेते थे।"

"और मुझे मेरी दाइयाँ सिखलाया करती थीं कि राजपूतनियाँ बड़ी नज्स (गन्दी) होती हैं, उनके घर में सूअर पकता है। काश कि वहाँ के अंधे यहाँ आकर देखते। इस दुनिया में छोटी–बड़ी जात नहीं ।"

"इस दुनिया में खाने–पीने की छूत–छात नहीं ।"

"फ्लोरेन्स एक है, कभी हिन्द भी इसी तरह एक होगा, कमल !"

"यह तभी होगा, जब हम सागर की शरण लेंगे, सागर–विजय प्राप्त करेंगे।"

"सागर.विजय !"

"वेनिस् सागर–विजयिनी नगरी है, सुरैया ! वेनिस की यह नहरों की सड़कें, ये ऊँचे–ऊँचे प्रासाद उसी सागर–विजय के प्रासाद हैं ! आज वेनिस् सागर–विजय में अकेली नहीं है, उसके कितने ही और भी प्रतिद्वंदी हैं, किन्तु मुझे यह साफ मालूम होता है, अब सागर–विजयियों का ही संसार पर शासन होगा। मैं अपने को सौभाग्यवान् समझता हूँ, जो मेरे हृदय में इसकी ओर प्रेरणा हुई ।"

"तुम क्या–क्या किताबें लिये रात–रात पड़े रहते हो, प्रिय ! और पुस्तके यहाँ कितनी सुलभ हैं ?"

"हमारे यहाँ भी सीसा है प्रिये ! हमारे यहाँ भी कागज है, हमारे यहाँ भी कुशल लोहार– मिस्त्री हैं; किन्तु हम अभी तक पुस्तकें छापना नहीं जानते। यदि छापाखाना हमारे यहाँ खुल जायें, तो ज्ञान कितना सुलभ हो जाये। और यह जो पुस्तकें मैं पढ़ रहा हूँ, हफ्तों मल्लाहों के साथ गायब रहता हूँ, इसने मुझे निश्चय करा दिया, कि सागर–विजयी देश विश्व–विजयी होकर रहेगा। इन फिरंगियों को हमारे देश वाले नहाने –धोने की बेपरवाही के कारण गन्दे जंगली कहते हैं, किन्तु इनकी जिज्ञासा को देखकर मन प्रशंसा किये बिना नहीं रहता। इन्होंने भूगोल के किस्से नहीं गढ़ बल्कि जाकर हर जगह की जानकारी प्राप्त की। इनके नक्शे मैंने तुम्हें दिखाये थे, सुरैया !"

"सागर मुझे कितना अच्छा लगता है, कमल !"

"अच्छा ही नहीं, सुरैया ! सागर ही के हाथों में देशों का जीवन होगा।"

"तुमने देखा, इन लकड़ी के जहाजों पर लगी तोपों को। ये चलते–फिरते किले हैं। मंगोलों को उनके घोड़ों ने जिताया था और बारूद ने भी। अब दुनिया में जिसके पास वे युद्धपोत होंगे, वह जीतेगा। इसीलिए मैंने इस विद्या को सीखना तय किया, सुरैया।"

कमल और सुरैया की इच्छा पूरी नहीं हुई। वह भारत के लिए रवाना हुए किन्तु वह समुद्री डाकुओं का युग था। सूरत पहुँचने से दो दिन पहले उनके जहाज पर समुद्री डाकुओं ने हमला किया। अपने दूसरे साथियों के साथ मिलकर कमल ने भी अपनी तोपों और बन्दूकों को डाकुओं के ऊपर भिड़ा दिया किन्तु डाकू संख्या में अधिक थे। कमल का जहाज तोप के गोले से जर्जर हो जल –निमग्न होने लगा। सुरैया उसके पास थी, और उसके मुस्कराते ओठों पर अंतिम शब्द थे–"सागर – विजय।"

रेखा भगत् (१८०० ईसवीं)

काल : १८०० ई०

कार्तिक की पूर्णिमा है। गंडक (नारायणी) स्नान और हरिहरनाथ के दर्शन की भीड़ है। दूर–दूर से ग्रामीण नर–नारी बड़े यत्न से बचाये पैसे और सत्तू–चावल लेकर हरिहर–क्षेत्र पहुँचे हैं। बगीचे में उस वक्त कुछ बैल–घोड़ों, हाथियों को बँधा देखकर किसे उम्मीद हो सकती थी, कि यही आगे बढ़कर संसार का सबसे बड़ा मेला बन जायेगा।

गाढ़े के अँगोछे में नमकीन सत्तू को हरी मिर्च और मूली के साथ बड़े स्वाद के साथ खाकर रेखा भगत और उनके चार साथी एक आम के पेड़ के नीचे कम्बल पर बैठे हुए हैं। रेखा की भैंस बिक गई है, और अब भी वह अपनी टेंट में उन बीस रुपयों को जब–तब देख लिया करता था। मेले के लिए मशहूर था, कि जादू से रुपये निकाल लेने वाले चोर आजकल बहुत आये हुए हैं। रेखा का हाथ फिर एक बार टेंट पर गया, और इत्मीनान के साथ उसने बात शुरू की–

"हमारी तो भैंस बिक गई। तीन महीने से, भोलू भाई ! खूब खिला–पिलाकर तैयार किया था। बीस रुपये वैसी भैंस के लिए कम दाम नहीं है। किन्तु आजकल लक्षिमी आँख से देखते–देखते उड़ जाती हैं।"

भोला–"उड़ जाती हैं, और रुपये–पैसे का चारों ओर निठाला है, रेखा भाई ! इस कम्पनी के राज्य में कोई चीज में बरक्कत नहीं। हम मिट्टी खोदते–खोदते मर जाते हैं, और एक शाम भी बाल–बच्चों को पेट भर खाने को नहीं मिलता।"

रेखा–"अभी तक तो हम हाकिम की नज़र–बेगार, अमला–फैला की घूस–रिश्वत में ही तबाह थे, किन्तु कम से कम खेत तो हमारा था।"

मौला–"सात पुश्त से जंगल काटकर हमने खेत आबाद किया था।"

सोबरन––"भौलू भाई ! बधिया का खेत है न ? वहाँ भारी जंगल था। हमारे मूरिस घिनावन बाबा को वहीं बाघ उठा ले गया, तभी से उस जगह का नाम बधिया पड़ा। जान दे–देकर हमने खेत आबाद किया था।"

इसी बीच पतली चीते की सफेद पगड़ी को नंगे काले बदन पर सँभालते भोला पंडित की ओर देखकर रेखा ने कहा–

"भोला पंडित ! तुम सतयुग तक की बात जानते हो, ऐसा तो गाढ़ प्रजा पर कभी नहीं पड़ा होगा ?"

मौला–"खेत हमने बनाया, जोतते–बोते हम हैं पंडित ? और अब हमारे गाँव के मालिक हैं रामपुर के मुंशीजी ।"

भोला पंडित–"अधर्म है अधर्म रेखा भगत ! कम्पनी ने तो रावण और कंस के जुलुम को मात कर दिया। पुराने धर्मशास्त्र में लिखा है, राजा किसान से दशांश कर ले ।"

मौला–"और पंडित ! मुझे तो अचरज है, यह रामपुर के मुंशी को हमारा मालिक–जमींदार क्यों बना दिया ?"

भोला पंडित–"सब उलटा है, मौलू ! पहले प्रजा के ऊपर एक राजा था। किसान बस एक राजा को जानता था। वह दूर अपनी राजधानी में रहता था, उसे सिर्फ दशांश से मतलब था, सो भी जब फसल हुई तब। किन्तु, अब फसल हो चाहे न हो, जमींदार को अपना हाड़–चाम बेचकर, बेटी–बहन बेचकर मालगुजारी चुकानी होगी।"

रेखा–"और मालगुजारी का भी पता नहीं, पंडित ! सालै साल बढ़ती जाती है। कोई नहीं पूछने वाला है, कि क्यों ऐसा अंधेर खाता है।"

मुंशी सदासुखलाल पटवारी आये थे हरिहर क्षेत्र स्नान करने, और सस्ता होने पर एक गाय खरीदने, किन्तु अबके साल की महँगाई को देखकर उनकी टाँग थहरा गई। उनके बदन पर एक मैली –कुचैली मिर्जई और सिर पर टोपी थी, कानों पर सरकंडे की कलम अब भी टँगी थी, जान पड़ता था, यहाँ भी उन्हें सियाही लिखना है। मसरख के जमींदार के पटवारी होने से वह सोच रहे थे, कि इस बातचीत में भाग लें या न लें, किन्तु जब गाँव की राजनीति छिड़ गई हो, उस वक्त कान–मुँह रखने वाले आदमी के लिए चुप रहना मुश्किल हो जाता है। दूसरे दयालपुर, उनके मालिक का गाँव भी था; इसलिए भी दयालपुर के किसानों की बातचीत में हिस्सा लेने में उन्हें कोई हर्ज नहीं मालूम हुआ। मुंशीजी ने कलम को अँगुली में दबाकर घुमाते हुए कहा–

"पंडित ! किसी पूछने वाले की बात करते हो ! कौन पूछेगा ? वहाँ तो अपनी–अपनी लूट है–'पर सम्पति की लूट है, लूट सकै सो लूट।' कोई राजा नहीं है। नाज़िम साहेब के दरबार में मेरी मौसेरी बहन का दामाद रहता है। उसको बहुत भेद मालूम है। कोई राजा नहीं। सौ दो–सौ फिरंगी डाकुओं ने जमात बाँध ली है, इसी जमात को कंपनी कहते हैं।"

रेखा–"मुंशीजी ! ठीक कहते हो, 'कंपनी बहादुर' 'कंपनी बहादुर सुनते–सुनते हम समझते थे, कम्पनी कोई राजा होगा, लेकिन असिल बात आज मालूम हुई।"

मौला–"तभी तो जिधर देखो, उधर लूट मची है, कोई न्याय–अन्याय की खबर लेने वाला है ? क्या रामपुर के मुंशी जी की सात पीढ़ी का भी दयालपुर से कोई वास्ता था ?"

सोबरन–"मुझे तो समझ ही में नहीं आता , मौलू भाई ! यह रामपुर का मुंशी कैसे हमारे गाँव का मालिक बन गया ? दिल्ली के बादशाह से कम्पनी ने लोहा लिया।"

मुंशी–"दिल्ली नहीं, सोबरन राउत ! मकसूदाबाद ने (मुर्शिदाबाद के) नवाब से लोहा लिया। दिल्ली के तखत से मकसूदाबाद ने हमारे मुलुक को छीन लिया था, सोबरन राउत !"

सोबरन–"हम लोगों को इतना याद नहीं रहता, मुंशीजी। हम तो दिल्ली ही जानते थे। अच्छा मकसूदाबाद के हाथ में भी जब राज आया, तब भी तो एक ही राजा न था ? हमसे जो जुटता–बनता; मालगुजारी चुकाते थे। लेकिन अब इसको दो–दो राजा कहेंगे कि क्या कहेंगे ?"

रेखा–"सोबरन भाई ! दो–दो राज हुए ही कि नहीं? एक कम्पनी का राज, दूसरे रामपुर के मुंशीजी का राज। चक्की के एक पाट में पिसने में कुछ बचने की भी आशा रहती है, भोला पंडित ! लेकिन दो–दो पाट में पड़कर बचना नहीं हो सकता। और इसे हम आँखों से देख रहे हैं। मुंशीजी ! तुम्हीं बतलाओ, हम लोग तो गँवार, मूरख, अनाड़ी हैं, तुम्हीं हमारे में सज्ञान हो–या भोला पंडित ।"

मुंशी–"रेखा भगत ! कहते तुम ठीक हो। जमींदार चक्की का दूसरा पाट है ! और वह राजा से किस बात में कम है।"

रेखा–"कम काहे को बढ़कर है, मुंशीजी । गाँव की पंचायत को अब कोई पूछता है ? रवाज है, हम लोग पाँच पंच चुनकर रख देते हैं, लेकिन वह किसी काम में हाथ लगाने पाते हैं ? सब जमींदार और उसके अमला फैसला करते हैं। झगड़ा हो तो हाथ मुद्दई –मुद्दालेह दोनों ओर से डाँड़ (जुर्माना) लेते हैं। पन्द्रह वर्ष भी तो नहीं बीता , सोबरन राउत ! कभी मर्द–औरत के झगड़े में भैंस नीलाम होते देखा था ?"

सोबरन–"अरे, उस वक्त तो सब कुछ पंचायत के हाथ में था। गाँव के पंच किसी घर को उजड़ने नहीं देते, वह खून तक में सुलह–सराकत करा देते थे, रेखा भगत ! और बाँध–खाँड़ नहीं देख रहे हो ? मालूम होता है, उनका कोई गर–गुसैयाँ नहीं है। जो पंचायत चलती रहती, तो क्या कभी ऐसा होता ?"

रेखा–"नहीं होता. सोबरन राउत ! अपने बाल–बच्चे के मुंह में जाब कौन लगाता ? पानी बेशी बरसे तो अब खाँड साफ करके नहीं

रखी है कि बेशी पानी निकल जाये। पानी कम बरसे तो बाँध नहीं है कि पानी रोककर रखें जिसमें फसल सूखने न पाये।"

मुंशी–"पंचायत में आग लगाकर कम्पनी ने यह काम जमींदार को सौंप दिया।"

रेखा–"और जमींदार क्या करता है, हम उसे देख रहे हैं।"

मंशी–"मैं भी जमींदार का नमक खाता हूँ, रेखा भगत ! जानते हो, मसरख के जमींदार का नमक खाता हूँ, रेखा भगत ! जानते हो अन्याय का जो खाता है, गल जाता है। मुझको देखो, सात बेटे थे, साँड़ से होकर सब उफर पड़े।" मुंशीजी की आँखों में आँसू देखकर सबका दिल पसीज गया–"उफर पड़े, रेखा भगत ! अब घर में एक बाघी भी नहीं है पानी देने के लिए , और मालिक की जानते ही हो, छपरा की रंडी के पीछे क्या–क्या गति हुई ? इंद्रिय कटकर गिर गई है, रेखा भगत ! गिर गई है यह जो दोनों बबुआ को देख रहे हो, यह खवास के हैं।"

रेखा–"मालिकों में अब यह बहुत चलने लगा है, मुंशीजी !"

सोबरन–"खेत गया, गाँव गया, सात समुन्दर पार के डाकुओं ने हमारे ऊपर घर के डकैतों को ला बैठाया। पंचायत गई ; जो चार अच्छत उपजाते, वह भी आगम गया, और जो कभी ठीक से बरसा–बूंदी हुई. चार दाना घर आया, तो मालिक, जमींदार, गोड़इत–चौकीदार, पटवारी, गुमाश्ता कितनों की चोंथ से बचे।"

मुंशी––"पटवारी की लूट को मैं मानता हूँ, सोबरन राउत ! किन्तु, यह भी जानते हो न, पटवारी को जमींदार आठ आना महीना देता है। आठ आना महीने में बताओ, हमारे काषपों की जीभ भी नहीं भींग सकती, क्या जमींदार यह बात जानते नहीं ?"

रेखा–"जानते हैं, मुंशीजी ! सब देखते हैं, जमींदार अन्धे नहीं हैं। राजा कम्पनी बहादुर डकैत है ही, उसने जमींदार को हमारे ऊपर नया बैठाया, सो डकैत, और जमींदार ने और छोटे–छोटे एक टोकरी डकैत हमारे सिर पर बैठा दिये इस पर भी हम कैसे जी रहे हैं?"

सोबरन–"जीते हैं क्या, रेखा ! अब पेट भर अन्न, तन पर कपड़ा रखने वाला दयालपुर में कोई दिखाई पड़ता है ?"

मुंशी–"कम्पनी को क्या फिकर है सोबरन राउत ? उसने मालगुजारी बाँध दी है किस्त के दिन छपरा जा जमींदार तोड़ा डाल आते हैं। कम्पनी का दाम–दाम चुकता हो जाता है, दयालपुर के किसान मरें, चाहे जियें, जमींदार मार–मारकर धुरै उड़ा देगा, यदि उसकी मालगुजारी न बेबाक करो–पाँच रुपये तुमसे लेता है, एक रुपया कम्पनी को देता है, और चार रुपये अपने पेट में डालता है, सोबरन राउत !"

रेखा–"हे भगवान् ! तुम सो गये या उफर पड़े ! तुम काहे नहीं नियाव करते ? हम तो हार गये।"

सोबरन राउत–"हाँ हार गये, रेखा ! सुना है न ! बरई पर्गना वालों ने एका करके जमींदार को मालिक मानने से इन्कार कर दिया था। उन्होंने छपरा जा कम्पनी के साहेब से कहा–'हमारी पंचायत मालगुजारी चुकायेगी, हम जमींदार को नहीं मानेंगे।' तो साहेब ने जानते हो, क्या जवाब दिया–'सूखा–बाढ़ की मालगुजारी भी , दोगे ?' सूखा–बाढ़ में अपने ही बाल –बच्चों का प्राण जिलाना मुश्किल है, उस फिरंगी को यह कहते दैव–राजा का भी डर नहीं मालूम हुआ। और वह भी उसने ऊपरी मन से कहा था। रेखा ! उसने पीछे कहा–'तुम लोग कँगले हो, जब तुम मालगुजारी नहीं दोगे, तो कम्पनी बहादुर तुम्हारा क्या लेगा ? हम पैसे वाले इज्जतदार आदमी को जमींदार बनाते हैं, जिनमें हमारी मालगुजारी बकाया रखने में उसे घर–बार नीलाम होने, इज्जत जाने का डर हो।'"

रेखा–"तभी तो चरक (कोढ़) फूटा रहता है, सारे देह में इन फिरंगियों के, ये बड़े निर्दयी होते हैं।"

सोबरन–"बरई वालों को कोई चारा नहीं रहा, तो वह जान पर खेले। कम्पनी बहादुर होता, तो बहादुर की तरह लड़ता, लड़ने वाले से लड़ता। बरई वालों के पास पत्थरकला (बन्दूक) था, कंपनी वालों के पास तोप थी। और कहाँ–कहाँ से गोरी–काली पल्टन उतर

आई थी। गाँव के गाँव को जला दिया, स्त्री–बच्चों को भी नहीं छोड़ा। बरई वाले क्या करते ?"

मौला–"खेती–बारी तो इस तरह तबाह हुई और जुलाहों के मुँह में भी जाब लगने लगा है , सोबरन राउत ! अब कम्पनी बहादुर अपना कपड़ा बिल्लाइत से लाकर बेच रहा है।"

मुंशी–"हाँ, कल पर का कता–बुना। देखो यह मेरी मिर्जई, उसी की है, सोबरन राउत ! इतना सस्ता चर्खे –कर्घे का कपड़ा नहीं मिलता, इसीलिए इज्जत के लिए लेना पड़ता है। इज्जत का ख्याल है, रेखा भगत ! मुस्कुराते क्यों हो, सरकार–दरबार में जाकर जाजिम पर बैठना हो, तब न मालूम हो।"

रेखा–"तुम्हारी इज्जत के लिए नहीं हँस रहा था, मुंशीजी ! हँस रहा था, कंपनी बहादुर राज भी करता है, और व्यापार भी। ऐसा भी राज !"

भोला पंडित–"सतयुग, त्रेता, द्वापर बीते और कलयुग के भी पाँच हजार वर्ष बीत गये। इतने काल में ऐसा राज तो नहीं सुना था।"

मुंशी–"नाज़िम के दरबार के एक मुंशी ने कम्पनी को फिरंगी डकैत बतलाया था , भोला पंडित ! और दूसरे ने कहा था कि कम्पनी फिरंगी सौदागरों की जमात है, अपने देश से वह सिर्फ व्यापार के लिए आई है। पहले यहाँ का माल वहाँ बेचती थी , अब उसने बिल्लाइत में बड़े–बड़े कारखाने खोल दिये हैं, जिसमें खुद माल तैयार करती है, और खुद ही बेचती है।"

भौला–"तो मालूम हुआ, अब कारीगरों की भी खैरियत नहीं ।"

2.

जाड़ों की गंगा हरी होती है, और उसकी स्वाभाविक गंभीर गति और गंभीर हो जाती है। इस वक्त नावों के मारे जाने का बहुत कम डर रहता है, इसलिए व्यापारी इसे व्यापार के लिए सुन्दर मौसम मानते हैं। इस समय गंगा के किनारे चार घन्टे बैठ जाने से सैकड़ों बडी–बडी नावें वहाँ से पार होती देखी जायेंगी। इनमें से अधिकांश पर कम्पनी का माल है। जिनमें से कितना ही विलायत से आकर ऊपर की ओर जा रहा है । और पटना, गाजीपुर, मिर्जापुर जैसे तिजारती शहरों के घाटों पर देखते, तो गंगा की सारी धार बड़ी–बड़ी नावों से ढंकी दिखाई पड़ती।

पटना से एक बजरा (बड़ी नाव) नीचे की ओर जा रहा था, जो शोरा, कालीन आदि कितनी ही चीजें विलायत ले जा रहा था। पटना से कलकत्ता पहुँचने में हफ्ते से ज्यादा लगता है, इसीलिए तिनकौड़ी दे और कोलमैन में धीरे–धीरे घनिष्ठता बढ़ गई । यद्यपि शुरू में एक–दूसरे से मिलने में वह हिचकिचाते थे। तिनकौड़ी देने के लिए नकली जुल्फी –चोटी (ह्विग), पाँव में सटे सुत्थन, घुण्डी के फीतों में टँके बटन, काले कोट के साथ चरका (सफेद) मुँह बड़े रोब और भय की चीज थी; किन्तु, बात का प्रारंभ कोलमैन ही ने किया, इसलिए धीरे–धीरे तिनकौड़ी की हिम्मत बढ़ चली। वार्तालाप में तिनकौड़ी को मालूम हुआ, कि कोलमैन कम्पनी के साहबों से जला–भुना है, और गवर्नर से लेकर कंपनी के छोटे–बड़े एजेन्ट तक पर भी प्रहार करने में उसको कोई हिचकिचाहट नहीं है। तिनकौड़ी भी कंपनी के नौकरों से खार खाए हुआ था। बीस साल तक उसने कंपनी के बड़े –बड़े दफ्तरों में किरानी (क्लर्क) का काम किया। वह गरीब घर में पैदा हुआ था; किन्तु उन आदमियों में था जिनका लोभ परिमित और आत्म–सम्मान के अधीन होता है। तिनकौड़ी ने जिंदगी भर के खाने के लिए कमा लिया था, किसी पुराने एजेन्ट की कृपा से लूट के वक्त उसे चौबीस परगना, जिला में चार गाँव की जमींदारी मिल गई थी, जिसकी आमदनी के देखने से मालगुजारी बहुत कम थी। यह साहेब की मेहरबानी थी, किन्तु उस मेहरबानी के प्राप्त करने के लिए तिनकौड़ी ने ऐसा काम किया था , जिसका पाप, तिनकौड़ी समझता था, जन्म–जन्मान्तर में

भी नहीं छुटेगा। उसने साहेब को खुश करने के लिए गाँव की एक सुन्दर तरुण ब्राह्मणी को उसके पास पहुँचाया था। साहेब लोग उस वक्त बहुत कम अपनी मेमों को लाते थे , क्योंकि छै महीने के खतरों से भरी समुद्र –यात्रा करना आसान न था। तिनकौड़ी की उम्र पैंतालीस वर्ष की थी, उसका काला गठीला बदन बहुत स्वस्थ था, किन्तु वह रोज सवेरे उठकर दर्पण में मुख देखता, और हाथ की अँगुलियों को निहारता । वह किसी दिन भी कोढ़ फूटने की प्रतीक्षा कर रहा था , ब्राह्मणी के सतीत्व–भंग का दंड, उसके विचार में, यही होने वाला था। साहेबों की झिड़कियों, गालियों, ठोकरों को सहते–सहते वह तंग आ गया था, इसीलिए अभी नौकरी करने की उम्र होने पर भी घर भर के मर जाने से नौकरी से इस्तीफा दे गाँव को लौट रहा था। बीस वर्ष तक चुपचाप बर्दाश्त किये अपमान की आग उसके दिल में भभक रही थी। जब उसने कोलमैन को अपने से भी ज्यादा कम्पनी और उसके कर्मचारियों का शत्रु देखा ; तो धीरे–धीरे दोनों खुलकर बातें करने लगे। कोलमैन एक दिन कह रहा था–

"ईस्ट इंडिया कंपनी व्यापार के लिए बनाई गई थी, किन्तु पीछे इसने लोगों को लूटना शुरू किया। देखते नहीं , जितने साहेब यहाँ आते हैं जल्दी से जल्दी लखपति बनकर देश लौट जाना चाहते हैं। छोटे–बडे की यही हालत है। क्लाइव ने ऐसा ही किया, लेकिन उसको किसी ने नहीं पकड़ा। वारेन हेस्टिंग्स को अपने लोभ में चेत सिंह की रानियों के भूखे मरने तक का भी ख्याल नहीं आया , अवध की बेगमों को उसने कंगाल बनाया, किन्तु उसको हमारे देशवालों ने नहीं छोड़ा। सजा से तो बच गया , किन्तु कई वर्षों के मुकदमे में जो कुछ कमाया था, चला गया।"

"किसने मुकदमा चलाया, साहेब ?"

"पार्लमेंट ने। हमारे यहाँ राजा मनमानी नहीं कर सकता, मनमानी करने के लिए एक राजा की गर्दन को हम कुल्हाड़े से काट चुके हैं, और वह कुल्हाड़ा अब भी रखा हुआ है। पार्लमेंट पंचायत है. दे ! जिसके अधिकांश लोगों को देश के धनी–मानी लोग चुनते हैं, और कुछ बड़े–बड़े जमींदार खानदान के कारण उसमें लिये जाते हैं।"

"जमींदार कितने दिनों से होते आये हैं साहेब ?"

"हमारे यहाँ की देखा–देखी हिन्दुस्तान में जमींदारी कायम हुई है, दे ! हमारे यहाँ वह कई सौ साल से चली आती है, किन्तु उसके लिए वहाँ भी जबरदस्ती खेत से किसानों की मिल्कियत छीनी गई थी। जमींदारी कायम करने वाले गवर्नर का नाम जानते हो ?"

"हाँ, कार्नवालिस् ।"

"विलायत में वह एक नम्बर का कसाई जमींदार है। उसने, यहाँ आकर देखा, जब तक किसान खेतों के मालिक रहेंगे, तब तक सूखा–बाढ़ के कारण अथवा ज्यादा झड़ी होने के कारण मालगुजारी ठीक से वसूल नहीं हो सकेगी। उसने यह भी सोचा कि सात समुन्दर पार के अँग्रेजों को बेगाने मुल्क में दोस्त भी पैदा करना चाहिए और ऐसा दोस्त, जिसका स्वार्थ अँग्रेजों के स्वार्थ से बँधा हो। जमींदार अँग्रेजों की सृष्टि हैं। किसान के विद्रोह से अँग्रेजों के राज्य को जिस तरह का खतरा हैं , उसी तरह जमींदारों को अपनी जमींदारी, अपनी सम्पत्ति और अपनी इज्जत जाने का खतरा है। इसलिए यदि छोटे–छोटे किसानों को मालिक न मानकर बड़े–बड़े पचीस–पचास गाँवों का एक मालिक –जमींदार–बना दिया जाये, तो वह हमारी विपत्–संपत् दोनों में काम आयेंगे। इस तरह विलायत के इस कसाई जमींदार ने हिन्द के किसानों की गर्दन को रेत दिया।"

"रेत दिया, इसमें शक नहीं"–तिनकौड़ी को अपनी जमींदारी के किसान याद आ रहे थे।

"जागीरदारों के जुल्म के मारे सारी दुनिया के लोग तबाह हैं, लेकिन इनके दिन भी इने–गिने हैं, दे।"

"कैसे, साहेब ?"

"फ्रांस के राजा–रानी को कुछ ही वर्ष पहले प्रजा ने जान से मार डाला और उस क्रोधाग्नि में कितने ही जागीरदार –जमींदार भी जलकर खाक हो गये; जमींदारी प्रथा उठा दी गई। लोगों ने मनुष्य मात्र के लिए स्वतंत्रता , समानता, भ्रातृभाव का सिद्धान्त घोषित

किया। मैं फ्रांस में था, उस वक्त, दे ! और फ्रांस के राजा के महलों पर फ्रांसीसी प्रजातन्त्र का तिरंगा झंडा फहराते –मैंने–खुद देखा है। इंग्लैंड के राजा, जर्मीदार–जागीरदार आजकल थर–थर काँप रहे हैं और इंग्लैंड में भी फ्रांस वाली बात हुई होती, किन्तु एक और बात ने उन्हें बचा दिया. मुझे इसका अफसोस है, दे।"

"किस बात ने, साहेब ?"

"देखते नहीं हो, विलायती कारखानों का कितना माल हिन्दुस्तान की बाजारों में पट रहा है ? तुम्हारे यहाँ के जुलाहे, सुतकत्तिन बेकार हो रही हैं, और हमारे यहाँ के सेठों ने अपने कारखाने खोलकर उनमें जमींदारों के अत्याचार से भूखे मरते लोगों को काम दिया, उन्हीं का बनाया माल यहाँ पहुँच रहा है। अभी तक हमारे यहाँ कल हाथ से चलती थी, किन्तु अब भाप के इंजन बन रहे हैं, जिससे चलने वाले कर्मों के कपड़े और सस्ते होते हैं। अपने यहाँ के कारीगरों को चौपट समझो , चौपट। हमारे यहाँ के कारीगर भी चौपट हो गये हैं, किन्तु अब उन्हें कारखानों में मजदूरी करके पेट पालने भर को कुछ मिल जाता है। यदि यह कारखाने न खुले होते, तो फ्रांस की ही दशा हमारे यहाँ भी हुई होती। आदमी को आदमी की तरह रहना चाहिए , दे ! दूसरे आदमी को जो पशु मानता है, उसे स्वयं और उसके बाल–बच्चों को भी पशु बनना पड़ता है।"

"यह ठीक कहा, साहेब ! मैं अपने दास और नौकर को आदमी नहीं समझता रहा , किन्तु जब वैसा ही बर्ताव साहेब लोग मुझसे करते; तो मुझे पता लगता कि आदमी के लिए अपमान कितनी कड़वी चीज है।"

"दासता के रिवाज को उठाने के लिए विलायत में बड़ा जोर दिया जा रहा है।"

"विलायत में भी दासता मानी जाती है?"

"सारी दुनिया में अभागे नर–नारियों की खरीद–बेच चल रही है, किन्तु मुझे आशा है, विलायत में जल्दी ही उनके खिलाफ कानून बन जायेगा।"

"फिर दासों के मालिक धनी लोग क्या करेंगे ?"

"धनी लोग तो नहीं चाहते, और हमारी पार्लमेंट पर धनिकों का ही प्रभुत्व है, किन्तु अब उनमें भी कुछ इसे बुरा मानते हैं, आखिर आदमी की खरीद–बेंच कितनी बुरी चीज है, दे ! तुम खुद ही समझ सकते हो । किन्तु कितने ही आदमी पाप –पुण्य के ख्याल से दासता उठाने के पक्षपाती नही हैं, बल्कि आजकल कारखानों में लोहे की कलें काम करती हैं , उनका दाम ज्यादा होता है, दास उनकी परवाह नहीं करेंगे। देखते न हो, बारीक काम दासों को नहीं दिया जाता। जिसकी जिन्दगी – मौत से तुम रात–दिन खेल किया करते हो, वह तो मौका मिलते ही तुम्हारा भारी नुकसान करके बदला लेना चाहेगा।"

"माँ और बछिया को अलग कर बेचने की तरह जब मैं किसी दासी को अपने बच्चों से अलग कर बिकते देखता हूँ, तो मुझे यह बहुत असह्य मालूम होता है।"

"जिसे असह्य न मालूम हो, वह आदमी नहीं, दे।"

"मैं सोच रहा था, फ्रांस में बिना राजा का राज, क्या कहते हैं उसे, साहेब ?"

"प्रजातंत्र।"

"प्रजातन्त्र क्या राजतन्त्र से अच्छा होता है ?"

"प्रजातन्त्र सबसे अच्छा राज्य है, दे ! शाहों, शाहजादों, बेगमों और शाहजादियों के ऊपर देश की कमाई का भारी खर्च हो जाता है। पंचायती राज्य को राजा से ज्यादा न्याय, ज्यादा पक्षपातहीनता और सहानुभूति रहेगी।"

"हाँ, मैंने पहले अपने गाँव के पंचायती कारोबार को देखा था, उसमें सचमुच ज्यादा न्याय होता था, और खर्च में आदमी उजड़ भी नहीं जाता था; किन्तु जब से कार्नवालिस के जमींदारों ने आकर पंचायत को दबा दिया, तब से लोग तबाह हैं।"

"यह ठीक है, दे ! किन्तु फ्रांस की जनता का उद्देश्य प्रजातन्त्र से भी ऊपर था; वह मुनष्य मात्र की समानता, स्वतंत्रता, भ्रातृभाव को राज्य स्थापित करना चाहती थी।"

"हमारे देश के लिए भी ?"

"तुम मनुष्य हो कि नहीं ?"

"साहबों की नजर में तो हम मनुष्य नहीं जँचते ।"

"जब तक समानता, स्वतंत्रता, भ्रातृभाव का शासन सारी पृथ्वी पर, गोरे–काले सारे मनुष्यों में नहीं कायम होता, तब तक मनुष्य, मनुष्य नहीं हो सकता, दे। कसाई कार्नवालिस् अपने गोरे किसानों को मनुष्य नहीं मानता। फ्रांस में राजा, जमींदार तो गये, किन्तु फिर बनियों ने–ईस्ट इंडिया कम्पनी के भाई–बन्दों ने–राज्य सँभाल लिया, जिससे समानता, स्वतन्त्रता, भ्रातृभाव का असली तिरंगा झंडा वहाँ नहीं फहरा सके।"

"तो फ्रांस में राजा–बाबुओं की जगह सेठों का राज्य हो गया ?"

"हाँ, और इंग्लैंड के सेठ भी हल्ला कर रहे हैं, कि जब हम सात समुन्दर पार हिन्दुस्तान का राज्य चला सकते हैं तो इंग्लैंड में क्यों नहीं कर सकते ? इसलिए वह राज्य–शक्ति को अपने हाथ में लेना चाहते हैं, यद्यपि राजा को हटाकर नहीं।"

"राजा के हाथ में, आपने कहा, इंग्लैंड में शासन की बागडोर है ही नहीं।"

"हाँ, और मैंने इन गोरे बनियों की करतूतें यहाँ देखीं। मुझे देश देखने की इच्छा थी, सुभीता देख मैंने कम्पनी की नौकरी कर ली, नौकरी न करता, तो बनिये मुझ पर सन्देह करते और फिर मेरा पर्यटन मुश्किल हो जाता, इसीलिए दो साल तक मैं कम्पनी की नौकरी–रूपी नर्क में रहा।"

"भले मानुष के लिए नर्क है, साहेब ! यहाँ वही निर्वाह कर सकते हैं, जो सब पाप कमा, सारा अपमान सह धन जमा करने के लिए तुले हुए हैं। कार्नवालिस् के किसी अनुचर की कृपा से पाप की कमाई मुझे चार गाँवों की जमींदारी मिली है, किन्तु मुझे फल मिल चुका; बीबी–बच्चे सब हैजे में मर गये। उस जमींदारी के नाम से दिल काँपता है। मैं भी आपकी राय से सहमत हूँ, समानता–स्वतन्त्रता–भ्रातृभाव के राज्य से ही पृथ्वी स्वर्ग हो सकती है, मनुष्य अपमान से बच सकता है।"

"लेकिन यह सहमत होने या चाहने से नहीं होगा, दे । इसके लिए फ्रांस की भाँति हजारों को बलिदान होना होगा और चुपचाप बलिदान होने से भी काम नहीं चलेगा। बलिदान तो हिन्दुस्तानी सिपाही लाखों की संख्या में अंग्रेजों के लिए भी होते रहे हैं ; अब बलिदान अपने लिए होना होगा, और जानते–सुनते।"

"जानते–सुनते ?"

"जानते–सुनते का मतलब है, हिन्दुस्तानियों को दुनिया का ज्ञान होना चाहिए ! साइंस मनुष्य के हाथ में भारी शक्ति दे रहा है। इसी साइंस के ज्ञान से आदमी ने बारूद और बन्दूक बनाया, अपने को सबल किया। यही साइंस तुम्हारे नगरों को बर्बाद कर इंग्लैंड में नये कल–कारखानों और नये शहरों को आबाद कर रहा है। उसी साइंस की शरण तुम्हें भी जाना होगा।"

"और ?"

"और हिन्दुस्तान की छुआछूत, जात–पाँत; हिन्दू–मुस्लिम का अन्तर मिटाना होगा। देखते हो, हम किसी के हाथ का खाने में छुआछूत का ख्याल रखते हैं ?"

"नहीं।"

"अंग्रेजों के भीतर धनी, गरीब के सिवा और छोटी–बड़ी जात–पाँत का ख्याल है?"

"नहीं, और ?"

"सती–प्रथा बन्द करना होगा, लाखों औरतों को हर साल आग में जलाना–इसे क्या तुम समझते हो भगवान क्षमा कर देंगे।"

कोलमैन और तिनकौड़ी दे जब कलकत्ता में अलग होने लगे, तो उन्हें एक–दूसरे से बिछुड़ने का अफसोस हो रहा था। कोलमैन ने आखिर में कहा–
"मित्र ! हम उन्नीसवीं सदी में दाखिल हो गये हैं। दुनिया में उथल –पुथल हो रही है। हमें उथल–पुथल में भाग लेना चाहिए, और इसके लिए पहला काम है, छापाखाना और समाचारपत्र कायम कर जनता को विस्तृत दुनिया की हलचल का ज्ञान कराना।"

3.

अबकी साल वर्षा नहीं हुई। जेठ के सूखे ताल वैसे ही सूखे रह गये। भदई , धान, रबी एक छटाँक भी नहीं हुई। घर के घर मर गये, या उजड़कर भाग गये। धुरदेह का लम्बा झील जब सूखा, तो पचीसों कोस के लोग उसके सूखे पेट में पड़े दिखाई पड़ते थे। वह लोग कमल की जड़–भसींड़–खोदने के लिए आये थे, और कितनी ही बार उसके लिए आपस में झगड़ा हो जाता था।

दूसरे साल जब वर्षा हुई. और मँडुआ (रागी) की पहली फसल में रेखा हसुआ लगा रहा था , तो मँगरी को पास देखकर उसको अचरज होता था ! इस साल भर के भीतर उलट–पलट हो गई मालूम होती थी। घर–घर में अधिकांश लोग मर गये थे, घर–घर के लोग तितर–बितर हो गए थे। रेखा को अचरज इसलिए हो रहा था, कि कैसे वे दो प्राणी प्राण –शरीर को इकट्ठा रखते, अपने भी इकट्ठा रहे ! रेखा इसके लिए धुरदेह का बहुत कृतज्ञ था।

और भी कभी वर्षा के अभाव के कारण अकाल पड़ा होगा। किन्तु, इतना कष्ट शायद कभी रेखा के पहले के किसानों को भुगतान न पड़ा होगा। उस वक्त एक सरकार थी, जिसको लगान भी कम देना पड़ता था। अब कंपनी सरकार के नीचे जमींदारों की जबरदस्त सरकार थी, जिसके गोड़इत –प्यादों के मारे छान पर लौका भी नहीं बचने पाता था। हर फसल की कमाई डेढ़ महीने भी खाने के लिए नहीं बचती थी, फिर अकाल के लिए किसान क्या बचा रखते ?

अगहन में जब मँगरी ने एक बेटा जना, तो रेखा को और आश्चर्य हुआ। अपने पचास साल पर नहीं, क्योंकि मँगरी तीस ही साल की थी, और कई मरे बच्चों की माँ रह चुकी थी, बल्कि अकाल में जब पहले के हाड़–चाम को बचाये रखना मुश्किल था, तब मँगरी ने एक जीव को कैसे जिलाया। सूखा (अकाल) में पैदा होने के कारण रेखा ने लड़के का नाम सुखारी रखा।

माघ के महीने में रामपुर के मालिक अपने हाथी–घोड़े, सिपाही–प्यादे के साथ दयालपुर आये। रेखा ने सुना था, कि मालिक के घर एक भी बबुआ–बबुई नहीं छीजे, अकाल में भी उनके यहाँ सात वर्ष का पुराना चावल चल रहा था। दयालपुर में मालिक की कचहरी गाँव के एक छोर पर थी। उसके सामने पचीस एकड़ का आमों का एक बाग लगाया जाता था , जिसके सींचने–खोदने का काम दयालपुर वालों को बेगार में करना पड़ता था। मालिक ने पचास –पचास अमोला एक–एक घर के जिम्मे लगा दिया था, अमोला सूखने पर सवा रुपया दंड देना पड़ता। रेखा के आगे आने वाली पीढ़ी जमींदारी शान को सनातन चीज मानने जा रही थी। उसके लिए सोबरन राउत और रेखा भगत का बतलाया जमींदारी के पहले का जमाना तथा गाँव में पंचायतों का राज, कहानी होता जा रहा

था।

मालिक के प्यादे अकाल के बाद और शोख हो गये थे। वह समझते थे, अकाल किसानों के मन को तोड़ने तथा मालिक के दबदबे को बढ़ाने के लिए आया था। अगहन में रेखा की छान पर जब लौकी की बेल में बतिया लग रही थी , तभी से मालिक के प्यादे मँडराने लगे थे। लोग कह रहे थे, अकाल के बाद रेखा चिड़चिड़ा गया है, किन्तु रेखा को ऐसी कोई बात नई मालूम होती थी। पर बात सच भी थी, वस्तुतः अकाल के बाद गाँव के दूसरे लोग जितने परिमाण में नीचे उतर गये थे, रेखा उनकी तुलना में बहुत ऊपर था, इसलिए उसका व्यवहार चिड़चिड़िया जान पड़ता था। रेखा गोड़इत -प्यादों को छान के गिर्द मँडराते देख बहुत कुढ़ता था , यद्यपि उसने उसे वचन से नहीं प्रकट किया। एक दिन गोड़इत दीवानजी (पटवारी) के लिए लौका तोड़ने के लिए छत पर चढ़ गया। उस वक्त रेखा घर के भीतर सुखारी को गोद में ले पुचकार रहा था। छान के दबने और चरचराने की आवाज सुनाई देते ही रेखा सुखारी को चटाई पर रखकर बाहर चला आया। देखा, गोड़इत छत पर चढ़ा लौका तोड़ रहा है। तीन तोड़ चुका है, चौथे पर हाथ डालने जा रहा है। रेखा के शरीर में आग लग गई। उसने आधे गाँव तक सुनाई देती आवाज में डाँटकर कहा -
"कौन है, हो ?"
"दीवानजी के लिए लौका तोड़ रहे हैं, देख नहीं रहे हो।" - गोरा-गोड़इत ने बिना सिर उठाये कहा।
रेखा ने डपटकर कहा-"हाथ-गोड़ बचाये चुपके से उतर आओ, सुनते हो कि नहीं ?"
"मालिक के गोड़इत (गाँव के चपरासी) का ख्याल है न ?"
"खूब ख्याल है। भलमनसी इसी में है, कि लौका को वहीं छोड़कर उतर आओ।"

गोड़इत चुपके से उतर आया। दीवान जी सब सुन खून की घूँट उस वक्त पी गये। उन्होंने माघ महीने में मालिक के आने के वक्त के लिए इसे छोड़ रखा।

मालिक के आने पर वही गोड़इत शाम को रेखा भगत के घर पर आकर बोला -"कल सबेरे ही मालिक के लिए दो सेर दूध पहुँचाना होगा।"
"हमारे पास भैंस-गाय नहीं है, दूध कहाँ से पहुँचायेंगे ?"
"जहाँ से हो, मालिक का हुक्म है।"

दीवान तो जानता ही था, कि रेखा के पास गाय-भैंस नहीं है, किन्तु उसे तो अब रेखा को ठीक करना था। शाम को ही मालिक के सामने उसने रेखा की सरकशी का खसरा खोल दिया, और यह भी कहा कि सारा गाँव बिगाड़ता जा रहा है। मालिक ने रात ही को तय कर लिया।

सबेरे रेखा का दूध नहीं आया। प्यादा के जाने पर रेखा ने गाय-भैंस के न होने की बात कही। मालिक ने पाँच मुसंडे प्यादों को हुक्म दिया-
"जाओ; हाम्जादे की औरत का दूध दुहकर लाओ।"
गाँव के कई आदमी वहाँ मौजूद थे, किन्तु उन्होंने यही समझा, कि प्यादा रेखा को पकड़कर लायेंगे। रेखा को बिना कुछ कहने -

सुनने को मौका दिये प्यादों ने पकड़कर मुश्क बाँध ली। फिर दो घर में घुस मँगरी को पकड़ लाये। बेबस रेखा खून –भरी आँखों से देख रहा था, जबकि उन्होंने चिल्लाती हुई मँगरी के स्तन को पकड़ कर गिलास में सचमुच कई धार दूध की मारी । प्यादे रेखा को वैसे ही बँधे छोड़ चले गये।

मँगरी शरम के मारे वहीं मुँह छिपाये बैठी रही। रेखा ने भूली हुई जबान को कुछ देर में पाकर कहा–
"मँगरी मत लजा । आज हमारे गाँव की पंचायत जिन्दा रही होती, तो बादशाह भी ऐसा नहीं कर सकता था; किन्तु इस बेइज्जती का मजा चखाऊँगा। यदि असल अहीर के बूंद का हुआ, तो दीवान और रामपुर के मुंशी के कुल में कोई रोने वाला भी नहीं रहेगा। अपमान का न्याय यही मेरे हाथ करेंगे, मँगरी ! ओ मेरे हाथों को छुड़ा।"
मँगरी ने सावन–भादों बनी आँखों के साथ ही रेखा की मुश्कों को खोल दिया। उसने भीतर जा सुखारी को गोद में लेकर उसके मुंह को चूमा, फिर मँगरी से कहा–
"इस घर से जो निकालना हो निकाल कर तुरन्त नैहर चली जा, मैं इस घर में आग लगा रहा हूँ।"
मँगरी रेखा की आवाज पहचानती थी। उसने बच्चे और दो –तीन कपड़ों को लिया, फिर रेखा के पैरों पर पड़ गई। रेखा ने स्वर को अत्यन्त कोमल करके कहा–
"तेरी इज्जत नहीं, गाँव भर की इज्जत का बदला लेना होगा । जा, और सुखारी को बतलाना कि उसका बाप कैसा था। देर न कर, मैं चला बोरसी से आग निकालने ।"

मँगरी दूर जा तब तक घर को देखती रही, जब तक कि उसकी छान से ज्वाला नहीं निकलने लगी। लोग गाँव के छोर पर अवस्थित रेखा के घर की ओर दौड़े और रेखा नंगी तलवार लिए जमींदार की कचहरी की ओर। काल को देख प्यादे गोड़इत भाग चले। रेखा ने मालिक और दीवान को मारते वक्त कहा–"तुम्हारे पीछे रोने वाला नहीं छोड़ूँगा, पापियों !"

रेखा ने अपने वचन को सच किया और प्रतिज्ञा से और भी बड़े पैमाने पर।

कसाई कार्नवालिस् ने कितने ही रेखा पैदा किये।

मंगल सिंह (१८५७ ईसवीं)

काल : १८५७ ई०

वह दोनों आज टावर देखने गये थे। वहाँ उन्होंने उन कोठरियों को देखा , जिनमें राजा के विरोधी जिन्दगी भर सड़ा करते थे। उन सिकंजों, कुल्हाड़ों तथा दूसरे हथियारों को देखा, जिनसे राजा साबित करते थे, कि जीवन–मरण उसके हाथ में है, और सही माने में वह पृथ्वी पर ईश्वर के युवराज या यमराज हैं। लेकिन सबसे ज्यादा जिस चीज ने उन्हें आकर्षित किया , वह थी वह स्थान जहाँ इंग्लैंड के राजा रानियों के सिर काटकर भूमि पर लुण्ठित हुए थे।

एनी रसल ने आज भी उसके हाथ में अपने कोमल हाथों को दे रखा था , किन्तु आज उनकी कोमलता का कुछ दूसरा ही असर उसके ऊपर पड़ रहा था। जान पड़ता था , फाराडे की बिजली–जिसे ग्यारह साल ही पहले (१८४५ ई०) उस वैज्ञानिक ने आविष्कृत किया था–की भाँति एक शक्ति निकलकर एनी के हाथ से उसके शरीर में दौड़ रही है। मंगल सिंह ने कहा–
"एनी ! तुम बिजली–उद्गम (बैटरी) हो, क्या ?"
"ऐसा क्यों कहा, मंगी ?"
"मैं ऐसा ही अनुभव करता हूँ। सोलह साल पहले जब इंग्लैंड की भूमि पर मैंने कदम रखा , तो जान पड़ा अँधेरे से उजाले में चला आया, मुझे यहाँ एक विशाल दुनिया–लम्बाई–चौड़ाई में नहीं, बल्कि भविष्य के गर्भ में दूर तक बढ़ती दुनिया–दिखाई पड़ी। चुकन्दर की चीनी (१८०८ ई०), भाप का जहाज स्टीमर (१८१६ ई०), रेलवे (१८२५ ई०), तार (१८३३ ई०), दियासलाई (१८३८ ई०), फोटो (१८३६ ई०), बिजली की रोशनी (१८४४ ई०) जरूर देखने के लिए नई, और आश्चर्यजनक चीजें ही थीं, किन्तु जब केम्ब्रिज से मुझे उनके बारे में पढ़ने तथा रसायनशाला में प्रयोग कर देखने का मौका मिला , तो मुझे समझ में आने लगा कि दुनिया के भविष्य में क्या लिखा है।"
"सचमुच, तुम्हें इंग्लैंड में आना अँधेरे से उजाले में आना–सा मालूम हुआ !"
"उन्हीं अर्थों में, जिन्हें अभी मैंने बतलाया, नहीं तो भारत छोड़ते वक्त मेरे मन में सिर्फ दो ख्याल थे –एक तो अपने प्रिय इष्ट देवता प्रभु मसीह के भक्तों के देश को देखूँगा, दूसरे अपने कुल की खोई राजलक्ष्मी को लौटाने की कोशिश करूंगा।"
"कितने ही बार मैंने चाहा, तुमसे तुम्हारे बारे में पूछूँ, लेकिन बातें ऐसे ही भूल गई. आज मंगी ! उसे कहो।"
"जिसने मेरे जीवन की दिशा बदल दी। उसे कहने में मुझे क्या उज्र होगा ? चलो प्यारी एनी ! टेम्स के इस शान्त स्रोत पर। टेम्स उतनी बड़ी, उतनी सुन्दर नहीं है, जितनी हमारी गंगा; तो भी कितनी ही बार जब मैं टेम्स को देखता हूँ, तो गंगा की मधुर स्मृति आ जाती है। एनी ! तुम जानती हो, ईसाई ईश्वर ईसा मसीह को छोड़ बाकी सारी पूजाओं को कुफ्र समझते हैं , और घृणा की दृष्टि से देखते हैं, किन्तु टेम्स ने ईसाई से एक बार फिर मुझे काफिर बनाया। मैंने अपनी हिन्दू काफिर माँ को बड़ी भक्ति से फूल चढ़ा गंगा को प्रणाम करते देखा।"

अब दोनों टेम्स के किनारे पहुँच गये थे। उन्होंने पत्थर के एक चबूतरे पर आसीन हो टेम्स की ओर मुँह कर लिया। कनटोप जैसी

सफेद तोपों से निकलकर गालों पर लटकती एनी की सुनहली जुल्फे हवा के झोंके से लहरा उठीं । मंगल ने उन्हें चूम लिया , फिर अपनी बात प्रारम्भ की–

"इस टेम्स के किनारे से कितनी ही बार मैंने मानस फूल अपनी गंगा को अर्पित किये।"

"गंगा को फूल चढ़ाती थी तुम्हारी माँ ?"

"बड़े भक्तिभाव से, जैसे ईसाई प्रभु मसीह के प्रति श्रद्धा प्रदर्शित करते हैं। मैं उस वक्त पहले–पहल ईसाई हुआ था, मुझे यह घृणित प्रथा मालूम होती थी, किन्तु अब न जाने कितनी बार में गंगा के प्रति अपने मानस अपमान के लिए पाश्चाताप कर चुका हूँ।"

"ईसाइयत ने जिस भावना को नष्ट करना चाहा, हमारे कवियों ने उसे फिर से उज्जीवित किया। जानते हो ना, हम लोग इसे पिता टेम्स कहते हैं।"

"और हम गंगा माई।"

"तुम्हारी कल्पना और मधुर है, मंगी ? अच्छा सुनाओ अपने बारे में ।"

"बनारस और रामनगर गंगा से इस पार और उस पार थोड़ी दूर पर बसे हैं। मैंने सोलह वर्ष तक गंगा को देखा। मेरा मकान बनारस में गंगा के बिल्कुल किनारे था, उसके नीचे साठ पौड़ियों की सीढ़ी गंगा–धार तक चली गई थी। शायद जब मैंने आँखें खोलीं, तभी माँ ने गोद में ले गंगा को मुझे दिखलाया। क्या जाने क्यों, जान पड़ता है, गंगा मेरे खून में है। रामनगर में मेरे दादा का किला है, किन्तु उसे मैंने एक–दो बार ही गंगा पर नाव से चलते वक्त देखा है। भीतर जाकर या अधिक बार देखने की इच्छा नहीं होती थी। माँ , तो और भी उधर नहीं जाना चाहती थीं। और जानती हो, एनी ! कभी उस किले की युवराज्ञी बनती, और आज अँग्रेजों के डर के मारे बनारस के एक घर में नाम बदल कर जिन्दगी काट रही हो , वह कैसे उस किले को आँख खोलकर देखने का साहस करती। मेरे दादा महाराज चेतसिंह को लुटेरे वारन् हेस्टिंग्ज ने नाहक पामाल किया–हेस्टिंग्ज को इंग्लैण्ड में अपने किये का कुछ फल मिला, किन्तु मेरे दादा के साथ कभी न्याय नहीं किया गया। छीने राज को लौटाना सस्ता न्याय नहीं था, एनी !"

"तुम्हारी माँ अब भी जिन्दा है ?"

"हमारे पादरी की चिट्ठी बनारस से जब–तब आती रहती है, और उनके जरिये मैं भी माँ को पत्र लिखा करता हूँ। पाँच महीने पहले तक तो वह जीवित थीं, एनी !"

"तो तुम पहले ईसाई न थे ?"

"नहीं, मेरी माँ अब भी हिन्दू हैं। मैंने पहले चाहा था, उन्हें भी ईसाई बनाना किन्तु अब–"

"अब तो तुम भी माँ के साथ गंगा माई को फूल चढ़ा प्रणाम करोगे !"

"और पादरी साहब कहेंगे, इसने ईसाई धर्म को छोड़ दिया।"

"तुम ईसाई कैसे हुए ?"

"कोई खास अन्तःप्रेरणा का सवाल न था, बनारस में भी अँग्रेज पादरी–पादरिने ईसाई धर्म का प्रचार करती हैं, किन्तु बनारस स्वयं हिन्दुओं का रोम है, इसलिए उन्हें उतनी सफलता नहीं होती। एक बार एक डाक्टर पादरी ने मेरी माँ का इलाज किया था , जिसके बाद उनकी स्त्री मेरे घर में आने–जाने लगी। मेरी माँ और उनमें परिचय ज्यादा बढ़ गया। मैं छोटा था, और मुझे अक्सर गोद लिया करतीं ।"

"तुम लड़कपन में भी बड़े सुन्दर रहे होगे, मंगी ! कौन तुम्हें गोद में लेना न चाहता ?"

"फिर उसी पादरिन ने माँ को समझाया, कि बच्चे को अँग्रेजी पढ़ाओ। पाँच–छः ही वर्ष से पादरी ने मुझे अँग्रेजी पढ़ाना शुरू किया। माँ अपने परिवार के अतीत के वैभव के बारे में सोच रही थी , और वह मन ही मन आशा रखती थी , कि शायद अँग्रेजी पढकर मेरा

बेटा वंश की लक्ष्मी लौटाने के लिए कुछ कर सके। मैं तीन वर्ष का था, तभी मेरे पिता मर गये थे, इसलिए माता ही को सब कुछ करना था। हमारी सम्पत्ति तो राज्य के साथ चली गई थी, किन्तु माँ के पास अपनी सास के दिये काफी जेवर थे; और मेरे मामा भी अपनी बहन का ख्याल रखते थे। आठ वर्ष का होने के बाद मैं ज्यादा पादरी और पादरिन के घर पर रहता। मुझे हिन्दू धर्म के बारे में बहुत कम सुनने का भौका मिला; यदि कुछ मिला, तो पादरिन के मुख से। वह कहा करती थीं, तुम्हारी ही भाग्य है, बेटा! जो तुम्हारी माँ बच गई, नहीं तो तुम्हारे बाप के मरने के बाद उन्हें लोग जिन्दा जलाकर सती कर डालना चाहते थे। मेरी माँ का जिन्दा जलाया जाना–सती होना–और हिन्दू धर्म को एक समझ कर, तुम्हीं समझ सकती हो, एनी! ऐसे धर्म के लिए अपार घृणा के सिवा मेरे दिल में और क्या हो सकती थी? उस वक्त सती प्रथा बन्द होने (१८२६) में दो साल की देर थी। मेरी भलाई का ख्याल कर माँ ने पादरिन की बात मान ली, और मुझे पढ़ने के लिए कलकत्ता भेज दिया। कलकत्ता में जब मैं पढ़ रहा था; तब माँ को सन्देह हुआ कि पादरिन ने मुझे ईसाई बनाने के लिए, यह सब कुछ किया है। अच्छा हुआ, जो माँ को पहले न मालूम हुआ, नहीं तो मुझे अपनी आँखें खोलने का मौका न मिला होता।"

"बच्चों की पढ़ाई का क्या भारत में ख्याल नहीं किया जाता?"

"मुझे पढ़ाया जाता, किन्तु तेरह सौ वर्ष पहले के लिए जो विद्या लाभदायक होती, वही।"

"फिर इंग्लैण्ड आने के लिए माँ की आज्ञा कैसे मिली?"

"आज्ञा मिलती? मैं बिना पूछे चला आया। पादरी ने मदद की, केम्ब्रिज में पढ़ने का इन्तजाम कर दिया। यहाँ से मैंने जब कुशल–आनन्द का समाचार माँ को लिखा, तो उन्होंने आशीर्वाद भेजा। वह पचपन से ऊपर हो गई हैं, हर चिट्ठी में चले आने के लिए लिखती हैं।"

"और तुम क्या जवाब देते हो?"

"जवाब क्या, बहाना। वह समझती हैं, मैं राजधानी में हूँ, इंग्लैण्ड की रानी से मेरी मुलाकात है; और किसी वक्त मैं चेतसिंह की गद्दी का मालिक होकर लौटूँगा।"

"उस बेचारी गंगा की पुजारिन का क्या मालूम कि तुम्हारी मुलाकात रानी विक्टोरिया से नहीं, बल्कि सारी दुनिया के मुकुटधारी शिरों के भयंकर शत्रुओं कार्ल मार्क्स और फ्रेड्रिख् एन्जेल्स से है।"

"अभी जब भारत पूँजीवादी दुनिया, और उसकी शक्ति का ही ज्ञान नहीं रखता, तो मार्क्स के साम्यवाद को कैसे समझ पायेगा?"

"मार्क्स से कभी भारत के बारे में भी तुमसे बातचीत हुई?"

"कितनी ही बार और मुझे आश्चर्य होता है, यहाँ बैठे–बैठे कैसे उसको भारत के जीवन–प्रवाह का इतना ज्ञान है? लेकिन यह कोई जादू का चमत्कार नहीं है। पिछले तीन सौ वर्षों में भिन्न–भिन्न अँग्रेजों ने भारत के बारे में जितना ज्ञान अर्जन कर लिपिबद्ध किया, वह सब यहीं लन्दन में मौजूद है। मार्क्स ने उन गर्द पड़ी पोथियों को बड़े ध्यान से उलटा है और जो कोई भी भारतीय यहाँ मिल जाता है, उससे पूछ पूछ कर वह अपने निर्णय की परीक्षा करता है।"

"मार्क्स के भारत के भविष्य के बारे में क्या विचार हैं?"

"वह भारत के योद्धाओं की वीरता की बड़ी प्रशंसा करता है, वह हमारे दिमाग की दाद देता है; किन्तु हमारी पुराणपंथिता को भारत का सबसे बड़ा शत्रु समझता है, हमारे गाँव स्वयंधारी छोटे–छोटे प्रजातन्त्र हैं।"

"प्रजातन्त्र?"

"सारा देश नहीं, उसका एक जिला क्या दो गाँव मिलकर भी नहीं, सिर्फ एक अकेला गाँव। किन्तु, सभी जगह नहीं, जहाँ लार्ड कार्नवालिस् ने अँग्रेजी नकल पर जमींदारी कायम कर दी, वहाँ का ग्राम–प्रजातन्त्र पहले खत्म हो गया। इस ग्राम प्रजातन्त्र का

संचालन जन सम्मत पाँच या उससे अधिक पंच करते हैं। पुलिस, न्याय, आबपाशी, शिक्षा, धर्म, आदि सभी विभागों का वह संचालन करते हैं, और बहुत ईमानदारी, बुद्धिमता, न्याय और निर्भयता के साथ गाँव की एक-एक अंगुल जमीन या छोटे-से छोटे आदमी की इज्जत की रक्षा के लिए अपनी पंचायत के हुक्म पर गाँव का बड़ा या बच्चा हर वक्त जान देने के लिए तैयार रहता है। मुसलमान शासकों ने पहले पहल जबकि उनका राज दिल्ली के आस पास थोड़ी ही दूर तक था, और वह अपने को मुसाफिर समझते थे-पंचायतों को नुकसान पहुँचाना चाहा था, किन्तु पीछे उन्होंने पंचायतों के स्वायत्त शासन को मंजूर किया। यह अँग्रेज शासक, और उसमें भी खासकर इंग्लैंड का जमींदार कार्नवालिस् भी था जिसने ग्राम -प्रजातन्त्र को बर्बाद करने का बीड़ा उठाया, और कितने ही अंश तक सफलता पाई, किन्तु उतने से शायद वह जल्दी न टूटती। ग्राम के प्रजातन्त्र और उसकी आर्थिक स्वतन्त्रता पर सबसे घातक प्रहार पड़ा है मानचेस्टर, लंकाशायर के कपड़े; शेफील्ड की लोहे की चीजों तथा इसी तरह के और कितने ही यहाँ से जाने वाले माल का ! १० जुलाई, १८२२ को कलकत्ता में पहला, भाप से चलने वाला जहाज (स्टीमर) पानी पर उतारा गया। उसने साथ ही गाँवों के आर्थिक प्रजातन्त्र की रही-सही नींव को भी खतम कर दिया। हिन्दुस्तान के बारीक मलमल की खान ढाका अब दो-तिहाई वीरान है, एनी ! और गाँवों के जुलाहों की हालत मत पूछो। जो भारतीय गाँव अपने लोहार, कुम्हार, जुलाहे, कतिनों के कारण अपने को स्वतन्त्र समझता था, अब उसके ये कारीगर हाथ पर हाथ धरे बैठे भूखे मर रहे हैं। और उनके लिए लंकाशायर, मानचेस्टर, बर्मिङ्घम, शेफील्ड माल भेज रहे हैं। सिर्फ कपड़े को ले लो, १८१४ ई० में ब्रिटेन में भारत से १८,६६,६०८ थाने कपड़ा आया था, और १८३५ ई० में ३,७६,०८६ थान। इन्हीं दोनों सालों में हमारे यहाँ विलायती कपड़े का जाना बढ़ गया। अब ढाका के मलमल को तैयार करने वाला भारत अपनी रुई को विलायत भेज कपड़ा बनवा रहा है। और कितना ?-हाल ही का आँकड़ा ले लो-१८४६ ई० में १०.७५.३०६ पौंड की रुई यहाँ आई।"

"कितनी क्रूरता, कितना अत्याचार!"

"किन्तु, मेरे गुरु कहते हैं, हमारा दिल रोता है, विदेशियों के इस अत्याचार के लिए; किन्तु हमारी बुद्धि खुश होती है, इस पुराणपंथी गढ़ के पतन से।"

"तब दोनों का दो रास्ता होगा?"

"दोनों का दो रास्ता होता ही है, एनी ! माँ कितनी पीड़ा अनुभव करती है, प्रसव के वक्त, किन्तु साथ ही वह सन्तान की प्राप्ति का आनन्द भी अनुभव करती है-बिना ध्वंस के रचना नहीं हो सकती। इन छोटे -छोटे प्रजातन्त्रों को तोड़े बिना एक शक्तिशाली बड़े प्रजातन्त्र की नींव नहीं रखी जा सकती। जब तक भारतीयों की शक्ति केवल उनके ग्राम प्रजातन्त्र तक सीमित है, तब तक बड़ी देश-भक्ति-सारे भारत के लिए आत्म त्याग-को वह नहीं प्राप्त कर सकते। अभी अंग्रेज सिर्फ जहाज, रेल, तार जैसे अपने व्यापार के सुभीते वाले यन्त्रों को ही भारत में फैला रहे हैं, किन्तु मार्क्स का कहना ठीक है-जब रेलों के बनाने और मरम्मत के लिए अँग्रेज पूँजीपति भारतीय कोयले लोहे का इस्तेमाल करने के लिए मजबूर हैं, तो कितने दिनों तक वहीं सस्ते में इन सामानों के तैयार करने से वह परहेज करेंगे ? भारतीय दिमाग भी साइंस के इन चमत्कारों को अपने सामने देखते हुए कब तक सोया रहेगा ?"

"अर्थात्-भारत में भी उद्योग धन्धा और पूँजीवाद का फैलना लाजिमी है।"

"जरूर। अब इंग्लैण्ड में सामन्तवादी जमींदारों की प्रभुता नहीं है, एनी !"

"हाँ जरूर।"

"सुधार कानून (१८३२) ने इंग्लैण्ड के शासन की बागडोर पूँजीपतियों के हाथ में दे दी है?"

"या पूँजीपतियों के शासनारूढ़ होने की सूचना है, वह कानून।"

"तुम्हीं ठीक कह रही हो। चार्टिस्टों की सभाओं और पत्रों ने तुम पर असर किया, एनी ?"

"सभाओं के वक्त तो मुझे उतना होश न था, कुछ धूमिल सी स्मृति है। हाँ, चाचा रसल–जानते हो, मंत्रिमण्डल में वह चार्टिस्टों के जबरदस्त दुश्मन थे–उनके मुँह से मैंने कितनी ही बार इस खतरनाक आन्दोलन की बात सुनी है।"

"एनी ! क्या यह बात करते वक्त चचा वैसे ही बहादुर वक्ता के रूप में दिखलाई पड़ते थे, जितना कि वह बारह बारह लाख जनता के हस्ताक्षरों से पेश की गई कमकरों की साधारण माँगों को पालमिंट में ठुकराते वक्त मालूम पड़ते थे।"

"नहीं, प्रिये ! वह अब भी डरते हैं, यद्यपि प्रभु मसीह के इस १८५६ वें साल में चार्टरवाद सुनाई नहीं दे रहा।"

"क्यों नहीं डरेंगे. एनी ! सामन्तों के राज्य को पूँजीपति बनियों ने जैसे ही खतम कर अपना शासन शुरू किया , वैसे ही मजदूर भी इस थैली का राज्य खत्म करके ही छोड़ेंगे, और मानवता का राज्य कायम करेंगे, जिसमें धनी, गरीब, बड़े, छोटे, काले, गोरे का भेदभाव उठ जायेगा।"

"और स्त्री–पुरुष का भी, मंगी ?"

"हाँ, स्त्रियाँ भी पुरुषों के जुल्मों की मारी हैं। हमारे यहाँ का सामन्तवाद तो अभी हाल तक सती के नाम पर लाखों औरतों को हर साल जलाता रहा है, और अब भी जिस तरह पर्यो में जकड़बंद जायदाद के अधिकार से वंचित हो वह पुरुषों के जुल्म को सह रही हैं, वह मानवता के लिए कलंक है।"

"हमारे यहाँ की स्त्रियों को तुम स्वतन्त्र समझते होगे, क्योंकि हमें पर्दे में बन्द नहीं किया जाता !"

"स्वतन्त्र नहीं कहता, एनी ! सिर्फ यही कहता हूं, कि तुम अपनी भारतीय बहनों से बेहतर अवस्था में हो।"

"गुलामी में बेहतर और बदतर क्या होता है, मंगी ! हमारे लिए पार्लमिंट में वोट का भी अधिकार नहीं। बड़े–बड़े शिक्षणालयों की देहली के भीतर हम पैर नहीं रख सकतीं। हम कमर को कसकर मुट्ठी भर की बना साठ गज के घाँघरे को जमीन में सोहराते सिर्फ पुरुषों के वास्ते तितली बनने के लिए हैं। अच्छा, तो मार्क्स ने यह आशा दिलाई कि भारत में उद्योग–धन्धे और पूँजीवाद का प्रसार होगा जिसके कारण एक ओर लोगों में साहस का अधिकाधिक प्रचार और प्रयोग होगा, दूसरी ओर वहाँ भी गाँव में बिखरे, बेकार किसानों और कारीगरों को कारखाने में इकट्ठा किया जायगा। फर वह अपना मजदूर सभाएँ कायम कर लड़ना सीखेंगे , और फिर साम्यवाद का झंडा ले इंग्लैण्ड के मजदूरों के साथ कन्धे से कन्धा मिला मानव स्वतंत्रता की अपनी लड़ाई लड़ेंगे, और दुनिया को पूँजीपतियों की गुलामी से मुक्त कर समानता, स्वतन्त्रता और भ्रातृभाव का राज्य स्थापित करेंगे। किन्तु यह तो सैकड़ों साल की बात है, मंगी ?"

"साथ ही मार्क्स का कहना है, कि यद्यपि अँग्रेजों ने साइंस की देन कल –कारखाने से भारत को वंचित रखा है, किन्तु साथ ही साइंस की दूसरी देन युद्ध के हथियारों से भारतीय सैनिकों को हथियारबन्द किया है। यही भारतीय सैनिक भारत की स्वतंत्रता को लौटाने में भारी सहायक साबित होंगे।"

"क्या यह नजदीक का समय हो सकता है ?"

"नजदीक नहीं, एनी। वह समय आ गया है। अखबारों में पढ़ा न, सात फरवरी (१८५६ ई०) को अवध अँग्रेजी राज्य में मिला लिया गया।

"हाँ, और बेईमानी से।"

"बेईमानी और ईमानदारी पर हमें बहस नहीं करनी है। अँग्रेज व्यापारियों ने सब कुछ अपने स्वार्थ के लिए किया, किन्तु अनजाने भी उन्होंने हमारी भलाई के कितने ही ठोस काम किये हैं। उन्होंने ग्राम प्रजातन्त्रों को तोड़ विस्तृत देश को हमारे सामने रखा , उन्होंने अपने रेलों, तारों जहाजों से हमारी कूपमंडूकता को तोड़ विशाल जगत् के साथ हमारा नाता स्थापित किया। अवध का दखल करना कुछ रंग लायेगा, और मैं इसी की प्रतीक्षा करता था, एनी !"

"मार्क्स के शिष्य से और क्या आशा की जा सकती है ?"

2.

गंगा का प्रशान्त तट फिर अशान्त होना चाहता है। बिठूर के विशाल महल में पेशवा को उत्तराधिकार तख्त ही नहीं, पेंशन से वंचित नाना (छोटा) अवध के अँग्रेजों के ताजा शिकार होने के वक्त से ही ज्यादा सक्रिय हो गया है। उसके आदमी अपने जैसे दूसरे पदच्युत सामन्तों के पास रात-दिन दौड़ लगा रहे हैं। उसके सौभाग्य से अँग्रेज एक और गलती कर बैठे और वह गलती नहीं, बल्कि नित नये होने वाले जगत् में जाने का काम था—उन्होंने पहले की टोपी -गोली वाली बन्दूकों की जगह उनसे ज्यादा जोरदार कार्तूसी बन्दूकों को अपनी फौजों में बाँटा। इन कार्तूसों को भरते वक्त दाँत से काटना पड़ता। अँग्रेजों के दूरदर्शी दुश्मनों ने इससे फायदा उठाया। उन्होंने हल्ला किया कि कासों में गाय-सुअर की चर्बी है, जान-बूझकर अँग्रेज इन कातूंसों को सिपाहियों को दाँत से काटने के लिए दे रहे हैं, जिसमें कि हिन्दुस्तान से हिन्दू-मुसलमान का धर्म उठ जाये, और सब क्रिस्तान बन जायें।

काशिराज चेतसिंह के पौत्र मंगलसिंह का नाम बिजली की भाँति सैनिकों में काम करता, यह मंगलसिंह जानता था किन्तु उसने कभी इस रहस्य को खुलने नहीं दिया। नाना और दूसरे विद्रोही नेता उसके बारे में इतना ही जानते थे कि वह अँग्रेजी शासन का जबरदस्त दुश्मन है, उसने विलायत में जाकर अँग्रेजों की विद्या खूब पढ़ी है , उनकी राजनीति का अच्छा जानकार है। विलायत में रहने के कारण उसका धर्म चला गया है , यद्यपि वह क्रिस्तानी धर्म को नहीं मानता। मंगलसिंह को विद्रोही नेताओं के हार्दिक भावों को समझने में देर नहीं हुई। उसने देखा कि पदच्युत सामन्त अपने-अपने अधिकार को फिर से प्राप्त करना चाहते हैं, और इसके लिए सबके अकेले शत्रु अँग्रेजों को एक होकर देश से निकाल बाहर करना चाहते हैं। उनके लिए जान देने वाले सिपाही उनकी नजर में शतरंज के मुहरों से बढ़कर कोई हैसियत नहीं रखते थे। सिपाही धर्म जाने के डर से उत्तेजित हुए और शायद कार्तूस की चर्बी को मुँह से काटने से बचा दिये गये होते, तो कंपनी बहादुर की जय-जयकार वह अनन्तकाल तक मनाते, उसके लिए अपनी गर्दनों को कटाते रहते। और हिन्दू-मुसलमान के बीच की खाई, वह तो बिल्कुल नहीं कम हुई, बल्कि यदि विद्रोह सफल होता, तो धर्म के नाम पर उभाड़े निरक्षर सिपाही अल्लाह और भगवान् के कृपापात्र बनने के लिए अपने को और भी ज्यादा कट्टर धार्मिक साबित करने की कोशिश करते। इसके अतिरिक्त यदि दूसरा कोई ख्याल उनके दिलों में काम कर रहा था , तो वह था, गाँवों, नगरों को लूटना। यद्यपि इस दोष के भागी सिपाहियों की थोड़ी संख्या थी , और शायद कम ही जगहों में उन्होंने इसे किया भी: किन्तु हल्ला इतना हो गया था, कि ग्रामीण जनता के ऊपर उनका डाकुओं जैसा आतंक छाया हुआ था। देश की मुक्तिदात्री सेना के प्रति यह ख्याल अच्छा नहीं था। पहले इन बातों को जानकर मंगल सिंह को निराशा हुई। वह चेतसिंह के सिंहासन को पाने के लिए नहीं लड़ने आया था , वह आया था समानता, स्वतंत्रता और भ्रातृभाव के शासन को स्थापित करने, जिसमें जात पाँत, हिन्दू-मुसलमान का भेदभाव भी वैसा ही अवांछनीय था, जैसा कि अँग्रेज पूँजीपतियों का शासन । वह कूपमंडूकता की रक्षा के लिए नहीं आया था, बल्कि आया था, भारत की सदियों की दीवारों को तोड़कर उसे विश्व को अभिन्न अँग्रे बनाने। वह आया था, अँग्रेज पूँजीपतियों के शोषण और शासन को उठा, भारत की जनता को स्वतन्त्र हो दुनिया के दूसरे देशों की जनता के साथ भ्रातृभाव स्थापित कर एक बेहतर दुनिया के निर्माण में नियुक्त कराने। वह कार्तूस की चर्बी के झूठे प्रचार को कभी पसन्द नहीं कर सकता था, और न यही कि उसके द्वारा भारत में मजहब अपनी जड़ों को फिर मजबूत करे। नाना और दूसरे विद्राही नेता स्वयं बढ़िया से बढ़िया विलायती शराबें उड़ाते थे , और

मौका मिलने पर मद्य और शूकर मांस का भक्षण करके आई गौराग सुन्दरियों के जूठे ओठों को चूमने के लिए तैयार थे , किन्तु इस वक्त वह धर्मरक्षा के लिए सिपाहियों का नेतृत्व करना चाहते थे।

किन्तु, इन सब दोषों के साथ जब एक बात पर मंगल सिंह ने ख्याल किया, तो उसे अपने कर्तव्य के निश्चय में देर न लगी–भारत अँग्रेज पूँजीपति शासकों तथा हिन्दुस्तानी सामन्तों की दुहरी गुलामी में पिस रहा है , जिनमें सबसे मजबूत और सबसे चतुर है, अँग्रेजों का शासन। उसके हटा देने पर सिर्फ स्वदेशी सामन्तों से भुगतना पड़ेगा जो कि भारतीय जनता के लिए अधिक आसान होगा।

जनवरी का महीना था। रात को काफी सर्दी पड़ती थी, यद्यपि वह लन्दन के मुकाबिले कुछ न थी। बिठूर में चारों ओर सुनसान था, किन्तु पेशवा के महल के दरबान अपनी –अपनी जगहों पर मुस्तैद थे। उन्होंने अपने स्वामी के एक विश्वसनीय आदमी के साथ किसी अजनबी को महल के भीतर घुसते देखा। किन्तु, वह आजकल ऐसे अजनबियों को हर रात महल के भीतर घुसते देखा करते थे।

मंगलसिंह की नाना से यह पहली मुलाकात न थी , इसलिए वह एक–दूसरे को भली प्रकार जानते थे। मंगलसिंह ने वहीं अपने अतिरिक्त दिल्ली के पेंशनखोर बादशाह, अवध के नवाब, जगदीशपुर के कुँवरसिंह तथा दूसरे भी कितने ही सामन्तों के दूतों को उपस्थित पाया। लोगों ने बतलाया कि बैरकपुर (कलकत्ता), दानापुर, कानपुर, लखनऊ, आगरा, मेरठ आदि छावनियों के सिपाहियों में विद्रोह की भावना कहाँ तक फैल चुकी है। यह आश्चर्य की बात थी , कि इतनी बड़ी शक्ति के मुकाबिले के लिए अपनी कुछ भी फौज न रखते हुए वह सामन्त सिर्फ बागी पल्टनों पर सारी आशा लगाये हुए थे। जहाँ तक सैनिक विद्या का सम्बन्ध था , प्रायः सारे ही नेता उससे कोरे थे, तो भी वह जेनरल का पद स्वयं लेने के लिए तैयार थे। नाना ने बहुत आशाजनक स्वर में कहा–
"भारत में अँग्रेजों का राज्य निर्भर है हिन्दुस्तानी पल्टनों पर और आज वह हमारे पास आ रही हैं।"
"लेकिन सभी हिन्दुस्तानी पल्टनें हमारे पास नहीं आ रही हैं, नाना साहेब ! पंजाबी सिक्खों के बिगड़ने की अभी तक कोई खबर नहीं है, बल्कि हिन्दुस्तान की बाकी पल्टनों ने अँग्रेजों की ओर से लड़कर जिस तरह उनके पंजाब को पराजित किया , उसे स्मरण रखते हुए पंजाबी बदला लेना चाहेंगे। अँग्रेज बड़े होशियार हैं, नाना साहब ! नहीं तो पेशवा और नवाब–अवध की भाँति यदि उन्होंने दलीप सिंह को भी भारत में कहीं नजरबन्द कर रखा होता, तो आज हमें सारी सिख पल्टन को अपनी ओर मिलाने में बड़ी आसानी होती। खैर, हमें याद रखना चाहिए कि सिख, नेपाल और रियासतों की पल्टनें हमारे साथ नहीं हैं, और जो देश के युद्ध में हमारे साथ नहीं हैं, उन्हें हमें अपने विरुद्ध समझना चाहिए।
"आपका कहा ठीक है, ठाकुर साहब !" नाना ने कहा–"लेकिन यदि आरम्भिक अवस्था में हमने सफलता प्राप्त की तो फिर किसी देशद्रोही को हमारे खिलाफ आने की हिम्मत न होगी।"
"एक बात का हमें और इन्तजाम करना चाहिए। यह कहा युद्ध छिड़ने पर करना होगा , किन्तु उसके लिए आदमियों को अभी से तैयार करना होगा। लोगों को समझाना है, कि हम देश को स्वतन्त्र करने वाले सैनिक हैं।"
"पूरब के प्रतिनिधि ने कहा–"क्या इसके लिए हमारा अँग्रेजों से लोहा लेना काफी नहीं हैं ?"
मंगलसिंह–"हर जगह चौबीसों घंटे लोहा नहीं बजता रहेगा। हमारे देश में बहुत से डरपोक या स्वार्थी लोग हैं , जिनको अँग्रेजों की अजेयता पर विश्वास है। वह तरह–तरह की खबरें फैलायेंगे। मैं तो समझता हूँ, पूरब, पश्चिम और मध्य तीन भागों में बाँटकर हमें

हिन्दी, उर्दू में तीन अखबार छापने चाहिए।" ।

नाना साहब–"आपको अँग्रेजों का ढंग ज्यादा पसन्द है, ठाकुर साहब ! किन्तु आपने देखा न कि अखबार से हमने कार्तूस की बात को फैलाकर कितना लोगों को तैयार कर लिया ।"

मंगलसिंह–"लेकिन लड़ाई के बीच में हमारे खिलाफ अँग्रेजों के नौकरचाकर जो बातें फैलायेंगे, उसके लिए कुछ करना होगा, नाना साहब ! यह सम्भव नहीं है कि हम अँग्रेजों के सारे शासन –तंत्र को एक ही दिन अपने अधिकर में कर लें। मान लीजिए, उन्होंने अफवाह फैलाई कि बागी फौज–स्मरण रखिये हमें इसी नाम से यादि जायेगा–गाँव, शहर को लूटती, बाल बच्चों को काटती चली आ रही है।"

नाना साहब– "तो क्या लोग विश्वास कर लेंगे?"

मंगलसिंह– "जो बात बार–बार कही जायेगी, और जिसके खिलाफ दूसरी आवाज नहीं निकलेगी ; उस पर लोग विश्वास करने लगेंगे।"

नाना साहब–"मैं समझता हूँ, हमने कार्तूस को ले धर्मद्रोही कहकर अँग्रेजों को इतना बदनाम कर दिया है, कि उनकी कोई बात नहीं चलेगी।"

मंगलसिंह–"मैं तो इसे सदा के लिए काफी नहीं समझता, खैर ! एक बात और हमारी इस लड़ाई को अँग्रेज बगावत कह कर दुनिया में प्रचार करेंगे, किन्तु दुनिया में हमारे दोस्त और अँग्रेजों के बहुत से दुश्मन भी हैं। जो हमारी स्वतन्त्रता की कामना करेंगे–खासकर यूरोपियन जातियों में ऐसे कितने ही हैं। इसलिए हमें अपने युद्ध को सारे यूरोपियन लोगों के खिलाफ जेहाद नहीं बनाना चाहिए, और लड़ने वाले अँग्रेज बाल–वृद्ध–स्त्रियों के ऊपर हाथ नहीं छोड़ना चाहिए। इससे युद्ध में हमें कोई लाभ न होगा, उलटे खामखाह के लिए हिन्दुस्तानी दुनिया में बदनाम हो जायेंगे।"

नाना साहब– "यह तो सेनापतियों के ख्याल करने की बात है ; और मैं समझता हूँ, किस वक्त क्या करना चाहिए, इसे वह खुद निश्चय कर सकते हैं।"

मंगलसिंह–"आखिरी बात यह कहनी है कि जिस युद्ध के लड़ने में सिपाही अपने प्राणों की बाजी लगा रहे हैं , और हम साधारण जनता से भी सहायता की आशा रखते हैं , उसे सिर्फ चर्बी वाले कार्तूसों के झगड़े पर आधारित नहीं होना चाहिए। हमें बतलाना चाहिए कि अंग्रेजों को निकालकर हम किस तरह का राज्य चलाना चाहते हैं , उस राज्य में लड़ने वाले सिपाहियों, और जिन किसानों में से वह आये हैं, उन्हें क्या लाभ होगा?"

नाना साहब–"क्या धर्म द्रोहियों के शासन को उठा देना उनके सन्तोष के लिए पर्याप्त न होगा ?"

"यह प्रश्न आपसे ही यदि पूछा जाये तो आप क्या जवाब देंगे ? क्या आपके दिल में पेशवा की राजधानी पूना में लौटने की इच्छा नहीं है? क्या नवाबजादा के दिल में लखनऊ के तख्त का आकर्षण नहीं है ? जब आप लोग कार्तूस और अँग्रेजों के राज्य से निकालने से अधिक की इच्छा रखते हैं, जिसके लिए आप जान की बाजी लगाने जा रहे हैं, तो मैं समझता हूँ, बेहतर होगा, हम भी साधारण जनता के सामने उसके लाभ की कुछ बातें रखें !"

"जैसे ?"

"हम गाँव–गाँव में पंचायतों को कायम करेंगे, जिसमें कम खर्च में लोगों को न्याय प्राप्त हो। हम सारे मुल्क की एक पंचायत बना देंगे। जिसको गाँव–गाँव की प्रजा चुनेगी और जिसका हुक्म बादशाह पर भी चलेगा। हम जमींदारी प्रथा को उठा देंगे, और किसान और सरकार के बीच कोई दूसरा मालिक न रहेगा–जागीर जिसको मिलेगी, उसे सिर्फ सरकार को मिलने वाली मालगुजारी के पाने का हक होगा। हम कल–कारखानों को बढ़ाकर अपने यहाँ के सभी कारीगरों को काम देंगे और कोई बेकार नहीं रहने पायेगा। हम सिंचाई

के लिए नहरें, तालाब और बाँध बनायेंगे, जिससे करोड़ों मजदूरों को काम मिलेगा, देश में कई गुना बेशी अनाज पैदा होगा और किसानों के लिए बहुत से नये खेत मिलेंगे।"

मंगलसिंह की बातों पर किसी ने गम्भीरतापूर्वक विचार नहीं करना चाहा। सबने यह कह कर टाल दिया कि यह तख्त के हाथ में आने के बाद की बात है।

चारपाई पर लेटने पर बड़ी देर तक मंगल सिंह को नींद नहीं आई। वह सोच रहा था–यह साइंस का युग है, रेल, तार, स्टीमर के जादू को यह खुद देख रहे हैं। दियासलाई, फोटोग्राफी और बिजली के प्रकाश के युग में हम घुस रहे हैं, किन्तु यह लोग पुराने युग के सपने देख रहे हैं। तो भी इस घोर अन्धकार में एक बात उसे स्पष्ट मालूम होती थी। इस लड़ाई को सिर्फ जनता के बाल पर ही जीता जायेगा, जिसके कारण जनता अपने बल को समझेगी। विलायती पूँजीपतियों ने जिस तरह विलायत के मजदूरों की शक्ति से मदद ले अपने प्रतिद्वन्दियों को हटा उन्हें अँगूठा दिखा दिया, उसी तरह सभी भारतीय सामन्त भी भारतीय जनता—सिपाहियों, किसानों के साथ काम निकल जाने पर भले ही गद्दारी करें; किन्तु वह जनता से उसके आत्मविश्वास को नहीं छीन सकते, और न बाहरी शत्रुओं से बचने के लिए साइंस के नये–नये आविष्कारों को अपनाने से इन्कार कर सकते हैं। रेलों की पटरियाँ, तार के खम्भे, कलकत्ता में बनते भाप के स्टीमर अब भारत से विदा नहीं हो सकते। मंगल सिंह का विश्वास इन दकियानूसी सामन्तों पर नहीं, बल्कि पृथ्वी पर मानव की परिवर्तनकारिणी शक्ति, जनता पर था।

3.

१० मई (१८५७ ई०) को मंगलसिंह मेरठ के पास थे, जब सिपाहियों ने वहाँ विद्रोह का झंड़ा उठाया। बहादुरशाह के प्रतिनिधि के तौर पर उन्हें सिपाहियों की एक टुकड़ी को अपने प्रभाव में लाने का मौका मिला। सामन्त नेता मंगलसिंह की योग्यता के कायल थे, किन्तु साथ ही यह भी समझते थे कि उसका उद्देश्य उनसे बिलकुल दूसरा है, इसीलिए मंगलसिंह को दिल्ली की ओर न भेजकर उन्होंने पूरब की ओर रवाना किया। कौन कह सकता है, मेरठ से पूरब और पश्चिम की ओर फूटने वाले इन रास्तों ने भारत के उस स्वतन्त्र युद्ध के भाग्य में पूरब–पश्चिम का अन्तर नहीं डाल दिया। दिल्ली की ओर जाने वाली सेना को मंगल सिंह जैसा नेता चाहिए था जो कि दिल्ली की प्रतिष्ठा को पूरी तौर से विजय के लिये इस्तेमाल कर सकता।

मंगलसिंह की टुकड़ी में एक हजार सिपाही थे, जो विद्रोह के दिन से ही समझने लगे कि हम सभी जनरल हैं। मंगलसिंह को एक हफ्ता लग गया इसे समझाने में कि सिर्फ जनरलों की फौज कभी जीत नहीं सकती। सेना में मंगलसिंह को छोड़ उच्च सैनिक विद्या को जानकार दूसरा आदमी न था और यही बात सभी विद्रोही सेनाओं के बारे में थी। मंगलसिंह को एक जगह रहकर शिक्षा देने का मौका न था, उस वक्त जरूरत थी अधिक से अधिक जिलों में अँग्रेजों की शक्ति को तुरन्त खतम करने की। गंगा पार कर रुहेलखण्ड में दाखिल होते ही हर रात को मंगलसिंह ने सिपाहियों को नियम से अपने राजनीतिक ध्येय को बतलाना शुरू किया। सिपाहियों को समझाने में कुछ देर लगी, उनके मन में कितने ही सन्देह उठते थे, मंगलसिंह ने उनका समाधान किया। फिर मंगलसिंह ने फ्रांस की दो क्रान्तियों (१७६२. १८४८) के इतिहास को सुनाया। यह भी बतलाया कि कैसे वेल्स के अँग्रेज मजदूरों ने हिन्दुस्तान में शासन करने वाले इन्हीं अँग्रेज बनियों के खिलाफ तलवार उठाई, और बड़ी बहादुरी से लड़े: उन्हें अपने संख्या बल से बनिये दबा सके,

किन्तु जीते अधिकारों को बनिये छीन नहीं सके।

समझकर लड़ने वाले इन सिपाहियों का बर्ताव ही बिल्कुल बदल गया था। उनमें से हर एक आजादी की लड़ाई का मिशनरी था, जो गाँवों, कस्बों, शहरों के लोगों में अपनी बात , अपने व्यवहार से लोगों के दिलों में विश्वास और सम्मान पैदा करता था। अँग्रेजी खजानों के एक–एक पैसे को ठीक से खर्च करना, जरूरत होने पर लोगों से कर उगाहना–किन्तु स्थानीय पंचायत कायम कर उसे तथा लोगों को समझा उनकी मर्जी और मंगलसिंह के अनुसार –किसी भी चीज को बिना दाम के न लेना और मंगलसिंह को हर जगह हजारों की भीड़ में लोगों को समझाना –यह ऐसी बातें थीं, जिनका प्रभाव बहुत जल्द मालूम होने लगा। झुंड के झुंड तरुण आजादी की सेना में भरती होने के लिए आने लगे। मंगलसिंह ने सैनिक कवायद परेड ही नहीं, गुप्तचर, रसद प्रबन्ध आदि की शिक्षा का भी प्रबन्ध किया। हकीमों और वैद्यों की टुकड़ी अपने साथ शामिल की । सामन्तशाही लूट , रिश्वत की गन्दगी को दूर करने के लिए शिक्षितों में देशभक्ति के भारी डोज की जरूरत थी , और इस वक्त उसका देना आसान न था, तो भी जो दो दिन भी मंगलसिंह के साथ रह गया, वह प्रभावित हुए बिना नहीं। रह सका। सिपाहियों के बीच उनसे हँसकर बातचीत करते मंगलसिंह को देखकर कोई कह नहीं सकता था कि वह इतनी बड़ी पल्टन –आखिरी वक्त उसकी सेना दो हजार तक पहुँची थी–का जनरल होगा। साथ ही उसके इशारे पर जान देने के लिए पल्टन का एक एक जवान तैयार था। मंगलसिंह ने सदा सिपाहियों के चौके की रोटी खाई , वह सदा उन्हीं की तरह कम्बल पर सोया, और खतरे के मुकाम पर सबसे आगे रहा। उसने बन्दी अँग्रेज स्त्री–पुरुष को बहुत आराम से रखा। उन्हें भी सेनापति की भद्रता को देखकर आश्चर्य होता था , क्योंकि उस समय के यूरोप में भी कैदियों के साथ इस तरह का बर्ताव नहीं देखा जाता था। मंगलसिंह रुहेलखंड के चार जिलों में गया, और उसने चारों का बहुत सुन्दर प्रबन्ध किया।

नाना साहेब ने ५ जून (१८५८ ई०) को अँग्रेजों के खिलाफ तलवार उठाई और डेढ़ महीना भी नहीं बीतने पाया कि १८ जुलाई को उसे अँग्रेजों के सामने हार खानी पड़ी। हवा का रुख मालूम होते , मंगलसिंह को देर न हुई, तो भी उसने आजादी के झंडे को जीते जी गिरने नहीं दिया। अँग्रेजी पल्टनों ने अवध की निहत्थी जनता का क़त्लेआम शुरू किया , औरतों के प्राण और इज्जत को पैरों तले रौंदा, यह सब सुनकर भी मंगलसिंह और उसके साथियों ने किसी बन्दी अँग्रेज पर हाथ नहीं उठाया।

वर्षा के समाप्त होते–होते सभी जगह विद्रोहियों की तलवार हाथ से छूट गई थी, किन्तु रुहेलखण्ड और पश्चिमी अवध में मंगलसिंह डटा हुआ था। चारों ओर से अँग्रेज, गोरखा और सिख फौजें उस पर आक्रमण कर रही थीं। स्वतन्त्रता के सैनिकों की संख्या दिन पर दिन कम होती जा रही थी। मंगलसिंह ने भविष्य को समझाकर बहुतों को घर भेज दिया, किन्तु मेरठ से उसके साथ निकले, उन हजार सिपाहियों में एक भी उसका साथ छोड़ने के लिए राजी न हुआ , और आखिर में उसने वह नजारा देखा, जिसने मृत्यु को मंगलसिंह के लिए आनन्द की चीज बना लिया––मरने के लिए उसकी इस छोटी टुकड़ी में ब्राह्मण –राजपूत, जाट गूजर, हिन्दू मुसलमान का भेद जाता रहा। सब एक साथ रोटी पकाते; एक साथ खाते, इस प्रकार उसने हिन्दुस्तान की एक जातीयता का नमूना उपस्थित किया।

बिन्दासिंह, देवराम, सदाफल पाँडे, रहीम खाँ, गुलाम हुसैन, मेरठ के यह पाँच सिपाही मंगलसिंह के साथ रह गये थे , जबकि आखिरी बार गंगा में नाव पर दोनों ओर से वह घिर गये। बन्दी अँग्रेज नर–नारियों की प्रार्थना पर अँग्रेज जनरल ने माफी की घोषणा करके बहुत चाहा कि मंगलसिंह आत्म समर्पण कर दे, किन्तु मंगलसिंह ने इसे कभी नहीं माना। आज भी उससे कहा गया , किन्तु

उसने गोलियों से इसका जवाब दिया। आखिर में गंगा में छै लाशों को लेकर नाव जब बह चली, तो उसे पकड़ा गया। अँग्रेजों ने उस समय भारत की वीरता की पूजा की।

सफ़दर (१९२२ ईसवीं)

काल : सन् १९२२ ई०

1.

एक छोटा, किन्तु सुन्दर बँगला है, जिसके बड़े हाते में एक और गुलाबों की क्यारी में बड़े–बड़े लाल–लाल और गुलाबी गुलाब फूले हुए हैं। एक ओर बेडमिण्टन खेलने का छोटा–सा क्षेत्र है, जिसकी हरी घासों पर घूमना भी स्वयं आनन्द की चीज है। तीसरी ओर एक लता–मंडप है। चौथी ओर बँगले के पीछे एक खुला चतूबरा है, जिस पर शाम के वक्त अकसर बैरिस्टर सफ़दर जंग बैठा करते थे।

बँगले की बाहरी दीवारों पर हरी लता चिपकी है। सफ़दर साहब ने ऑक्सफोर्ड में ऐसी लता–चढ़े मकान देखे थे, और उन्होंने खास तौर पर इसको लगवाया था। बँगले के हाते में दो मोटरों के लिए 'गैरेज' था। सफ़दर जंग का रहन–सहन, उनके बँगले की आबोहवा–सभी में अँगरेजियत कूट–कूटकर भरी हुई थी। उनके आधे दर्जन नौकर बिलकुल उसी अदब– कायदे से रहते, जैसे कि किसी अँग्रेज अफसर के। उनकी कमर में लाल पटका, उनकी पक्की बँधी हुई पगड़ी में अपने साहब का नाम–चित्र (मोनोग्राम) रहता था। सफ़दर साहब को विलायती खाना सबसे ज्यादा पसन्द था और इसके लिए खानसामें रखे हुए थे।

सफ़दर तो साहब थे ही, वैसे ही सकीना को सभी नौकर मेम साहब कहकर पुकारते थे। सकीना की कमानीदार भौंहों के अतिरिक्त रोमों को निकाल कर उन्हें पतला और रंग से रंगकर अधिक काला बनाया गया था। हर पन्द्रह मिनट पर ओठों पर अधर–राग लगाने की उसे आदत थी। किन्तु सकीना ने विलायती स्त्रियों की पोशाक पहननी कभी पसन्द न की।

पिछले साल (सन् १९२० ई० में) जब सफ़दर साहब अपनी बीबी को लेकर पहले–पहल विलायत गये, तो उन्होंने चाहा कि सकीना 'स्कर्ट', 'पेटी–कोट' पहने, किन्तु वह इसके लिए राजी न हुई और विलायत में उनके मिलने वाले अँग्रेज नर–नारियों ने सकीना के सौन्दर्य के साथ उसकी साड़ी की जैसी तारीफ की, उससे सफ़दर को सकीना के इनकार पर अफ़सोस नहीं हुआ। वैसे दोनों दम्पत्ति का रंग इतना साफ था कि उन्हें योरप में सभी इटालियन कहते ।

सन् १९२१ के जाड़ों का मौसम था। उत्तरी भारत के और शहरों की भाँति लखनऊ के लिए भी जाड़ा सबसे सुन्दर मौसम है। सफ़दर साहब कचहरी से आते ही आज बँगले के पीछे के चबूतरे पर बेंत की कुरसी पर बैठे थे। उनका चेहरा ज्यादा गंभीर था। उनके सामने एक छोटी–सी मेज थी, जिस पर नोटबुक और दो–तीन किताबें थीं । पास में तीन और खाली कुर्सियाँ पड़ी थीं। उनके शरीर पर कलफ किया प्रथम श्रेणी का अँग्रेजी सूट था। उनके मूँछ–दाढ़ी–शून्य चेहरे की उस वक्त की अवस्था को देखने ही से पता लग सकता था। आज साहब किसी भारी चिन्ता में हैं। ऐसे वक्त साहब के नौकर–चाकर मालिक के पास बहुत कम जाया करते। यद्यपि सफ़दर को गुस्सा शायद ही कभी आता हो , किन्तु नौकरों को उन्होंने समझा रक्खा था कि ऐसे समय वह अकेला रहना

ज्यादा पसन्द करते हैं।

शाम होने को आई, सफ़दर उसी आसन से बैठे हुए हैं। नौकर ने तार जोड़कर टेबल-लैम्प लाकर रख दिया। सफ़दर ने बँगले की ओर से आती किसी की आवाज को सुन लिया था। उनके पूछने पर नौकर ने बतलाया, मास्टर शंकर सिंह लौटे जा रहे हैं। सफ़दर ने तुरन्त नौकर को दौड़ाकर मास्टर जी को बुलवाया।

मास्टर शंकर सिंह की उम्र तीस-बत्तीस ही साल की होगी, किन्तु अभी से उनके चेहरे पर बुढ़ापा झलकता है। बन्द गले का काला कोट, वैसा ही पायजामा, सिर पर गोल फेल्ट टोपी, ओठों पर नीचे की और लटकी हुई घनी काली पूँछं, वहाँ तरुणाई के वसन्त का कहीं पता न था; यद्यपि उनकी आँखों को देखने पर उनसे फूट निकलती किरणें बतलाती थीं कि उनके भीतर प्रतिभा है। मास्टर जी के पहुँचते ही सफ़दर ने उठकर हाथ मिलाया और उन्हें कुर्सी पर बैठते देख कहा-"शंकर ! आज तुम मुझसे बिना मिले ही लौट जा रहे थे?"
"भाई साहब ! क्षमा करें, मैंने सोचा कि आप अकेले किसी काम में मशगूल हैं।"
"मुकदमें की फाइलों में लगे रहते हुए भी मेरे पास तुम्हारे लिए दो मिनट रहते ही हैं। और आज तो मेरे सामने फाइलें भी नहीं हैं।"

शंकर सिंह पर सफ़दर का सबसे ज्यादा स्नेह था। वह उनसे बढ़कर अपना दोस्त किसी को नहीं समझते थे। सौदपुर के स्कूल में चौथी श्रेणी से भर्ती होने से लखनऊ में बी० ए० पास होने तक दोनों एक साथ पढ़े। दोनों मेधावी छात्र थे। परीक्षा में कभी कोई दो-चार नम्बर ज्यादा पा जाता, कभी कोई कम। किन्तु योग्यता की इस समकक्षता के कारण उनमें कभी झगड़ा या मनमुटाव नहीं हुआ। दोनों की दोस्ती में एक ख्याल ने और मदद की थी। दोनों ही गौतम राजपूत थे। यद्यपि आज एक का घर हिन्दू था, दूसरे का मुसलमान; किन्तु दस पीढ़ी के पहले दोनों ही हिन्दू ही नहीं, बल्कि दोनों के वंश एक पूर्वज में जाकर मिल जाते थे। खास-खास मौकों पर बिरादरी की सभाओं में अब भी उनके घर वाले मिला करते थे।

सफ़दर अपने बाप के अकेले पुत्र थे। किसी भाई के अभाव का वह अनुभव करते थे, जिसे पूरा करने में शंकर ने मदद की थी। शंकर सफ़दर से छै महीने छोटे थे। ये तो बाहरी बातें थीं , किन्तु उनके अतिरिक्त शंकर में कई ऐसे गुण थे, जिनके कारण पक्के साहब सफ़दर सीधे-सादे शंकर पर इतना स्नेह और सम्मान-भाव रखते थे। शंकर नम्र थे, किन्तु खुशामद करना वह जानते ही नहीं थे। इसी का फल है कि प्रथम श्रेणी में एम०ए० पास करने पर भी आज वह एक सरकारी स्कूल के सहायक शिक्षक ही बने हुए हैं। उन्होंने यदि जरा-सा संकेत भी किया होता, तो दूसरे उनकी सिफारिश कर देते और आज वह किसी हाई स्कूल के हेड मास्टर होते। किन्तु जान पड़ता है, वह जिन्दगी भर सहायक शिक्षक ही बने रहना चाहते हैं। हाँ, उन्होंने एक बार दोस्तों की मदद ली थी जब लखनऊ से बाहर उनका तबादला हो रहा था। नम्रता के साथ आत्म-सम्मान की भाव भी शंकर सिंह में बहुत था, जिसके कि सफ़दर जबरदस्त कद्रदाँ थे। बारह साल की उम्र से स्थापित मैत्री आज बीस साल बाद भी वैसी ही बनी हुई थी।

अभी दो-चार ऊपरी बातें हुई थीं कि धानी रंग की साड़ी और लाल ब्लाउज पहने सकीना आ पहुँचीं। शंकर ने खड़े होकर कहा-"भाभी सलाम !"
भाभी ने मुस्कराकर 'सलाम' कहकर जवाब दिया। एक वक्त था, जब कि एक धनी 'सर' की ग्रेजुएट पुत्री सकीना को, इस गँवार से

लगते शिक्षक के साथ सफ़दर की दोस्ती बुरी लगती थी। सकीना बाप के घर से ही पर्दे में नहीं रही , इसलिए शंकर सिंह के सामने होने, न होने का कोई सवाल ही नहीं था। तो भी छै महीने तक उसकी भौंहें तन जाती थीं, जब वह सफ़दर के साथ बेतकल्लुफी से शंकर को काम करते देखती; किन्तु अन्त में उसे सफ़दर के सामने कबूल करना पड़ा, कि शंकर वस्तुतः हमारे स्नेह–सम्मान के पात्र हैं।

और अब तो सकीना ने शंकर के साथ पक्का देवर–भाभी का नाता कायम कर लिया था। अपनी इच्छा से अभी अपने को सकीना ने सन्तान–हीन बना लिया है; किन्तु कभी–कभी वह शंकर के बच्चे को उठा लाती है। इधर छै वर्षों से शंकर समझते हैं कि शंकर की उन पर कृपा है। उनके घर में कोई–न–कोई दो साल से नीचे का बच्चा तैयार रहता है।

सकीना को साहब की पिछले एक हफ्ते की गम्भीरता कुछ चिन्तित कर रही थी। उसे आज शंकर को देखकर बड़ा सन्तोष हुआ, क्योंकि वह जानती थी कि शंकर ही है जो साहब के दिल के बोझ को हलका करने में सहायता दे सकते हैं। सकीना ने शंकर की ओर नजर करके कहा–"देवर, आज तुम्हें जल्दी तो नहीं है। भाभी के हाथ की चाकलेट की पुडिंग कैसी रहेगी ?"

सफ़दर – "नेकी और पूछ– पूछ !"

सकीना – "मैं पहले जान लेना चाहती हूँ, देवर साहब का कहीं ठिकाना नहीं, कब लोप हो जायें।"

शंकर – "मेरे साथ इन्साफ नहीं कर रही हो, भाभी ! एक भी मिसाल तो दो, जबकि मैंने तुम्हारे हुक्म को मानने से इन्कार किया हो ?"

सकीना – "हुक्म–अदूली की बात नहीं कर रही हूँ, देवर ! लेकिन हुक्म सुनने से बच निकलना भी तो कसूर है।"

शंकर – "मैं अपनी जर्नेल भाभी का हुक्म सुनने के लिए तैयार हूँ ।"

सकीना – "अच्छा, तो जा रही हूँ। खाने के साथ 'पुडिंग' खानी होगी ।"

सकीना जल्दी से निकल गई । सफ़दर और शंकर के वार्तालाप ने गंभीर रूप धारण किया ।

सफ़दर ने कहा – "शंकर ! हम बिलकुल एक नए क्रान्ति युग में दाखिल हो रहे हैं । मैं समझता हूँ, सन् १८५७ ई० के बाद यह पहला वक्त है जब कि हिंदुस्तान की सर– जमीन जड़ से डगमग होने लगी है।"

"तुम्हारा मतलब राजनितिक आन्दोलन से है, न सफ्फू भाई ?"

"राजनीतिक आन्दोलन बहुत साधारण शब्द है, शंकर ! सन १८८५ ई० में कांग्रेस कायम हुई, जब कि वह अंग्रेज आई० सी० एस० पेंशनरों की कृपा – पात्र थी । तब भी उसके क्रिसमस के मन – बहलाव वाले व्याख्यानों और बोतलों को आन्दोलनों का नाम दिया जाता था । यदि तुम उसे ही आन्दोलन का नाम देना चाहते हो , तो मैं समझता हूँ, हम आन्दोलन से अब क्रान्ति के युग में प्रविष्ट हो रहे हैं ।"

"क्योंकि गांधीजी ने तिलक–स्वराज्य–फण्ड के लिए एक करोड़ रुपया जमा कर लिया, और स्वराज्य का हल्ला जोर–शोर से सुनाई देने लगा।"

"क्रान्ति या क्रन्तिकारी आन्दोलन का आधार कोई एक व्यक्ति नहीं होता , शंकर ! क्रान्ति जिस भारी परिवर्तन को लती है, वह किसी एक या आधे दर्जन महान व्यक्तियों के सामर्थ्य से भी बाहर कि चीज है । मैं आज के इस आन्दोलन की बुनियाद पर जब विचार करता हूँ, तो इसी नतीजे पर पहुचता हूँ । तुम्हे मालूम है , सन १८५७ ई० के स्वतंत्रता–युद्ध (जिसका एक केंद्र यह लखनऊ भी था, बल्कि यह भी कह सकते हैं कि लखनऊ का अंग्रेजों द्वारा हड़पा जाना उस युद्ध के नजदीक के कारणों में से एक

था) के नेता पद –भ्रष्ट सामन्त थे, किन्तु वह लड़ा गया था साधारण लोगों के प्राणों के बजी लगाकर। हमारी कई कमजोरियों के कारण हम सफल नहीं हुए। अंग्रेजों ने पराजितों पर खूनी गुस्सा उतारा। खैर, मैं कहना यह चाहता हूँ कि सन १८५७ ई० के बाद यह पहला समय है, जबकि जनता को देश की स्वतंत्रता के युद्ध में शामिल किया जा रहा है। तुम्ही बोलो, भारतीय इतिहास के एक अच्छे विद्यार्थी होने के नाते, क्या तुम बतला सकते हो किसी और ऐसे आन्दोलन को, जबकि जनता ने इस तरह भाग लिया ?"

"सफ्फू भाई, नागपुर काँग्रेस (१९२०) और कलकत्ता काँग्रेस भी बीत गई। गाँव–गाँव की जिस उथल–पुथल का तुम जिक्र करते हो, उसे मैंने भी अपनी आँखों देखा है, और मैं मानता हूँ, वह अनहोनी चीज हुई; लेकिन इतनी बाढ़ के पार हो जाने पर भी, इसी लखनऊ में कितनी बार विदेशी कपड़ों की होली जल जाने पर भी तुम्हारे कान पर जूँ तक नहीं रेंगी, और आज तुम क्रान्ति के भंवर में पड़े जैसे आदमी की तरह बात करते हो।"

"तुम्हारा कहना ठीक है, शंकर, मेरे छोटे भैया! सचमुच यह भँवर मेरे पैरों को उखाड़ना चाहता है। लेकिन इस भँवर को मैं एक छोटा–सा स्थानीय भँवर नहीं समझता; यह एक बड़े भँवर से सम्बद्ध होकर प्रकट हुआ है। हर युग की सबसे जबरदस्त क्रान्तिकारी शक्ति जनता को लेकर प्रकट होती है।"

"तुम सन् १८५७ से शुरू कर रहे हो, सफ्फू भाई ! बहुत भारी घिरावा मार रहे हो ?"

"तो मैं कहूँ, शंकर क्यों ?"

"मैं सुनना चाहता हूँ। भाभी की पुडिंग बन ही रही है और कल है इतवार। बस, आदमी घर खबर दे आयेगा कि शंकर इसी लखनऊ में जिन्दा है, अपनी भाभी सकीना की पुडिंग खाकर खर्राटे ले रहा है और फिर मैं रात भर सुनने के लिए निश्चिन्त हूँ।"

"शंकर ! ऑक्सफोर्ड के मेरे जीवन का आधा मजा किरकिरा हो गया सिर्फ तुम्हारे न रहने से। खैर, मैं ही नहीं, भारत से बाहर सभी जगह राजनीति के विद्यार्थी मानते हैं कि पिछली सदी में और इस सदी में भी इंग्लैंड की राजनीति में जो भी परिवर्तन हुए हैं , वे अन्तर्राष्ट्रीय परिस्थिति, संसार की दूसरी राजशक्तियों की गतिविधि से मजबूर होकर; और इस परिस्थिति के कारणों पर भी विचार करें, तो वह मुख्यतः आर्थिक ही मिलेंगे। सन् १८५७ ई० की चोट के बाद हमारा मुल्क तो सो गया , या यह कहिए कि हमारे परिवर्तन की गति इतनी धीमी हो गई कि उसे हम सोना ही कह सकते हैं। किन्तु, दूसरे मुल्कों में भारी परिवर्तन हुए। हजार वर्ष पहले रोमन साम्राज्य के वक्त से टुकड़े–टुकड़े हुए। इटली सन् १८६० (ता० २ अप्रैल) में एक राष्ट्र बनने में सफल हुआ और उसने हमारे नौजवानों के लिए मेजिनी और गैरीबाल्डी जैसे आदर्श प्रदान किये। रोमन साम्राज्य को विध्वंस करने में समर्थ होकर जो जर्मन अपने को एकत्रित न कर सके, सन् १८६६ ई० में अधूरे तौर से और फ्रांस–विजय के बाद सन् १८७१ (ता० १८ जनवरी) में करीब–करीब पूरे तौर से प्रुसिया के नेतृत्व में अपना एक राष्ट्र बनाने में समर्थ हुए। सन् १८६६ ई० के इस परिवर्तन को संसार का एक भारी परिवर्तन समझिए। इसी के करने पर जर्मनी, फ्रांस की महान् शक्ति को सन् १८७० ई० में परास्त कर पेरिस और वर्साई पर अपनी विजय–ध्वजा गाड़ने में समर्थ हुआ और जिसकी वजह से इंग्लैंड, रूस की आँखें भयभीत हो बर्लिन की ओर देखने लगीं। यह तो हुआ बाहर के भय के बारे में, लेकिन इससे भी बड़ा भय हुआ पेरिस के मजदूरों के उस राज्य–पेरिस–कम्यून–से जो तारीख दो अप्रैल से डेढ़ महीने से कुछ ही ज्यादा (२ अप्रैल–२१ मई, सन् १८७१ ई०) रहा और जिसने बतला दिया कि सामन्त और बनिये ही नहीं, बल्कि मजदूर भी राज्य कर सकते है।"

"आप समझते हैं, इन सबके साथ भारत की राजनीतिक घटनाएँ सम्बद्ध हैं ?"

"राजनीतिक घटनाएँ नहीं, बल्कि हमारे शासक अँग्रेज भारत के बारे में जो भी नीति अख्तियार करते हैं, उसकी तह में उनका भारी हाथ होता है। यूरोप में जर्मनी–जैसी दुर्जेय शक्ति के पैदा होते ही फ्रांस , इंग्लैंड का प्रतिद्वन्दी नहीं रहा। अब उसे खतरा हो गया जर्मनी से। मृत पेरिस कम्यून और सन् १८६१ में आस्ट्रिया छोड़ सारी जर्मन रियासतों के एक जीवित जर्मन राष्ट्र ने हमारे पूँजीपति

शासकों की नींद हराम कर दी--इसे कहने की जरूरत नहीं। साथ ही इसी वक्त और परिवर्तन होता है। सन् १६७२ ई० में अँग्रेज व्यापारी से पूँजीपति बने और कच्चे माल की खरीद से लेकर, उसे तैयार करके बेचने तक हर अवस्था में नफा उठाने के सस्ते पूँजीवाद को उन्होंने अपनाया। व्यापारवाद में सिर्फ कारीगरों के माल को इधर से उधर ले जाकर बेचने भर का नफा है , किन्तु पूँजीवाद में नफ़ा पग-पग पर है। रूई को खरीदने में नफ़ा, निकालने और गाँठ बाँधने में नफ़ा, रेल पर ढोने में नफ़ा, जहाज पर ले जाने में (किराये में) नफ़ा, मैनचेस्टर की मिल में सूत- कताई और कपड़ा-बुनाई में नफा, फिर जहाज से कपड़े के लौटाने में जहाज कम्पनी का नफा, रेल का नफा-इन सब नफों की तुलना कीजिए कारीगर के हाथ के बने माल को बेचने वाले व्यापारी के नफे से।"

"व्यापारवाद से पूँजीवाद का नफ़ा, यह इष्ट है।"

"और सन् १८७१ ई० में वर्साई से जब विजयी जर्मनी ने प्रुसिया के राजा विलियम प्रथम की सारी जर्मनी का कैसर(सम्राट) घोषित किया, उसके दूसरे साल (सन् १८७२ ई०) में कट्टर अँग्रेज पूँजीपतियों-टोरियों-ने इंग्लैंड के प्रधानमंत्री यहूदी डिस्राइली द्वारा साम्राज्यवाद की घोषणा कराई। घोषणा शब्दिक नहीं, बल्कि वस्तुस्थिति का प्राकट्य थी। फैक्टरियाँ इतनी बढ़ चुकी थीं कि उनके लिए सुरक्षित बाजार मिलने चाहिए। ऐसे बाजार, जहाँ जर्मनी और फ्रांस के बने माल की प्रतियोगिता का डर न हो , अर्थात् जहाँ के बाजार की इजारेदारी बिलकुल अपने हाथ में हो , साथ ही पूँजी भी इतनी जमा हो गई थी , कि उसको नफे पर लगाने के लिए सुरक्षित स्थान चाहिए। यह काल भी दूसरे मुल्कों को पूरी तौर से अपने हाथ में करने से ही होगा। साम्राज्य शब्द के भीतर डिस्राइली का यही अर्थ था। भारत में दोनों बातों का सुभीता था। योरप से भारत की ओर जाने वाला सबसे छोटा रास्ता था स्वेज नहर जो सन् १८६६ ई० में खुली थी। सन् १८७५ ई० में मिस्र के खदीब के १ ,७७,००० शेयरों को चालीस लाख पौंडों में तार द्वारा डिस्राइली ने खरीदा। साम्राज्य-घोषणा को और आगे बढ़ाने में यह दूसरा कदम था, और पहली जनवरी, सन् १८७७ ई० को दिल्ली में दरबार कर रानी विक्टोरिया को साम्राज्ञी घोषित करके डिस्राइली की सरकार ने साम्राज्यवाद को इतनी दूर तक पहुँचा दिया कि अब उदार दल के ग्लैडेस्टन के दादा भी मंत्री बनकर आयें, किन्तु डिस्राइली की नीति को बदलने का सामर्थ्य नहीं रखते थे।"

"हम तो अभी तक अपने विद्यार्थियों को यही पढा रहे थे कि महारानी विक्टोरिया ने भारत-साम्राज्ञी कैसर-हिन्द की पदवी धारण कर भारत के ऊपर भारी अनुग्रह किया।"

"और याद रखिए, छै साल पहले प्रुसिया के राजा ने भी उसी 'कैसर' की पदवी धारण की थी। कैसर का नाम कितना महँगा हो गया था। रोमन साम्राज्य के वक्त से 'परित्यक्त' शब्द की कीमत बाजार में झटपट कितनी तेज हो गई!"

"साथ ही रोमन भाषा के शब्द कैसर को सिर्फ हिन्दुस्तान में चलाना और अँग्रेजी में उसकी जगह 'इम्प्रेस' रखना, इसमें भी कोई रहस्य तो नहीं है ?"

"हो सकता है। खैर, 'कैसर' शब्द के साथ सन् १८७१ से हम साम्राज्यवाद के युग में प्रविष्ट होते हैं। इंग्लैंड पहले आता है। पराजित प्रजातन्त्रीय फ्रांस कुछ सँभलने के बाद सन् १८८१ ई० में तूनिस (अफ्रीका) पर अधिकार जमा साम्राज्यवाद का प्रारम्भ करता है। और नई फैक्टरियों और पूँजीपतियों से लैस जर्मनी भी सन् १८८४ ई० से उपनिवेश की माँग पेशकर साम्राज्यवाद की स्थापना का प्रयत्न करता है।"

"लेकिन इसका भारत में अँग्रेजों की नीति - परिवर्तन से क्या सम्बन्ध है ?"

"नित्य नये सुधार होते यंत्रों, बढ़ते हुए कारखानों तथा उनसे होने वाले वाले पूँजी के रूप में नफे को लगाने का कोई इन्तजाम होना चाहिए । सन् १८७४-८० ई में डिस्राइली के मन्त्रिमण्डल ने उसे कर डाला। सन् १८८०-१२ तक रही न उदारदली ग्लैड्स्टन सरकार, वह डिस्राइली के बढ़ाये कदम से पीछे नहीं जा सकती थी। हाँ, पूँजी की नंगी साम्राज्यवादी दानवता को कुछ भद्र वेश देने

की जरूरत थी, जिसमें साधारण जनता भड़क न उठे; इसके लिए डिस्राइली ने 'भारत–साम्राज्ञी का' नाट्य तो रच ही डाला था। अब उदार दल वालों को कुछ और उदारता दिखलाने की जरूरत थी। यह उदारता आयरलैण्ड के 'होमरूल–बिल' के रूप में आई, किन्तु आयरलैण्ड का प्रश्न आज तक वैसा ही पड़ा हुआ है। इसी उदारता से फायदा उठाकर हम हिन्दुस्तानी साहबों ने सन् १८८५ ई० में अपनी काँग्रेस खड़ी कर डाली। काँग्रेस वस्तुतः ब्रिटिश उदार दल की धर्मबेटी बनकर पृथ्वी पर आई, और एक युग तक उसने अपने धर्म को निबाहा। किन्तु सन् १८८५ से सन् १९०५ तक दस वर्षों के लिए ब्रिटेन में फिर टोरियों की सरकार आ गई, जिसने एल्गिन और कर्जन जैसे सपूत भारत भेजे, जिन्होंने साम्राज्यवाद की गांठों को और मजबूत करने कि कोशिश की, किन्तु परिणाम उल्टा हुआ !"

"क्या आपका मतलब लाल (लाजपतराय) बाल (बाल गंगाधर तिलक), पाल (विपिनचन्द्र पाल) से है?"

"यह लाल, बाल, पाल उसी के बाहरी प्रतीक थे। जापान ने रूस को (८ फरवरी, सन् १६०४–सितम्बर, सन् १६०५ ई०) हराकर अपने को बड़ों की बिरादरी में शामिल कर एशिया में नई जागृति फैलाई । कर्जन से बंग–भंग और इस एशियायी विजय ने मिलकर क् काँग्रेस के मंच पर लच्छेदार भाषणों से आगे जाने के लिए भारतीय नौजवानों को प्रेरणा दी। आधी शताब्दी बाद भारतीयों ने अपने लिए मरना सीखा। इसमें आयरलैण्ड और रूस के शहीदों के उदाहरणों से हमें भारी मदद मिली। इसलिए इसकी जड़ को भी सिर्फ भारत के भीतर ही ढूँढ़ना क्या गलत न होगा ?"

"जरूर, वस्तुतः दुनिया एक दूसरे से नथी हुई है।"

"शंकर ! किसी क्रान्तिकारी आन्दोलन की ताकत निर्भर करती है दो बातों पर –उसे अन्तर्राष्ट्रीय परिस्थिति तथा उदाहरणों से कितनी प्रेरणा मिल रही है, और देश में सबसे ज्यादा क्रान्तिकारी वर्ग उसमें कहाँ तक भाग ले रहा है ? पहले शक्ति–स्रोत का कुछ उदाहरण दे चुका। दूसरी शक्ति–स्रोत है कमकर किसान जनता। क्रान्ति की लड़ाई वही लड़ सकता है, जिसके पास हारने के लिए कम से कम चीज हो। सकीना के अधर–राग, इस बँगले, और बाप की तालुकदारी के गाँवों के हाथ से निकल जाने का जिसको डर हो, वह क्रान्ति का सैनिक नहीं बन सकता। इसलिए मैं कहता हूँ कि क्रान्ति का वाहक साधारण जनता ही हो सकती है।"

"मैं सहमत हूँ।"

"अच्छा, तो आज इस जनता में जो उत्तेजना है, उसे जान रहे हो और दूसरी ओर अन्तर्राष्ट्रीय परिस्थिति से क्या प्रेरणा मिल रही है, इसकी ओर भी ध्यान दो। पिछला महायुद्ध (सन् १९१४–१८) दुनिया में भारी आग लगा गया है। वह युद्ध था ही साम्राज्यवाद की उपज– पूँजी और तैयार माल– के लिए रक्षित बाजार को पकड़ रखने या छीनने का परिणाम । जर्मनी ने नये उपनिवेश लेने ने नये उपनिवेश लेने चाहे, और धरती बँट चुकी थी। इसलिए उन्हें लड़कर ही छीना जा सकता था। इसीलिए उपनिवेशों के मालिकों–इंग्लैण्ड और फ्रांस–से जर्मनी की ठन गई। खैर, जर्मनी उसमें असफल रहा; लेकिन साथ ही साम्राज्यवाद की नींद में जबर्दस्त खलल डालने वाला एक और दुश्मन तैयार हो गया – यानी साम्यवाद – चीजें नफ़ा के लिए नहीं, बल्कि मानव–वंश को सुखी और समृद्ध बनाने के लिए पैदा की जायें। मशीन में सुधार होता है, फैक्टरी बढ़ती है, माल ज्यादा पैदा होता है और उनके लिए ज्यादा बाज़ार की जरूरत होती है। फिर उसे खरीदने के लिए हाथ में पैसे की जरूरत होती है, जिसके लिए हर खरीददार को पूरा वेतन मिलना चाहिए। जितना ही हाथ में पैसा कम रहेगा, उतना ही माल खरीदा नहीं जायेगा। उतना ही माल बाजार में या गोदाम में पड़ा रहेगा – मन्दी होगी उतना ही माल को कम पैदा करना होगा, उतने ही कारखाने बन्द रहेंगे, उतने ही मजदूर बेकार होंगे, उतना ही उनके पास माल खरीदने के लिए पैसा नहीं रहेगा, फिर माल क्या खाक खरीदेंगे; फैक्टरी क्या धूल चलेगी ? साम्यवाद कहता है, नफ़ा का ख्याल छोड़ो। अपने राष्ट्र या सारे संसार को एक परिवार मानकर उसके लिए जितनी आवश्यकताएँ हों, उन्हें पैदा करो, हर एक से उसकी क्षमता के अनुसार काम लो, हर एक को उसकी आवश्यकता के मुताबिक जीवनोपयोगी सामग्री दो। हाँ, जब तक

आवश्यकता पूरी करने भर के लिए कल–कारखाने और कारीगर, इंजीनियर न हों, तब तक काम के अनुसार दो और यह तभी हो सकता है, जब कि वैयक्तिक सम्पत्ति का अधिकार ने भूमि पर रहे , न फैक्टरी पर, अर्थात् सारे उत्पादन के साधनों पर उस महापरिवार का अधिकार हो ।"

"कल्पना सुन्दर है।"

"यह अब कल्पना ही नहीं है, शंकर ! दुनिया के छठे हिस्से–रूस पर ७ नवम्बर, सन् १६१७ ई० से साम्यवादी सरकार कायम हो चुकी है। आज भी पूँजीवादी दुनिया मानवता की उस एक मात्र आशा को मिटाना चाहती है , किन्तु पहली जबरदस्त परीक्षा में सोवियत सरकार उत्तीर्ण हो चुकी है। हाँ, फ्रांस, अमेरिका के पूँजीपतियों की मदद से हंगरी में छै मास (मार्च–अगस्त, सन् १६१६ ई०) के बाद वहाँ से सोवियत शासन को खत्म कर दिया गया। सोवियत रूस की मजदूर किसान सरकार का अस्तित्व दुनिया के लिए भारी प्रेरणा है, और जिन शक्तियों ने सोवियत शासन को कायम किया, वह हर मुल्क में काम कर रही हैं। लड़ाई बन्द होने के साथ अँग्रेजों ने रोलट–कानून पास करने की जल्दी क्यों की ? उसी विश्व की क्रान्तिकारिणी शक्ति को कुण्ठित करने के लिए। फिर सोचिए–न वह क्रान्तिकारी शक्ति दुनिया को उलटने के लिए भूमण्डल के कोने–कोने में दौड़ती, न अँग्रेज रोलट– कानून बनाते, न रोलट–कानून बनता और न गाँधी उसके विरुद्ध जनता को उठाने के लिए आवाज लगाते और न छिपा हुआ दावानल सन् १८५७ के बाद फिर आज जगता। इसीलिए मैंने कहा कि हम बिलकुल एक नये क्रान्तिकारी युग में दाखिल हो रहे हैं।"

"तो आपका ख्याल है–गाँधी क्रान्तिकारी नेता हैं ? जो गाँधी, गोखले–जैसे नर्मदली नेता को अपना गुरु मानते हैं , वह कैसे क्रान्तिकारी नेता बन सकते हैं, सफ्फू भाई ?"

"गाँधी की तमाम बातों और उनके तमाम विचारों को मैं क्रान्तिकारी नहीं मानता, शंकर ! क्रान्तिकारी शक्ति के स्रोत साधारण जनता का जो उन्होंने आह्वान किया है, मैं उतने अंश में उनके इस काम को क्रान्तिकारी कहता हूँ। उनकी धर्म की दुहाई–खिलाफ़त की खासकर–को मैं सरासर क्रान्ति–विरोधी चाल समझता हूँ। उनके कलों–मशीनों को छोड़ पीछे की ओर लौटने को भी मैं प्रतिगामिता समझता हूँ। उनके स्कूलों, कॉलेजों को बन्द करने की बात को भी मैं इसी कोटि में रखता हूँ।"

"तुम्हारा बेटा जीवे, सफ्फू भैया ! मेरी तो साँस रँगने लगी थी, जब तुम गाँधी की प्रशंसा में आगे बढ़ रहे थे। मैंने सोचा था –कहीं स्कूल, कॉलेजों को शैतान का कारखाना तुम भी तो नहीं कहने जा रहे हो?"

"शिक्षा–प्रणाली दोषपूर्ण हो सकती है, शंकर ! किन्तु आज के स्कूलों, कॉलेजों से हमें साइंस का परिचय होता है, जिसके बिना आज मनुष्य मनुष्य नहीं रह सकता। हमारी मुक्ति जब भी होगी, उसमें साइंस का खास हाथ होगा। दिन–दिन बढ़ती मानव–जाति की भविष्य की समृद्धि उसी साइंस पर निर्भर है, इसलिए साइंस को छोड़कर पीछे हटना आत्महत्या है। स्कूलों, कॉलेजों को बन्द कर चर्खे–कर्घ की पाठशालाएँ कायम करना बिलकुल अन्धकार–युग की ओर खींचने की चेष्टा है। क्रान्ति –सैनिक बनने के लिए विद्यार्थियों का आह्वान करना बुरा नहीं है, इसे तो तुम भी मानोगे, शंकर !"

"जरूर ! और दूसरे बायकाट ?"

"कचहरियों का बायकाट ? ठीक इसके द्वारा हम अपने विदेशी शासकों को अपनी क्षमता और रोष दिखलाते हैं। विलायती माल का बायकाट भी अँग्रेजी बनियों के मुँह पर जबरदस्त चपत है, और इससे हमारे स्वदेशी उद्योग–धंधे को मदद मिलेगी।"

"तो सफ्फू भाई ! मैं देखता हूँ तुम बहुत दूर तक चले गये हो।

"अभी नहीं, अब जाना चाहता हूँ।"

"जाना चाहते हो ?'

"पहले यह बताओ, हम क्रान्ति–युग से गुजर रहे हैं कि नहीं ?"

"मैंने तुमसे कितने ही सवाल पूछने ही के लिए पूछे, सफ्फू भाई ! नहीं तो, जिस दिन से रूसी क्रान्ति की खबर मुझे मिली; तब से ही मैंने ढूँढ–ढूँढकर साम्यवादी साहित्य को पढ़ना और उससे भी ज्यादा अपनी समस्याओं पर साम्यवादी दृष्टि से विचार करना शुरू किया। मैं समझता हूँ भारत और विश्व के कल्याण का यही रास्ता है। मैं अभी तक सिर्फ इस सन्देह में पड़ा हुआ था कि गाँधी का असहयोग उस महान् उद्देश्य में साधक होगा या नहीं, किन्तु जैसे ही तुमने क्रान्तिवाहक जनता की और मेरा ध्यान आकर्षित किया, वैसे ही मेरा सन्देह दूर हो गया। मैं गाँधी को क्रान्ति का योग्य वाहक नहीं समझता, सफ्फू भैया ! तुमसे साफ कहूँ, किन्तु जनता को मैं मानता हूँ। सन् १८५७ ई० में पदच्युत सामन्तों ने चर्बी, कारतूस और 'धर्म खतरे में' की झूठी दुहाई देकर जनता के जबरदस्त हिस्से को खींचा था, किन्तु अब जनता रोटी के सवाल पर खींची जा रही है। मैं समझता हूँ, दुहाई ठीक है, क्रान्ति का रव ठीक है, और गाँधी पीछे यदि अपने वास्तविक रूप में भी आयेंगे तो भी मैं समनता हूँ, क्रान्ति के चक्र को वह उलट नहीं सकेंगे।"

"इसीलिए मैं निश्चय कर रहा हूँ क्रान्ति की सेना में दाखिल होने का, असहयोगी बनने का।"

"इतनी जल्दी !"

"जल्दी करनी होती, तो मैं बहुत पहले मैदान में उतरा होता। बहुत सोचने–समझने के बाद और आज तुम्हारी राय लेकर मैं इस निश्चय को प्रकट कर रहा हूँ।"

सफ़दर के गंभीर चेहरे से जिस वक्त ये शब्द निकल रहे थे, उस वक्त शंकर की दृष्टि कुछ दूर गई हुई थी। उन्हें चुप देख सफ़दर ने फिर कहा–"अज़ीजम ! तुम सोच रहे होगे, अपनी भाभी के अधर–राग को, उसकी रेशमी साड़ी की मखमली गुर्गाबी को अथवा इस बँगले और खानसामों को। मैं सकीना पर जोर न दूंगा, वह चाहे जैसी जिन्दगी पसन्द करे, उसके पास अपनी भी जायदाद है और यह बँगला, अपने कितने गाँव तथा कुछ नकद भी हैं। मेरे लिए वह कोई आकर्षण नहीं रखत। उसकी इच्छा चाहे जिस तरह की जिन्दगी पसन्द करे।"

"मैं भाभी और तुम्हारी ही बात नहीं सोच रहा था; सोच रहा था अपने बारे में। मेरे रास्ते में जो मानसिक रुकावट थी, वह भी दूर हो गयी ! आओ, हम दोनों भाई साथ ही क्रान्ति के पथ पर उतरें।"

डबडबाई आँखों से सफ़दर ने कहा–"ऑक्सफोर्ड में शंकर ! तुम्हारे लिए मैं तरसता था। अब मैं फाँसी के तख्ते पर भी हँसते–हँसते चढ़ जाऊँगा !"

सकीना ने आकर खाने का पैगाम दिया, मजलिस बर्खास्त हुई।

2.

उसी रास्ते सकीना ने सफ़दर के चेहरे को ज्यादा उत्फुल्ल देखा था ; किन्तु वह यही समझती थी कि वह देवर शंकर के साथ बातचीत का परिणाम है। सफ़दर के लिए सबसे मुश्किल था, अपने निश्चय को सकीना तक पहुँचाना। वैसे सफ़दर भी लाड़–प्यार में पले थे; किन्तु वह गाँव के रहने वाले थे और नंगी गरीबी को सहानुभूतिपूर्ण आँखों से देखते–देखते वह अपने में विश्वास रखते थे, कि जिस परीक्षा में वह अपने को डालने जा रहे हैं, उसमें उत्तीर्ण होंगे। किन्तु सकीना की बात दूसरी थी। वह शहर के एक रईस के घर में पली थी। उसके लिए कहा जा सकता था—"सिय न दीन्ह पग अवनि कठोरा।" इतवार को भी सफ़दर हिम्मत नहीं कर सके। सोमवार को चीफ कोर्ट में वह अपने कुछ नजदीकी दोस्तों को भी जब अपने निश्चय को सुना चुके, तो सकीना को निश्चय सुनाना उनके लिए लाजिमी हो उठा।

उस रात को उन्होंने लखनऊ में मिलने वाली सर्वश्रेष्ठ शम्पेन मँगवाई थी। सकीना ने समझा कि आज कोई और दोस्त आवेगा, किन्तु जब उन्होंने खाने के बाद बैरा को शम्पेन खोलकर लाने को कहा, तो सकीना को कुछ कौतूहल हुआ। सफ़दर ने सकीना के ओठों में शम्पेन के प्याले को लगाते हुए कहा–"प्यारी सकीना ! मेरे लिए यह तुम्हारा अन्तिम प्रसाद होगा।"

"शराब छोड़ रहे हो, प्रियतम ?"

"हाँ, प्यारी ! और भी बहुत कुछ; किन्तु तुम्हें नहीं। अबसे तुम्हीं मेरी शराब रहोगी, तुम्हारे सौन्दर्य को पीकर ही मेरी आँखें सुर्ख हो जाया करेंगी।" सकीना के चेहरे को उदास पड़ते देख फिर कहा – 'प्यारी सकीना ! अभी हम लोग इस शम्पेन को खत्म करें, हमें और भी बातें करनी हैं ।"

सकीना को शराब में लुत्फ नहीं आयी, यद्यपि सफ़दर ने उमर खय्याम की कितनी ही रुबाइयाँ उसके प्यालों पर खर्च कीं ।

नौकर–चाकर चले गये, और अब सकीना सफ़दर के पास आकर किसी अनिष्ट की आशंका से सिकुड़ी जाती –सी लेट रही, तब सफ़दर ने अपनी जबान खोली–"प्यारी सकीना ! मैंने एक बड़ा निश्चय कर डाला है, यद्यपि मैं अपना अपराध स्वीकार करता हैं, कि ऐसे निश्चय के करने में मुझे तुम्हें भी बोलने का मौका देना चाहिए था। मैंने ऐसा अपराध क्यों किया, इसे तुम आगे की बात से समझ जाओगी। संक्षेप में वह निश्चय है–मैं अब देश की स्वतन्त्रता का सैनिक बनने जा रहा हूँ।"

सकीना के हृदय पर ये शब्द वज्र से पड़े, इसमें सन्देह नहीं, और इसीलिए वह मुँह से कुछ बोल न सकी। उसे चुप देखकर सफ़दर ने फिर कहा–"किन्तु प्यारी सकीना ! तुम्हारे लड़कपन से सुख के जीवन को देखते हुए मैं तुम्हें काँटों में घसीटना नहीं चाहता।"

सकीना को मालूम हुआ उसके हृदय पर एक और जबर्दस्त चोट लगी, जिससे पहली चोट उसे भूल गई, और उसका जागृत आत्म–सम्मान एकाएक उसके मुँह से कहला गया–"प्रियतम ! क्या तुमने सचमुच मुझे इतना आरामतलब समझा है कि तुम्हें काँटों पर घिसटते देख मैं पलँग पर बैठना चाहूँगी। सफ़दर ! यदि मैंने तुम्हें दिल से प्यार किया है, तो वह मुझे तुम्हारे साथ कहीं भी जाने में मेरी सहायता करेगा। मैंने अगरबत्तियाँ बहुत खर्च कीं; मैनें अपने समय का बहुत–सा हिस्सा बनाव–श्रृंगार में लगाया; मैंने कठोर जीवन से परिचय प्राप्त करने का कभी प्रयत्न नहीं किया; किन्तु सफ़दर ! मेरे तुम्हीं सब कुछ हो, इसलिए नहीं कि मैं तुम पर भार होऊँ; बल्कि यह इसलिए मैं कह रही हूँ कि मैं तुम्हारे साथ रहूँगी, और जैसे तुमने इस जीवन में पथ–प्रदर्शन किया, वैसे ही आने वाले जीवन में भी पथ–प्रदर्शन करना।"

सफ़दर को इतनी आशा न थी, यद्यपि वह जानते थे कि सकीना का संकल्प बहुत दृढ़ होता है। सफ़दर ने फिर कहा–"मैंने नये मुकदमें लेने बन्द कर दिये हैं। पुरानों में से भी कितनों को दूसरों के सुपुर्द करने जा रहा हूँ। मुझे आशा है , इसी हफ्ते में कचहरी से मुझे छुट्टी हो जायेगी।"

"एक बात और सुनाऊँ, सकीना ! शंकर भी मेरे साथ कूद रहे हैं।"

"शंकर!" सकीना ने विस्मय से कहा।

"शंकर रत्न है सकीना, रत्न ! मेरे साथ वह दुनिया के छोर तक जाता, ऑक्सफोर्ड में मैं बराबर उसकी याद करता रहा।"

"लेकिन सफ़दर ! शंकर की कुर्बानी तुमसे ज्यादा है।"

"उसने कुर्बानी के जीवन को स्वयं अख्तियार कर रखा है. सकीना ! जान–बूझकर वह वहाँ से टस से मस नहीं हुआ, नहीं तो वह अच्छा वकील हो सकता था, अपने महकमे में भी तरक्की कर सकता था।"

"उसके दो बच्चों के मरने पर तो मैं बहुत रोई थी; किन्तु अब समझती हूँ, चार में से दो का बोझा कम होना अच्छा ही हुआ।"

"और चम्पा शंकर के इस निश्चय को कैसे लेगी, सकीना ?"

"वह आँख मूँदकर स्वीकार करेगी, उसने मुझे तुम्हारा प्रेम सिखलाया, सफ्फू !"

"हमें अपने भविष्य के रहन–सहन के बारे में भी तय करना है।"

"तुमने तो अभी कहा, सोचने का अवसर कहाँ पाया? तुम्हीं बतलाओ ?"

"हमारे गाँव की दाई शरीफन और मंगर को छोड़कर बाकी सारे नौकरों को महीने की तनख्वाह इनाम में देकर विदा कर देना होगा।"

"ठीक।"

"दोनों मोटरों को बेच देना होगा।

"बिल्कुल ठीक।"

"एक–दो चारपाई और कुछ कुर्सियों के सिवाय घर के सभी सामान को बँटवा या नीलाम कर देना होगा ।"

"यह भी ठीक ।"

"लाश रोड पर जो खाला की हवेली हमें मिली है, उसी में हमें चलकर रहना होगा और इस बँगले को किराये पर लगा देना होगा।"

"बहुत अच्छा ।

"और तो कोई बात याद नहीं पड़ रही है।"

"मेरे कपड़े–विलायती कपड़े?"

"गाँधी के असहयोग में दाखिल हो रहा हूँ, इसीलिए कह रहा हूँ। मैं इन्हें जलाने के पक्ष में नहीं हूँ, खासकर जब कि विलायती कपड़ों की होली काफी जलाई जा चुकी है। लेकिन मेरा खद्दर का कुर्ता और पायजामा सिलकर परसों ही आ रहा है।"

"बड़े खुदगर्ज हो, सफफू !"

"खद्दर की भारी–भरकम साड़ी पहनोगी, सकीना ?"

"मैं तुम्हारे साथ दुनिया के अन्त तक चलूँगी।"

"और इन कपड़ों को?"

"यही समझ में नहीं आता।"

"यदि नीलाम में बिक जाते, तो उसी दाम से गरीबों के लिए कपड़े खरीदकर बाँट देती; खैर बाँट–बँट की कोशिश करूंगी।"

3.

सफ़दर जैसे उदीयमान बैरिस्टर के इस महात्याग का चारों और बखान होने लगा, यद्यपि खुद सफ़दर इसके लिए अपने से ज्यादा शंकर को मुश्तहक समझते थे। अक्टूबर और नवम्बर भर सफ़दर को घूमकर लोगों में प्रचार करने का मौका मिला था। कितनी ही बार उनके साथ सकीना और कितनी ही बार शंकर भी रहते थे। उनका मन गाँवों में ज्यादा लगता था, क्योंकि उनका विश्वास जितना गाँव के किसानों और श्रमिकों पर था, उतना शहर के पढ़े–लिखों पर नहीं । लेकिन हफ्ते के भीतर ही उन्हें पता लगा, कि उनकी फसीह उर्दू का चौथाई भी लोगों के पल्ले नहीं पड़ रहा है। शंकर ने शुरू ही से 'आइन गइन' में व्याख्यान देना शुरू किया था, जिसके असर को देख सफ़दर ने अवधी में बोलने का निश्चय किया। पहले उनकी भाषा में किताबी शब्द ज्यादा आते थे ; किन्तु अपने परिश्रम और शंकर की सहायता से दो महीने बीतते–बीतते उन्हें अवधी के बहुत भूले और नये शब्द याद हो गये, और ग्रामीण

जनता उनकी एक–एक बात को झूम–झूमकर सुनती।

दिसम्बर (सन्१९२० ई०) के पहले सप्ताह में अपने यहाँ के बहुत से राष्ट्रकर्मियों की भाँति शंकर के साथ सफ़दर भी साल भर की सजा पा फैजाबाद जेल में भेज दिये गये। चम्पा और सकीना उसके बाद भी काम करती रहीं, किन्तु उन्हें नहीं पकड़ा गया।

जेल में जाने पर सफ़दर नियम से एक घंटा चरखा चलाते थे। जो लोग उनके गाँधी–विरोधी राजनीतिक विचारों को जानते थे, उनके चर्खे पर कटाक्ष करते थे। सफ़दर का कहना था– "विलायती कपड़े के बायकाट को मैं एक राजनीतिक हथियार समझता हूँ, और साथ ही मैं यह भी जानता हूँ। कि हमारे देश में अभी पर्याप्त कपड़ा तैयार नहीं होता , इसलिए हमें कपड़ा भी पैदा करना चाहिए; किन्तु जिस वक्त देश में मिल पर्याप्त कपड़ा तैयार करने लगे, उस वक्त भी चर्खा चलाने का मैं पक्षपाती नहीं हूँ।"

जेल में बैठे–ठाले लोगों की संख्या ही ज्यादा थी। ये लोग गाँधीजी के साल भर में स्वराज्य के वचन पर विश्वास कर बैठे हुए थे, और समझते थे–जेल में आ जाने के साथ ही उनका काम खतम हो गया। अभी तक गाँधीवाद ने पाखंड, धोखा और दिखलावे का ठेका नहीं लिया था, इसलिए कह सकते थे कि असहयोगी कैदियों में ईमानदार राष्ट्रकर्मियों की ही संख्या ज्यादा थी। तो भी सफ़दर और शंकर को यह देखकर क्षोभ होता था, कि उनमें अपने राजनीतिक ज्ञान के बढ़ाने की और शायद ही किसी का ध्यान हो। उनमें से कितने ही रामायण, गीता या कुरान पढ़ते; हाथ में सुमिरनी ले नाम जपते; कितने सिर्फ ताश और शतरंज में ही अपना सारा समय खतम कर देते।

एक दिन गाँधीवादी राजनीतिक दिग्गज विद्वान् विनायकप्रसाद से सफ़दर की छिड़ गई। शंकर भी उस वक्त वहीं थे। विनायकप्रसाद ने कहा–"अहिंसा का राजनीति में इस्तेमाल गाँधीजी का महान् आविष्कार है, और यह अमोघ हथियार है।"

"हमारी वर्तमान स्थिति में वह उपयोगी हो सकता है ; किन्तु अहिंसा; कोई अमोघ–वमोघ हथियार नहीं है। दुनिया में जितने अहिंसक पशु हैं, वही ज्यादा दूसरे के शिकार होते हैं।

"पशु में न हो, किन्तु मनुष्य में अहिंसा एक अद्भुत बल का संचार करती है।"

"राजनीतिक क्षेत्र में कोई इसका उदाहरण नहीं है।"

"नये आविष्कार का उदाहरण नहीं हुआ करता।"

"नया आविष्कार भी नहीं है." शंकर ने कहा–"बुद्ध, महावीर, आदि कितने ही धर्मोपदेशकों ने इस पर जोर दिया है।"

"किन्तु राजनीतिक क्षेत्र में नहीं।"

सफ़दर–"राजनीतिक क्षेत्र में इसकी उपयोगिता जो कुछ बढ़ गई है, वह इसलिए कि आज मानवता का तल कुछ ऊँचा उठ गया है, और अखबारों में निहत्थों पर गोली चलाने को लोग बहुत बुरा समझते हैं। अँग्रेज जलियाँवाला में गोली चलाकर इसके परिणाम को देख चुके हैं।"

"तो आप समझते हैं, हमारा यह अहिंसात्मक असहयोग स्वराज्य के लिए काफी नहीं है ?"

"पहले आप स्वराज्य की व्याख्या करें ।

"आप भी तो स्वराज्य के युद्ध में आये हैं। आप क्या समझते हैं ?"

"मैं समझता हूँ, कमाने वालों का राज्य–केवल कमाने वालों का ।

"तो आपके स्वराज्य में तन–मन–धन से सहायता करने वाले, कष्ट सहकर जेल आने वाले शिक्षितों, सेठों, तालुकदारों का कोई अधिकार नहीं रहेगा ?"

"पहले तो आप देख रहे हैं कि सेठों, तालुकदारों को अमन–सभा बनाने से ही फुर्सत नहीं है, वह बेचारे जेल क्यों आने लगे ? और यदि कोई आया हो, तो उसे कमाने वाले के स्वार्थ से अपने स्वार्थ को अलग नहीं रखना चाहिए।"

शंकर और सफ़दर बराबर पुस्तकों के पढ़ने तथा देश की आर्थिक, सामाजिक समस्याओं पर मिलकर विचार किया करते थे। पहले तो दूसरे उनकी बातों को कम सुनने के लिए तैयार थे; किन्तु जब ३१ दिसम्बर (सन् १९२१ ई०) की आधी रात भी बीत गई और जेल का फाटक नहीं खुला, तो उन्हें निराशा हुई, और अब चौरीचौरा में आतंकित, उत्तेजित जनता द्वारा चन्द पुलिस के आदमियों के मारे जाने की खबर सुनकर गाँधीजी ने सत्याग्रह स्थगित कर दिया, तो कितने ही लोग गम्भीरता से सोचने पर मजबूर हुए, और वे कुछ आगे चलकर सफ़दर और शंकर की इस राय से सहमत हुए––"क्रान्ति का शक्तिस्रोत सिर्फ जनता है, गाँधी का दिमाग नहीं; गाँधी ने जनता की शक्ति के प्रति अविश्वास प्रकट कर अपने को क्रान्ति–विरोधी साबित किया।"

सुमेर (१९४२ ईसवीं)

काल : १९४२ई०

अगस्त (१९४१) का महीना था। अबकी वर्षा बहुत जोर से हो रही थी , और कितनी ही बार कितने ही दिनों तक सूर्य का दर्शन नहीं होता था। पटना में गंगा बहुत बढ़ गई थी और हर वक्त बाँध तोड़कर उसके शहर के भीतर आने का डर बना रहता था। ऐसे समय बाँध को चौकसी की भारी जरूरत होती है, और पटना के तरुणों ने–जिनमें छात्रों की संख्या अधिक थी–बाँध की रखवाली का जिम्मा अपने ऊपर लिया था। सुमेर पटना कॉलेज के एम० ए० , प्रथम वर्ष का छात्र था। उसकी ड्यूटी दीघाघाट के पास थी। आज आधी रात को मालूम हुआ, कि गंगा बढ़ती जा रही है। सबेरे भी उसका बढ़ना रुका नहीं था, और बाँध की बारी एक बीते से भी कम पानी से ऊपर थी। लोगों में भारी आतंक छाया हुआ था , और हजारों आदमी जहाँ–तहाँ कुदाल–टोकरी लिए खड़े थे, यद्यपि इसमें सन्देह था कि ईंट के बाँध को वह एक अंगुल भी ऊँचा कर सकते । सुमेर भी सवेरे ही से बहुत चिन्तित हो बाँध पर टहल रहा था। दोपहर को पानी धीरे–धीरे उतरने लगा, चिन्ता के मारे दबे जाते सुमेर के दिल को कुछ सान्त्वना मिली। अपने पास वाले हिस्से में सुमेर ने एक और सौम्य मूर्ति को बाँध की रखवाली करते कितनी ही बार देखा था , और कभी–कभी उसे इच्छा भी हुई थी कि उससे बात करे, किन्तु बाढ़ की चिन्ता ने इधर इतना परेशान कर रखा था कि उसे बात छेड़ने की हिम्मत न हुई। आज जब बाढ़ उतरने लगी और आकाश में बादल भी फटने लगे, सुमेर को अपने पड़ोसी प्रहरी को सामने देख बात करने की इच्छा हो आई।

दोनों में एक का रंग गेहुँआ दूसरे का काला था, किन्तु कद एक–सा ही मँझोला। उम्र में जहाँ सुमेर इक्कीस साल का छरहरा जवान था, वहीं दूसरा चालीस साल का ढीला–ढाला कुछ स्थूल शरीर का आदमी मालूम होता था। सुमेर के शरीर पर खाकी हाफपैंट , उलटे कालर की खाकी हाफशर्ट, कन्धे पर बरसाती, पैर में रबर की काली गुर्गाबी थी। उसके साथी के बदन पर खद्दर की सफेद धोती, वैसा ही कुर्ता, गाँधी टोपी और एक कम्बल था, पैर नंगा था। सुमेर और आगे बढ़ गया, और मुँह पर हँसी की रेखा लाकर बोला–"शुक्र है, आज बाढ़ उतर रही है।"

"और बादल भी फट रहा है।"

"हाँ, हम लोग कितने चिन्तित थे। मैंने एक बार पढ़ा था कि आज से ढाई हजार वर्ष पूर्व जब पाटलिपुत्र (पटना) बसाया जा रहा था, तो गौतम बुद्ध ने और तरह से इसे समृद्ध नगर होने की बात करते हुए पाटलिपुत्र के तीन शत्रु बतलाये थे –आग, पानी और आपस की फूट।"

"तो आप इतिहास के विद्यार्थी हैं?"

"विद्यार्थी तो मैं राजनीति का हूँ, किन्तु इतिहास में भी शौक है, खासकर मूल के अनुवादों के पढ़ने का।"

"हाँ, पानी शत्रु को तो हम आज कई दिन से देख ही रहे हैं।"

"और आग का भय उस वक्त रहा होगा, जब कि पाटलिपुत्र के मकान अधिकतर लकड़ी के बनते रहे होंगे। शाल के जंगलों की अधिकता के वक्त यह होना ही था।"

"और फूट ने तो सारे भारत की लक्ष्मी को बर्बाद कर दिया। अच्छा, मैं आपका नाम जान सकता हूँ ?"

"मेरा नाम सुमेर है, मैं पटना कॉलेज के पंचम वर्ष का विद्यार्थी हूँ।"

"और मेरा नाम रामबालक ओझा है। मैं भी एक वक्त पटना कॉलेज का विद्यार्थी रह चुका हैं, किन्तु उसे बीस साल से ऊपर हुए। एक मित्र ने जोर दिया, नहीं तो मैं एम० ए० किये बिना ही असहयोग कर रहा था। खैर ! वैसा होने पर भी मुझे अफसोस न होता। मुझे इन वर्षों में साफ मालूम होने लगा है कि यह स्कूल–कॉलेज की पढ़ाई अनर्थकारी विद्या है।"

"तो आपने वह विद्या भुला दी होगी ?"

"करीब–करीब बिल्कुल भूल जाती, मैं कोरी सलेट हो जाता, तो कितना अच्छा होता। उस वक्त मैं सच्चाई को अच्छी तरह पकड़ पाता।"

"अर्थात् बुद्धि के नहीं, बल्कि श्रद्धा के पथ पर आँख मूँदकर आरूढ़ होते ?"

"श्रद्धा के पथ को आप बुरा समझते हैं, सुमेर बाबू ?"

"मैं बाबू नहीं हूँ, ओझा जी ! मैं एक साधारण चमार को लड़का हूँ। मेरे घर में एक धूर भर भी जमीन नहीं है; थी, किन्तु जमींदार ने जबरदस्ती दखल कर वहाँ अपना बगीचा बनवा लिया। माँ कूट –पीसकर अब भी पेट पालती है। मुझे पहले एक सज्जन की कृपा, फिर स्कालरशिप यहाँ तक लाई। इस तरह आप समझ सकते हैं कि मैं बाबू शब्द का मुश्तहक नहीं हूँ।"

"आदतवश समझिए, सुमेर जी ! लेकिन मुझे आपका जो परिचय अभी मिला है, उससे मुझे बड़ी खुशी हुई है। जानते हैं गाँधीजी के एक शिष्य को, हरिजन–तरुण को इस प्रकार संग्राम करते देख कितना आनन्द होता होगा।"

"ओझा जी ! मैं आपसे और बातें करना चाहता हूँ और स्नेह के साथ। इसलिए यदि आप मेरे मतभेद को पहले ही से जाने लें, तो मैं समझता हूँ, अच्छा होगा। मैं हरिजन नाम से सख्त घृणा करता हूँ। मैं 'हरिजन' पत्र को पुराणपन्थी – भारत को अन्धकार युग की ओर खींचने वाला – पत्र समझता हूँ, और गाँधीजी को अपनी जाति का जबरदस्त दुश्मन ।"

"आप अपनी जाति पर गाँधीजी का कोई उपकार नहीं मानते ?"

"उतना ही उपकार मानता हूँ; जितना मजदूर को मिल–मालिक का मानना चाहिए।"

"गाँधी जी मालिक बनने के लिए नहीं कहते ।"

"जमींदारों, पूँजीपतियों, राजाओं को वली–संरक्षक–गार्जियन–कहने का दूसरा क्या अर्थ हो सकता है ? गाँधी जी का हमारे साथ प्रेम इसीलिए है कि हम हिन्दुओं में से निकल न जायें। पूना में आमरण अनशन इसीलिए किया था कि हम हिन्दुओं से अलग अपनी सत्ता न कायम कर लें। हिन्दुओं को हजार वर्षों से सस्ते दासों की जरूरत थी, और हमारी जाति ने उसकी पूर्ति की। पहले हमें दास ही कहा जाता था, अब गाँधीजी 'हरिजन' कहकर हमारा उद्धार करने की बात करते हैं। शायद हिन्दुओं के बाद हरि ही हमारा सबसे बड़ा दुश्मन रहा है। आप खुद समझ सकते हैं, ऐसे हरि का जन बनना हम कब पसन्द करेंगे ?"

"तो आप भगवान् को भी नहीं मानते ?"

"किस उपकार पर ? हजारों वर्षों से हमारी जाति पशु से भी बदतर , अछूत, अपमानित समझी जा रही है, और उसी भगवान् के नाम पर जो हिन्दुओं की बड़ी जातियों की जरा –जरा–सी बात पर अवतार लेता रहा, रथ हाँकता रहा; किन्तु सैकड़ों पीढ़ियों से हमारी स्त्रियों की इज्जत बिगाड़ी जाती रही। हम बाजारों में , सोनपुर के मेले में पशुओं की तरह बिकते रहे ; आज भी गाली–मार खाना, भूखे मरना ही हमारे लिए भगवान् की दया बतलाई जाती है। इतना होने पर भी जिस भगवान् के कान पर हूँ तक नहीं रेंगी , उसे माने हमारी बला ।"

"तो आप डॉक्टर अम्बेदकर के रास्ते को पसन्द करते होंगे ?"

"गलत। डाक्टर अम्बेदकर भुक्तभोगी हैं। मुझे भी प्रथम –द्वितीय वर्ष में हिन्दू लड़कों ने होस्टल में नहीं रहने दिया , किन्तु मैं

अम्बेदकर के रास्ते और काँग्रेसी अछूत–नेताओं के रास्ते में कोई अन्तर नहीं देखता। और मेरी समझ में वह रास्ता गाँधी–बिड़ला–बजाज रास्ते से भी मिल जाता है। उसका अर्थ है , अछूतों में से भी कुछ पाँच –पाँच, छै–छै हजार महीना पाने वाले बन जायें। अछूतों में भी बिड़ला–बजाज नहीं तो हजारीमल ही बन जायें। अछूतों के पास यदि एक–दो देशी रियासतें नहीं, तो एक–दो छोटी–मोटी जमींदारियाँ ही आ जायँ। मगर इससे दस करोड़ अछूतों की दयनीय दशा दूर नहीं की जा सकती।"

"तो आपका मतलब है, शोषण बन्द होना चाहिए ?"

"हाँ, गरीबों की कमाई पर मोटे होने वालों का भारत में नामो–निशान यदि न रहे, तभी हमारी समस्या हल हो सकती है।"

"गाँधीजी इसीलिए तो हाथ के कपड़े, हाथ के गुड़, हाथ के चावल–सभी हाथ की चीजों के इस्तेमाल करने पर जोर देते हैं।"

"हाँ, बिड़ले और बजाजों के रुपये के बल पर ! जब खादी संघ को लाख, दो लाख का घाटा होता, तो कोई सेठ उठकर चेक काट देता है। यदि यकीन होता है, कि गाँधी के चर्खे–कर्षे से उनकी मिलें बन्द हो जायेंगी और मोती के हार और रेशम की साड़ियाँ सपना हो जायेंगी, तो याद रखिये ओझा जी ! कोई सेठ–सेठानी गाँधीजी की आरती उतारने न आते।"

"तो आप गाँधीवादियों को दलाल समझते हैं ?"

"मुझे इसमें जरा भी सन्देह नहीं है। जो कुछ कोर–कसर थी, उसे उन्होंने 'घर–फेंक' नीति के विरुद्ध हिन्दुस्तानी सेठों के हुआँ–हुआँ में शामिल हो पूरा कर दिया।"

"तो आप चाहते हैं, जहाँ जापानी पैर रखने वाले हों, वहाँ के कल–कारखानों को जलाकर खाक कर दिया जाय ? भारतीयों ने कितने संकट, कितने श्रम के साथ ये कारखाने कायम किये । जरा आप इस पर भी विचार कीजिए, सुमेर जी!"

"मैंने संकट और श्रम पर विचार किया है, और इस पर भी कि गाँधीवादी मशीनों के अस्तित्व को एक क्षण के लिए भी बर्दाश्त नहीं करने की बात करते रहे हैं। साथ ही यह भी जानता हूँ–सेठ लोग चाहते हैं कि हमारे कारखाने सुरक्षित ही जापानियों के हाथों में चले जायँ। जापानी पूँजीवाद के जबरदस्त समर्थक हैं। जापानी रेडियो को सुनकर सेठों को विश्वास है, कि जापानी शासन में कारखाने के मालिक वहीं रहेंगे। यह छोड़ बतलाइए. उनके दिल में और कौन–से उच्च आदर्श के निमित्त त्यागभाव छलछला आया है?"

"देश की अर्जित सम्पत्ति की वह रक्षा करना चाहते हैं।"

"ओझा जी ! मत जले पर नमक छिड़किए। सेठों को देश की सम्पत्ति को नहीं अपनी सम्पत्ति का ख्याल है। उनके लिए देश जाये चूल्हा–भाड़ में। वह चाहते हैं, ज्यादा से ज्यादा नफा कमाना। मजदूरों की चार पैसा मजदूरी बढ़ाने की जगह जो लोग हड़तालियों को मोटर से कुचलवा देते हैं, उनके लिए देश की सम्पत्ति के अर्जन–रक्षण की बात न कीजिए।"

"यदि उनके बारे में यह मान भी लिया जाये, तो गाँधीजी की ईमानदारी पर तो आपको संदेह नहीं होना चाहिए।"

"मैं ईमान को आदमी के काम से, उसके वचन से तौलता हूँ। मैं गाँधीजी को दूध पीने वाला बच्चा नहीं मानता। इंड्रूज के फंड के लिए उन्हें पाँच लाख की जरूरत थी। पाँच ही दिन में बम्बई के सेठों ने गाँधी जी के चरणों में सात लाख अर्पित कर दिये। सेठों का जितना बड़ा काम वह कर रहे हैं, उनके लिए इंग्लैंड–अमेरिका के सेठ सात करोड़ की थैली पेश कर सकते थे , यह तो अत्यन्त सस्ता सौदा रहा।"

"इनका मतलब है रिश्वत।"

"सेट भगवान् को भी कुछ चढ़ाते हैं, तो सिर्फ उसी ख्याल से। उनके द्वार पर 'लाभ शुभ' लिखा रहता है।"

"तो चर्खे–कर्षे को आप शोषण का शत्रु नहीं मानते ?"

"उलटा मैं उन्हें शोषण का जबरदस्त पोषक मानता हूँ।"

"तब तो मिल को भी आप शोषण का शत्रु समझते होंगे।"

"सुनिए भी तो, मैं क्यों शोषक मानता हूँ। दुनिया जिस तरह पत्थर के हथियारों को छोड़कर बहुत आगे चली आई है , उसी तरह चर्खे–कर्षे से भी बहुत आगे चली आई है। मैंने पटना म्युजियम में हजार वर्ष पुरानी तालपत्र पर लिखी पुस्तकें देखी हैं। उस वक्त सेठों के बही–खाते, तथा नालंदा के विद्यार्थियों की पुस्तकें और नोटबुकें इसी तालपत्र पर लिखी जाती थीं। गाँधीजी सात जन्म तक कहते रह जायें, लौट चलो तालपत्र के युग में, मगर दुनिया टीटागढ़ के कागज , मोनो–टाइप, रोटरी छापेखाने के युग से लौटकर तालपत्र के युग में नहीं जायेगी। न जाने में ही उसका कल्याण है , क्योंकि इससे सेवाग्राम की भजनावली के फैलने में भले ही दिक्कत न हो, किन्तु हर एक व्यक्ति को शिक्षित –सो भी आज तक के अर्जित ज्ञान – विज्ञान में देखना असम्भव होगा। फ़ासिस्ट लुटेरों के टैंकों, हवाई जहाजों, पनडुब्बियों, गैसों के मुकाबले में यदि गाँधीजी पत्थर के हथियारों की ओर लौटने की कोई बात करें, तो इसे रत्ती भर अकल रखने वाली जाति भी नहीं मान सकेगी, क्योंकि वह सीधी आत्महत्या होगी।"

"तो आप अहिंसा के महान् सिद्धान्त को भी नहीं मानते ?"

"गाँधी जी की अहिंसा, खुदा बचाये उससे । जो अहिंसा किसानों और मजदूरों पर काँग्रेसी सरकारों द्वारा चलाई जाती गोलियों का समर्थन करे और फासिस्ट लुटेरों के सामने निहत्था बन जाने के लिए कहे , उसे समझना हमारे लिए असम्भव । मैं आपके पहले प्रश्न को खतम कर देता हूँ। सेठ जानते हैं कि चर्खे –कर्षे से उनके कारखानों का बाल बाँका नहीं हो सकता –चर्खे-कर्षे जब तक मिलों के माल से सस्ते और अच्छे कपड़े बाजार में नहीं ला सकते , तब तक उनका अस्तित्व सेठों के दान पर निर्भर है। चर्खा–कर्घावाद शोषण की असली दवा साम्यवाद के रास्ते में भारी बाधक हैं। कितने ही लोग बेवकूफी से समझते हैं, कि शोषण रोकने के लिए साम्यवाद कल–कारखानों पर जनता के अधिकार –से अच्छी दवा चर्खा –कर्घावाद है। इसी नीयत से दुनिया को मिल का कपड़ा पहनाने वाले सेठ चर्खा के भक्त हैं और गाँधीजी इसे भली–भाँति समझते हैं।"

"यह उनकी नीयत पर हमला है ?"

"उनकी एक–एक हरकत मुझे शोषितों–और भारत में सबसे अधिक शोषित हमारी जाति के लिए खतरनाक है। हमें दिमागी गुलामी के अड्डे, शोषकों के जबरदस्त पोषक पुरोहितों की दुकानों –इन मन्दिरों में ताला लगवाना चाहिए और उलटे हमें फँसाने के लिए गाँधीजी उन्हें खुलवाना चाहते हैं। पुरानी पोथियों , अमीरों के टुकड़ों से पलने वाले संतों की वाणियों को यदि हम आग में नहीं जलाते, तो सात ताले में तो बन्द कर देना चाहिए ; किन्तु उन्हीं की दुहाई देकर गाँधीजी हमें गुमराह कर देना चाहते हैं। वर्ण –व्यवस्था जैसी मरण–व्यवस्था का भारत में नाम नहीं रहने देना चाहिए, किन्तु गाँधीजी उसकी अनासक्ति योग से लच्छेदार व्याख्या करते हैं । इन सबके बाद हरिजन –उद्धार सिर्फ ढोंग नहीं तो क्या है ? इससे कुछ ऊँची जाति के हरिजन –उद्धारकों को जीविका भले ही मिल जाये, मगर उद्धार की आशा अन्धा ही कर सकता है।"

"तो आप नहीं चाहते कि अछूत सवर्ण सब एक हो जायँ ?"

"काल ने हमें एक कर दिया है; किन्तु गाँधी जी के प्रिय धर्म, भगवान्, पुराण–पंथिता उसे हमें समझने नहीं देती। मुझे देखिये, ओझा जी ! मेरा रंग गेंहुँआ, नाक ज्यादा पतली, ऊँची और आपका रंग काला, नाक बिलकुल चिपटी। इसका क्या अर्थ है ? मेरे में आर्य रक्त अधिक है। आप में मेरे पूर्वजों का रक्त अधिक है। आपके पूर्वजों ने वर्ण –व्यवस्था की लोहे की दीवार खड़ी कर बहुत चाहा, कि रक्त– सम्मिश्रण न होने पाये, किन्तु चाह नहीं पूरी हुई , इसके सबूत हम आप मौजूद हैं। वोल्गा और गंगा तट के खून आपस में मिश्रित हो गये हैं। आज वर्ण (रंग) को लेकर झगड़ा नहीं है–आपको कोई ब्राह्मण जाति से खारिज करने के लिए तैयार नहीं है। सारी बातें ठीक हो जायें, यदि धर्म, भगवान, पुराणपंथिता हमारा पिंड छोड़ दे ; और यह तब तक नहीं हो सकता, जब तक कि शोषक और गाँधीजी जैसे उनके पोषक मौजूद हैं !"

"मैं आपके तीखे शब्दों को सुनकर नाराज नहीं होता।"

"जला हुआ दिल और जवानी उसके पीछे है, ओझा जी ! इसलिए मेरी बात से कष्ट हुआ हो तो क्षमा कीजियेगा।"

"नहीं, मैं बुरा नहीं मानता। किन्तु यदि चखें -कर्षे जैसी भारत की चीज को आप फिर से स्थापित होना सम्भव नहीं समझते तो क्या विदेशी साम्यवाद के लिए भारत की भूमि को उर्वर समझते हैं ?"

"शोषकों को जो बात पसन्द नहीं, वहीं विदेशी और असम्भव है। चूँकि इनकी कृपा से करोड़पति हो गये, इसलिए सेठ लोगों के लिए चीनी की मिलें, विदेशी जहाज, मोटर, काँच, फाउन्टेनपेन, जूते ...... की बिजली या भाप से चलने वाली लाखों -करोड़ों की फैक्टरियाँ विदेशी नहीं रही। रेडियो, टेलीविजन (दूरदर्शक रेडियो), फिल्म, टैंक आदि जैसे ही सेठों के पाकेट में मजदूरों की कमाई के करोड़ों रुपये चुपके से डालने लगेंगे .. वैसे ही उनकी विदेशीयता जाती रहेगी। शोषण में सहायक सारे विदेशी यंत्र उनके लिए स्वदेशी हैं, किन्तु शोषक-ध्वंशक उपाय-साम्यवाद-सदा विदेशी बर रहेगा। ईमानदारी इसे कहते हैं, ओझाजी !"

"साम्यवाद धर्म का विरोधी है, और भारत सदा से धर्मप्राण रहा है, जरा इस दिक्कत का भी ख्याल करें, सुमेर जी !"

"आप कॉलेज की सारी पढ़ी-पढ़ाई विद्या को भूल गया कहते हैं इसलिए मैं क्या कहूँ ? जब धर्म का नाम आप लोग लेते हैं, तो आपके सामने सिर्फ हिन्दू धर्म रहता है। गाँधीजी ने बजाजजी के गोसेवा -मंडलों को भी आशीर्वाद दिया है, जिसमें माँस छोड़ सब चीज गाय की ही खाने की प्रतिज्ञा कराई जाती है—पेशाब और पाखाने की भी। यदि गोभक्षक, अगोभक्षक का भेद करें, तो भारत में, गोभक्षक आधे से बढ़ जायेंगे। हमारी जाति भी गोभक्षक है, आप जानते हैं। वैसे भी तो भारत में एक चौथाई के करीब लोग मुसलमान हैं। करोड़ के करीब ईसाई, और कुछ लाख बौद्ध । यदि इन धर्मों को भी आप धर्म में शुमार करते हैं; तो पृथ्वी का कौन देश है जहाँ धर्म के पक्के विश्वासी नहीं हैं ? गाँधीजी के मित्र भूतपूर्व लार्ड इर्विन तथा आज के लाड हैलीफेक्स एक जबरदस्त ईसाई संत हैं। आज तक धर्म की दुहाई देकर ही धर्मप्राण अँग्रेजों को साम्यवाद से दूर रहने के लिए यह संत लोग प्रचार करते रहे। अरब , तुर्की, ईरान, अफगानिस्तान के मुसलमान हिन्दी मुसलमानों से कम धर्मप्राण नहीं हैं। लाखों सुन्दरियों के स्वेच्छा से कटवाये केशों के रस्से से जहाँ मन्दिर बनाने के लिए लकड़ियाँ ढोई गईं उस जापान को आप कम धर्मप्राण नहीं कह सकते। सभी शोषक जबरदस्त धर्मप्राण होते हैं, ओझा जी ! और सभी शोषण-शत्रु धर्म-शत्रु घोषित किये जाते हैं। यदि साम्यवाद को विदेशी ही मान लें , तो भी ईसाई, इस्लाम जैसे विदेशी धर्म, रेल, तार, हवाई-जहाज, कल-कारखाने जैसी विदेशी चीजें हमारी आँखों के सामने स्वदेशी बनकर मौजूद हैं, वैसे ही साम्यवाद भी स्वदेशी हो जायेगा-बल्कि हो गया है।"

2.

पटना में शाम के वक्त घूमने के लिए लान और हार्डिंग- पार्क दो ही जगह हैं, और दोनों ही को ऐसी मनहूस हालत में रखा गया है, कि वह स्वयं किसी को खींच लाने का सामर्थ्य नहीं रखते, तो भी जिनकी दिल बहलाव, चहलकदमी, दोस्तों से मिलने की ख्वाहिश होती है, वे इन्हीं जगहों में पहुँचते हैं। अँधेरा हो रहा था, तो भी तीन तरुणों की बात खतम् नहीं हो रही थी और वे बाँकीपुर (पटना) के लान-मैदान-में डटे हुए थे।

एक कह रहा था-

"साथी सुमेर ! मैं फिर भी कहूँगा-तुम एक बार फिर सोचो, तुम बहुत भारी कदम उठाने जा रहे हो।"

"मौत से खेलने से बढ़कर कदम उठाने की क्या बात हो सकती है ? और रूप ! इसे तो पक्का समझो, कि मैंने जल्दी नहीं की है। कदम ही यह जल्दी का नहीं हो सकता था।"

"हवा में उड़ना भाई। मुझे तो कोठे की छत के किनारे खड़ा होने में भी डर लगता है।

"कितने ही लोगों को साइकिल पर चढ़ने में भी डर लगता है, और तुम उसे दोनों हाथ छोड़कर दौड़ाते हो।"

"खैर, लेकिन यह बात मेरी समझ में नहीं आई कि मजदूरिन के लड़के सुमेर को इस साम्राज्यवादी लड़ाई में जान देने की क्या सूझी?"

"इसलिए कि इसी लड़ाई के साथ मजदूरिन के लड़के और उसकी सारी जमात का भविष्य बँधा हुआ है। इसीलिए कि यह लड़ाई अब सिर्फ साम्राज्यों का ही फैसला नहीं करेगी बल्कि शोषण का भी फैसला करेगी।"

"तो क्या तुम इसे कबूल नहीं करते, कि इस लड़ाई के लिए सबसे बड़े दोषी अँग्रेज पूँजीपति हैं ?"

"बाल्डविन्, चेम्बरलेन किनके स्वार्थ के प्रतिनिधि थे ? हाँ, मैं स्वीकार करता हूँ। उन्होंने ही मुसोलिनी, हिटलर को पोसकर बड़ा किया, जिसमें साम्यवादियों से शोषक वर्ग को त्राण मिले। लेकिन भस्मासुर ने पहले बैजनाथ ही पर हाथ साफ करना चाहा, और जब तक यह तमाशा होता रहा, तब तक मैंने भी इस बड़े कदम को उठाने का निश्चय नहीं किया। लेकिन आज भस्मासुर बैजनाथ पर नहीं हमारे ऊपर हाथ रखना चाहता है।"

"हमारे ऊपर ! मुझे तो कोई अन्तर नहीं मालूम होता, पहले से।"

"आपको अन्तर नहीं मालूम होता क्योंकि आपका वर्ग–सेठ–वर्ग फासिस्ट शासन में भी घी–चुपड़ी की आशा रखता है। क्रुप मित्सुई की पांचों घी में हैं इस लड़ाई के होने से ; किन्तु, सोवियत के पराचित होने पर शोषितों–मजदूरों, किसानों–को कोई आशा नहीं। कसाई हिटलर और तोजो के राज्य में किसान कोश्त की लड़ाई नहीं लड़ सकते, रूपकिशोर बाबू ! न ही मजदूर बड़े–से–बड़े अत्याचार के लिए हड़ताल कर सकते हैं। फासिज्म मजदूर–किसानों को पक्के मानी में दास बनाना चाहता है। हमारे लिए सोवियत बहुत से राष्ट्रों में एक नहीं, बल्कि वही एकमात्र राष्ट्र है। उसे ही दुनिया के किसान–मजदूर अपनी आशा, अपना राष्ट्र कह सकते हैं। डेढ़ शताब्दी के लाखों–करोड़ों कुर्बानियों के बाद मानवता के लिए, सनातन शोषितों के लिए यह साम्यवादी प्रदीप पृथ्वी पर आलोकित हुआ। एक बार इस प्रदीप को बुझ जाने दीजिए, फिर देखिए कितने दिनों के लिए दुनिया अँधेरे में चली जाती है। हम जीते जी इस भीषण कांड को अपनी आँखों के सामने होते चुपचाप नहीं देख सकते।"

"लेकिन, सुमेर भाई ! और भी तो समाजवादी देश में हैं; वे भी दुनिया से शोषण को मिटाना चाहते हैं।"

"जिनको सेवाग्राम से फैलता अंधकार ही प्रकाश मालूम होता है; ऐसे समाजवादियों से शैतान बचाये। ऐसे तो हिटलर भी अपने को समाजवादी कहता है। गाँधीजी के चेले भी उन्हें समाजवादी कहते हैं। समाजवादी कहने से कोई समाजवादी नहीं होता। जानते हैं हिटलर, तोजो की विजय से हिन्दुस्तान का पूँजीवाद और पूँजीपति वर्ग बर्बाद नहीं, बल्कि कहीं और मजबूत होगा; किन्तु फासिस्ट दस्यु मजदूरों, किसानों को साँस तक लेने नहीं देंगे, और साम्यवादियों की क्या हालत होगी, इसके लिए, इटली और जर्मनी का हाल का इतिहास देखिये। वही क्यों ? सिर्फ फ्रांस में हर रोज जो कम्युनिस्ट गोली से उड़ाये जा रहे हैं, उन्हीं को देख लीजिये। जो अपने को मार्क्सवादी कहकर अपने को इस युद्ध से अलग रखना चाहता है वह या तो अपने को धोखा दे रहा है या दूसरों को। हिटलर और तोजो के शासन में मार्क्सवादी समाजवादियों की जान की कीमत एक गोली मात्र है, इसे हम सब अच्छी तरह जानते हैं। फिर कोई समाजवादी यदि अपने को तटस्थ कह सकता है, तो चमगादड़ की नीति से ही। सोवियत के ध्वंस के बाद जो समाजवाद का झंडा उड़ाने की हाँक रहे हैं, उन्हें हम तो पागल कह सकते हैं या धोखेबाज।"

"तो आपका ख्याल है, इस युद्ध में कोई तटस्थ रही नहीं सकता ?"

"हाँ यह मेरी पक्की राय है, कि जिसका मस्तिष्क ठीक से काम कर रहा है, उसने अपने लिए एक पक्ष स्वीकार कर लिया है, क्योंकि इस लड़ाई का परिणाम शोषण–विरोधी शक्तियों को या तो खतम करना होगा या उनकी शक्ति को इतना प्रबल कर देगा, कि

फिर मुसोलिनी, हिटलर, तोजो या उनके पिताओं –बाल्डविन, चेम्बरलेन, हैलीफैक्सों के लिए दुनिया में जगह नहीं रह जायेगी। हिन्दुस्तान में सुभाषचन्द्र और उनके अनुयायियों ने अपना स्थान चुन लिया है ; और जिनको आप तटस्थ समझते हैं, वह भी तय कर चुके हैं। उनकी तटस्थता सिर्फ ऊपरी दिखावा है, क्योंकि फासिस्टों के रवैये से वह नावाकिफ नहीं हैं।"

"लेकिन हमारे यहाँ के अँग्रेज शासकों के मनोभाव को देख रहे हो न ?"

"अन्धे हैं ये लोग, तीस बरस पहले के जमाने में अब भी अपने को रखने की कोशिश कर रहे हैं। लेकिन क्या समझते हो, लड़ाई के बाद की दुनिया इन पुरानी फोसीलों के लिए जीती जा रही है। हम जानते हैं , ये लोग हमारी युद्ध की तैयारी में पग –पग पर बाधा डालेंगे, क्योंकि वह हर एक चीज को गुजरे जमाने की दृष्टि से देखते हैं।"

"हाँ, देख नहीं रहे हो, जिन लोगों की सूरतें अमन–सभाओं में ही शोभा देती थीं, अब वही राष्ट्रीय मोर्चे के नायक बनकर जनता के सामने दहाड़ रहे हैं। हमारे गवर्नर, गवर्नर–जनरल जनता को कुर्बानियाँ करने का उपदेश दे रहे हैं , जबकि उनके अपने खर्चे को देखकर हमारा माथा चकराता है। हमारे यहाँ कम–से–कम मजदूरी है एक आना रोज, जिसके हिसाब से २५) सालाना आमदनी हुई और इनकी तनख्वाह ?–"

	रुपया	
वाइसराय	२,५०,८००	अर्थात् घुरहू मजदूर की आमदनी का १०,००० गुना
बंगाल गवर्नर	१,२०,०००	४,८०० गुना
युक्तप्रान्त गवर्नर	१,२०,०००	४,८०० गुना
बिहार गवर्नर	१,००,०००	४,००० गुना

"यह बाकी खर्च छोड़ने पर है, यदि दूसरे खर्च भी लिए जायँ, तो मार्ग–व्यय और छुट्टी–व्यय छोड़कर भी बंगाल–गवर्नर का सालाना खर्च है। ६,०७,२०० रुपया अर्थात् घुरहू मजदूर की आमदनी का ४२ ,२६१ गुना। इससे जरा मिलाइए इंग्लैंड के मजदूर को जिसकी अल्पतम मजदूरी ८५ शिलिंग (साढ़े ५६ रु० से अधिक) या ७८ शिलिंग (५२ रु० से अधिक) प्रति सप्ताह कोयले के खानों में मंजूर हुई है। खेती के मजदूर भी ४५ रु० सप्ताह से ज्यादा पाते हैं। जिसका अर्थ है २०० या १२१ पौंड वार्षिक मजदूरी और महामंत्री इस हिसाब से सिर्फ ३६ गुना ज्यादा तनख्वाह पाता है। सोवियत में १२ ,००० रुबल महामंत्री को मिलता है, और मजदूरों की बहुत भारी तादाद है जो इतना वेतन पाती है, जबकि सबसे कम तनख्वाह पाने वाला मजदूर उससे छठे हिस्से से कम नहीं पाता। अब मिलाइए–

भारत में बंगाल गवर्नर	घुरहू से	४२,२६२ गुना
इंग्लैंड में महामंत्री	घुरहू से	३६ गुना
सोवियत रूस में	घुरहू से	६ गुना

"और सेठों की आमदनी से घुरहू की आमदनी को मिलाओगे तो कलेजा फटने लगेगा।"

"यह सरासर लूट है भाई सुमेर ।"

"इसीलिए मैं कहता हूँ, हिन्दुस्तान में नौकरी करने वाले स्वार्थी, कायर, दूर तक देखने में असमर्थ इन अँग्रेजों से हम कोई आशा नहीं कर सकते। हम इनके लिए इस लड़ाई को लड़ने और जीतने नहीं जा रहे हैं। हम मर रहे हैं उस दुनिया के लिए जो इस पृथ्वी के छठे हिस्से पर है। और जिसको फासिस्ट खतम करने जा रहे हैं। हम उस आने वाली दुनिया के लिए मरने जा रहे हैं , जिसमें कि मानवता स्वतन्त्र और समृद्ध होगी।"

समद अब तक चुप था, अब उसने भी कुछ पूछने की इच्छा से कहा–

"साथी सुमेर ! तुमसे कितनी ही बातों में मैं सहमत हैं, और कितनी ही बातों में असहमत । किन्तु तुम्हारी राय की मैं कितनी इज्जत करता हूँ। यह तुमसे छिपा नहीं है। मैं भी समझता हूँ, इस संसार–व्यापी संघर्ष में हम तटस्थ नहीं रह सकते। लेकिन दोस्त ! जब चुनाव आदि तय होकर तुम भरती हो गये, तब तुमने हमें खबर दी; कुछ पहले तो बतलाना चाहिए ?"

"पहले बतलाता, और चुनाव में छँट जाता। इसलिए भरती के बाद चौबीस घंटे की उड़ान करके मैंने मित्रों से कहा। अब कहने में कोई हर्ज भी नहीं, क्योंकि परसों ही मैं जा रहा हूँ अम्बाला उड़न्तू स्कूल में ।"

"और माँ को खबर दे दी ?"

"माँ के लिए जैसा पटना वैसा ही अम्बाला, जब तक मैं खोलकर साफ न लिख दें कि मैं लड़ाई में मृत्यु के मुँह में जा रहा हूँ, बल्कि उसके लिए एक–सा ही है। खोलकर लिखने का मतलब है, सदा के लिए उसकी नींद को हराम कर देना। मैंने निश्चय किया है कि जब तक जीवित रहूँगा, पत्र लिखता रहूँगा, उसी से उसको संतोष रहेगा।"

"मुझे तुम्हारे साहस का बार–बार ख्याल आता है?"

"मानव होने की कीमत को हमें हर वक्त चुकाने के लिए तैयार रहना चाहिए , समद ! और फिर एक आदर्शवादी मानव होने पर तो हमारी जिम्मेदारियाँ और बढ़ जाती हैं ?"

"तो तुम्हारा विश्वास है, यह लड़ाई जबरदस्त उथल–पुथल लायेगी।"

"पिछली लड़ाई ने भी कुछ कम नहीं किया , सोवियत रूस का अस्तित्व–दुनिया के छठे हिस्से पर समानता का राज्य –यह कम चीज नहीं है; किन्तु इस लड़ाई के साथ जो परिवर्तन उपस्थित होगा , वह नई धरती, नये आसमान को लायेगा, दोस्त ! जिधर सोवियत राष्ट्र है, जिधर लाल सेना है; जिधर की विजय के लिए आज चीन, इंग्लैण्ड, अमेरिका की जनता सर्वस्व की बाजी लगाकर लड़ रही है, उस पक्ष की जीत में मुझे जरा भी सन्देह नहीं है।"

समद और रूपकिशोर की इधर पाकिस्तान को लेकर बहस चल रही थी; आज रूपकिशोर ने फिर उसी सवाल को छेड दिया–

"गाँधीवादी स्वराज्य हो या साम्यवादी, इसमें हमारा और तुम्हारा मित्र, सुमेर ! मतभेद हो सकता है, किन्तु स्वराज्य भारत के लिए होगा, इसमें तो सन्देह नहीं ?"

"भारत भी एक निराकार शब्द है, रूप बाबू ! जिसके नाम पर बहुत–सी भूल–भुलैयों में डाला जा सकता है, स्वराज्य भारतीयों के लिए चाहिए, जिसमें भारतीय अपने भाग्य का आप निर्णय करें, और उसमें भी आसमान से टपका स्वराज्य जल्द बड़े आदमियों तक ही सीमित नहीं होना चाहिए ।"

रूप–"खैर, वैसे भी ले लीजिए, किन्तु स्वराज्य में जीवित भारत को टुकड़े–टुकड़े तो खंडित नहीं होने देना चाहिए।"

सुमेर–"तुम फिर भूल–भुलैया के शब्द को इस्तेमाल कर रहे हो। भारत का खंडित और अखंड रहना , उसके निवासियों पर निर्भर है। मौर्यों के समय हिन्दूकुश से परे आमू दरिया भारत की सीमा थी , और भाषा, रीति–रिवाज, इतिहास की दृष्टि से अफगान जाति (पठान) भारत के अन्तर्गत है। दसवीं सदी तक काबुल हिन्दू–राज्य रहा, इस तरह हिन्दुस्तान की सीमा हिन्दूकुश है। क्या अखंड हिन्दुस्तान वाले हिन्दूकुश तक दावा करने के लिए तैयार हैं ? यदि अफगानों की इच्छा के विरुद्ध नहीं कहो ; तो सिन्धु के पश्चिम

बसने वाले सरहदी अफगानों (पठानों) को भी उनकी इच्छा के विरुद्ध अखंड हिन्दुस्तान में नहीं रखा जा सकता। फिर वही बात सिन्धु, पंजाब, कश्मीर, पूर्वी बंगाल में क्यों नहीं लेनी चाहिए?

रूप–"अर्थात् उन्हें भारत से निकल जाने देना चाहिए ?"

सुमेर–"हाँ, यदि वे इसी पर तुले हुए हैं। हम जनता की लड़ाई लड़ रहे हैं, इसका अर्थ है, किसी देश की जनता को उसकी इच्छा के विरुद्ध राजनीतिक परतन्त्रता में नहीं रखा जा सकता। पाकिस्तान को फैसला हिन्दुओं को नहीं करना है , उसकी निर्णायक है मुस्लिम बहुमत–प्रान्तों की जनता। यदि हम भारत में जनता का नहीं , शोषकों का शासन कायम करना चाहते हैं, तो पाकिस्तान होकर रहेगा। यदि दिमागी और शारीरिक श्रम करने वाली जनता का शासन कायम करना चाहते हैं , तो भारत अनेक स्वतन्त्र जातियों का एक अखंड देश रहेगा। एक जाति, एक जातीयता के लिए एक भाषा, एक खान–पान, एक ब्याह–शादी सम्बन्ध की जरूरत है, जो साम्यवाद ही करा सकता है। इस पर भी भाषाओं के ख्याल से हमें ८० से ऊपर स्वतन्त्र जातियाँ माननी पड़ेगी।"

"अस्सी से ज्यादा ! तुमने तो पाकिस्तान को भी मात कर दिया ।"

"भाषाओं को मैंने नहीं बनाया। जनता के राज्य में उसकी मातृभाषा को ही शिक्षा का माध्यम बनाना होगा , और मातृभाषा वही है, जिसके व्याकरण में बच्चा भी कभी गलती नहीं करता। सोवियत –संघ ७० जातियों का एक बहुजातिक राष्ट्र है , उससे दूनी जनसंख्या वाला भारत यदि ८० जातियों का बहुजातिक राष्ट्र है, तो आश्चर्य की क्या जरूरत ?"

"तो तुम पाकिस्तान के पक्ष में हो ?"

"जब तक मुस्लिम जनता का उसके लिए आग्रह है। आज हर विचार के मुस्लिम नेता एकमत हैं, कि पाकिस्तान की माँग को मान लेना चाहिए और मैं समझता हूँ, गैर–मुस्लिमों को इस न्याय की माँग को ठुकराने का कोई हक नहीं। जिस मुसलमान बहुमत प्रान्त की बहुसंख्यक जनता भारतीय संघ से अलग जाना चाहती है, उसे वह अधिकार होना चाहिए ।"

3.

नीचे काला समुद्र है, जिसके शान्त जल पर कहीं जीवन का चिह्न नहीं मालूम होता और सामने दूर सफेद बादलों का एक विशाल क्षेत्र। वहाँ आसमान में अपनी गति के जानने का कोई साधन नहीं, सिवाय गति–मापक यंत्र के जो कि सुमेर के आगे लगा हुआ है। तीन सौ मील प्रति घंटे की चाल से बने यान का उड़ाना ! सुमेर का ख्याल एक बार उस युग में चला गया, जब कि मनुष्य पत्थर के अनगढ़ हथियारों को ही अपना सबसे बड़ा अविष्कार, सबसे बड़ी शक्ति समझता था, किन्तु आज वह आकाश का राजा है। मानवता कितनी उन्नत हुई है। किन्तु, उसी वक्त उसका ख्याल मानवता के शत्रुओं–फासिस्टों की ओर गया, जो कि मनुष्य के दिमाग की इस अद्भुत देन को मानवता के पैरों में गुलामी की बेड़ियाँ डालने में लगा रहे हैं। सुमेर का बदन सिहर गया जब ख्याल आया कि जापानी फासिस्ट भारत के पड़ोसी बर्मा में आ गये हैं। उस वक्त उसकी नजरों के सामने कदमकुआँ के वह घर और उनमें रहने वाली वे स्त्रियाँ एक–एक कर आने लगीं; जिनमें एक उसकी प्रिया है। दूसरी भी कितनी ही हैं, जिन्होंने इस अछूत माँ के मेधावी आदर्शवादी लड़के को बेटा और भाई के तौर पर ग्रहण किया। फासिस्टों के लिए अपार घृणा से उसका दिल खौलने लगा। उसी वक्त उसे सामने तीन सूर्य वाले विमान उड़ते दीख पड़े। सुमेर ने अपने मशीन गनर को फोन से कहा , और दो मिनट में फासिस्ट विमानों के बीच में पहुँच गया। बात करने में देर लगती है लिखने में तो और भी , किन्तु पता नहीं लगा, सुमेर के गनर शरीफ ने किस तरह अपनी मशीनगन को ट्र–ट्र– ट्र किया, और किस तरह सुमेर ने अपने विमान को ठीक जगह पर पहुँचाया, और किस तरह दस मिनट के भीतर ही तीनों फासिस्ट विमान परकटी चील की भाँति समुद्र में गिरे।

सुमेर को अपना जौहर दिखलाने का यह पहला मौका था, किन्तु इस सफलता पर उसे बहुत संतोष हुआ। उसने विमान से लौटते वक्त शरीफ से कहा–

"शुरू भाई ! हमने अपनी कीमत अदा करा ली। हममें से हर एक यदि तीन–तीन फासिस्टों को खत्म करे, तो कितना अच्छा हो ?"

"मेरा मन भी अब बड़ा हलका मालूम होता। अब मरना मुफ्त नहीं कहा जायेगा।"

"अब हम जितने दिन जियेंगे, जापानी फासिस्टों को मार–मार नफे पर नफे कमाते रहेंगे।"

सुमेर दो सौ दिन जीता रहा। उसने सौ जापानी विमानों को नष्ट किया। अंतिम दिन बंगाल की खाड़ी में उसे काम मिला। अंडमन के पच्छिम जापानी जंगी बेड़ा जा रहा था। सुमरे ने चालीस हजार टन का एक जंगी महापोत देखा। बेड़े के आस –पास रक्षक विमान उड़ रहे थे, किन्तु दूर बादलों में से झाँकती सुमेर की आँखों को उन्होंने नहीं देखा।

सुमेर ने अपने गनर को टारपीडो तैयार रखने की आज्ञा दी। बादल वहाँ से बेड़े के ऊपर तक चला गया था। सुमेर ने पूरी गति से अपने विमान को चलाया, दुश्मन के विमानों को पता नहीं लग सका, कि कब कोई विमान जंगी पोत के ऊपर पहुँचा, कब भारतीय विमान–वाहक ने टारपीडो के लिए अपने विमान को महापोत पर झोंक दिया। सुमेर और उसके गनर का पता नहीं लगा , किन्तु अपने साथ ही वह उस जंगी महापोत को भी लेते गये।

परिशिष्ट

सभी भारतीय भाषाओं में अद्वितीय ग्रन्थ

भदन्त आनन्द कौसल्यायन

"वोल्गा से गंगा' की कुछ कहानियाँ मैं हिन्दी की पत्रिकाओं में पढ़ चुका था , और जिस समय पुस्तक प्रकाशित हुई. उसकी पहली प्रति भी शायद मुझे ही मिली। मैंने सारी पुस्तक को एक बार और कई कहानियों को एक से अधिक बार पढ़ा है , पढ़कर सुनाया है, सभी तरह और अवस्था के लोगों को। मेरी आलोचना थी कि कई कहानियाँ , कहानियाँ कम और इतिहास अधिक हैं। सचमुच कुछ कहानियाँ मुझे ज्ञान के बोझ से दबी सी लगीं –कहानी होनी चाहिए हल्की–फुल्की। मैंने अपनी यह सम्मत्ति एक बार राहुल जी को लिख भेजी। उनका उत्तर था–यदि इन कहानियों को रोचक ढंग से लिखा इतिहास–मात्र भी समझ लिया जाय, तो भी मैं सन्तुष्ट हूँ।

'वोल्गा से गंगा' की प्रशंसा मैंने की है और सुनी है। लेकिन उस दिन जब एक महाराष्ट्र विद्वान् –जो विश्व साहित्य से परिचय रखते हैं–की यह राय पढ़ने को मिली कि "किसी भारतीय भाषा में इस हिन्दी पुस्तक के समान कोई ग्रन्थ नहीं" तो मेरा हिन्दी–भक्त मन सचमुच नाच उठा।

लेकिन हाय ! कल किसी सज्जन ने २० सितम्बर के 'विश्व–बन्धु' की एक कतरन भेज दी जिसमें पढ़ने को मिला 'नग्नवादी वेदनिन्दक राहुल' लेखक का नाम है 'श्री स्वामी जी'। लेकिन उन्हें 'गुप्त' रहने की क्या आवश्यकता थी ? हाँ, किसी ने अपना नाम ही 'स्वामी जी' रखा हो तो बात दूसरी है।

पुस्तक का प्रिय लगना, अप्रिय लगना, अपनी–अपनी रुचि की बात ही नहीं योग्यता की भी बात है। सभी को कोई भी ग्रन्थ एक – कभी भी नहीं भाता। 'वोल्गा से गंगा' ही इसका अपवाद क्यों हो ?

लेकिन मैं केवल इतना जानना चाहता हूँ कि श्री स्वामी जी ने जनता के सामने जो यह इच्छा की है कि 'वह ऐसी घृणित पुस्तक पर प्रतिबन्ध लगवाने की पूरी कोशिश करें, उस इच्छा को कार्य रूप में परिणत करने का प्रयत्न करने से हम सम्मानित होते हैं , या अपमानित ? आर्य जाति की तो सुनते आये हैं कि आज तक यही विशेषता ही है कि मिथ्यामतों को उसने अपनी बुद्धिबल से ही परास्त करने की कोशिश की है। 'वादे वादे जायते तत्वबोधः' क्या आर्य पूर्वजों की ही घोषणा नहीं है ?

मैं राहुलजी की इस युगान्तरकारी कृति से समीप से परिचित हूँ और जानता हूँ कि उसमें हमारे देश के एक असाधारण चिन्तक के जीवनभर के अध्ययन के परिणाम समाविष्ट हैं। उनके निष्कर्ष हमें गलत लगें तो हम उन्हें वैसा सिद्ध करें । स्वतंत्र चिन्तकों के सामने यदि वे ईमानदार हैं और ईमानदारी के पौधे को सींचना चाहते हैं तो और कोई दूसरा उपाय नहीं। राहुलजी द्वारा रचित 'वोल्गा से गंगा' की प्रथम चार कहानियों के नाम हैं – निशा, दिवा, अमृताश्व, पुरुहूत । उन चार कहानियों में ६००० ई० पू० से लेकर २५०० ई० पू० तक के समाज का चित्रण है। वह प्रागैतिहासिक काल है; और ये कहानियाँ हैं। इसलिए यह तो मानी हुई बात है कि उन कहानियों में कल्पना का हाथ विशेष है, लेकिन वह केवल कल्पनाजन्य कृति नहीं है। उन कहानियों में जो–जो मार्के की बातें है

वह सब राहुलजी के इन्दु-यूरोपी तथा इन्दु-ईरानी भाषा शास्त्र (Philogy) विषयक अध्ययन का परिणाम है। परिवार की उत्पत्ति (Origin of Family Private Property and state by Engels) एक प्रसिद्ध ग्रन्थ है। उन कहानियों पर प्रतिबन्ध लगवाने से पहले हमें उस ग्रन्थ पर प्रतिबन्ध लगवाना होगा।

अगली चार कहानियाँ हैं-पुरुधान, अंगिरा, सुदास् और प्रवाहण। इन सभी कहानियों के पीछे भी साहित्यिक प्रमाण हैं-वेद, ब्राह्मण, महाभारत, पुराण और बौद्धग्रन्थों के 'अट्ठकथा' नाम से प्रसिद्ध भाष्य। सुदास् कहानी का आधार स्वयं ऋग्वेद है और कई पाठकों को-बौद्धों, अबौद्धों सभी को चिढ़ाने वाली कथा प्रवाहण जैवलिका आधार है छान्दोग्य तथा वृहदारण्यक उपनिषद् और बौद्धों की उक्त अट्ठकथायें। इन चार कथाओं में २००० ई० पू० से ७०० ई० पू० तक के सामाजिक विकास को देने का प्रयत्न किया गया है। पाठक देखें, अभी हम बुद्ध के समय तक नहीं पहुँचे हैं।

अगली कहानी बंधुल मल्ल है (४६० ई० पू०)। इस कहानी की सारी सामग्री बौद्ध-ग्रन्थों से ली गई है। वहाँ इतनी अधिक सामग्री है कि राहुलजी को उस समय की अवस्था चित्रित करने के लिए 'सिंह सेनापति' नाम से एक पृथक् उपन्यास लिखना पड़ा है।

दसवीं कहानी नागदत्त है यदि आप कौटिल्य का अर्थशास्त्र पढ़े, यवन यात्रियों के वृत्तान्त पढ़ें, जायसवाल जी की हिन्दू पालिटी पढ़े और आपके सभी स्कूलों-कालेजों में पढ़ाया जाने वाला विन्सेंट-स्मिथ का इतिहास को कोई आश्चर्य नहीं कि आपके हाथ भी उनमें से कुछ ऐतिहासिक तथा में जिन्हें राहुलजी ने 'नागदत्त' में व्यक्त किया है।

ग्यारहवीं कहानी प्रभा कहानी के रूप में भी अच्छी ख्याति पायी है। उस कहानी के पीछे अश्वघोष के बुद्धचरित तथा सौन्दरानन्द दो काव्य हैं। सभी संस्कृत-नाटक है, विन्टर्निट्ज को लिखा "भारतीय साहित्य का इतिहास' है, और रीज डेविड्स का लिखा 'बौद्ध-भारत' है। उस कहानी का समय ५० ई० पू० है।

बारहवीं कहानी सुपर्ण यौधेय गुप्त-काल की कहानी है। उसकी कुछ सामग्री गुप्त-कालीन अभिलेखों से मिली है, जो अमिट है और हमारे द्वारा नित्य पढ़े जाने वाले रघुवंश, कुमारसम्भव, अभिज्ञानशाकुंतल से। उसमें पाणिनि की भी देन है और चीनी यात्री फाहियान की भी।

तेरहवीं कहानी दुर्मुख है-सचमुच तीर की तरह चुभने वाली। क्या किया जाय ? उसके पीछे हर्ष चरित है, कादम्बरी है, हेनसांग और इत्सिंग के यात्रा-वृतान्त हैं।

चौदहवीं कहानी का समय है १२०० ई० और नाम है चक्रपाणि। उस कहानी का स्रोत आपको नैषध में ढूँढ़ना होगा, खंडनखंडखाद्य में ढूंढ़ना होगा और अनेक शिलालेखों तथा अभिलेखों में।

बाबा नूरदीन से लेकर सुमेर तक छह-कहानियाँ और हैं जिनका समय है १०वीं सदी से बीसवीं सदी तक। उन सब कहानियों के पीछे भी ऐतिहासिक प्रामाणिकता है, लगभग वैसी ही जैसी इन कहानियों के पीछे। लेकिन उन पर देखता हूँ किसी की कुछ विशेष

आपत्ति नहीं। शायद इसलिये कि वह सर्व अपेक्षाकृत वर्तमान काल से सम्बन्ध रखती है और हम ठहरे अतीत के पुजारी।

पुस्तक में–कहानियों में व्यक्त–सभी निष्कर्षों से सहमत–असहमत होने की इन पंक्तियों के लेखक की धाक–सामर्थ्य नहीं, क्योंकि उसके लिए राहुलजी जैसी न सही तो उसके आसपास का –सा अध्ययन होना चाहिए। ये पंक्तियाँ तो श्री स्वामीजी जैसों से केवल यह निवेदन करने के लिए लिखी गई हैं कि इन कहानियों में 'अनाप–सनाप' नहीं है, वर्षों का अध्ययन है।

अभी पिछले दिनों कुछ अनपढ़ जैनियों ने आचार्य धम्मानन्दो जी कोसम्बी द्वारा व्यक्त विचारों के विरुद्ध हुल्ला मचाया था। जैन पंडित जी ने ही कहा–"हम कोसम्बी जी के पक्ष में गवाही देंगे।" उसकी आवश्यकता नहीं पड़ी।

मुझे डर है कि हमारे प्राचीन ग्रन्थ और उसके रचयिता ऋषि –महर्षि श्री राहुलजी की गवाही दे रहे हैं –अरे ? ठीक तो कहता है। "सत्य से बढ़ कर धर्म नहीं ।"